대일평화조약상 독도의 법적 지위

초판 1쇄 발행   2016년 10월 20일
초판 2쇄 발행   2017년   7월 31일

지은이 ㅣ 김명기
엮은이 ㅣ 영남대학교 독도연구소
발행인 ㅣ 윤관백
발행처 ㅣ 도서출판 선인

등록 ㅣ 제5-77호(1998.11.4)
주소 ㅣ 서울시 마포구 마포대로 4다길 4 곳마루 B/D 1층
전화 ㅣ 02)718-6252 / 6257   팩스 ㅣ 02)718-6253
E-mail ㅣ sunin72@chol.com

정가 47,000원
ISBN   978-89-5933-884-9 94360
ISBN   978-89-5933-602-9 (세트)

대일평화조약상 독도의 법적 지위

영남대학교 독도연구소
독도연구총서 16

대일평화조약상 독도의 법적 지위

김 명 기

도서
출판 선인

머 리 말

한국의 독도영유권은 신라 지증왕 13년(512년) 이사부의 우산국 정복에 의해 취득된 역사적 권원에 근거한 것이었다. 이 역사적 권원은 고려에 의해 승계되었고, 또한 조선에 의해 승인되었다. 대한제국에 이르러 1900년 10월 25일 "대한제국칙령 제41호"에 의해 독도의 역사적 권원은 현대국제법상 권원으로 "권원의 대체"(replacement of title)를 이룩했다. 여기서 주의를 요하는 점은 역사적 권원이 현대국제법상 권원으로 대체된 이후에 역사적 권원은 법적 효력을 상실하게 된다는 점이다.

독도의 역사적 권원이 현대국제법상 권원으로 권원이 대체된 이후 10년도 못가서 1910년 8월 22일 일본의 강박에 의해 체결된 "한일합방조약"에 의해 독도는 한반도와 함께 일본에 의해 침탈·병합되고 말았다. 다행히 대일전쟁의 연합국의 일련의 제 조치에 의해, 즉 "카이로선언", "포츠담선언", "항복문서", "SCAPIN 제677호" 등에 의해 독도는 한반도와 같이 일본의 영토로부터 분리되게 되었다. 그리고 "대일평화조약" 제19조 (d)항에 의해 일본이 독도를 일본의 영토에서 분리시킨 "SCAPIN 제677호"의 효력을 승인했음에도 불구하고 일본정부는 "대일평화조약" 제2조 (a)항에서 독도를 일본이 포기한 것으로 명시적 규정은 두지 아니했으므로 독도가 일본의 영토라고 주장하고 있다.

상술한 바와 같이 신라에 의해 취득한 독도의 역사적 권원은 1900년 10월 25일 "대한제국칙령 제41호"에 의해 현대국제법상 권원으로 대체되고 역사적 권원은 법적으로 실효된 것이므로 오늘 독도의 역사적 권원을 근거로 독도는 한국의 영토라고 주장할 수 없게 된 것이고, 1910년 "한일합방조약"에 의해 침탈된 한국의 독도의 영유권은 "대일평화조약"에 의해 회복된 것이므로, 독도의 영유권은 "대일평화조약"의 해석에 의해 일본으로부터 회복되어야 한다. 따라서 독도가 한국의 영토이라는 한국의 주장은 일본의 주장을 압도 할 수 있는 심도 있고 설득력 있는 객관적으로 타당한 확고한 법리의 개발이 요구된다. 이 연구는 이 요구에 부응하여 시도된 것이다. 이 연구가 일본정부의 주장을 압도하는데 미호의 기능을 할 수 있었으면 하는 기대를 가져본다.

저자의 연구에 도움을 준 대한국제법학회, 세계국제법협회 한국본부, 동북아 역사재단, 독도조사연구학회, 독도보전협회, 영남대학교 독도연구소, 국립중앙도서관 여러분에게 감사드리며, 시장성이 없는 졸서의 출판을 오로지 애국적인 신념으로 맡아주신 도서출판 선인의 윤관백 사장님에게 사의를 표하고 편집을 담당해주신 선생님께도 깊이 감사드립니다.

2016년 7월

저자 씀

목 차

제1장

서론

서론

1945년 8월 6일 역사적인 원자폭탄이 히로시마에 투하되었고 3일 후인 8월 9일에 나가사키에 또다시 투하되었다. 8월 15일 일본천황은 라디오 방송을 통해 "항복선언"(Declaration of Surrender)을 했고, 이를 성문화한 "항복문서"(Instrument of Surrender)에 동년 9월 2일 연합국과 일본이 서명했다. 이로서 "항복문서"와 이에 수용된 "포츠담 선언"(Declaration of Portsdam)이 일본에 대해 법적 구속력을 갖게 되었고 또한 "포츠담선언"에 수용된 "카이로 선언"(Cairo Declaration)도 일본에 대해 법적 구속력을 갖게 되었다. "항복문서"를 조문화하기 위한 대일 평화교섭이 미국을 주축으로 하여 진행되었다. 한국은 대일평화교섭에 초청해 줄 것을 미 국무부에 요청했으나 한국이 1910년의 "한일합방조약"에 의해 일본에 병합되었다는 이유로 미국은 한국의 요청을 거절하여 결국 한국은 "대일평화조약"의 당사국이 되지 못하고 동 조약의 제3자의 지위에 머무르게 되고 따라서 일제식민통치하에서 입은 피해와 고통에 대한 손해배상청구가 부정되고 (제25조) 독도의 영유권에 관해 일본이 포기하는 도서로 명시적으로 규정하지 못하게 되고 말았다. 그러나 동 조약 제21조는 한국에 대해 "… 한국은 동 조약 제2조, 제4조, 제9조 그리고 제12조의 이익을 향유할 권리를 갖는 다"라고 규정하여 순수한 제3자, 즉 진정제3자가 아니라 제한적 제3자, 즉 부진정제3자의(non-genuine third state) 지위에 머무르게 되었다. "조약법 협약"에 의하면 제3국에게 이익을 수여하는 조약은 그 제3국이 동의한 경우에 제3국에 권리가 부여된다고 규정하고, 제3국이 반대의 의사표시가 없는 동안 제3국의 동의는 있는 것으로 추정된다고 규정하고 있다(제36조). 한국은 반대의 의사표시를 하지 아니했으므로 한국에 대하여 한국이 반대의 의사표시가 없는 동안 제21조의 이익은 받는 상태에 있다. 따라서 동 조약 제21조의 규정에 의거 동 조약 제2조 (a)항의 이익을 향수 할 권리가 부여되어 있는 상태에 있다.

한국에 이익이 부여된 동 조약 제2조 (a)항은 "일본은 한국의 독립을 승인하고, 제주도·거문도 및 울릉도를 포함하는 한국에 대한 권리·권원 및 청구권을 포기한다"라고 규정하고 있다. 한국정부는 동 조항이 함축하고 있는 의미를 검토하지 아니하고 독도는 울릉도의 속도이므로 독도는 일본이 포기하는 한국의 영토의 일부라고 주장해 왔다.

그러나 "독립을 승인한다"는 것은 독립을 승인하기 전에는 비 독립의 상태에 있었음을 의미하며 이는 "한일합방조약"이 유효했음을 전제로 한 것이다. 그리고 "… 권리·권원 및 청구권을 포기한다"는 것은 일본이 권리·권원 및 청구권은 포기하기 이전에 일본이 권리·권원 및 청구권을 갖고 있었음을 의미하며 이도 "한일합방조약"이 유효했음을 전제로 한 것이다. 문제는 유효했던 시기인데 한국의 독립은 1948년 8월 15일에 있었으므로 1948년 8월 15일부터 무효라는 일본정부의 주장에 합치되는 것이다. 따라서 "조약법 협약" 제36조의 규정에 의거 "대일평화조약" 제21조의 규정에 동의하는 것으로 추정되는 효과를 방치하면 "한일합방조약"이 원초적으로 무효가 아니라 1948년 이후 무효로 되는 것을 한국이 승인하는 것으로 되고 만다. 그러므로 한국정부가 "대일평화조약"의 어떠한 규정도 "한일합방조약"이 원초적으로 무효가 아닌 것으로 합의 해석되지 아니한다는 해석유보 또는 해석선언을 함을 요한다.

만일 이러한 해석유보 또는 해석선언을 하지 아니하면 일본정부는 "한 일기본관계조약" 제2조의 "이미 무효"에 관해 한국정부는 원초적으로 무효가 아니라는 입장을 "대일평화조약"을 통해 승인하고 있다고 주장할 것이다. 상술한 내용이 이하 제2장과 "대일평화조약" 제2조 (a)항의 규정론과 제3장 "대일평화조약" 제2조 (a)항의 해석론으로 구분하며 구체적으로 논급하기로 한다.

동 아시아로 진출하는 소련의 세력을 전초적으로 견제하기 위해 일본을 이용하려는 미국의 안보전략에 의거 "대일평화조약"은 일본을 적국, 폐전국으로 보기보다는 안보동반자로서의 전략적 가치를 인정하여 "대일평화조약"은 친일적이고 친한적이 아닌 것으로 체결되었다는 것을 정책적으로 고려해야 할 것이다.

제2장

대일평화조약 제2조 (a)항의 규정론

제1절 대일평화조약 제2조 (a)항의 초안

I. 서언

대일평화조약의 체결과정에서 제안된 여러 조약초안의 내용과 그 변천 과정을 고찰해 보는 것은 동 조약의 "보조적 수단에 의한 해석"을 위해 요 구되고(조약법 협약 제32조), 그리고 동 조약의 "무효주장"을 위해(조약법 협약 제49조) 요구되는 것이다.

이하 "미국초안", "영국초안" 그리고 "영미합동초안"의 각 차순을 구분하 여 개관해 보기로 한다. 이러한 구분은 설명의 편이를 위해 부여한 명칭 인 것이며 결코 조약초안의 심의과정에서 공식적으로 부여된 명칭이 아닌 것은 물론이다. 그러나 이 연구에 앞서 행해진 국내의 선행연구의 기존 틀을 존중·유지하기 위해 이러한 명칭을 그대로 사용하기로 한다. 그것 이 선행 연구자에 대한 학문적 공헌을 인정해 주는 의미도 갖는다고 본다.

II. 미국초안

1951년 9월 8일에 48개 연합국과 일본 간에 체결된 "대일평화조약"의 초안은 48개 연합국 모두가 대일평화조약의 초안을 준비하여 "대일평화조약"이 체결된 것이 아니라 일본이 항복한 이후 일본영토에 대한 주 점령국(principal occupying power)인 미국이 "대일평화조약"의 체결에 주요역할(main part)을 담당했다.[1] 미국초안은 외교 교섭과정을 거쳐 작성되었고 샌프란시스코 평화회의(San Francisco Peace Conference)는 오직 기록적 기능(merely a recording function)만을 했다.[2] 1951년 7월 3일 미국과 영국에 의해 준비된 초안에 기초하여 1951년 9월 8일 샌프란시스코 평화회의에서 "대일평화조약"이 체결되었다.[3] 그러므로 "대일평화조약"의 "권리포기조항"과 "독립승인조항"이 규정되게 된 배경은 "대일평화조약"의 미국초안으로부터 파악할 수밖에 없는 것이다.

여기서는 이들 제 초안의 내용을 "영토조항"을 중심으로 총괄적으로 개관하고, 구체적인 내용은 후술하는 각 절의 주제에 따라 기술하기로 한다.

1. 제1차 미국초안

미국초안은 순서에 따라 "제1차 미국초안"(1947년 3월 20일)[4]부터 보기로 한다. "제1차 초안"은 제1조에서 일본의 영토에 관해 규정하고, 제4조에

---

1) Werner Morvay, "Peace Treaty with Japan", *EPIL*, Vol.4, 1982, p.125.
2) *Ibid.*
3) Marjorie M. Whiteman, *Digest of International Law*, Vol.3(Washington. D.C: USGPO, 1964), p.530.
4) US Department of State, from Dean G, Acheson(Under Secretary of State) to General MacArthur(The Supreme Commander for the Allied Powers). "Memorandum: Outline and Various Sections of Draft Treaty"(March 20, 1947). Attached Draft(March 19, 1947); 신용하,『독도영유권 자료의 탐구』제3권(서울: 독도연구보전협회, 2000), pp.284-287; 김병렬,『독도』(서울: 다다미디어, 1998), pp.418-422; 이석우,『일본의 영토분쟁과 샌프란시스코 평화조약』(인천: 인하대학출판부, 2003), pp.127-128.

서 한국의 영토에 관해 규정하고 있다. 제4조는 다음과 같이 규정하고 있다.

> 일본은 이에 제주도, 거문도, 울릉도 및 독도를 포함하는 한국의 모든 해안 제 소도에 대한 모든 권리와 권원을 포기한다.
> Japan hereby renounces all rights and titles to Korea and all minor offshore Korean islands including Quelpart island, Port Hamilton, Dagelet(utsuriyo) island and Liancourt Rock(Takeshima).

이와 같이 "제1차 미국초안"은 "일본의 영토조항"(제1조)에서 독도를 일본의 영토로 열거하지 않고, "한국의 영토조항"(제4조)에서 독도를 한국의 영토로 명시하는 규정을 두고 있다.

2. 제2차 미국초안

미 국무부가 "제1차 미국초안"에 뒤이어 준비한 "제2차 미국초안"(1947년 8월 5일)은[5] "제1차 미국초안"과 같이 제2조에서 일본의 영토를 규정하고, 제4조에서 한국의 영토에 관해 규정하고 있다. 제1조는 "제1차 미국초안" 제1조를 자구 수정한 것이었으나, 독도를 일본의 영토로 열거하지 않은 점은 "제1차 미국초안" 제1조와 동일하다.

제4조는 "제1차 미국초안" 제4조를 자구 수정한 것으로 다음과 같이 규정하고 있다.

> 일본은 이에 한국과 제주도, 거문도, 울릉도 및 독도를 포함하는 한국의 모든 해안 제도에 대한 권리와 권원을 포기한다.
> Japan hereby renounces all rights and titles to Korea(Chosen) and all offshore Korean islands, including Quelpart (Shinshu To) … Liancourt Rocks(Takeshima).

---

5) US Department of State, from Hugh Borton(Acting Special Assistant to the Director, Office of Far Eastern Affairs) to Charles E. Bohlen(Counsellor of the Department of State), "Office Memorandum: Draft Treaty of Peace for Japan"(August 6, 1947); 신용하, 전주 4, pp.287-290; 김병렬, 전주 4, pp.422-426; 이석우, 전주 4, pp.128-129.

이와 같이 "제2차 미국초안"은 "일본의 영토조항"(제1조)에서 독도를 일본의 영토로 열거하지 않고, "한국의 영토조항"(제4조)에서 독도를 한국의 영토로 명시하는 규정을 두고 있다.

3. 제3차 미국초안

"제3차 미국초안"(1948년 1월 2일)은[6] "제2차 미국초안"과 같이 제1조에서 일본의 영토를 규정하고, 제4조에서 한국의 영토에 관해 규정하고 있다. 제1조는 "제2차 미국초안" 제1조를 자구 수정하고 주(註, note) 3개를 부하고 있으나 동 조 제1항은 "제2차 미국초안" 제1조 제1항과 거의 동일하며 독도를 일본의 영토로 열거하지 않은 점도 "제2차 미국초안"과 동일하다.

제4조는 "제2차 미국초안"과 제4조를 자구 수정한 것으로, 다음과 같이 규정하고 있다.

> 일본은 이에 한국인을 위하여 한국과 제주도, 거문도, 울릉도 및 독도를 포함하는 한국의 모든 해안 제도에 대한 모든 권리와 권원을 포기한다….
>
> Japan hereby renounces in favor of the Korean People all rights and titles of Korea(Chosen) and all offshore Korean islands, including which forms Port Hamilton(Tonakai), Dagalet island(Utsuryo To, or Matsu Shima), Liancourt Rocks (Takeshima)….

이와 같이 "제3차 미국초안"은 "일본의 영토조항"(제1조)에서 독도를 일본의 영토로 열거하지 않고, "한국의 영토조항"(제4조)에서 독도를 한국의 영토로 명시하는 규정을 두고 있다.

---

6) US Department of State, "Office Memorandum: Background of Draft of Japanese Peace Treaty"(January 30, 1948); 신용하, 전주 4, pp.290-293; 김병렬, 전주4, pp.426-429; 이석우, 전주4, pp.50, 53-54.

4. 제4차 미국초안

"제4차 미국초안"(1949년 10월 31일)은[7] "제3차 미국초안"과 같이 제1조에서 일본의 영토를 규정하고, 제4조에서 한국의 영토에 관해 규정하고 있다. 제1조 제1항은 "제3차 미국초안" 제1조 제1항과 거의 동일하며 독도를 일본의 영토로 열거하고 있지 않다.

제4조는 "제3차 미국초안" 제4조와 거의 동일하며 독도를 한국의 영토로 규정하고 있다.

5. 제5차 미국초안

"제5차 미국초안"(1949년 11월 2일)은[8] 제3조에서 일본의 영토를 규정하고, 제6조에서 한국의 영토에 관해 규정하고 있다. 제3조는 "제4차 미국초안" 제1조와 거의 동일하며, 제6조는 "제4차 미국초안" 제4조와 거의 동일하다. 이 "제5차 초안"이 검토를 위해 MacAthur 장군과 Sebald 고문에게 송부된 것이다.

6. 제6차 미국초안

전술한 "제5차 미국초안"에 독도의 영유권 조항에 큰 변화를 가져온 미국무부가 준비한 "제6차 미국초안"(1949년 12월 29일)은[9] 제3조에서 일본의 영토를 규정하고, 제6조에서 한국의 영토에 관해 규정하고 있다.

---

7) US Department of State, "Office Memorandum: Attached Draft"(August 14. 1949), 신용하. 전주 4, pp.293-296; 김병렬, 전주 4, pp.429-433.
8) US Department of State, "Commentary of Treaty of Peace with Japan"(November 2, 1949); 신용하, 전주 4, pp.297-230; 김병렬, 전주 4, pp.433-436; 이석우, 전주 4, pp.130-132.
9) US Department of State, "Draft Treaty of Peace with Japan on December 29, 1949" (December 29, 1949); 신용하, 전주 4, pp.313-315; 김병렬, 전주 4, pp.148-151; 이석우, 전주 4, pp.134-135.

제3조는 독도를 일본의 영토로 규정하고 있다. 동 조의 규정은 다음과 같다.

> 일본의 영토는 本州, 九州, 四國, 北海島의 4개 주요 일본의 본도와 내해의 제 소도, 대마도, 독도 … 등 … 일본해에 위치한 모든 다른 제 소도를 포함하는 인접 제 소도로 구성된다.
>
> The territory of Japan shall comprise and Hokaido and all adjacent minor islands, including the islands of the inland Sea(Seto Naikai); Tushima, Takeshoima (Liancourt Rocks), Oki Retto, Sado, Okujiri … and all other islands in the Japan Sea (Nippon Kai)….

이와 같이 제3조는 독도를 일본의 영토로 열거하고 있다. 그리고 제6조는 한국의 영토로 독도를 열거하고 있지 않다. 동 조의 규정은 다음과 같다.

> 일본은 이에 한국의 위하여 한국의 본토와 제주도, 거문도, 울릉도 그리고 일본이 권원을 취득했던 한국의 모든 해안 제도와 소도에 대한 모든 권리와 권원을 포기한다.
>
> Japan hereby renounces in favor of Korea all rights and titles to the Korean Mainland territory and all offshore Korean islands, including Quelpart(Saishu To), the Nan How group(San To, or Kumun Do) which forms Port Hamilton(TonaiKai), Dagelet island(Utsuryo To, or Matsu Shima), and all other offshore Korean islands and islets which Japan had acquired title.

이와 같이 제6조는 독도를 한국의 영토로 열거하고 있지 않다. "제1차 미국초안"에서 "제5차 미국초안"까지 독도를 일본의 영토에서 배제하고 한국의 영토로 규정해 왔으나, "제6차 미국초안"의 "일본의 영토조항"(제3조)에서 독도를 일본의 영토에 포함시키고, "한국의 영토조항"(제6조)에서 독도를 한국의 영토로 열거하지 않는 규정을 두고 있다.

이와 같은 결과는 미국의 일본정치고문(United States Political Advisor for Japan)인 Wiliam J. Sebald의 독도영유권 귀속 수정 건의에 따른 것으로 보인다. 미 국무부는 1949년 11월 4일 "제5차 미국초안"(1949년 11월 2일 초안)을 MacArthur 장군과 Sebald 고문에게 보내 동 초안에 대한 의견을 문의했다.[10] 이에 Sebald는 11월 14일 국무부에 "비밀전문(電文)의견"을 보내 MacArthur 장군에 의해 수락된 의견(관측)을 보내왔다.

또한, Sebald는 1949년 11월 19일 국무부에 "비밀서면의견"을 보냈다.[11] 이와 같은 Sebald의 "비밀전문의견"(1949년 11월 14일)과 "비밀서면의견" (1949년 11월 19일)에 따라 "제6차 미국초안"에 독도가 일본의 영토로 규정되게 된 것으로 보인다.[12]

위의 해설로 미루어 "제6차 미국초안"은 Sebald의 재고권고에 따라 독도를 일본의 영토로 규정한 것으로 보인다.

7. 제7차 미국초안

독도를 일본영토로 규정하고 한국의 영토로 규정하지 아니한 "제6차 미국초안"과 달리 독도의 영유권에 관한 규정을 모두 배제한 "제7차 미국초안"(1950년 8월 7일)은[13] 일본의 영토에 관한 규정과 한국의 영토에 관한 규정을 모두 삭제했다. 즉, "제6차 미국초안"의 "일본의 영토조항"(제3조) 과 "한국의 영토조항"(제6조)을 모두 삭제했다. 따라서 독도는 일본의 영토로도, 한국의 영토로도 규정되지 않았다.

8. 제8차 미국초안

"제8차 미국초안"(1950년 9월 11일)은[14] "제7차 미국초안"과 같이 일본의

---

10) US Department of State, *Foreign Relations of the United States, 1949*, Vol. 7(Washington. D.C.: USGPO, 1949), p.899.

11) US Department of State, Office of US Political Advisor for Japan, Tokyo, "Comment on Draft Treaty of Peace with Japan"(November 19, 1949); 신용하, 전주 4, pp.305-311; 김병렬, 전주 4, pp.441-448; 이석우, 전주 4, p.55.

12) *Ibid*; Detailed Comment on November 2 Draft Treaty, Article 4 through 12.

13) US Department of State, "Memorandum by John F. Dulles(Special Assistant to the Secretary of State): Japanese Treaty"(August 9, 1950); 신용하, 전주 4, pp.317-319.

영토에 관한 규정과 한국의 영토에 관한 규정을 모두 삭제했다. 다만 제4장 제4항에서 일본은 한국의 독립을 승인한다고 규정하고 있다. 동 제4항의 규정은 다음과 같다.

> 일본은 한국의 독립을 승인한다. 그리고 일본과 한국과의 관계는 한국에 대한 국제연합총회와 안전보장이사회의 결의에 기초한다.
>
> Japan recognizes the independence of Korea and will base its relation with Korea on the resolutions of the United Nations General Assembly and Security Council with respect to Korea.

이와 같이 "제8차 미국초안"은 "일본의 영토조항"과 "한국의 영토조항"을 모두 삭제했다. 따라서 독도에 관한 규정은 실종되고 말았다.

9. 제9차 미국초안

"제8차 미국초안"에서 규정되었던 "독립승인조항"을 삭제한 "제9차 미국초안"(1951년 3월 29일)은 "제8차 미국초안"과 같이 "일본의 영토조항"도 "한국의 영토조항"도 모두 규정하지 않았다. 다만, 제3장 제3항에서 일본은 한국에 대한 권리·권원을 포기한다는 규정만을 두고 있다. 동 제3항의 규정은 다음과 같다.

> 일본은 한국에 대한 모든 권리, 권원 및 청구권을 포기한다….
>
> Japan renounces all rights, titles and claims to Korea….

이와 같이 "제9차 미국초안"은 "제8차 미국초안"과 같이 "일본의 영토조항"도 "한국의 영토조항"도 모두 규정하지 않았다. 따라서 독도에 관한 규정은 찾아볼 수 없게 되고 말았다. 그러나 권리포기조항은 "한일합방조약"

---

14) US Department of State, "Memorandum to Dean G. Acheson"(Secretary of State) from John F. Dulles(Special Assistant to Secretary of State) (September 11. 1950); 신용하, 전주 4, pp.319-321; 김병렬, 전주 4, pp.459-461; 이석우, 전주 4, p.139.

의 유효를 간접적으로 표시한 것이다.

III. 영국초안

미 국무부가 평화조약초안을 준비하고 있는 동안 그의 주 협상 당사자인 영연방일본조약실무단(Commonwealth Japanese Treaty Working Party)은 독자적인 초안을 작성하여 영연방 구성국에게 회람했다.[15]

1. 제1차 영국초안

한국의 영토조항도 일본의 영토조항도 두지 아니한 "제9차 미국초안"과 달리 일본의 영토조항과 한국의 영토조항을 규정하고 독도를 일본의 영토로 표시한 "제1차 영국초안"(1951년 2월 28일)은[16] 일본의 영토에 관해 제6항에 규정하고, 한국에 관해 제7항에 각각 표시하고 있다.

제6항은 일본의 영토를 일본 근해에 선을 그어 표시하면서 그 선으로 제주도·울릉도·독도를 일본의 영토로 규정하고 있다.

제7항은 한국의 영토를 규정함이 없이 일본은 한국에 대한 모든 권리·권원 및 이익을 포기한다고 다음과 같이 규정하고 있다.

> 일본은 이에 한국의 주권에 대한 어떠한 청구권 그리고 한국에 있어서 모든 권리·권원 및 이익을 포기한다….
> Japan hereby renounces any claim to sovereignty over and all right, title and interest in Korea….

이와 같이 "제1차 영국초안"은 "일본의 영토조항"(제6항)에서 독도를 일

---

15) Whiteman, *supra* n.3., p.530.
16) 신용하, 전주 4, pp.333-335; 김병렬, 전주 4, pp.466-469.

본의 영토로 규정하고 "한국의 영토조항"(제7항)에서 독도를 명시하지 않고 "한국"으로만 규정했다.

2. 제2차 영국초안

독도를 일본의 영토로 규정한 "제1차 영국초안"과 달리 독도를 한국의 영토로 규정한 "제2차 영국초안"(1951년 3월)은[17] 일본의 영토에 관해 제1조 제6항에 한국의 권리·권원 및 이익에 관해 제2조 제7항에 각각 규정하고 있다.

제1조 제6항은 일본과 한국의 구획선을 제주도와 복강도(Fukue-Shima) 사이, 한반도와 대마도 사이, 독도와 오끼도 사이에 그어 독도를 한국의 영토로 규정하고 있다.

제2조 제7항은 "제2차 영국초안" 제7항과 동일한 규정을 두고 있다.

이와 같이 "제2차 영국초안"은 "일본의 영토조항"(제1조 제6항)에서 독도를 한국의 영토로 규정하고, "한국의 영토조항"(제2조 제7항)에서 독도를 명시하지 않고 "한국"으로만 규정했다.

3. 제3차 영국초안

"제3차 영국초안"(1951년 4월 7일)은[18] 일본의 영토에 관해 제1조에, 한국의 권리·권원 및 이익의 포기에 관해 제2조에 각각 규정하고 있다.

제1조는 "제2차 영국초안" 제1조 제6항과 동일하며,

제2조는 "제2차 영국초안" 제2조 제7항과 동일하다.

이와 같이 "제3차 영국초안"은 "일본의 영토조항"(제1조)에서 독도를 한

---

17) United Kingdom, "2nd Draft of Japanese Peace Treaty"; 신용하, 전주 4, pp.335-339; 김병렬, 전주 4, pp.471-475.

18) United Kingdom, "Provisional Draft of Japanese Peace Treaty(April 7, 1951)"; 신용하, 전주 4, pp.339-344; 김병렬, 전주 4, pp.476-481; 이석우, 전주 4, pp.141-142.

국의 영토로 규정하고, "한국의 영토조항"(제2조)에서 독도를 명시하지 않고 "한국"으로 규정하여 결국 독도를 한국의 영토로 규정하고 있다.

IV. 영미합동초안

1. 제1차 영미합동초안

독도를 한국의 영토로 규정하지 아니한 "제1차 영미합동초안"(1951년 5월 3일)은[19] 독립된 "일본의 영토조항"을 두지 않고 제2조에 "한국의 영토조항"을 규정하고 있다. 제2조는 한국의 영토에 관해 다음과 같이 규정하고 있다.

> 일본은 제주도·거문도 및 울릉도를 포함하는 한국에 대한 모든 권리·권원 및 청구권을 포기한다.
> Japan renounces all right, title and claim to Korea including Quelpart, Port Hamilton and Dagelet.

이와 같이 "제1차 영미합동초안"은 "한국의 영토조항"(제2조)에서 독도를 명시적으로 열거 규정하지 않았다.

2. 제2차 영미합동초안

"제1차 영미합동초안"과 같이 독도를 한국의 영토로 명시하지 아니한 "제2차 영미합동초안"(1951년 6월 14일)은[20] "제1차 영미합동초안"과 같이

---

19) Joint United States-United Kingdom Draft Prepared During, The Discussion in Washington (May 3, 1951); 신용하, 전주 4, pp.348-350; 김병렬, 전주 4, pp.486-488; 이석우, 전주 4, p.142.
20) Revised United States-United Kingdom Draft of a Japanese Peace Treaty(June, 14, 1951);

"일본의 영토조항"을 두지 않고 제2조 (a)항에 한국에 관해 다음과 같이 규정하고 있다.

> 일본은 한국의 독립을 승인하고, 제주도·거문도 및 울릉도를 포함하는 한국에 대한 권리·권원 및 청구권을 포기한다.
> Japan recognizing the independence of Korea, renounces all right, title and claim to Korea, including the islands of Quelpart, Port Hamilton and Dagelet.

이와 같이 "제2차 영미합동초안"은 "일본의 영토조항"을 두지 않고 "한국의 영토조항"(제2조 a항)에서 독도를 한국의 영토로 명시적으로 열거 규정하지 않았다. 물론 일본의 영토라는 명시적인 규정도 두지 않았다.

3. 제3차 영미합동초안

"제2차 영미합동초안"과 같이 독도를 한국의 영토로 규정하지 아니한 "제3차 영미합동초안"(1951년 7월 3일)[21] 제2조 (a)항은 한국에 관해 "제2차 영미합동초안" 제2조 (a)항과 동일하게 규정하고 있다.

즉, 독도는 한국의 영토로도 일본의 영토로도 규정되지 않았다. 물론 일본의 영토조항 자체가 배제되었다.

"한국정부의 미 국무부에 대한 제1차 공한"(1951년 7월 19일),[22] 즉 주미 양유찬 한국대사가 미 국무부에 보낸 제1차 공한에서 영토조항에 관해 한국정부는 다음과 같이 요청했다.

> 우리 정부는 제2조 (a)항의 "포기"를 "한국과 제주도, 거문도, 울릉도, 독도

신용하, 전주 4, pp.354-357; 김병렬, 전주 4, pp.497-501; 이석우, 전주 4, pp.143-144.

21) US Department of State, "Draft Japanese Peace Treaty"(July 3, 1951); 이석우, 전주 4, p.144.

22) US Department of State, "Memorandum of Conversation: Japanese Peace Treaty", Attached You Chan Yang, "A letter to Dean G. Acheson, Secretary of State"(July 19, 1951); 신용하, 전주 4, pp.376-377; 김병렬, 전주 4, pp.514-515; 이석우, 전주 4, p.151.

및 파랑도를 포함하는 일본에 의한 한국 병합 이전에 한국의 부분이었던 도서에 대한 모든 권리·권원 및 청구권을 1945년 8월 9일 포기했다는 것을 확인한다"로 대체되어야 한다는 것을 요청한다.

My Government request that the word "renounces" in paragraph A, Article Number 2, should be replaced by "confirms that it renounced on August 9, 1945, all right, title and claim to Korea and the islands which were part of Korea prior to its annexation by Japan, including the islands Quelpart, Port Hamilton, Dagelet, Dokdo and Parangdo."

위와 같이 우리 정부는 독도뿐만 아니라 파랑도까지 일본이 포기하는 도서로 규정해 줄 것을 미 국무부에 요청했다.

"한국정부의 미 국무부에 대한 제2차 공한"(1951년 8월 2일),[23] 즉 주미 양유찬 한국대사가 미 국무부에 보낸 제2차 공한에서 영토조항에 관해 1951년 7월 19일 공한의 요구를 반복 강조했다.

위의 "한국정부의 미 국무부에 대한 제1차 공한"(1951년 7월 19일)과 "한국정부의 미 국무부에 대한 제2차 공한"(1951년 8월 2일)에 대한 "미 국무부의 한국정부에 대한 답변서"(1951년 8월 9일),[24] 즉 미 국무부장관 Dean Rusk의 주미대사 양유찬에 대한 답변서에 의하면 영토조항에 관해 다음과 같이 기술하고 있다.

다께시마는 리앙끄르암으로 알려진 독도는 통상 무인암 형성체로 우리의 정보에 의하면 한국의 부분으로 취급하지 않았으며, 1905년 이래 일본의 시마네현 오기도사의 관할 하에 있어 왔다. 이 도서는 전에 한국에 의해 주장된 바 없는 것으로 보인다.

The islands of Dokdo Otherwise Known as Takeshima of Liancourt Rocks, this normally uninhabited rock formation was according to our information never treat as a part of Korea and, since 1905, has been under the jurisdiction of the Oki islands Branch Office of Shimane Prefecture of Japan. The island does not appear

---

23) You Chan Yang, "A Letter to Dean G. Acheson, Secretary of State"(August 2, 1951); 신용하, 전주 4, pp.377-378; 김병렬, 전주 4, pp.516-567.

24) US Department of State, "A Letter to You Chan Yang from Dean Rusk"(August 9, 1951); 신용하, 전주 4, pp.379-381; 김병렬, 전주 4, pp.516-567, 이석우, 전주 4, pp.144-145.

ever before to have been claimed by Korea.

이와 같이 미 국무부는 독도를 일본이 포기하는 도서로 규정해 줄 것을
요청한 한국정부의 제안을 거부했다. 그 거부이유는 전술한 "대일평화조
약 초안에 대한 주석"(1949년 12월 29일)에 해설된 바와 거의 동일한 것이
다.

4. 제4차 영미합동초안

"제4차 영미합동초안"(1951년 7월 20일)25) 제2조 (a)항은 "제3차 영미합
동초안" 제2조 (a)항과 동일하며, 다만 제3조에 약간의 자구 수정이 있을 뿐
이다. 동 초안은 상술한 한국정부의 미 국무부에 대한 독도에 관한 요청
을 전혀 반영하지 않은 것이었다.

5. 최종초안

샌프란시스코 평화회의에 제출된 "최종초안"(1951년 8월 13일)은26) "제4
차 영미합동초안"과 동일한 것이며, 물론, "제4차 영미합동초안" 제2조 (a)
항과 "최종초안" 제2조 (a)항도 동일한 것으로, 이는 독도의 영유권은 한국
에 있는 것으로도, 일본에 있는 것으로도 명시적으로 규정하지 않은 것이
다.

이 "최종초안"은 "제3차 영미합동초안"(1951년 7월 3일)과 미세한 차이가
있음에도 불과하므로 샌프란시스코 평화회의에 제출된 평화조약 안은 "제
3차 영미합동초안"에 기초한 것이라 할 수 있다.27)

---

25) US Department of State, "Draft Treaty of Peace with Japan"(July 20, 1951); 이석우, 전주
   4, pp.144-145.
26) Japanese Peace Conference, San Francisco, California, (September 8, 1951), "Treaty of
   Peace"(August 13, 1951)
27) Whiteman, *supra* n.3, p.530.

V. 결언

1. 이상에서 고찰해 본 바와 같이

(ⅰ) "제1차 미국초안"에서 "제5차 미국초안"까지에는 "일본의 영토조항"에서 독도를 일본의 영토로 열거 규정하지 않고, "한국의 영토조항"에서 독도를 한국의 영토로 규정했다.

(ⅱ) "제6차 미국초안"은 "일본의 영토조항"에서 독도를 일본의 영토로 규정하고 "한국의 영토조항"에서는 독도를 한국의 영토로 규정하지 않았다.

(ⅲ) "제7차 미국초안"에서 "제9차 미국초안"까지는 "일본의 영토조항"도 "한국의 영토조항"도 모두 배제되어, 독도는 일본의 영토로도 한국의 영토로도 규정되지 않았다.

(ⅳ) "제1차 영국초안"은 "일본의 영토조항"에서 독도를 일본의 영토로 규정하고, "한국의 영토조항"에서 독도를 명시하지 않고 "한국"으로만 규정했다.

(ⅴ) "제2차 영국초안"과 "제3차 영국초안"은 "일본의 영토조항"에서 독도를 한국의 영토로 규정하고 "한국의 영토조항"에서 독도를 명시하지 않고 "한국"으로만 규정했다.

(ⅵ) "제1차 영미합동초안"에서 "최종초안"까지에서 "일본의 영토조항"을 배제하고 "한국의 영토조항"에서 독도를 한국의 영토로 열거 규정하지 않았다.

2. "제6차 미국초안" 이후의 제 초안에서 독도가 한국의 영토로 명시적으로 규정되지 않은 것은 일본의 기망행위와 이 기망행위에 의한 미국의 오판(착오)에 의거한 것으로 추정된다.

3. 상기 "1"과 "2"는 "조약의 교섭기록"과 "체결시의 사정"으로 조약해석의 보조적 수단으로 되어("조약법 협약" 제32조) "대일평화조약" 제2조 (a)

항에 독도가 한국의 영토로 명시되어 있지 않아도 독도는 한국의 영토라는 해석이 가능할 수 있다. 그리고 상기 "2"는 그것이 일본의 기망행위에 의한 경우에는 사기(fraud)를 원인으로 동 조항의 무효를 주장할 수 있고(동 제49조), 그것이 일본의 기망행위와 인과관계 없는 미국의 오판에 의한 경우에는 착오(error)를 원인으로 동 조항의 무효를 주장할 수 있다(동 제48조). 한국은 "대일평화조약"의 당사자는 아니지만, 동 조약 제2조의 이익을 향유할 권리를 가지므로(동 조약 제21조) 한국은 일본의 사기 또는 미국의 착오를 원인으로 한 동 조약 제2조 (a)항의 무효를 주장할 수 있다고 본다. 미국초안이 "한일합방조약"의 유효를 전제로 하고 있는 점에 관해 당시 미국은 친일적이고 친한적이 아니었음을 간과해서는 아니된다.

이에 관한 심도 있는 연구가 요구된다.

제2절 대일평화조약의 한국에의 적용조항

Ⅰ. 서언

여기 "대일평화조약의 한국에 적용되는 조항"에서 (i)"대일평화조약"이
란 1951년 9월 4일에서 8일까지 개최된 샌프란시스코 평화회의(San Franassico
Peace Conferrence)에서 51개국이 참가 하고 49개국이 서명한[1] 평화조약을
뜻한다.[2]

그리고 "대일평화조약의 한국에서 적용 조항"에서 (ii) "한국"이란 "대일
평화조약" 제21조, 제2조, 제4조, 제9조 그리고 제12조에 규정된 한국을 뜻
한다.

본 조약 어디에도 위에 열거한 5개조 이외에 어디에도 "한국"이라는 규

---

1) Werner Morvay, "Peace Treaty with Japan" *EPIL*, Vol.4, 1982, p.125.
2) 소련, 폴란드, 체코슬로바키아는 서명하지 아니했다(*ibid.*).

정이 없다.

여기 "한국"은 "Korea"를 뜻하며 "대한민국"(The Republic of Korea) 또는 "조선민주주의 인민공화국"(The Peolpe's Demoeratic Republic of Korea)을 의미하지 아니한다.

동 조약이 체결된 1951년 당시 "대한민국"과 "조선민주주의 인민공화국"은 전쟁상태에 있었으므로 샌프란시스코 평화회의에 참석할 수 없었다. 본 조약 어디에도 "한국"(Korea)의 정의규정이 없다. 동 조약상 "한국"은 통상적 의미로 해석할 때 "대한민국"만을 의미하는 것은 물론 아니다. 따라서 본 조약 제21조에 규정된 "한국"에는 반드시 "조선민주주의 인민공화국"이 배제되는 것은 아니라고 본다. 그러나 사실상(de facto) "대일평화조약"상 "한국"은 "대한민국"을 의미하는 것으로 해석되어 온 것이 관행이라 할 수 있다.

한국은 "대일평화조약"의 체약당사국이 아니라 제3국의 지위에 있을 뿐이다. 그러나 동 조약은 그의 제21조에서 한국에 적용되는 몇 개의 조항을 열거하고 있다. 이는 예외적인 조항이므로 예시적 규정(ilustative provison)이 아니라 열거된 규정(enumeratie provison)으로 해석된다. "조약법 협약"은 제3국에 권리를 부여하는 조약은 제3국의 동의가 있는 경우 제3국에 대해 효력이 있다고 규정하고 제3국의 동의는 제3국의 반대의 의사표시가 없는 동안 있는 것으로 추정된다고 규정하고 있다(제36조 제1항).

한국정부는 "대일평화조약" 제21조 규정에 의거 한국에 부여되는 권리에 관해 반대의 의사 표시를 한 바 없으므로 한국정부의 동의는 있는 것으로 추정되고 있다.

"대일평화조약" 제19조 (d)항은 동 조약 제21조에 한국에 적용되는 조항으로 규정되어 있지 아니하므로 이는 한국에 적용되는 조항이 아니다.

그러나 "조약법 협약" 제31조 제1항은 통합적 해석의 원칙을 규정하고 있으므로 "대일평화조약" 제2조 (a)항을 통합적 해석의 원칙에 따라 해석함에 있어서 제19조 (d)항의 문맥에 따라 해석하여야 하므로 제19조 (d)항은 간접적으로 한국에 적용된다고 볼 수 있다.

II. 대일평화조약의 명칭

"대일평화조약"의 정식명칭은 "Treaty of Peace with Japan"이다.[3] 이는 흔히 "Peace Treaty with Japan"[4]이라 표기 된다.

한국어 번역은 "대일평화조약"[5]으로 표기되는 것이 일반적이라 할 수 있다.

한국정부의 표기는 "대일강화조약",[6] "대일평화조약",[7] "일본강화조약",[8] "샌프란시스코 강화조약",[9] "일본과의 평화조약"[10] 등으로 통일되어 있지 아니하다.

동북아역사재단 창설 이후 동북아역사재단 주최로 이의 통일을 위해 전문가, 학자, 정부 대표자 회의가 동북아역사재단 회의실에서 개최된 바 있었으나 참석자들의 의견이 일치되지 아니하여 통일된 표기에 합의하지 못한 바 있다.

---

3) UN, *UNTS*, Vol.136, 1952, p.45.

4) Marvay, *supra* n,1, p.125.

5) 이한기,『한국의 영토』(서울: 서울대학교출판부1967), p.267; 한국해양수산개발원,『독도사전』(서울: 해양수선개발원, 2011), pp.38, 156, 193, 218, 220, 236, 266, 270, 340; 김명기,『독도의 영유권과 대일평화 조약』(서울: 독도본부, 2007), 표지.

6) 대한민국외교부,『대한민국의 아름다운 영토 독도』(서울: 외교부, 발행년도 불표시), p.8; 동북아역사재단,『대일강화조약 자료집』(서울: 동북아역사재단, 2006), 표지; 외교부, "한국정부의 견해2", 1954.9.25, 제15항.

7) 외교부, "한국정부의 견해3", 1959.10.07, 제5항; 동북아역사재단,『독도의 진실』(서울: 동북아역사재단,발행년도 불표시), p.8.

8) 외무부정무국,『독도문제개론』(서울: 정무국, 1966), p.115.

9) 동북아역사재단,『우리 땅 독도를 만나다』(서울: 동북아역사재단, 2011), p.72; 외교부,『대한민국의 아름다운 영토 독도』(서울: 외교부, 발행년도 불표시), p.28; 동북아역사재단,『영원한 우리땅 독도』(서울: 동북아역사재단, 2011), p.18.

10) 대한민국 국방부 전사편찬위원회,『국방조약집』제1집(서울: 국방부, 1981), p.88.

Ⅲ. 대일평화조약의 구성

"대일평화조약"은 전문, 7장, 27조로 구성되어 있다.

그중 전문은 항으로 구분됨이 없이 하나의 문단으로 되어 있고, 7개의 장은 다음과 같이 구성되어 있다.

제1장 평화(Peace)는 제1조 하나로 구성되어 있으며,

제2장 영토(Territory)는 제2조, 제3조 그리고 제4조의 3개조로 구성되어 있고,

제3장 보장(Security)은 제5조와 제6조의 2개로 구성되어 있다.

제4장 정치적 경제적 조항(Polidical and Economic Clauses)은 제7조에서 제13조까지 7개로 구성되어 있으며,

제5장 청구권과 소유권(Clains and Property)은 제14조에서 제21조까지 8개 조로 구성되어 있고,

제6장 분쟁의 해결(Settlement of Disputes)는 제22조 1개조로 구성되어 있다.

제7장 최종조항(Final Clauses)은 제23조에서 제27조까지 5개조로 구성되어 있으며,

제23조는 비준, 제24조는 기탁, 제25조는 연합국, 제27조 문서의 보관에 관해 각각 규정하고 있다.

이상의 규정 중 동 조약의 제3국인 한국에 적용되는 조항은 제21조, 제2조, 제4조, 제9조 및 제12조로 5개 조이다.

그중 제21조는 제5항(청구권과 재판)에 규정되어 있으며, 제2조는 제2장 영토에 규정되어 있으며, 제4조는 제2장 영토에, 제9조와 제12조는 제4장 정치적 및 경제적 조항에, 각각 규정되어 있다.

한국은 동 조약의 체약당사국이 아니라 제3국인 한국에 예외적으로 적용되는 특별조항이다.

IV. 대일평화조약의 한국에서에의 적용조항

1. 제21조의 규정

동 조약의 조항 중 한국에 적용되는 조항을 규정한 제21조는 다음과 같이 규정하고 있다.

중국은 본 조약 제25조의 규정에 관계없이, 제10조 및 제14조 (a)2의 이익을 받을 권리를 가지며, 한국은 본 조약의 제2조, 제4조, 제9조 및 제12조의 이익을 받을 권리를 가진다.

Notwithstanding the provisions of Article 25 of the present Treaty, China shall be entitled to the benefits of Articles 10 and 14(a)2; and Korea to the benefits of Articles 2, 4, 9 and 12 of the present Treaty.

동 조는 제25조 와 저촉되는 문제를 안고 있다. 이에 관해서는 후술하기로 한다.

2. 제2조의 규정

한국의 독립과 영토를 규정한 제2조는 다음과 같이 규정하고 있다.

(a) 일본은 한국의 독립을 승인하고, 제주도·거문도 및 울릉도를 비롯한 한국에 대한 모든 권리·권원 및 청구권을 포기한다.

(a) Japan recognizing the independence of Korea, renounces all right, title and claim to Korea, including the islands of Quelpart, Port Hamilton and Dagelet.

동 조에 독도의 영유권이 명시되어 있지 아니하고, 동 조는 "한일합방조약"의 유효를 전재로 한 것으로 해석된다는 문제가 제기된다.

3. 제4조의 규정

동 조 제4조는 일본이 반환해야 할 재산권에 관해서 다음과 같이 규정하고 있다.

(a) 이 조항의 (b)의 규정에 따라, 일본의 부동산 및 제2조에 언급된 지역의 일본 국민들의 부동산의 처분 문제와, 현재 그 지역들을 통치하고 있는 당국자들과 그곳의 (법인을 비롯한) 주민들에 대한 (채무를 비롯한) 그들의 청구권들, 그리고 그러한 당국자들과 주민들의 부동산의 처분과 일본과 그 국민들에 대한 그러한 당국자들과 주민들의 채무를 비롯한 청구권들의 처분은 이본과 그 당국자들 간에 특별한 협의의 대상이 된다. 그리고 일본에 있는, 그 당국이나 거류민의 재산의 처분과, 일본과 일본국민을 상대로 하는 그 당국과 거류민의 청구권(부채를 포함한)의 처분은 일본과 그 당국 간의 별도 협정의 주제가 될 것이다. 제2조에서 언급된 지역에서의 어떤 연합국이나 그 국민의 재산은, 현재까지 반환되지 않았다면, 현존하는 그 상태로 행정당국에 의해 반환될 것이다.

(b) 일본은 제2조와 제3조에 언급된 지역에 있는 일본과 일본국민 재산에 대해, 미군정청 지침이나 이에 준해서 제정된 처분권의 적법성을 인정한다.

(c) 본 조약에 의해서 일본의 지배에서 벗어난 지역과 일본을 연결하는, 일본소유의 해저 케이블은 균등하게 분할될 것이다. 일본은 일본 측 터미널과 그에 접하는 절반의 케이블을 갖고, 분리된 지역은 나머지 케이블과 터미널 시설을 갖는다.

(a) Subject to the provisions of paragraph (b) of this Article, the disposition of property of Japan and of its nationals in the areas referred to in Article 2, and their claims, including debts, against the authorities presently administering such areas and the residents (including juridical persons) thereof, and the disposition in Japan of property of such authorities and residents, and of claims, including debts, of such authorities and residents against Japan and its nationals, shall be the subject of special arrangements between Japan and such authorities. The property of any of the Allied Powers or its nationals in the areas referred to in Article 2 shall, insofar as this has not already been done, be returned by the administering authority in the condition in which it now exists. (The term nationals whenever used in the present Treaty includes juridical persons.)

(b) Japan recognizes the validity of dispositions of property of Japan and Japanese nationals made by or pursuant to directives of the United States Military Government in any of the areas referred to in Articles 2 and 3.

(c) Japanese owned submarine cables connection Japan with territory removed from Japanese control pursuant to the present Treaty shall be equally divided, Japan retaining the Japanese terminal and adjoining half of the cable, and the detached territory the remainder of the cable and connecting terminal facilities.

위의 규정은 일본이 연합국에 반환하지 아니한 재산을 일본이 반환하여야 하는데 여기에 연합국에는 한국도 포함된다는 규정이다.

4. 제9조의 규정

이는 1965년 국교정상화시 "한일기본관계조약"과 "한일어업협정"에 의해결된 규정이다.

일본은 공해상의 어업의 규제나 제한, 그리고 어업의 보존 및 발전을 규정하는 양자 간 및 다자간 협정을 체결하기를 바라는 연합국들과 즉각 협상을 시작한다.

Japan will enter promptly into negotiations with the Allied Powers so desiring for the conclusion of bilateral and multilateral agreements providing for the regulation or limitation of fishing and the conservation and development of fisheries on the high seas.

연합국이 일본과 어업에 관해 양자 또는 다자조약의 체결을 원하는 경우 일본은 연합국과 즉각 협상을 시작한다. 한국은 연합국은 아니지만 연합국과 같이 일본과 어업협정의 체결을 원하는 경우 일본을 즉각 협상을 시작한다. 이는 1965년 한국이 일본과 국교를 정상화 하면서 "한일어업협정"을 체결하였다.

5. 제12조의 규정

제12조는 해상무역에 관해 일본과 연합국의 조약체결에 관해 다음과 같이 규정하고 있다.

(a) 일본은 안정적이고 호혜적 관계를 바탕으로 한 거래와 해상무역을 위하여 연합국과 조약을 맺거나 협상결과를 이끌어 내기 위하여 신속한 협정에 임할 준비가 되어있음을 선언한다.

(b) 관련 조약이나 협정상 합의사항 보류 시 현행 협정사항이 효력을 얻는 초년도부터 4년 기간 동안 일본은,

(1) 연합군의 권력과 구성국가들, 생산물자와 선박들을 수용한다.

(ⅰ) 최혜국 협정을 수용하여 관세율 적용과 부과, 제한사항 그리고 기타 물자수출입과 연관해서는 관련규정을 따른다.

(ⅱ) 해운, 항해 및 수입상품에 대한 내국민 대우와, 자연인, 법인 및 그들의 이익에 대한 내국민 대우. 다시 말해 그러한 대우는 세금의 부과 및 징수, 재판을 받는 것, 계약의 체결 및 이행, (유,무형) 재산권, 일본법에 따라 구성된 자치단체에의 참여 및 일반적으로 모든 종류의 사업활동 및 직업활동의 수행에 관한 모든 사항들을 포함한다.

(2) 일본 공기업들의 대외적인 매매는 오로지 상업적 고려만을 기준으로 하고 있다는 것을 보장한다.

(c) 하지만, 어떤 문제에 대해 일본은 관련된 연합국이 같은 문제에 대해 일본에게 경우에 따라 내국민 대우나, 최혜국 대우를 주는 범위 내에서만, 그 연합국에게 내국민 대우나, 최혜국 대우를 주어야 한다.
앞에서 말한 상호주의는 연합국의 어떤 비수도권 지역의 생산품, 선박 및 자치단체, 그리고 그 지역에 거주하는 사람들의 경우에, 그리고 연방정부를 가지고 있는 어떤 연합국의 준, 지방의 자치단체와 그 주나 지방에 거주하는 사람들의 경우에, 그러한 지역이나, 주 또는 지방에서 일본에게 제공하는 대우를 참조하여 결정된다.

(d) 이 조를 적용함에 있어서, 차별적 조치는 그것을 적용하는 당사국의 통상조약에서 통상적으로 규정하고 있는 예외에 근거를 둔 것이라면, 또는 그 당사국의 대외적 재정 상태나, (해운 및 항해에 관한 부분을 제외한) 국제수지를 보호해야 할 필르요에 근거를 둔 것이라면, 또는 긴요한 안보상의 이익을 유지해야할 필요성에 건거를 둔 것이라면, 그리고 그러한 조치가 주변상황과

조화를 이루면서, 자의적이거나, 비합리적으로 적용되지 않는다면, 경우에 따라서 내국민 대우나 최혜국 대우를 허용하는 것과 상충하는 것으로 간주되지는 않는다.

(e) 이 조에 의한 일본의 의무는 본 조약의 제14조에 의한 연합국의 어떤 권리 행사에 의해서도 영향을 받지 않는다. 아울러 이 조의 규정들은 본 조약의 제15조에 따라 일본이 감수해야 할 약속들을 제한하는 것으로 해석되어서는 안 된다.

(a) Japan declares its readiness promptly to enter into negotiations for the conclusion with each of the Allied Powers of treaties or agreements to place their trading, maritime and other commercial relations on a stable and friendly basis.

(b) Pending the conclusion of the relevant treaty or agreement, Japan will, during a period of four years from the first coming into force of the present Treaty

    (1) accord to each of the Allied Powers, its nationals, products and vessels

        (i) most-favoured-nation treatment with respect to customs duties, charges, restrictions and other regulations on or in connection with the importation and exportation of goods;

        (ii) national treatment with respect to shipping, navigation and imported goods, and with respect to natural and juridical persons and their interests - such treatment to include all matters pertaining to the levying and collection of taxes, access to the courts, the making and performance of contracts, rights to property (tangible and intangible), participating in juridical entities constituted under Japanese law, and generally the conduct of all kinds of business and professional activities;

    (2) ensure that external purchases and sales of Japanese state trading enterprises shall be based solely on commercial considerations.

(c) In respect to any matter, however, Japan shall be obliged to accord to an Allied Power national treatment, or most-favored-nation treatment, only to the extent that the Allied Power concerned accords Japan national treatment or most-favored-nation treatment, as the case may be, in respect of the same matter. The reciprocity envisaged in the foregoing sentence shall be determined, in the case of products, vessels and juridical entities of, and persons domiciled in, any non-metropolitan territory of an Allied Power, and in the case of juridical entities of, and persons domiciled in, any state or province of an Allied Power having a federal government, by reference to the treatment accorded to Japan in such territory, state or province.

(d) In the application of this Article, a discriminatory measure shall not be considered to derogate from the grant of national or most-favored-nation treatment, as the case may be, if such measure is based on an exception customarily provided for in the commercial treaties of the party applying it, or on the need to safeguard that party's external financial position or balance of payments (except in respect to shiping and navigation), or on the need to maintain its essential security interests, and provided such measure is proportionate to the circumstances and not applied in an arbitrary or unreasonable manner.

(e) Japan's obligations under this Article shall not be affected by the exercise of any Allied rights under Article 14 of the present Treaty; nor shall the provisions of this Article be understood as limiting the undertakings assumed by Japan by virtue of Article 15 of the Treaty.

위의 해상무역에 관한 연합국의 조약체결의 의무에 관한 규정 중 연합국에는 한국이 포함된다는 규정이다.

V. 대일평화조약 제19조 (d)항의 한국에서 적용 여부

"대일평화조약" 제21조는 한국에 적용되는 조항을 제2조, 제3조, 제9조 및 제12조로 규정하고 있다.

진술한 바와 같이 이는 예외적으로 한국에 적용되는 조항이므로 제21조에 규정된 조항부는 예시적 조항이 아니라 열거적 조항이다. 따라서 제19조 (d)항은 제21조에 규정되어 있지 아니하므로 이는 한국에 적용되는 조항이 아니다.

그러나 한국에서 적용되는 것으로 제21조에 규정된 제2조 (a)항은 해석함에 있어서 "조약법 협약" 제31조 제1항의 규정에 의거 제19조 (d)항은 문맥으로 인정되므로 제19조 (d)항은 제2조 (a)항을 적용함에 있어서 가장 밀접한 관계가 있으므로 간접적으로 한국에 적용되게 된다.

그러므로 제2조 (a)항은 제21조의 규정에 의거 한국에 직접적으로 적용되는 조항이고 제19조 (d)항은 "조약법 협약" 제31조 제1항의 규정에 의거 간접적으로 한국이 적용되는 조항이라고 볼 수 있다.

VI. 결언

전술한 바와 같이 한국은 "대일평화조약"의 체약당사자가 아니라 제3자의 지위에 있으나 동 조약 제21조의 규정에 의거 한국에 적용되는 조항이 있다.

이들 조항은 모두 한국이 이익을 향유할 권리를 인정하는 것이다. 그러나 이들 조항은 "한일합방조약"이 유효로 해석될 수 있는 조항이 있다. 이러한 해석을 배제하기 위해 동 조약의 어떠한 규정도 "한일합방조약"의 유효로 해석되지 아니한다는 내용의 해석유보 또는 해석선언을 함을 요한다.

제3절 대일평화조약 체결교섭에의
대한민국 정부의 참가문제

Ⅰ. 서언

일찍이 대한민국임시정부는 1941년 12월 10일에 일본에 대해 전쟁을 선포했었다. 대한민국임시정부는 1945년 3월 1일에 대일평화교섭에 참가할 수 있도록 초청해 줄 것을 미 국무부에 요청한 바 있다. 그리고 대한민국 정부는 1951년 7월 한국전쟁 기간에도 대일평화교섭과 서명에 참가하여야 한다고 미 국무부에 요청했으나 모두 거절당하고, 1951년 9월 8일 샌프란시스코에서 48개 연합국과 일본 간에 "대일평화조약"이 체결되어 대한민국은 "대일평화조약"의 체약당사자의 지위를 잃고 동 조약의 제3자의 지위에 머물게 되고 말았다. 그러나 일본은 동 조약의 체결절차에 참여하고 또 서명했으나 대한민국은 동 조약의 체결절차에 참여할 수 없었으므로 독도의 영유권에 관해 일본과 달리 동 조약의 체결과정에 능동적으로 참여할 수 없었다. 따라서 독도가 대한민국의 영토라는 명시적인 규정을 동 조약에 규정할 수 없었다.

"대일평화조약" 제2조 (a)항은 "일본은 한국의 독립을 승인하고, 제주도·거문도 및 울릉도를 포함한 한국에 대한 모든 권리·권원 및 청구권을 포기한다"라고 규정하여 동 조항의 해석에 관해 한일 간에 첨예한 대립이 있다.

한편, '조약법 협약' 제32조는 "조약의 해석의 보충적 수단으로 ⋯ 의미를 결정하기 위해 조약의 교섭기록 및 그 체결시의 사정을 포함한 해석의 보충적 수단에 의할 수 있다⋯"(recourse may be had to supplementary means of interpretation, including the preparatory work of the treaty and the circumstances of its conclusion⋯)라고 규정하고 있다. 한국이 "대일평화조약" 체결에 참여할 수 없었던 것은 해석의 보충적 수단인 조약체결의 사정을 구성한다.

이 연구는 "대일평화조약" 제2조 (a)항을 해석함에 있어서 보충적 수단으로 "동 조약의 체결사정"의 하나로 대한민국은 동 조약 제2조 (a)항의 규정작업에 참여할 수 없었던 사정을 제시하기 위해 시도된 것이다.

이하 "대일평화조약의 체결과정", "대일평화조약 체결교섭에서 대한민국정부의 참가논의", 그리고 "조약의 보충적 해석수단으로서 조약체결사정" 순으로 기술하기로 한다.

이 연구는 자연법론을 극복한 법실증주의에 입각하여 *lex lata*를 대상으로 한 것임을 여기 밝혀 두기로 한다. "대일평화조약" 제2조 (a)항을 해석의 보충적 수단인 조약의 체결사정에 따라 동 조항을 해석할 때 독도는 일본이 포기한 영토에 포함되며 일본으로부터 분리된 한국의 영토인 것이다.

II. 대일평화조약의 체결과정

다른 전쟁의 경우 평화조약의 체결과 달리 "대일평화조약"은 그에 앞서 "항복선언"과 "항복문서"의 서명이라는 과정을 거쳤다.

무조건 항복이라는 과정을 거쳤으나 제2차 대전도 평화조약의 체결로 최종적 정리를 하게 되었다. 제2차 대전의 적대행위가 종료된 후 그 적대국과의 평화조약이 성립하기까지는 상당한 시간을 요했다. 이탈리아의 경우는 1943년 9월에 무조건 항복을 한 후 1947년 2월 평화조약이 정식으로 서명되기까지는 3년 반이라는 시간을 요했으며, 일본의 경우는 1945년 8월 15일 "무조건 항복"에서 1951년 9월까지 6년이란 세월을 요했으며, 서독의 경우는 1955년 "파리협정"에 의하여 서독의 주권이 회복되기 위해서 10년이란 시간을 요했다.

1. 미국의 역할

1945년 9월 2일 일본이 "포츠담 선언"을 수락하여 연합국에 항복한 이후 미국은 사실상 단독으로 일본을 관리하고 있었으므로 대일관계에 있어서 소련에 비해 유리한 입장에 있었다.[1]

1947년 3월 17일 MacArthur 최고사령관은 "우리가 일본과 평화회담을 해야 할 시기가 지금 도래했다"고 발표함으로써 평화조약 체결의 필요성을 제의했다.

2. 영국의 역할

1947년 5월 영국외상은 일본과의 평화조약은 극동위원회(Far Eastern Commission)의 11개국에 의해 논의되어야 한다고 공식으로 성명했으며,

---

1) L. V. Aduard, *Japan: From Surrender to Peace* (New York: Praegar, 1954), pp.103-104.

미국은 영국의 주장에 따라 극동위원회 구성국에게 조약안을 기초하도록 했다.[2]

1947년 7월 11일 미국은 극동위원회의 구성국인 11개국 대표에 대하여 대일평화 예비회의의 개최를 제의했으나 7월 14일 소련외상은 미국·영국·소련·중국의 외상회의를 개최할 것을 제의하여 미국의 제의를 반대했다.[3] 이와 같이 미국과 소련의 대립에 대해 중국은 극동위원회를 구성하는 11개국이 평화조약안을 기초하되 회의의 표결은 미국·영국·소련·중국의 일치를 포함하는 다수결제로 하자는 절충안을 제의했으나 미국과 소련은 모두 이를 수락하지 않았다.[4] 이리하여 대일평화문제는 공산진영과 비공산진영의 대결로 좌초되고 말았다. 따라서 영국은 큰 역할을 할 수 없었다. 이에 미국은 전면 평화의 방법을 포기하고 분리 평화의 방법을 강구하게 되었다.[5]

3. 영연방 외상회담

1950년 1월 콜롬보 영연방 외상회담과 방콕의 극동주재 미 외교관 회담에서 대일평화의 조기체결 문제가 의논되었고, 6월 미 국무부장관 John Foster Dulles가 일본을 방문하여 대일평화의 촉진의 움직임을 보였다.[6]

이러한 미국의 분리 평화조약 체결의 일방적 움직임에 대한 대응 조치로서 크레믈린은 한국동란을 계획하고 수행한 것이다.[7]

한국동란의 발발로 미·소의 대결은 더욱 심화되고 태평양에서의 일본의 전략적 지위의 중요성이 재인식되었다.

---

2) *Ibid.*, p.66.
3) *Ibid.*, p.68.
4) *Ibid.*
5) *Ibid.*, p.149.
6) *Ibid.*, pp.144-145, 152.
7) A. S. Whiting, *China Crosses the Yalu: The Decision to Enter the Korean War* (New York: Macmillan, 1960), pp.37-40.

1951년 1월 미국은 Dulles 특사를 일본에 파견하여 조야 인사들과 회견하게 했으며 3월에 미국 측 평화조약 초안이 극동위원회구성 11개국 외에 한국, 세이론, 인도네시아에 배부되었다.[8]

4. 소련의 역할

1951년 5월 7일 소련은 미국의 평화조약초안에 반대한다는 문서를 미국에 보내왔으며 그 반대 이유로 1945년 8월 2일의 미국, 영국, 중국, 소련 그리고 프랑스의 5개국 외상이 참가한 "포츠담 협정"에 의거 외상회의가 설치되었으며 또 1945년 9월의 항복문서에 서명한 미국, 영국, 중국 그리고 소련의 대일평화조약 초안은 이들의 참여로 이루어져야 한다는 것이었다.[9]

7월 20일에 미국과 영국의 공동 명의로 샌프란시스코 평화회의 초청장이 소련을 포함한 49개국에 발송되었다.[10] 1951년 9월 4일에서 8일까지 샌프란시스코에서 평화회의가 열렸으며, 8일에 "대일평화조약"이 48개 연합국과 일본에 의해 서명되었다.[11] 그러나 태국, 중국, 체코슬로바키아, 인도, 폴란드 그리고 소련은 동 평화조약에 서명하지 않았다.[12]

---

8) Aduard, *supra* n.1, pp.177-820.

9) D. Folliot, *Documents on International Affairs, 1951* (London: Oxford University. Press, 1954), pp.579-580.

10) Aduard, *supra* n.1, pp.199-200.

11) Marjorie M. Whiteman, *Digest of International Law*, Vol.3(Washington. D.C: USGPO, 1964), pp.555-556.

12) *Ibid.*

III. 대일평화조약 체결교섭에서 대한민국정부의 참가논의

1. 대한민국정부의 요청

대한민국은 "대한민국임시정부"시절부터 "대한민국정부"시절까지 "대일평화조약"의 교섭과정 및 서명과정에 공식적으로 참여의 의사를 표시해왔다.

가. 대한민국임시정부의 요청

대한민국임시정부는 1945년 3월 1일 이승만 박사의 미 국무장관에게 보낸 공한에서 대한민국임시정부가 일본에 대해 1941년 12월 10일 공식적으로 전쟁을 선포했으므로 대한민국은 "대일평화조약"의 교섭과 서명에 참가하여야 한다고 다음과 같이 주장했다.

> 대한민국임시정부는 1941년 12월 10일 일본에 대해 공식적으로 전쟁을 선포했다.
> The Korean Provisional Government formally declared war on Japan on December.[13]

대한민국임시정부는 일본에 대해 전쟁을 선포했으나 이는 미국에 의해 승인되지 아니했다.

나. 대한민국정부의 요청
(1) 장면 대사

대한민국임시정부의 요청에 뒤이어 대한민국정부도 대한민국이 "대일평화조약"의 교섭과정과 서명에 참가하기를 원한다고 미 국무부에 요청했

---

13) US Department of State, Office Memorandum : Japanese Peace Settlement and States of War with Japan, June 20, 1949, I.3.; Letter form Dr. Syngman Rhee to the secretary of State dated March 1, 1945.

다. 1951년 1월 4일 장면 주미한국대사가 미 국무부장관에게 보낸 서한을 통해 대한민국은 대일평화조약의 교섭과 서명에 참가하도록 초청받기를 희망한다고 다음과 같이 요청했다.

　　우리 정부의 훈령에 따라 대한민국은 대일평화조약의 교섭과 서명에 참가하도록 초대받고자 하는 바이다 … 제2차 대전 기간 대한민국은 교전자의 지위는 공식적으로 승인되지 아니했으나 대한민국의 대일교전상태는 사실상 존재했다.

　　At the instruction of my Government, I have the honor to convey to your Excellency a request that the Republic of Korea be invited to participate in negotiations and the signing of the peace treaty with Japan … the belligerent status of Korea was not formally recognized during World War Ⅱ, Korean's anti-Japan belligerency did exist *de facto*.[14]

(2) 양유찬 대사

1951년 7월 9일 11시 30분에 양유찬 대사가 John Foster Dulles 대사에게 전화 했을 때 Dulles 대사는 양 대사에게 일본과 전쟁상태에 있는 국가와 유엔선언의 서명국만이 대일평화조약에 서명하는 것이기 때문에 대한민국정부는 동 조약서 서명국이 될 수 없다고 다음과 같이 지적했다.

　　오직 일본과 전쟁상태에 있는 국가와 1942년 1월 유엔선언의 서명국만이 동 조약에 서명하기 때문에 대한민국정부는 동 조약의 한 서명국이 될 수 없을 것이다.

　　The ROK Government would not be a signatory to the treaty, since only those nations in a state of war with Japan and which were signatories of the United Nations Declarations of January 1942 would sign the treaty.[15]

이에 대해 양 대사는 대한민국임시정부는 일본과 전쟁상태에 있었다고

---

14) Korean Embassy in Washington D.C, A Letter to Dean Acheson(Secretary of State from John M. Chang(Korean Ambassador), dated January 4, 1951.
15) US Department of State, Memorandum of conversation : Japanese Peace Treat, dated July 9, 1951, para.2.

다음과 같이 항의했다.

> 대한민국임시정부는 제2차 대전 전 수 년 동안 일본과 실제로 전쟁상태에 있었다.
>
> The Korean Provisional Government had, in fact, been in a state of war with Japan even for many years prior to World War Ⅱ.[16]

그러나 Dulles 대사는 한국은 조약의 규정으로부터 이익을 향유하게 될 것이라고 다음과 같이 지적했다.

> 한국은 다른 국가들과 같이 평등하게 조약의 모든 일반 규정으로부터 이익을 함유할 것이다.
>
> Korea would benefit from all of the general provisions of the treaty equally with other nations.[17]

2. 미 국무부의 입장

1949년 12월 12일 미 국무부 "국동연구과"(Division of Research for Far East)가 연구 작성한 "일본 평화 해결의 대한민국의 참가"(participation of the Republic of Korea)라는 연구문서에 대일평화조약에 있어서 대한민국의 참가문제에 관한 폭넓고 심도 있는 연구결과가 다음과 같이 제시 보고되었다.

> "일본 평화해결에 있어서 대한민국의 참가"(Participation of the Republic of Korea in the Japanese Peace Settlement)의 목차와 내용은 다음과 같이 구성되어 있다.
>
> Ⅰ. 참가를 위한 대한민국의 청구(Claim of the Republic of Korea for participation)
> Ⅱ. 평화회의에 있어서 대한민국의 이익의 본질(Nature of the Korean interest in the peace settlement)

---

16) *Ibid.*, para.3.
17) *Ibid.*, para.2.

Ⅲ. 평화회의에 있어서 대한민국의 참가 또는 불참가 결과(consequences of participation or non-participation of the Republic of the Korea in the peace conference)[18]

위의 연구에서 대한민국의 참가를 부정하는 미 국무부의 이유는 다음과 같이 요약된다.

첫째, 북한의 참가 요청과 소련의 지지

이 보고서는 대한민국의 참가요청은 북한의 참가요청을 유발하게 하며 북한의 참가요청은 소련의 지지를 얻은 것이라고 다음과 같이 기술하고 있다.

> 대한민국의 참가를 위한 요청은 즉시 조선인민민주주의 인민공화국에 의해 유사한 참가에 대한 요구가 즉시 처리될 것이고, 소련이 이 조치에 있어서 중요한 역할을 아마도 거의 위성국가들로부터 뿐만 아니라 인도와 같이 극동 국가로부터의 지지를 획득할 것이며
>
> an invitation to the Republic of the Korea to the participation would also immediately draw demands for similar participation by the Democratic people's Republic of the Korea. The Soviet Union would take the initiative in this action and would probably gain support not only from its satellites but also from Far Eastern countries such as India[19]

동 보고서는 한국의 참가 초청은 북한의 참가 초청문제를 제기하게 되므로 한국의 참가요청을 거부하여야 한다고 기술하고 있다.

이와 같이 미 국무부가 대한민국의 대일평화조약의 교섭과 서명에 한국이 참가하는 것을 거부한 이유 중에 하나는 소련 측에서 북한의 참가를 지지할 것에 대비하기 위한 것이었다.

---

18) US Department of State, Division of Research for Far East, "Participation of the Republic of Korea in the Japanese Peace Settlement, Table of Contents", dated December 12, 1949.

19) Ibid.

둘째, 대한민국정부의 불승인

미 국무부는 대한민국의 불승인을 대한민국의 대일평화조약의 교섭을 거부하는 이유 중의 하나를 다음과 같이 들고 있다.

> 1910년 조약에 의한 일본의 한일합방은 미국을 포함한 거의 모든 국가에 의해 승인되었고, 1948년까지 한국국가 또는 한국정부로 일반적으로 승인되지 아니했다. 한국에서 일본규칙에 대한 저항을 지방화 또는 단기내란으로 금지되었다. … 한국의 법적 지위를 고려하지 아니하고 일본의 평화해결에 있어서 한국의 제2차 대전에 있어서 일본에 대한 교전자로부터 주요 유도되지 아니 한다. 반대로 한국에서의 이익은 거의 1910에서 1945년까지의 기간 동안 한국에 대한 일본제국주의의 규칙으로부터 주로 유도되는 것이다.
>
> the Japanese annexation of Korea by treaty in 1910 was recognized by all most all countries, including the US, and no general recognition was given by Korean state or government until 1948. Resistance to Japanese rule within Korea was restricted to localized or brief disorders.[20]

이와 같이 미국이 한국의 참가요청을 거부한 이유 중 첫째는 한국의 참가를 허용하면 북한이 참가를 요청하게 될 것이고, 이 요청은 소련에 의해서 강력히 지지될 것이라는 우려에 의한 것이었다. 그리고 둘째는 한국은 미국이 승인하지 않은 국가 또는 정부였다는 것이었다.

Ⅳ. 조약의 보충적 해석수단으로서 조약체결사정

1. 해석의 보충적 수단의 의의

조약법상 해석의 보충적 수단(supplementary means of interpretation)은 여러 가지로 정의되고 있다.

Gerald G. Fitzmaurice는 해석의 보충적 수단을 해석의 주요원칙(major

---

20) US Department of State, *supra* n.13, Ⅰ (Claim of the Republic of Korea for Participation)

principles of interpretation), 즉 해석의 주된 원칙을 보조하는 해석수단이라고 한다.21) 그에 의하면 해석의 주요 원칙은 다음과 같다.22)

   (ⅰ) 실제의 원칙(principles of actuality): 실제적 조약문에 기초한(on the basis of actual text) 해석의 원칙

   (ⅱ) 자연적 의미의 원칙(principle of natural meaning): 통상적, 자연적, 비곡해적 의미(normal, natural, unstrained meaning)의 해석의 원칙

   (ⅲ) 통합의 원칙(principle of integration): 조약 전체로(treaty as a whole) 해석의 원칙

   (ⅳ) 실효성의 원칙(principle of effectiveness): 충분한 비중을 주는(give the fullest weight) 해석의 원칙

   (ⅴ) 후속적 관행의 원칙(principle of subsequent practice): 당사자의 후속적 관행에 의존하는 해석의 원칙

   Fitzmaurice에 의하며 해석의 보충적 수단에는 "조약의 준비작업"(*travaux preparatoires* of the treaty)과 "조약의 체결사정"(circumstances of treaty conclusion)이 포함된다.23)

   J. G. Starke에 의하면 해석의 보충적 수단이란 "조약의 문맥에 한정된 해석, 즉 통상적 해석(normal interpretation)이 모순된(contradicted) 경우 의존할 수 있는 조약의 외부적 자료(extrinsic materials)"24)를 뜻한다. 그러한 외부적 자료에는 "조약의 준비작업"과 "조약의 체결사정"이 포함된다고 한다.25)

   Isagani A. Cruz는 해석의 보충적 수단을 "해석의 불합리를 피하고(absurdity is to be avoided) 보다 합리적인 결과를 선호하기 위해 조약의 내적 조력

---

21) "main principles of interpretation", Gerald G. Fitzmaurice, "The Law and Procedure of the International Court of Justice: Treaty Interpretation and Certain other Treaty Points", *BYIL*, Vol. 28, 1951, p.9.

22) *Ibid*.

23) "recourse to the subsequent practice of the parties", *ibid.*, pp.10-12, 14-17, 22-25.

24) "interpretation limited to the context of the treaty", J. G. Starke, *Introduction to International Law*, 9th ed.(London: Butterworth, 1984), p.458.

25) *Ibid*.

(intrinsic aids)이 가용하지 않은 경우 의존할 수 있는 외적 조력(extrinsic aids)의 수단"이라고 정의하고,26) 그러한 보충적 수단으로 "조약의 준비작업"과 "조약의 체결사정"을 들고 있다.27)

Robert Jennings와 Arthur Watts에 의하면 해석의 보충적 수단이란 "해석의 기초적 규칙(the basic rules of interpretation)에 의한 해석의 의미가 모호하거나 애매한 경우 또는 부조리하거나 불합리한 경우 의존할 수 있는 해석수단"을 뜻한다고 하며,28) 그러한 해석수단으로 "조약의 체결사정", "조약의 준비작업" 등 11개의 수단을 제시하고 있다.29)

Ian Sinclair는 해석의 보충적 수단을 "조약의 조약문의 설명에 출발점을 두고 있는 해석의 일반규칙(general rule of interpretation)에 대해 해석의 과정에서 제2차적 또는 보충적 역할을 하는 수단"으로 보고,30) 그 수단으로 "조약의 준비작업"과 "조약의 체결사정"을 제시하고 있다.31)

"조약법 협약"32) 제32조는 해석의 보충적 수단에 관해 다음과 같이 규정하고 있다.

> 제31조의 적용으로부터 나오는 의미를 확인하기 위하여 또는 의미를 결정하기 위하여 … 조약의 준비작업 및 조약의 체결사정을 포함한 해석의 보충적 수단에 의존할 수 있다.
>
> recourse may be had to supplementary means of interpretation, including the preparatory work of the treaty and the circumstances or its conclusion, in order to confirm the meaning resorting from the application of article 31, or to

---

26) "more rational result preferred", Isagani A. Cruz, *International Law* (Quezon: Central Lawbook, 1992), p.181.

27) *Ibid.*

28) Robert Jennings and Arthur Watts(eds.), *Oppenheim's International Law*, Vol. 1, 9th ed. (London: Longman, 1992), pp.1275-1276.

29) *Ibid.*, pp.1275-1276.

30) "elucidation of the text of the treaty", "secondary or supplementary role in the process of interpretation", Ian Sinclair, *The Vienna Convention on the Law of Treaties*, 2nd ed.(Manchester: Manchester University. Press, 1984), p.141.

31) *Ibid.*

32) Shabtai Rosenn, "Vienna Convention on the Law of Treaties", *EPIL*, Vol.7, 1984, p.525.

determine the meaning⋯.

위의 규정에 의하면 "해석의 보충적 수단"이란 "제31조의 적용", 즉 "해석의 일반규칙(general rule of interpretation)의 적용의 결과로부터 나오는 의미가 애매하거나 불합리할 경우, 그 의미를 확인하기 위하여 또는 결정하기 위하여 의존할 수 있는 해석수단"을 의미하며, 이에는 "조약의 준비작업"과 "조약의 체결사정"이 포함된다.

위 제31조의 정의는 전술한 여러 학자의 정의를 모두 포괄하므로, 이 연구에서는 이 정의를 따르기로 한다. 이와 같이 언어의 문법적 통상적 의미(grammatical and ordinary sense of word)의 불합리성과 모순성을 피하기 위하여 해석의 보충적 수단으로 이 해석을 수정하는 규칙을 "황금의 규칙(golden rule)"이라 한다.33) 그리고 이러한 "해석의 보충적 수단"에 의한 해석을 "역사적 해석(historical interpretation)"이라 한다.34) "우리 인간사에 있어서 어떤 현재의 사태를 이해하려는 의미를 역사적으로 고려하는 것은 우리 문화에 있어서 자연스러운 것이다."35)

2. 해석의 보조적 수단의 내용

가. 조약의 준비 작업
조약의 준비작업은 조약체결의 역사적 사실로, 준비초안, 회의 토의록, 교섭기록 등이 포함된다.36)

---

33) "absurdity and inconsistency", H. Lauterpacht, 'Restrictive Interpretation of Treaties', *BYIL*, Vol.26, 1949, p.53.

34) Georg Schwarzenberger and E. D. Brown, *A Manual of International Law*, 6th ed. (Milton: Professional Books, 1976), p.134; Rudolf Bernhardt, "Interpretation in International Law", *EPIL*, Vol.7, 1984, pp.322-323.

35) "it is natural in our civilization to think historically in the sense that we seek to understand any present situation in human affairs", M. S. McDougal, H. D. Lasswell and J. C. Miller, *The interpretation of Agreements and World Public Order* (New Haven: Yale Univ. Press, 1967), p.67.

나. 조약의 체결사정

조약은 하나의 고립된 행위로(as an isolated act) 체결되는 것이 아니라 다른 사정을 형성하고 있는 제한적인 국제적 행위의 연속적인 시리즈의 부분으로 체결된다.37) 문서가 성립되게 된 역사적, 즉 정치적 경제적 사정이 고려될 수 있다.38) 가용한 회의록 등을 조약이 교섭된 때에 존재한 사태를 재구성하는 것이 가능하고 또 그 의미를 결정하는 것이 가능하다.39)

조약의 체결사정이란 조약 체결을 "둘러싼 사정"(surrounding circumstance)을 말한다.40) 즉, "조약이 교섭되어 온 데 대한 존재한 사태"(situation existing at the time of the treaty was negotiated)41) 또는 "조약이 교섭되어 온데 대한 역사적 배경"42)을 뜻한다. 다시 말해 조약의 의미를 결정하는 사태43)를 의미한다. 또는 "조약의 체결을 유도한 교섭"이라고44) 표현할 수도 있다.

조약의 체결 사정으로 "당사자의 경제적, 정치적, 사회적 조건",45) "당사자가 조약에 의해 규율되기를 원하는 사태의 현실",46) "그 시간에 있었던 사태",47) "역사적 문맥"(historical context),48) "사태와 우연성"(situation),49)

---

36) Georg Schwarzenberger, *International Law*, Vol.1, 3rd ed.(London : Stevens, 1957), p.514.

37) "as a part of a continuing series of international acts", Jennings and Watts, *supra* n.28, p.1278.

38) "historical, that is, political and economic circumstances under which the instrument was established may be taken into consideration", Han Kelsen. *Principle of International Law,* 2nd ed.(New York: Holt, 1967), p.419.

39) "reconstruct the situation existing at the treaty was negotiated", Kurt von Schuschingg, *International Law*(Millwaukee : Bruce, 1959), p.265.

40) Geralk G. Fitzmaurice. "The Law and Procedure of the International Court of Justice, 1951~4: Treaty Interpretation and Other Treaty Points", *BYIL*, Vol.33, 1957, p.206.

41) "situation existing at the time of the treaty was negotiated", Sinclair, *supra* n.30, p.141.

42) "the historical background against which the treaty has been negotiated", *ibid.*

43) "situation existing at the time or the treaty was negotiated, and thus determine its meaning", Schuschnigg, *supra* n.39, p.141.

44) "negotiation led to treaty conditions", Kelsen, *supra* n.38, p.469.

45) "economic, political and social conditions", Sinclair, *supra* n.31, p.141.

46) "reality of the situation which the parties wished to regulate by means of treaty", M. S. McDougal, H. D. Lasswell and J. C. Miller, *The interpretation of Agreements and World Public Order*(New Haven: Yale University. Press, 1967), p.67.

47) "situation as it was that time", *ibid.*

"정치적 경제적 사정"(political and economic circulations)[50] 등을 들 수 있다.

3. 대일평화조약의 해석의 보충적 수단

가. 조약체결의 사정

(1) 대일평화조약 체결의 사정

"대일평화조약"이 한국의 참여 없이 체결되었다는 사정, 한국은 6 · 25 전쟁 중에 있었으므로 대일평화조약 체결에 외교력을 행사할 수 없었다는 사정, 친일적인 Sebald의 기망행위와 미국의 오판에 의해 "제6차 미국초안" 이 작성되었다는 사정 등이다.

(2) 대일평화조약의 해석

"조약체결의 사정"을 해석의 보충적 수단으로 하여 "대일평화조약" 제2 조 (a)항을 해석할 때, "조약법 협약" 제31조의 규정에 의거 "신의성실의 원 칙"에 따라 Sebald의 기망행위가 없이 작성된 "제5차 미국초안"으로 돌아 가 동 초안 제6조의 규정에 따라 독도는 한국의 영토로 해석된다.

나. 조약체결의 준비작업

(1) 대일평화조약 체결의 준비작업

"조약체결의 사정"에 추가하여 "조약체결의 준비작업"으로 "제1차 미국 초안", "제2차 미국초안", "제3차 미국초안", "제4차 미국초안" 그리고 "제5 차 미국초안"이다.

(2) 대일평화조약의 해석

해석의 보충적 수단으로 해석할 때도 "조약법 협약" 제31조의 규정에 의

---

48) *The South~West Africa* Case(1966); ICJ, *Reports.* 1066, para. 12.

49) *Certain Express of the United Nations* Case(1962); ICJ *Reports*, 1962, p.186.

50) Kelsen, *supra* n.38, p.459.

거 "신의성설의 원칙"에 따라 독도는 한국의 영토로 해석된다.

V. 결언

대한민국임시정부는 1941년 3월 1일 일본과의 전쟁상태에 있음을 공식적으로 선언한 바 있으며 어려운 여건하에서도 대일평화 교섭과 서명에 참가할 수 있도록 초청해 줄 것을 미 국무부에 요청한바 있다.

대한민국정부도 한국전쟁기간에도 대일평화 교섭과 서명에 참여할 수 있도록 초청해 줄 것을 미 국무부에 요청한 바 있다.

미 국무부가 대한민국임시정부의 요청과 대한민국정부의 요청을 거부하는 이유는 1910년 "한일합방조약"체결 이후 한국은 일본과 부분적인 내란상태에 있었으며 일본과 전쟁상태에 있지 아니했고, 대한민국의 참여는 북한의 참여를 거부할 수 없게 될 뿐만 아니라 북한의 참여요청은 소련을 비롯한 그의 위성국가가 북한의 참여를 지지할 것이라는 것 때문이었다.

결국 대한민국은 "대일평화조약"의 체결교섭과 서명에 참여할 수 없게 되고 다만 동 조약 제21조의 규정에 따라 제2조, 제4조, 제9조 및 제12조의 이익을 향유 할 권리를 갖게 되었다. 그러나 대한민국은 "대일평화조약"의 체약당사자로 되지 못하고 동 조약의 제3자로 머물러 있게 되고 말았다.

한편 "조약법 협약" 제32조는 조약의 보충적 해석 수단으로 "조약의 체결사정"을 규정하고 있다. "대일평화조약" 제2조 (a)항을 해석함에 있어서 한국이 "대일평화조약"의 교섭에 참여하도록 요청했으나 이는 거부되고 말았다는 사정과 일본은 동 조약의 당사자로 연합국과 교섭할 수 있었다는 사정은 동 조약 제2조 (a)항을 해석함에 있어서 해석의 보충적 수단이 될 수 있다.

그러므로 독도관련 정책당국은 "대일평화조약" 제2조를 해석함에 있어서 대한민국임시정부와 대한민국 정부가 대일평화교섭에 참여할 수 있도록 초청해 줄 것을 미 국무성에 요청했으나 이는 거부되어 일본의 연합국과의 교섭에 의해 동 조약 제2조 (a)항이 독도는 한국의 영토라고 규정하지 못한 "조약의 체결 사정"을 고려하여 제2조 (a)항을 해석하는 정책을 대일정책에 적극적으로 반영하여[51] 독도는 일본이 포기한 한국의 영토라고 주장하여야 할 것이다.

---

51) 일본은 동 조약의 체결당사자로서 미국의 정치고문 Sebold의 연합국과의 적극적인 교섭으로 "제6차 미국초안"에 독도는 일본이 포기하는 것으로 규정되지 못했다는 "조약의 체결사정"을 보충적 수단으로 하여 동 조약 제2조 (a)항을 해석하여야 한다는 정책을 수립하여야 할 것이다.

제4절 대일평화조약 제2조 (a)항의 한국에 대한 효력

Ⅰ. 서언

1951년 9월 8일 48개 연합국과 일본 간에 샌프란시스코에서 체결된 "대일평화조약"(the Peace Treaty with Japan)에 한국은 체약당사국이 아니나 동 조약 제21조의 규정에 의해 동 조약 제2조, 제4조, 제9조 그리고 제12조는 한국에 대해 효력이 있다.

그중 제2조 (a)항은 "일본은 한국의 독립을 승인하고, 제주도·거문도 및 울릉도를 포함하는 한국에 대한 모든 권리·권원 및 청구권을 포기한다"라고 규정하고 있다. 따라서 동 조약 제2조 (a)항은 한국에 대해 효력이 미친다.

문제는 동 조약 제2조 (a)항에 규정된 "한국의 독립을 승인하고"와 "한국에 대한 모든 권리를 포기한다"는 규정이 1910년의 "한일합방조약"(the

Annexation Treaty between Korea and Japan)의 유효를 묵시적으로 승인한 것이 아니냐에 있다. "한국의 독립을 승인한다"는 "대일평화조약"이 체결될 당시 한국은 비독립 상태에 있었음을 의미하며, 한국이 비독립의 상태에 있었다는 것은 "한일합방조약"이 유효함을 전제로 한 것이 되며, 또한 "일본은 한국에 대한 권리 등을 포기한다"는 것은 일본이 한국에 대한 권리 등을 갖고 있었음을 전제로 한 것이며 이는 "한일합방조약"이 유효함을 전제로 한 것이다.

요컨대 "대일평화조약"은 "한일합방조약"이 유효함을 전제로 한 것이다. 따라서 한국이 "대일평화조약"이 부여하는 제2조 (a)항의 이익을 받기로 수락하는 것은 "한일합방조약"이 유효함을 묵시적으로 승인하는 것이 된다. 한국은 "대일평화조약"이 부여하는 권리를 받기로 동의하는 의사표시를 하지 아니했으나 "조약법 협약" 제36조는 제3국에 권리를 부여하는 조약에 제3국이 동의의 의사표시를 하지 아니해도 동의는 추정된다고 규정하고 있으므로 "대일평화조약" 제2조 (a)항은 한국이 동의의 의사표시를 하지 아니해도 이는 한국에 적용된다. 따라서 한국은 "대일평화조약" 제2조 (a)항의 규정에 의한 "한일합방조약"의 유효를 묵시적으로 승인한 것이 된다.

이 연구는 이 문제를 제기하고 이에 대한 대처방안을 정부당국에 제의하기 위해 시도된 것이다. 이하 "대일평화조약 제2조 (a)항의 체결 초안상의 규정", "대일평화조약의 한국에 대한 효력규정과 조약법 협약의 제3자에 대한 권리부여규정", "조약법 협약의 적용범위와 조약법 협약의 대일평화조약에의 적용", 그리고 "결론"순으로 논급하기로 한다.

II. 대일평화조약의 한국에 대한 효력규정과
조약법 협약의 제3자에 대한 권리부여 규정

1. 대일평화조약의 한국에 대한 효력규정

한국은 "대일평화조약"의 당사자가 아니나 동 조약은 한국에 적용되는 조약을 제21조에 규정하고 있다.

"대일평화조약" 제21조는 동 조약의 제3자에 대한 효력에 관해 다음과 같이 규정하고 있다.

> 본 조약 제25조의 규정에 불구하고 중국은 제16조 및 제24조 (가) 2의 이익을 향유할 권리를 가지며, 한국은 본 조약의 제2조 · 제4조 · 제9조 및 제12조의 이익을 향유할 권리를 가진다.
>
> Notwithstanding the provisions of Article 25 of the present Treaty, China shall be entitled to the benefits of Articles 10 and 14(a)2; and Korea to the benefits of Articles 2, 4, 9 and 12 of the present treaty.

위의 규정에 따라 한국은 특히 제2조의 "일본은 한국의 독립[1]을 승인하고, 제주도 · 거문도 및 울릉도를 포함한 한국에 대한 권리 · 권원 및 청구권을 포기한다"의 이익을 향유할 권리를 가진다.[2] 동 조에 의거 한국이 향유할 "권리"의 법적 성격은 "권리"가 아니라 "반사적 이익"이다.[3]

---

1) 한국은 "대일평화조약"의 당사자로서의 지위에서 배제되고, 제3자로서 제21조의 권리가 부여되었다. 동 조약상 의무가 부과되는 규정은 없다.
2) 조약은 제3자에게 그의 동의 없이 권리도 의무도 창설하지 아니한다는 것은 일반적인 법의 원칙(general legal principle)이고 동시에 상식이다(Ian Sinclair, The Vienna *Convention on the Law of Treaties*, 2nd ed.(Manchester: Manchester University Press, 1984), p.98). 조약에 규정된 제3국의 권리는 그 제3국이 동의한 을 조건으로 하는 조건부 권리(conditional right)이다(*ibid*, p.102). 따라서 "대일평화조약" 제21조에 규정된 권리는 조건부 권리이다.
3) 김명기, 『독도의 영유권과 대일평화조약』(서울: 우리영토, 2007), pp.18-19.

2. 조약법 협약의 조약의 제3자에 대한 권리부여에 관한 규정

"조약법 협약"은 제3자에 대한 권리부여에 관해 다음과 같이 규정하고 있다.

① 조약의 당사국이 제3국 또는 제3국이 속하는 국가의 그룹 또는 모든 국가에 대하여 권리를 부여하는 조약규정을 의도하며 또한 그 제3국이 이에 동의하는 경우에는 그 조약의 규정으로부터 제3국에 권리가 발생한다. 조약이 달리규정하지 아니하는 한 제3국의 동의는 반대의 의사표시가 없는 동안 있는 것으로 추정된다.

A right arises for a third State from a provision of a treaty if the parties to the treaty intend the provision to accord that right either to the third state, or to a group of States which it begins, or to all states, and the third State assents thereto. Its assent shall be presumed so long as the contrary is not indicated, unless the treaty otherwise provides. (제36조 제1항).

위의 규정에 따라 권리를 부여 받은 국가의 동의는 조약에 달리 규정하지 아니하는 한 제3국의 동의는 반대의 의사표시가 없는 동안 있는 것으로 추정된다. 동 조의 규정에 의한 제3국의 권리는 조건부 권리(conditional right)이다.[4]

III. 조약법 협약의 적용범위와
조약법 협약의 대일평화조약에의 적용

1. 조약법 협약의 적용범위

가. 시간적 적용범위

---

4) Werner Morvay, "Peace Treaty with Japan", *EPIL*, Vol.4, 1982, p.128.

(1) 규정

"조약법 협약"은 그의 시간적 적용범위에 관해 불소급의 원칙을 다음과 같이 규정하고 있다.

> 협약은 그 발효 후에 국가에 의하여 체결된 조약에 대해서만 그 국가에 대하여 적용된다.
>
> the Convention applies only to treaties which are concluded by States after the entry into force of the present Convention with regard to such states. (제4조).

이와 같이 동 협약 제4조는 동 협약이 발효된 이후에 체결된 조약에 관하여서는 즉, 1980년 1월 27일 이후에 체결된 조약에만 동 협약이 적용된다고 불소급의 원칙을 규정하고 있다. 그러나 학설은 동 조에 의한 "불소급의 원칙"을 부정하고 있다.

(2) 학설

"조약법 협약" 제4조의 불소급의 원칙의 규정에도 불구하고 대부분의 학자는 동 협약 발효 전에 즉 1980년 1월 27일 전에 체결된 조약에도 동 협약이 적용된다고 논하고 있다.

(가) Shabtai Rosenne

Rosenne는 "조약법 협약"의 대부분은 현존 국제관습법을 성문화한 것이므로 불소급 규정의 법적 효과는 별 것이 아니라고 다음과 같이 기술하고 있다.

> 협약의 대부분은 아마도 현존하는 관습 국제법을 법전화한 것이므로 이 불소급의 규정의 효과는 별 것이 아니다.
>
> Since most of the convention probably codificativary of existing customary International Law, the effect of this non-retroactivity provision may not be great.[5]

---

5) Shabtai Rosenne, "Vienna Convention on the Law of Treaties" *EPIL*, Vol.7, 1984, p.528.

Rosenne는 동 협약 제4조의 규정에도 불구하고 동 협약이 효력을 발생한 1980년 1월 27일 이전에 체결된 조약에도 동 협약이 작용된다고 보고 있다.

(나) Ian Sinclair

Sinclair는 "조약법 협약"은 현존하는 관습법을 성문화한 것이므로 협약은 협약의 규정에도 불구하고 협약 발효일 이전에 소급하여 적용될 수 있다고 다음과 같이 논하고 있다.

> 협약은 현존하는 관습법의 선언으로 간주되므로 협약은 협약과 독립하에 적용될 수 있다.
> Convention may be regarded as declaratory of pre-existing customary law and therefore applicable independently of the Convention.[6]

Sinclair도 동 협약이 발효한 1980년 1월 27일 이전에 체결된 조약에도 동 협약이 적용된다고 논하고 있다. 즉, 불소급의 원칙을 부정하고 있다.

(다) Alina Koczorowska

Koczorowska도 "조약법 협약"에 규정된 관습법은 동 협약이 발효되기 이전에 체결된 조약에 동 협약이 적용된다고 다음과 같이 논하고 있다.

> 관습법을 규정한 조약법 협약의 규정은 조약법 협약이 발효되기 이전에 체결된 조약에 적용된다(the provisions of the VCLT which embody customary law will apply to treaties concluded before the entry into force of the VCLT).[7]

(라) Sarah Williams

Williams도 "조약법 협약"은 소급적 적용을 허용하지 아니하나 국제사법재판소는 소급적 적용을 해오고 있다고 다음과 같이 논하고 있다.

---

6) Sinclair, *supra* n.2, p.12.
7) Alina Koczorowska, *Public International Law*, 4th ed.(London: Routledge, 2010), p.89.

조약법 협약의 시간적 적용범위에 관한 조항에 있어서 조약법 협약은 소급
적 적용을 허용하지 아니한다. 그러나 국제사법재판소는 조약법 협약 발효 이
전에 채택된 조약에 대해 협약의 규정을 적용해 왔다.

in terms of its temperal application, the VCLT does not allow for retrospective
application, although the International court of Justice has applied its provisions
to trealies adopted before its entry into force.[8]

Williams는 "조약법 협약"이 발효 이전에 체결된 조약에 대해 국제사법
재판소가 "조약법 협약"의 규정을 적용해 왔다고 하여 동 협약은 동 협약
이 발효 이전에 체결된 조약에 적용된다고 논하고 있다.

(마) Anthony Aust

Aust는 국제재판소가 "조약법 협약"을 국제관습으로 보고 있다는 것을
근거로 소급효 금지의 규정에도 불구하고 동 협약은 협약 이전의 조약에
적용된다고 다음과 같이 논하고 있다.

조약법 협약은 국제사법재판소(그리고 국제 및 국내재판소와 법정)에 의해
거의 모든 점에 관습국제법을 기술하는 문안으로 인정된다. 협약은 소급적 효
력을 가지지 아니함에도 불구하고(제4조) 실제적인 목적을 위하여 협약은 조
약에 관한 국제관습법의 권위적 서술이다. 그러므로 수년간 협약 이전의 조약
을 포함하는 조약에 적용될 수 있다.

the Convention is regarded by the International Court of Justice(and other
international and national courts and tribanals) as in almost all respects stating
customary international law, Despite the Convention not having retroactive effect
(Article4), for practical purposes the convention is nevertheless an authoritative
statement of customary international law on treaties and so can be applied to
treaties including those which pre-date the Convention by many years.[9]

---

8) Alexander Orakheashivili and Sarah Williams(eds.), *40 Year of VCLOT*(London: British
   Institute of International Law and Comparative Law, 2010), p.xiv.
9) Antony Aust, *Handbook of International Law*(Cambridge: Cambridge University Press,
   2010), p.50.

이와 같이 Aust는 "조약법 협약"은 국제관습법의 기술이므로 동 협약의 효력 발생 이전의 조약에 적용된다고 한다.

(바) Rebecca M. M. Wallace

Wallace는 "조약법 협약"은 확립된 규칙을 규정하고 있으므로 동 협약은 동 협약 이전의 합의에 적용될 수 있다고 다음과 같이 기술하고 있다.

> 조약법 협약은 하나의 협약으로서 소급적 효력을 가지지 아니한다. 그러나 동 협약은 확립된 규칙을 규정하고 있으므로 동 협약 이전의 합의에 적용될 수 있다.
>
> the Convention as a Convention, does not have retroactive effect. However, because it spells out established rules, the Convention may be applied to agreements pre-dating the Convention.10)

이와 같이 Wallace는 "조약법 협약"은 기확립된 규칙을 규정하고 있으므로 동 협약은 동 협약을 소급하여 적용된다고 한다.

나. 당사적 적용범위

(1) 규정

"조약법 협약"은 동 협약의 당사자적 적용범위에 관해 "국가"가 체결한 조약에 적용된다고 다음과 같이 규정하고 있다.

(가) 제1조

이 협약은 국가 간의 조약에 적용된다(the present convention applies to treaties between States).

(나) 제4조

협약은 그 발효 후에 국가에 의하여 체결된 조약에 대해서만 그 국가에

---

10) Rebecca M. M. Wallace, *International Law*, 4th ed.(London: Thomson, 2005), pp.253-254.

대하여 적용된다(the Convention applies only to treaties which are concluded by States).

(다) 제3조

"조약법 협약" 제1조와 동 제4조로는 "국가"(States)가 체결한 조약에만 적용된다고 명시적으로 규정하고 있다. 그리고 동 협약은 제3조에서 일방은 국가이나 타방은 국가가 아닌 국제법 주체 간에 체결된 조약에는 동협약이 적용되지 아니한다고 다음과 같이 규정하고 있다.

> 국가와 국제법의 다른 주체 간 또는 국제법의 그러한 다른 주체 간에 체결되는 … 국제적 합의에 대하여 이 협약이 적용되지 아니한다….
>
> the present Convention does not apply to international agreements concluded between States and other subject of international law or between such other subjects of international law,….

(2) 학설

제4조에 규정된 "그러한 국가"(such states)는 "모든 그러한 국가"(all such states)를 의미하느냐에 관해 즉, 동 조는 총가입 조항(general participation clause)을 의미하느냐에 관해 견해가 나누어져 있다.

(가) Ian Sinclair

Sinclair는 동 협약이 적용되는 "그러한 국가"는 "모든 그러한 국가"를 의미하는 것이 아니라고 다음과 같이 논하고 있다.

> 동 협약이 발효된 이후에 국가에 의해 체결된 조약에 대해서만 동 협약이 적용된다는 규정에 의해 의미하는 것이 무엇인가? 양자조약의 경우 그 답은 비교적 단순하다. 동 협약은 동 협약이 발효된 이후에 A국가와 B국가 간에 체결된 조약에 A국가와 B국가에 대해서만 적용된다. 그러나 다자조약의 경우는 만일 "그러한 국가"라는 의미를 "모든 그러한 국가"라는 의미로 해석해야 된다면 제4조는 총가입 조항으로 작용하게 된다. … 만일 동 협약의 당사자가 아

닌 D국가가 후에 그 조약에 가입하게 되면 총가입 조항은 무용한 것으로 되고 만다. … 제4조 총가입 조항으로 인정되어야 하나? 대답은 부정적이라는 것이다.…

what is meant by the phase "the Convention applies only to treaties which are concluded by States offer the entry into force of the present Convention with regard to such State"? in the case of a bilater treaty, the answer appears relatively simple; the Convention as such will apply only to treaties concluded between State A and B. But what of multilateral treaty? if the phrase "such States" has to be interpriated.[11]

(나) Hugh Thirlway

Thirlyway는 제4조에 규정된 "그러한 국가"(such states)를 "모든 그러한 국가"(all such states)로 해석한다. 즉, 제4조는 총가입 조항으로 해석한다. 다시 말해 "조약법 협약"의 모든 당사국이 체결한 조약에 적용된다. "모든 그러한 국가"는 결국 양자 혹은 전부(both or all)를 뜻한다. Thirlway는 다음과 같이 기술하고 있다.

효과적으로 작용하고 있는 현존 조약의 대다수는 1969년의 비엔나 협약의 당사자인 둘 또는 모든 국가 간에 체결된 조약이다.

the majority of existing treaties in effective operation will be treaties concluded between States both or all of which are parties to the Vienna Convention of 1969.[12]

Thirlway는 "조약법 협약" 제4조를 총가입 조항으로 보고 있다.

요컨대, 동 협약 제1조, 제3조 그리고 제4조로는 "국가"와 "국가" 간에 체결된 조약에만 동 협약이 적용된다고 명시적으로 규정하고 있다. 그러나 이는 총가입 조항을 의미하는 것은 아니다.

---

11) Sinclair, *supra* n.2, p.8.

12) Hugh Thirlway, *International Customary Law and Codification* (Lediden: Sijhoff, 1972), p.108. 동일한 견해, D. P. O'Connell, *International Law*, Vol.1, 2nd ed.(London: Stevens, 1970), p.205.

다. 실질적 적용범위

(1) 규정

"조약법 협약" 제4조는 동 협약이 적용되는 실질적 적용범위에 관해 그 것은 조약에 한정하는 것으로 다음과 같이 규정하고 있다.

> 협약은 그 발효 후에 국가에 의하여 체결되는 조약에 대해서만 그 국가에 대하여 적용된다.
>
> the Convention applies only to treaties which are concluded by States offer the present Convention with regard to such States.

이와 같이 동 협약 제4조는 국가가 체결한 "조약"에 대해서만 적용된다 고 명시적으로 규정하고 있다.

"조약법 협약" 제1조는 동 협약은 "조약"에 적용된다고 다음과 같이 규 정하고 있다.

> 이 협약은 국가 간의 조약에 적용된다.
>
> the present convention applies to treaties between States.

그리고 동 협약 제2조 제1항(a)은 조약을 다음과 같이 정의하고 있다.

> "조약"이라 함은 단일의 문서에 또는 그 이상의 관련문서에 구현되고 있는 가에 관계없이 또한 그 특징의 문서에 관계없이, 서면형식으로 국가 간에 체 결되며 또한 국제법에 의하여 규율되는 국제적 합의를 의미한다.
>
> "treaty" means an international agreement concluded between States in written form and governed by international law, whether embodied in a single instrument or in two or more related instruments and whatever its particular designation.

요컨대, "조약법 협약"은 그 명칭을 불문하고 국가와 국가 간에 체결한 "조약"에 적용된다고 규정하고 있다.

(2) 학설

"조약법 협약"은 동 협약의 실질적 적용범위에 관해 국가 간에 체결된

"조약"에 한정된다고 규정하고 있는 바(제1조, 제4조), 이 규정에 관해 비판적 또는 소극적 입장을 견지하고 있는 학설은 하나도 없다.

"조약법 협약"이 국가가 체결한 "조약"에만 적용된다는 규정을 수용한 학설을 보면 다음과 같다.

(가) Rudolf Bernhardt

Bernhardt는 "조약법 협약"이 발효된 이후의 조약에 적용된다고 다음과 같이 기술하고 있다.

> 조약법 협약은 동 협약이 발효된 이후에 체결된 조약에만 공식적으로 적용된다. 따라서 조약법의 분야에서 관습법의 중요성을 갖고 있다.
>
> convention is formally applicabled only to treaties concluded after the entry into force of the president convention. Therefore customary law is great. Importance in the field of law of treaties.[13]

(나) T.O. Elias

Elias는 "조약법 협약"은 국제조직과 반도단체와 체결한 조약에는 적용되지 아니한다고 다음과 같이 기술하고 있다.

> 조약의 정의는 "2 또는 그 이상의 국가 간에 체결된 국제적 합의"라고 한다. 이 국가는 국제조직과 반도단체와 같은 기타의 국제법 주체는 의미하지 아니한다.
>
> The definition peaks of international agreements concluded "between two or more states" does not means that other subjects of international law such as international organizations and insurgent communities.[14]

(다) Stephen Allen

Allen은 "조약법 협약"은 조약은 국가 간에 체결된 문서형식의 합의라고 다음과 같이 기술하고 있다.

---

13) Rodolf Bernhardt, "Treaties", *EPIL*, Vol.7, 1984, p.460.
14) T. O. Elias, *The Modern Law of Treaties* (Leiden: Sijithoff, 1974), p.140.

조약법에 관한 비엔나협약 제2조 제2항 (2)는 조약을 "국가 간에 문서형식
으로 체결되고 국제법에 의해 규율된 국제적 합의"로 정의하고 있다.[15]
    Article 2(2) Vienna Convention on the Law of Treaties (VCLT) (1969) defines
a treaty as an: 'international agreement concluded between States in written form
and governed by international law'.

(라) Peter Malanczuk

Malanczuk는 국내법에 의해 규율되는 국가 간의 합의는 "조약법 협약"
제2조 제1항 (a)에서 규정된 조약이 아니라고 다음과 같이 기술하고 있다.

    1969년의 비엔나협약 제2조 제1항 (a)는 조약을 "국제법에 의해 규율되는
    성문형식의 국가 간에 체결된 국제적 합의로 정의하고 있다. 이 정의는 국제
    법에 의해 규율되는 국가 간의 합의와 법적 관계를 창설하기로 의도되지 아니
    한 국가 간의 합의를 배제하고 있다.
        Article 2(1)(a) of the 1969 Vienna Convention defines a treaty "as an international
    agreement concludes between states in written form and govern by international
    law. ··· the definition execludes agreements between states which are governed
    by municipal law and agreements between states which are not intended to creat
    legal relations.[16]

이와 같이 "조약법 협약"이 동 협약을 국가 간에 체결된 조약에 적용된
다는 동 협약의 규정에 대해 국가 간에 체결된 조약 이외의 합의에도 동
협약이 적용된다는 주장을 하는 학설은 없다.

2. 대일평화조약에의 조약법 협약의 적용

가. 대일평화조약 제2조 (a)항 전단에의 적용

"대일평화조약" 제2조 (a)항 전단은 "일본은 한국의 독립을 승인하고···"

---

15) Stephen Allen, *International Law* (London:Pearson, 2013), p.41.
16) Peter Malanczuk(ed.), *Akehurst's Modern Introduction to International Law*, 7th ed.
    (London:Routledge, 1987), p.130.

(Japan recognizing independence of korea…)라고 규정하고 있다. "한일합방조약은 무효…"라고 규정하지 아니하고 "한국의 독립을 승인하고…"라고 규정하고 있다. 이는 "한일합방조약"은 유효했고 따라서 한국은 비 독립상태에 있었음을 의미한다. 즉, "대일평화조약"의 규정에 의해 일본이 한국의 독립을 승인하기 전까지 한국은 비 독립국가의 상태에 있었고 그것은 그때까지 "한일합방조약"이 유효했음을 의미한다.

"대일평화조약" 제2조 (a)항 전단에 "조약법 협약" 제36조 제1항의 "…제3국의 반대의 의사표시가 없는 한 제3국의 동의의 의사표시는 추정된다"는 규정을 적용하면 한국은 동 조항의 적용에 동의의 의사표시를 한 것으로 추정되고 또한 그 추정의 결과 "한일합방조약"은 "대일평화조약"이 체결될 당시 유효한 것으로 추정되게 된다. 그러므로 이 추정의 효과는 "조약법 협약" 제36조 제1항의 규정에 의거 한국이 반대의 의사표시를 할 때까지 지속된다. 한국은 "대일평화조약" 제21조의 규정에 의한 동 조약 제2조 (a)항의 적용에 관해 지금까지 반대의 의사표시를 한 바 없으므로 결국 "한일합방조약"은 지금까지 유효한 것으로 추정되게 된다.

나. 대일평화조약 제2조 (a)항 후단에의 적용

"대일평화조약" 제2조 (a)항 후단은 "일본은 … 제주도 · 거문도 및 울릉도를 포함하는 한국에 대한 모든 권리 · 권원 및 청구권을 포기한다"라고 규정하고 있다.

이 규정도 일본이 "대일평화조약"에서 "한국의 … 권리 등을 포기하기 이전에 일본이 한국에 대한 권리 등"을 보유하고 있었음을 전제로 하는 것이다. 일본이 보유하고 있지 아니한 권리 등을 포기할 수 없기 때문이다. 따라서 이 규정도 결국 "한일합방조약"이 "대일평화조약"을 체결할 당시 유효한 것이었음을 의미한다. 요컨대, "대일평화조약"은 "한일합방조약"이 유효한 것을 전제로 하고 있다.

"대일평화조약" 제2조 (a)항 후단에 "조약법 협약" 제36조 제1항의 "제3국의 반대 의사표시가 없는 한 제3국의 동의 의사표시는 있는 것으로 추정

된다"는 규정을 적용하면 한국은 동 조항의 적용에 동의의사표시를 한 것
으로 추정되고 또한 그 추정의 결과로 "한일합방조약"은 "대일평화조약"이
유효한 것으로 추정되게 된다. 그리고 이 추정의 효과는 "조약법 협약" 제
36조 제1항의 규정에 의거 한국이 이에 대해 반대의 의사표시를 할 때까
지 지속된다. 한국은 "대일평화조약" 제21조의 규정에 의한 동 조약 제2조
(a)항의 적용에 관해 지금까지 반대 의사표시를 한 바 없으므로 결국 "한
일합방조약"은 지금까지 유효한 것으로 추정되게 된다.

다. 한일합방조약의 유효

이와 같이 "대일평화조약" 제2조 (a)항은 "한일합방조약"이 유효함을 전
제로 한 것이다. 따라서 "한일합방조약"은 1910년 이래 일본이 한국지배를
법적으로 유효한 것으로 인정하는 것이고, 독도를 포함한 한국의 영토가
법적으로 유효하게 일본영토에 병합되었음을 묵시적으로 승인한 것이다.
따라서 "대일평화조약"의 한국에 대한 효력을 인정한 제21조의 규정에 대
해 한국정부가 어떠한 동의의 의사표시를 하지 아니하고 그대로 방치해도
"조약법 협약" 제36조 제1항의 규정에 의해 "대일평화조약" 제21조는 한국
이 동의한 것으로 추정되고, 이 추정에 의해 "한일합방조약"이 유효한 것
으로 추정되게 된다. 한국정부는 1951년의 "대일평화조약" 체결 당시에도
이에 관한 어떠한 의사표시를 한 바 없고, 1969년의 "조약법 협약"에 가입
할 경우도 어떠한 의사표시를 한 바 없다.

한국정부당국이나 독도연구 학자들도 "조약법 협약" 제36조 제1항의 규
정에 의거 "대일평화조약" 제2조의 규정의 제2조의 규정에 한국이 동의한
것으로 추정되고 따라서 "한일합방조약"이 유효한 것으로 추정된다는 법
구조를 이해하지 못한 채 "대일평화조약" 제2조의 규정을 해석해왔다. 뿐
만 아니라 "대일평화조약" 제2조의 규정이 한일기본관계조약 제2조의 규
정에 저촉된다는 법 구조도 이해하지 못한 채 "대일평화조약" 제2조의 규
정을 해석해왔다. 독도의 영유권이 한국에 귀속된다는 법리가치보다 "한
일합방조약"이 원초적으로 무효라는 법리가 주는 가치가 더 큰 것이 사실

이다. 정부 당국은 이 점에 관해 지나치게 무관심해왔다.

V. 결언

1951년의 "대일평화조약" 제21조의 규정에 의거 동 조약 제2조 (a)항의 규정은 한국에 적용된다. 그리고 "조약법 협약" 제36조 제1항의 제3자에게 권리를 부여하는 조약은 제3자의 동의가 있어야 그 조약으로부터 제3자에게 권리가 부여된다고 규정하고 제3자의 동의의 의사표시는 있는 것으로 추정된다라고 규정하고 있다. 따라서 "대일평화조약"의 체약당사국이 아닌 한국에 "대일평화조약"이 적용되게 된다. 이 효과는 한국이 반대의 의사표시를 할 때까지 지속된다.

한편 "조약법 협약"은 동 조약 제4조에 규정된 바와 같이 소급하여 적용되지 아니한다라고 규정하고 있으나 학설과 판례는 동 협약은 국제관습법을 성문화한 것이므로 소급하여 적용된다고 보고 있다. 따라서 1951년 체결된 "대일평화조약"에는 1969년에 체결된 "조약법 협약"이 적용되게 된다.

"대일평화조약" 제2조 (a)항은 "일본은 한국의 독립을 승인한다"와 "일본은 한국에 대한 권리를 포기한다"라고 규정하고 있다. 동 조약 어느 조항에도 "한일합방조약은 무효이다"라고 규정하고 있지 아니하다. "독립을 승인한다"는 것은 승인 이전에 한국은 비독립 국가이었음을 의미한다. 따라서 "한일합방조약"은 유효한 것임을 의미하며, "포기한다"라는 것은 갖고 있는 것을 전제로 한 것으로 그것은 "한일합방조약"이 유효한 것을 전제로 한 것이다. 따라서 "대일평화조약" 제2조 (a)항은 묵시적으로 "한일합방조약"이 유효한 것임을 승인한 것이다. 이러한 법적 효과를 배제하기 위해서 동 조약의 어떠한 규정도 "한일합방조약"이 유효한 것으로 해석되지 아니한다는 내용의 해석선언(interpretive declaration) 또는 해석유보(interpretive reservation) 또는 동 조약의 권리부여규정을 부인하는 의사표시를 함을 요한다.

"해석선언"은 해석유보와 구별되며,[17) 해석선언은 조약의 규정의미를 명백히 하는 것이고 이에 대해서는 제3국이나 재판소가 이를 무시할 수 있다.[18) 해석선언은 일방적인 선언으로, 조약의 의미나 범위를 명백히 하는 것으로, 국가의 조약상의 의무를 변경하거나 수정하지 못한다. 국가가 이해하고 있는 바를 다른 당사자에게 설명하는 것이다.[19)

이상의 3개 방안 중 한국에 가장 유리한 최적 방안이 어떤 방안인지에 관해서는 심도 있는 연구가 요구되나 여기서는 "해석선언"의 방안을 최적 방안으로 선정하기로 한다. 한국은 "대일평화조약"의 제3자의 지위에 있기 때문이다.

---

17) Oxford University. *Digest of United States Practice in International Law*, 2009(Oxford: Oxford University Press, 2009), p.116.

18) Stephen Allen, *International Law* (London: Pearson, 2013), p.46.

19) Duncan A. Hullis, *Oxford Guide to Treaties* (Oxford: Oxford University Press, 2012), p.279.

제5절 대일평화조약상 독립승인조항과 권리포기조항

Ⅰ. 서언

"대일평화조약" 제2조 (a)항은 "일본은 한국의 독립을 승인하고, 제주도·거문도 및 울릉도를 포함한 한국에 대한 모든 권리·권원 및 청구권을 포기한다"라고 규정하고 있다. 동 조항에서 일본의 포기의 대상으로 독도가 열거되며 있지 아니하므로 독도는 일본의 영토라는 것이 일본정부의 주장이고, 독도는 포기의 대상으로 열거 되어 있지 아니해도 울릉도의 속도인 독도는 울릉도와 같이 일본의 포기 대상이므로 독도는 일본에서 분리된 한국의 영토라는 것이 한국정부의 주장이다.

그러나 "독립을 승인한다"라는 규정(이하 "독립승인조항"이라 한다)과 권리를 포기한다는 규정(이하 "권리포기조항"이라 한다)이 함축하고 있는 법적 의미에 관해서는 한일 양국이 모두 논외로 해 온 것이 현실이다. 그러나 "일본이 한국의 독립을 승인한다"는 의미는 동 조약이 체결되기 전에 한국은 비 독립 국가의 지위에 있었음을 의미하고 한국이 비 독립 국가의 지위에 있었던 것은 그 원인인 "한일합방조약"이 유효했음을 함축하고 있는 것이다. 그리고 "일본이 한국의 권리 등을 포기한다"라는 의미는 동 조약이 체결되기 전에 일본이 한국의 권리 권원 등을 갖고 있었음을 의미하고 일본이 권리 권원 등을 갖고 있음은 그 원인인 "한일합방조약"이 유효했음을 함축하고 있는 것이다.

한국은 "대일평화조약"의 체약 당사국이 아니므로 "대일평화조약"을 체결할 당시에 "독립승인조항"과 "권리포기조항"의 설정에 관해 어떠한 이의도 제기할 수 있는 처지에 있지 아니했으며, 동 조약 체결 후에 동 조약 제21조의 규정에 의해 상기 "독립승인조항"과 "권리포기조항"을 포함한 동 조약 제2조가 한국에 적용 됐을 뿐이다. 즉, 한국은 "한일합방조약"이 유효한 것으로 묵시적으로 승인한 상기 "대일평화조약", 제2조 (a)항에 "조약법에 관한 비엔나협약"(the Vienna Convention on the Law of Treadites, 이하 "조약법 협약"이라 한다) 제36조 제1항의 규정에 의거 동의한 것으로 추정되어 있다. 결국 "대일평화조약" 제2조 (a)항은 1910년의 "한일합방조약"이 유효한 것으로 추정되어 1910년 이래 일본의 한국 지배는 법적으로 유효한 것으로 묵시적으로 승인한 것으로 추정된다.

한국은 "대일평화조약" 제2조 (a)항의 이익을 받기로 동의하는 의사표시를 한 바 없으나 "조약법 협약" 제36조 제1항의 규정에 의거 동의한 것으로 추정되어 동 조약 제2조 (a)항이 주는 이익을 받으므로 동시에 "한일합방조약"이 유효했다는 불이익의 효과도 받는다.

이 연구는 "대일평화조약" 제2조가 "한일합방조약"이 유효했음을 묵시적으로 승인하고 있다는 문제점을 제시하기 위해 기도된 것이다. 제기되는 문제점에 대한 해결방안은 개략적인 방향만을 제시해 보기로 한다.

1965년의 "한일기본관계조약"은 1910년 그 전에 한일간에 체결된 조약은 이미 무효라고 규정하고 있다. "이미 무효"에 관해 한국정부는 1910년 당초부터 무효라고 주장하고 일본정부는 1948년부터 무효라고 주장한다.

일본정부는 한국정부의 주장에 대해 한국정부는 "대일평화조약"에서 "한일합방조약"이 1910년 당초부터 무효가 아니라고 묵시적으로 승인했다고 주장해 올 것이다.

이하 대일평화조약 초안 상 "독립승인조항과 권리포기조항", "대일평화조약의 한국에 대한 효력 규정", "조약법 협약의 제3자에 대한 권리 부여 규정", "대일평화조약에 조약법 협약의 적용" 그리고 "독립승인조항과 권리포기조항의 한일기본관계조약의 저촉" 순으로 논술하기로 한다.

II. 대일평화조약초안에 규정된 권리포기조항과 독립승인조항

"대일평화조약"의 여러 초안에 규정된 "권리를 포기한다"는 권리포기조항과 "한국의 독립을 승인한다"는 독립승인조항의 규정을 살펴보면 다음과 같다.

1. 미국초안

1945년 9월 2일 "항복문서"(The Instrument of Surrender)의 서명 후 주 점령국(principal occupying power)인 미국이 "대일평화조약"의 체결에 주요역할(main part)을 담당했다.[1] 미국초안은 외교 교섭과정을 거쳐 작성되었고 샌프란시스코 평화회의(San Francisco Peace Conference)는 오직 기록적 기능(merely a recording function)만을 했다.[2] 1951년 7월 3일 미국과 영국에 의해 준비된 초안에 기초하여 1951년 9월 8일 샌프란시스코 평화회의에서 "대일평화조약"이 체결되었다.[3] 후술하는 대일평화조약 미국초안을 검토하

---

1) Werner Morvay, "Peace Treaty with Japan", *EPIL*, Vol.4, 1982, p.125.
2) *Ibid.*
3) Marjorie M. Whiteman, *Digest of International Law*, Vol.3(Washington, D.C.: USGPO, 1964), p.530.

는 것은 미국이 "한일합방조약"을 무효로 보고 있나 유효로 보고 있나의 진의를 확인하기 위해서이다.

가. 제1차 미국초안

미국이 "한일합방조약"을 유효로 보고 일본의 한국에 대한 식민지배를 합법적인 것으로 보는 기본 입장은 "제1차 미국초안"(1947년 3월 20일)4)에 서부터 노정된다. 제1조에서 일본의 영토에 관해 규정하고, 제4조에서 한국의 영토에 관해 규정하고 있다. 제4조는 다음과 같이 규정하고 있다.

> 일본은 이에 한국과 제주도, 거문도, 울릉도 및 독도를 포함하는 한국의 모든 해안 제 소도에 대한 모든 권리와 권원을 포기한다.
>
> Japan hereby renounces all rights and titles to Korea and all minor offshore Korean islands including Quelpart Island, Port Hamilton, Dagelet(utsuriyo) Island and Liancourt Rock(Takeshima).

이와 같이 "제1차 미국초안"은 "일본의 영토조항"(제1조)에서 독도를 일본의 영토로 열거하지 않고, "한국의 영토조항"(제4조)에서 독도를 한국의 영토로 명시하는 규정을 두고 있다.

이와 같이 "제1차 미국초안"은 "일본은 … 한국에 대한 권리, 권원…를 포기한다"(Japan renounces all rights and titles…)라는 규정, 즉 "권리포기조항"을 두고 있다. "…한국에 대한 권리, 권원을 포기한다"라고 규정하고 "…한국에 대한 권리, 권원은 모효이다"라고 규정하지 아니한 것은 미국이 "한일합방조약"을 유효로 보고 일본의 한국에 대한 식민통치의 합법성을 인정하는 미국의 기본 입장이 표시된 것이다. 그러나 "일본은 한국의 독립을

---

4) US Department of State, from Dean G. Acheson(Under Secretary of State) to General MacArthur(The Supreme Commander for the Allied Powers), "Memorandum: Outline and Various Sections of Draft Treaty"(March 20, 1947), Attached Draft(March 19, 1947); 신용하,『독도영유권 자료의 탐구』제3권(서울: 독도연구보전협회, 2000), pp.284-287; 김병렬,『독도』(서울: 다다미디어, 1998), pp.418-422; 이석우,『일본의 영토분쟁과 샌프란시스코 평화조약』(인천: 인하대학출판부, 2003), pp.127-128.

승인 한다"(Japan recognizes the independence of Korea)는 규정을 두고 있지 아니했다. 물론 "한일합방조약은 무효이다"라는 규정도 두고 있지 아니했다.

나. 제2차 미국초안

"제2차 미국초안"(1947년 8월 5일)은[5] 제4조에서 한국의 영토에 관해 규정하고 있다.

제4조는 "제1차 미국초안" 제4조를 자구 수정한 것으로 다음과 같이 규정하고 있다.

> 일본은 이에 한국과 제주도, 거문도, 울릉도 및 독도를 포함하는 한국의 모든 해안 제도에 대한 권리와 권원을 포기한다.
>
> Japan hereby renounces all tights and titles to Korea(Chosen) and all offshore Korean islands, including Quelpart(Shishu To) … Liancourt Rocks(Takeshima).

"제2차 미국초안"도 일본은 한국의 권리, 권원을 포기한다는 규정을 두고 있으나(제4조) "일본은 한국의 독립을 승인 한다"는 규정을 두고 있지 아니했다. 제4조의 "권리포기조항"에 의해 "독립승인조항"은 두지 아니했으므로 미국이 "한일합방조약"을 유효로 보고있는 기본입장이 표시되어 있다.

다. 제3차 미국초안

"제3차 미국초안"(1948년 1월 2일)은[6] "제2차 미국초안"과 같이 제1조에

---

5) US Department of State, from Hugh Borton(Acting Special Assistant to the Director, Office of Far Eastern Affairs) to Charles E. Bohlen(Counselor of the Department of State), "Office Memorandum: Draft Treaty of Peace for Japan"(August 6, 1947); 신용하, 전주 4, pp.287-290; 김병렬, 전주 4, pp.442-426; 이석우, 전주 4, pp.128-129.

6) US Department of State, "Office Memorandum: Background of Draft of Japanese Peace Treaty"(January 30, 1948); 신용하, 전주 4, pp.290-293; 김병렬, 전주 4, pp.426-429; 이석우, 전주 4, pp.50. 53-54.

서 일본의 영토를 규정하고, 제4조에서 한국의 영토에 관해 규정하고 있다. 제4조는 "제2차 미국초안" 제4조를 자구 수정한 것으로, 다음과 같이 규정하고 있다.

> 일본은 이에 한국인을 위하여 한국과 제주도, 거문도, 울릉도 및 독도를 포함하는 한국의 모든 해안제도에 대한 모든 권리와 권원을 포기한다….
>
> Japan hereby renounces in favor of the Korean people all rights and titles of Korea(Chosen) and all offshore Korean islands, including Quelpart(Saishu To); the Nan How group (San To, or Kumun do which forms port Hamilton(Tonakai); Dagalet Island(Utsuryo, or Matsu Shima); Liancourt Rocks(Takeshima);….

"제3차 미국초안"도 "제1차 미국초안"과 같이 "일본은 한국에 대한 권리를 포기한다"는 규정을 두고 있다(제4조). 물론 "한국의 독립을 승인한다"는 규정은 없다. 동 초안 제4조에 규정된 "권리포기조항"에 의해 미국이 "한일합방조약"을 유효로 보는 미국의 기본입장은 표시된 것이다.

라. 제4차 미국초안

"제4차 미국초안"(1949년 10월 13일)은[7] "제3차 미국초안"과 같이 제1조에서 일본의 영토를 규정하고, 제4조에서 한국의 영토에 관해 규정하고 있다.

제4조는 "제3차 미국초안" 제4조와 동일하며 독도를 한국의 영토로 규정하고 있다.

"제4차 미국초안"은 "권리의 포기"에 관해서 "제3차 미국초안"과 동일한 것이었다. 물론 "일본은 한국의 독립을 승인한다"는 규정은 없다.

마. 제5차 미국초안

"제5차 미국초안"(1949년 11월 2일)은[8] 제3조에서 일본의 영토를 규정하

---

7) US Department of State, "Office Memorandum: Attached Draft"(August 14, 1949); 신용하, 전주 4, pp.293-296; 김병렬, 전주 4, pp.429-433.

8) US Department of State, "Commentary on Treaty of Peace with Japan"(November 2, 1949); 신용하, 전주 4, pp.297-300; 김병렬, 전주 4, pp.433-436; 이석우, 전주 4,

고, 제6조에서 한국의 영토에 관해 규정하고 있다. 제3조는 "제4차 미국초안" 제1조와 동일하며, 제6조는 "제4차 미국초안" 제4조와 동일하다.

"제5차 미국초안"은 "일본은 한국의 모든 권리, 권원 등을 포기한다"는 "제4차 미국초안"과 동일하다. 동 초안에 "권리포기조항"은 규정되어 있으나, "독립승인조항"은 규정되어 있지 아니하다.

바. 제6차 미국초안

"제6차 미국초안"(1949년 12월 29일)은[9] 제3조에서 일본의 영토를 규정하고, 제6조에서 한국의 영토에 관해 규정하고 있다. 제6조는 한국의 영토로 독도를 열거하고 있지 않다. 동 조의 규정은 다음과 같다.

> 일본은 이에 한국을 위하여 한국의 본토와 제주도, 거문도, 울릉도, 그리고 일본이 권원을 취득했던 한국의 모든 해안 제 도와 소도에 대한 모든 권리와 권원을 포기한다.
>
> Japan hereby renounces in favor of Korea all rights and titles to the Korean Mainland territory and all offshore Korean islands, including Quelpart(Saishu To), the Nan How group(San To, or Kumun Do) which forms Port Hamilton(TonaiKai), Dagelet Island(Utsuryo To, of Matsu Shima), and all other offshore Korean islands and islets which Japan had acquired title.

이와 같이 제6조는 독도를 한국의 영토로 열거하고 있지 않다.

"제1차 미국초안"에서 "제5차 미국초안"까지 독도를 일본의 영토에서 배제하고 한국의 영토로 규정해 왔으나, "제6차 미국초안"에서 "일본의 영토조항"(제3조)에서 독도를 일본의 영토에 포함시키고, "한국의 영토조항"(제6조)에서 독도를 한국의 영토로 열거하지 않는 규정을 두고 있다.

"제6차 미국초안"도 "일본이 한국에 대한 권리, 권원 등을 포기한다"는

---

pp.130-132.

9) US Department of State, "Draft Treaty of Peace with Japan on December 29"(December 29, 1949); 신용하, 전주 4, pp.313-315; 김병렬, 전주 4, pp.448-451; 이석우, 전주 4, pp.134-135.

"제4차 미국초안"의 경우와 같다. 동 초안 제6조는 독도를 일본이 포기하는 대상으로 규정하지 아니했으나 제주도, 거문도 등에 대한 "권리포기조항"은 그대로 유지되었다. 물론 "독립승인조항"은 규정되어있지 아니하다.

사. 제7차 미국초안

제6차 초안까지 "권리포기조항"이 규정되어 있었으나, "제7차 미국초안"(1950년 8월 7일)은[10] 일본의 영토에 대한 규정과 한국의 영토에 관한 규정을 모두 삭제했다. 즉, "제6차 미국초안"의 "일본의 영토조항"(제3조)과 "한국의 영토조항"(제6조)을 모두 삭제했다. 따라서 독도는 일본의 영토로도, 한국의 영토로도 규정되지 않았다.

"제7차 미국초안"에서 "일본은 한국에 대한 권리 등을 포기한다"는 규정이 삭제되었다.

아. 제8차 미국초안

"일본은 한국의 독립을 승인한다"는 "독립승인조항"을 최초로 규정한 "제8차 미국초안"(1950년 9월 11일)은[11] "제7차 미국초안"과 같이 일본의 영토에 관한 규정과 한국의 영토에 관한 규정을 모두 삭제했다. 다만 제4장 제4항에서 일본은 한국의 독립을 승인한다고 규정하고 있다. 동 제4항의 규정은 다음과 같다.

> 일본은 한국의 독립을 승인한다. 그리고 일본과 한국과의 관계는 한국에 대한 국제연합총회와 안전보장이사회의 결의에 기초한다.
> Japan recognizes the independence of Korea and will base its relation with Korea on the resolutions of the United Nations General Assembly and Security

---

10) US Department of State, "Memorandum by John F. Dulles(Special Assistant to the Secretary of State): Japanese Treaty"(August 9, 1950); 신용하, 전주 4, pp.317-319; 김병렬, 전주 4, pp.453-456; 이석우, 전주 4, pp.138-139.

11) US Department of State, "Memorandum to Dean G. Acheson"(Secretary of State) from John F. Dulles(Special Assistant to Secretary of State)(September 11, 1950); 신용하, 전주 4, pp.319-321; 김병렬, 전주 4, pp.459-461; 이석우, 전주 4, p.139.

Council with respect to Korea.

이와 같이 "제8차 미국초안"은 "일본의 영토조항"과 "한국의 영토조항"을 모두 삭제했다. 따라서 독도에 관한 규정은 실종되고 말았다.

"제8차 미국초안"에서 "일본은 한국의 권리, 권원 등을 포기한다"는 조항은 삭제되었다. "제8차 미국초안"은 "일본은 한국의 독립을 승인한다"는 조항을 처음으로 두었다. 동 초안에서 "권리포기조항"은 삭제되었으나 "독립승인조항"은 최초로 규정되게 되었다.

자. 제9차 미국초안

"제9차 미국초안"(1951년 3월 29일)은[12] "제8차 미국초안"과 같이 "일본의 영토조항"도 "한국의 영토조항"도 모두 규정하지 않았다. 다만, 제3장 제3항에서 일본은 한국의 권리·권원을 포기한다는 규정만을 두고 있다. 동 제3항의 규정은 다음과 같다.

> 일본은 한국에 대한 모든 권리, 권원 및 청구권을 포기한다….
> Japan renounces all rights, titles and claims to Korea….

이와 같이 "제9차 미국초안"은 "제8차 미국초안"과 같이 "일본의 영토조항"도 "한국의 영토조항"도 모두 규정하지 않았다. 따라서 독도에 관한 규정은 찾아볼 수 없게 되고 말았다.

"제9차 미국초안"은 "일본은 한국에 대한 … 권리 등을 포기한다"라는 조항은 규정하고 있다. "권리포기조항"은 규정되었으나, "독립승인조항"은 삭제되었다.

---

12) US Department of State, "Memorandum: Provisional Draft of Japanese Peace Treaty" (March 17, 1951); 신용하, 전주 4, pp.324-326; 김병렬, 전주 4, pp.469-471; 이석우, 전주 4, pp.140-141.

2. 영국초안

미 국무부가 평화조약초안을 준비하고 있는 동안 그의 주 협상당사자인 영연방실무단(commonwealth Japanese Treaty Working Party)은 독자적인 초안을 작성하여 영연방 구성국에게 회람했다.13)

가. 제1차 영국초안

"제1차 영국초안"(1951년 2월 28일)은14) 일본의 영토에 관해 제6항에 규정하고, 한국에 관해 제7항에 각각 규정하고 있다.

제6항은 일본의 영토를 일본 근해에 선을 그어 표시하면서 그 선으로 제주도 · 울릉도 · 독도를 일본의 영토로 규정하고 있다.

제7항은 한국의 영토를 규정함이 없이 일본은 한국에 대한 모든 권리 · 권원 및 이익을 포기한다고 다음과 같이 규정하고 있다.

> 일본은 이에 한국의 주권에 대한 어떠한 청구권 그리고 한국에 있어서 모든 권리 · 권원 및 이익을 포기한다….
>
> Japan herby renounces any claim to sovereignty over and all right, title and interest in Korea….

이와 같이 "제1차 영국초안"은 "일본의 영토조항"(제6항)에서 독도를 일본의 영토로 규정하고 "한국의 영토조항"(제7항)에서 독도를 명시하지 않고 "한국"으로만 규정했다.

"제1차 영국초안"은 제7항에서 "일본의 한국에 대한 권리 등을 포기한다"는 규정을 두고 있다. "권리포기조항"은 규정되었으나 "독립승인조항"은 규정되지 아니했다.

---

13) Whiteman, *supra* n.3, p.530.
14) 신용하, 전주 4, pp.333-335; 김병렬, 전주 4, pp.446-469.

나. 제2차 영국초안

"제2차 영국초안"(1951년 3월)은[15] 일본의 영토에 관해 제1조 제6항에 한국의 권리·권원 및 이익에 관해 제2조 제7항에 각각 규정하고 있다.

제1조 제6항은 일본과 한국의 구획선을 제주도와 복강도(Fukue-Shima) 사이, 한반도와 대마도 사이, 독도와 오끼도 사이에 그어 독도를 한국의 영토로 규정하고 있다.

제2조 제7항은 "제1차 영국초안" 제7항과 동일한 규정을 두고 있다.

이와 같이 "제2차 영국초안"은 "일본의 영토조항"(제1조 제6항)에서 독도를 한국의 영토로 규정하고, "한국의 영토조항"(제2조 제7항)에서 독도를 명시하지 않고 "한국"으로만 규정했다.

"제2차 영국초안"은 "제1차 영국초안"과 동일한 규정을 두고 있다. 즉, "권리포기조항"은 규정되어 있으나 "독립승인조항"은 규정되어 있지 아니하다.

다. 제3차 영국초안

"제3차 영국초안"(1951년 4월 7일)은[16] 일본의 영토에 관해 제1조에, 한국의 권리·권원 및 이익의 포기에 관해 제2조에 각각 규정하고 있다.

제1조는 "제2차 영국초안" 제1조 제6항과 동일하며,

제2조는 "제2차 영국초안" 제2조 제7항과 동일하다.

이와 같이 "제3차 영국초안"은 "일본의 영토조항"(제1조)에서 독도를 한국의 영토로 규정하고, "한국의 영토조항"(제2조)에서 독도를 명시하지 않고 "한국"으로 규정하여 결국 독도를 한국의 영토로 규정하고 있다.

"제3차 영국초안"은 "일본은 한국에 대한 권리 등을 포기한다"라고 제2조에 규정을 두고 있다. 즉, "권리포기조항"은 규정되어 있으나 "독립승인조항"은 규정되어 있지 아니하다.

---

15) United Kingdom, "2nd Draft of Japanese Peace Treaty"; 신용하, 전주 4, pp.335-339; 김병렬, 전주 4, pp.471-475.

16) United Kingdom, "Provisional Draft of Japanese Peace Treaty(April 7, 1951)"; 신용하, 전주 4, pp.339-344; 김병렬, 전주 4, pp.476-481; 이석우, 전주 4, pp.141-142.

3. 영미합동초안

가. 제1차 영미합동초안

"제1차 영미합동초안"(1951년 5월 3일)은[17] 독립된 "일본의 영토조항"을 두지 않고 제2조에 "한국의 영토조항"을 규정하고 있다. 제2조는 한국의 영토에 관해 다음과 같이 규정하고 있다.

> 일본은 제주도·거문도 및 울릉도를 포함하는 한국에 대한 모든 권리·권원 및 청구권을 포기한다….
> Japan renounces all right, title and claim to Korea, including Quelpart, Port Hamilton and Dagelet….

이와 같이 "제1차 영미합동초안"은 "한국의 영토조항"(제2조)에서 독도를 명시적으로 열거 규정하지 않았다.

"제1차 영미합동초안"은 "일본은 한국에 대한 권리 등을 포기한다"고 제2조에 규정을 두고 있다. 동 초안에는 "권리포기조항"은 규정되어 있으나 "독립승인조항"은 규정되어 있지 않다.

나. 제2차 영미합동초안

"제2차 영미합동초안"(1951년 6월 14일)은[18] "제1차 영미합동초안"과 같이 독립된 "일본의 영토조항"을 두지 않고 제2조 (a)항에 한국에 관해 다음과 같이 규정하고 있다.

> 일본은 한국의 독립을 승인하고, 제주도·거문도 및 울릉도를 포함하는 한국에 대한 권리·권원 및 청구권을 포기한다.

---

17) Joint United States-United Kingdom Draft Prepared During, The Discussion in Washington (May 3, 1951); 신용하, 전주 4, pp.348-350; 김병렬, 전주 4, pp.486-488; 이석우, 전주 4, p.142.

18) Revise United Stats-United Kingdom Draft of a Japanese Peace Treaty(June 14, 1951); 신용하, 전주 4, pp.354-357; 김병렬, 전주 4, pp.497-501; 이석우, 전주 4, pp.143-144.

Japan recognizing the independence of Korea, renounces all right, title and claim to Korea, including the islands of Quelpart, Port Hamilton and Dagelet.

이와 같이 "제2차 영미합동초안"은 "일본의 영토조항"을 두지 않고 "한국의 영토조항" 제2조 (a)항에서 독도를 한국의 영토로 명시적으로 열거 규정하지 않았다. 물론 일본의 영토라는 명시적인 규정도 두지 않았다.

"제2차 영미합동초안"은 "일본은 한국에 대한 권리 등을 포기한다"라고 제2조 (a)항에 두고 있다. 그리고 "일본은 한국의 독립을 승인한다"(Japan recognizing the independence of Korea)는 규정을 두고 있다(제2조 (a)항). 동 초안에는 "권리포기조항"과 "독립승인조항"이 모두 규정되어 있다.

다. 제3차 영미합동초안

"제3차 영미합동초안"(1951년 7월 3일)[19] 제2조 (a)항은 한국에 관해 "제2차 영미합동초안" 제2조 (a)항과 동일하게 규정하고 있다.

"제3차 영미합동초안"은 "제2차 영미합동초안" 제2조 (a)항과 동일하게 "일본은 한국에 대한 권리 등을 포기한다"라고 규정하고 있다(제2조 (a)항).

이와 같이 미 국무부는 독도를 일본이 포기하는 도서로 규정해 줄 것을 요청한 한국정부의 제안을 거부했다. 그 거부이유는 전술한 "대일평화조약 초안에 대한 주석"(1949년 12월 29일)에 해설된 바와 거의 동일한 것이다. 즉, 동 초안에는 "권리포기조항"과 "독립승인조항"이 규정되어 있다.

라. 제4차 영미합동초안

"제4차 영미합동초안"(1951년 7월 20일)[20] 제2조 (a)항은 "제3차 영미합동초안" 제2조 (a)항과 동일하며, 다만 제3조에 약간의 자구 수정이 있을 뿐이다. 동 초안은 상술한 한국정부의 미 국무부에 대한 독도에 관한 요청을

---

19) US Department of State, "Draft Japanese Peace Treaty"(July 3, 1951); 이석우, 전주 4, p.144.

20) US Department of State, "Draft Treaty of Peace with Japan"(July 20, 1951); 이석우, 전주 4, pp.144-145.

전혀 반영하지 않은 것이었다. 그러나 "권리포기조항"과 "독립승인조항"은
규정되어 있다.

"제4차 영미합동초안" 제2조 (a)항은 "제3차 영미합동초안" 제2조 (a)항과
동일하게 "일본은 한국의 권리 등을 포기한다"라고 규정하고 있다(제2조
(a)항).

마. 최종초안

미국초안, 영국초안 그리고 영미합동초안의 심의를 거쳐 샌프란시스코
평화회의에 제출된 "최종초안"(1951년 8월 13일)은[21] "제4차 영미합동초안"
과 동일한 것이며, 물론 "제4차 영미합동초안" 제2조 (a)항과 "최종초안" 제
2조 (a)항도 동일한 것으로, 이는 독도의 영유권은 한국에 있는 것으로도,
일본에 있는 것으로도 명시적으로 규정하지 않은 것이다.

이 "최종초안"은 "제3차 영미합동초안"(1951년 7월 3일)과 미세한 차이가
있음에 불과하므로 샌프란시스코 평화회의에 제출된 평화조약안은 "제3
차 영미합동초안"에 기초한 것이라 할 수 있다.[22]

"일본은 한국의 … 권리 등을 포기한다"는 조항은 "제1차 미국초안"에서
부터 시작되고, "일본은 한국의 독립을 승인한다"라는 규정은 "제8차 미국
초안"에서부터 시작되었다. 동 조항은 그 후 중단되었다가 "제2차 영미합
동초안"에서 부활되었다. 그러나 어느 초안에도 "한일합방조약은 무효이
다"라는 규정은 없다.

최종안에는 "일본은 한국에 대한 권리 … 등을 포기한다"라는 규정과
"일본은 한국의 독립을 승인한다"는 규정을 두고 있을 뿐이다. 이로써 미
국과 영국이 "한일합방조약"을 무효로 보지 아니한다는 그들의 기본 의도
가 확인된다. 따라서 "대일평화조약"은 "한일합방조약"이 유효한 것이라는
것을 전제로 하고 있음이 확인된다.

---

21) Japanese Peace Conference, San Francisco, California, September, 1951, "Treaty of Peace"
    (August 13, 1951).
22) Whiteman, *supra* n.3, p.530.

미 국무부는 "대일평화조약" 체결과정에서 다음과 같이 "한일합방조약"
이 유효하다는 견해를 밝힌 바 있다.

> 1910년의 조약에 의한 일본의 한국병합은 미국을 포함한 대부분의 국가에
> 의해 승인되었다. 한국이라는 국가 또는 정부에 대한 일반적인 승인은 없었다.
> The Japanese annexation of Korea by treaty in 1910 was recognized most all
> countries including the US and no general recognition was given any korean state
> or government until 1948.[23)]

뿐만 아니라 대한민국임시정부가 1941년 12월 10일 일본에 대해 선전포
고를 했다고 1945년 3월 1일 이승만 박사가 미 국무부에 서한을 보냈으나
미 국무부는 이를 승인하지 아니했다.[24)]

미국은 1950년 한국전쟁 발발 이전에는 친일적 입장을 견지했으며, 그
이후에 친한적 입장을 견지하게 되었다. 한국의 외교정책당국은 대미외교
정책의 결정에서 이러한 사실을 신중히 고려해야 할 것이다.

III. 대일평화조약의 독립승인조항과 권리포기조항의 조약법 협약에의 적용

1. 독립승인조항에의 적용

가. 한일합방조약의 유효의 묵시적 승인

(1) 1952년 4월 28일까지 승인

"대일평화조약" 제2조 (a)항 전단은 "일본은 한국의 독립을 승인하고"(Japan

---

23) US Department of State, Division of Research Far East, Participation of the Republic of
    Korea in Japanese Peace Settlement, December 12, 1949.
24) US Department of State, Office Memorandum, January 20, 1949, The Japanese Peace
    Settlement and States at War with Japan.

recognizing the independence of Korea)라고 규정하고 있다. 이는 동 조약
이 효력을 발생한 1952년 4월 28일까지 한국은 비독립 상태에 있었음을 전
제로 한 것이다. 따라서 한국이 동 조항의 이익을 향유할 의사표시를 하
는 것은 "한일합방조약"이 "1952년 4월 28일"까지 유효함을 묵시적으로 승
인하는 것이 된다. 왜냐하면 (ⅰ)조약의 효력발생시점은 그 조약에 달리
규정하지 아니하는 한 그 조약이 성립하는 시점이며 엄격하게는 발효 시
점에 소급해서 적용되지 아니하는 것이 조약법의 원칙이기 때문이다.25)
"조약법 협약" 제28조는 동 조약의 불소급적용에 관하여 다음과 같이 규정
하고 있다.

> 별도의 의사가 조약으로부터 나타나지 아니하거나 또는 달리 확정되지 아
> 니하는 한 그 조약의 규정은 그 발효 이전에 당사국에 관련하여 발생한 행위
> 나 사실 또는 없어진 사태에 관하여 그 당사국을 구속하지 아니한다.
>
> Unless a different intention appears from the treaty or is otherwise established,
> its provisions do not bind a party in relation to any act or fact which took place

---

25) Ian Sinclair, *The Vienna Convention on the Law of Treaties*, 2nd ed.(Manchester:
  Manchester University Press, 1984), pp.85-87; T.O. Elias, *The Modern Law of Treaties*
  (Leiden: Sijithoff, 1974), pp.46-49; Stepehn Allen, *International Law*(London: Pearson,
  2013), pp.42-43; Martin Dixon, *International Law*(Oxford: Oxford University Press,
  2013), pp.66-67; Andrew B. Hollis(ed.) *The Oxford Guide to Treaties*(Oxford: Oxford
  University Press, 2012), pp.699-702; John P. Grant and J. Craig Barker(eds.),
  Encyclopaedic Dictionary of International Law, 3rd(Oxford: Oxford University Press,
  2009), p.615; Robert Jennings and Arthur Watts(ed.), *Oppenheim's International Law*,
  Vol.1, 9th ed.(London: Longman, 1992), pp.1234-1235, 1238-1239; David H. Ott, *Public
  International Law in the Modern World*(London: Pitman, 1987), p.194; Malcolm
  Shaw, *International Law*, 4th ed. (Cambridge: Cambridge University Press, 1997),
  p.650; Werner Levi, *Contemporary International Law: A Concise Introduction*,
  International Law (Colorado: Westview, 1979), p.225; Paul Reuter, *The Modern Law of
  Treaties*(London: Pinter, 1989), pp.51-55; Hans Kelsen, *Principles of International Law*,
  2nd ed.(New York: Holt, 1967), p.493; Gerhard von Glahn, *Law among Nations*, 4th
  ed.(New York: Macmillan, 1981), pp.493-494; Gerog Schwarzenberger and E.D. Brown,
  A Mannal of International Law, 6th ed.(Milton: Professional Books, 1976), p.130;
  Marrommotis Concession Case(1924): PCIJ, *Series A*, No.2 1924, p.34; *Phosphates in
  Moroco* Case(1938): PCIJ, *Series A/B* No.24, 1938, p.24; 김명기, 『국제법원론 상』(서
  울: 박영사, 1969), pp.894-895.

or any situation which ceased to exist before the date of the entry into force of the treaty with respect to that party.

따라서 "대일평화조약"은 동 조약이 발효한 1952년 4월 28일 이전에 소급하여 적용되지 아니한다. 그러므로 "대일평화조약" 제2조 (a)항에 의해 일본이 한국의 독립을 승인한 일자는 1952년 4월 28일 직전까지 한국은 비독립상태에 있었고 따라서 "한일합방조약"은 1952년 4월 27일까지 유효한 것으로 묵시적으로 추정된다.

(ii)"독립승인조항"은 "승인하며"(recognizing)라고 규정하고 "승인했으며"(recognized)로 규정하고 있지 아니하다. 따라서 1952년 4월 28일이 한국의 독립을 승인한 일자이며 따라서 1952년 7월 28일까지 "한일합방조약"은 유효한 것으로 추정된다.

(2) 묵시적 승인의 추정

"대일평화조약"에 의해 한국의 독립이 1954년 4월 28일에 승인되고 따라서 "한일합방조약"이 1952년 4월 28일까지 유효한 것으로 추정되는 것은 한국이 "대일평화조약" 제21조, 따라서 제2조 (a)항의 이익을 향유하는데 동의의 의사표시를 한 바 없으나 "조약법 협약" 제36조 제1항의 조약의 제3국이 동의의 의사표시를 하지 아니해도 그 제3국이 반대의의사표시를 할 때까지 동의의 의사표시를 한 것으로 추정되기 때문이다. 요컨대 "대일평화조약" 제2조 (a)항의 규정이 한국에 대해 효력이 있고 따라서 "한일합방조약"이 1952년 4월 28일까지 유효한 것으로 "추정"되는 것은 "조약법 협약" 제36조 제1항의 규정에 의한 것이다.

나. 독립승인의 효과

독립의 승인은 일본이 한국의 합법정부의 승인이고 이 합법정부의 승인을 정부의 승인 이외에 이 합법정부의 관할하에 있는 한국의 영토의 승인을 포함한다. 한국의 영토에는 "SCAPIN 제677호"에 의해 일본의 영토에서 제외된 독도가 포함됨은 물론이다. 따라서 동 조약 제2조에 일본이 포기하는 도서로 독도가 명시적으로 규정되어 있지 아니해도 독도는 일본정부가 승인한 한국의 영토인 것이다.

2. 권리포기조항에의 적용

가. 한일합방조약 유효의 묵시적 승인
(1) 1952년 4월 28일까지 승인

"대일평화조약" 제2조 (a)항 후단은 "일본은 한국에 대한 … 모든 권리, 권원 및 청구권을 포기한다"(Japan renounces all right, title and claim)라고 규정하고 있다. 이 "권리포기조항"은 195년 4월 28일까지 일본이 권리, 권원 및 청구권을 갖고 있었음을 인정하고 있다. 왜냐하면 갖고 있는 권리, 권원 및 청구권을 포기할 수 있는 것이며 갖고 있지 아니한 권리 등은 포기할 수 없는 것은 자명한 일이기 때문이다. 따라서 이 "권리포기조항"도 1952년 4월 28일까지는 "한일합방조약"이 유효했음을 의미한다. 그리고 이도 "조약법 협약" 제36조 제8항의 규정에 의해 한국이 승인한 것으로 추정된다. 이는 "독립승인조항"의 경우와 동일하다.

(2) 묵시적 승인의 추정

상술한 독립승인조항의 경우와 같다.

나. 권리포기의 효과

"권리포기조항"에 의거 일본의 포기대상은 한국의 권리·권원 및 청구권이다. 동 조약에 권리·권원 그리고 청구권의 정의 규정이 없다. 동 "권리포기조항"이 제2조 (d)항에 규정되어 있고, "영토"의 장에 규정되어 있으므로 이는 영토에 관련된 권리·권원 및 청구권으로 해석된다. 따라서 "권리"는 영토에 대한 영유권을 의미하고, "권원"은 영유권의 근거인 국제법을 의미하고, "청구권"은 영유권에 기초한 국제법상 인도청구권을 의미한다.

따라서 "SCAPIN 제677호"에 의해 일본의 영토에서 배제된 독도에 대한 권리 · 권원 · 청구권은 일본에 의해 포기된 것이다.

IV. 독립승인조항 및 권리포기조항의 한일기본관계조약의 저촉

1965년 한일국교정상화 시 체결된 "한일기본관계조약" 제2조는 다음과 같인 규정하고 있다.

> 1910년 8월 22일 및 그 이전에 대한제국과 대일본제국 간에 체결된 모든 조약과 협정이 이미 무효임을 확인했다.

위의 규정 중 "이미 무효"의 의미에 한하여 대한민국정부는 "당초부터 무효"라고 해석하는데[26] 반하여 일본정부는 1945년부터 무효라고 해석한다.[27] "합일합방조약"이 유효한 것으로 인정되는 "독립승인조항"과 "권리포기조항"은 "한일기본관계조약"에 대한 한국정부의 주장(당초부터 무효)에 저촉된다. 일본정부는 한국정부가 조약법 협약 제36조 제1항의 규정에 의해 "대일평화조약"의 규정에 동의한 것, 즉 "독립승인조항"과 "권리포기조항"에 "한일기본관계조약"의 "이미 무효"를 "당초부터 무효"라고 주장하는 것은 모순으로 이를 금반언의 원칙에 반한다고 주장해 올 수 있다. 그러므로 "독립승인조항"과 "권리포기조항"의 적용 배제를 위한 한국정부의 대책이 요구 된다.

---

26) 대한민국 정부, 『대한민국과 일본국 간의 조약 및 협정 해설』(서울: 대한민국정부, 1965), p.11; 대한민국 정부, 『한일 회담 백서』(서울: 대한민국정부, 1964), p.19.

27) S. Oda, "The Normalization of Relation Between Japan and the Republic of Korea" *AJIL*, Vol.61, 1967, pp.40-41.

V. 결언

"대일평화조약" 제21조는 "한국은 본 조약의 제2조, 제4조, 제9조 및 제12조의 이익을 향유할 권리를 가진다"라고 규정하고, 동 조약 제2조는 "일본은 한국의 독립을 승인하고, 제주도·거문도 및 울릉도를 포함한 한국에 대한 모든 권리·권원 및 청구권을 포기한다"라고 규정하고 있다.

"조약법 협약" 제36조 제1항은 "조약의 답사국이 제3국에 권리를 부여하는 조약의 규정은 제3국이 이에 동의하는 경우 … 그 조약의 규정으로부터 제3국의 권리가 발생한다"라고 규정하고 "제3국의 동의는 반대의 의사표시가 없는 동안 있는 것으로 추정된다"라고 규정하고 있다.

"조약법 협약" 제4조는 동 협약은 소급해서 적용될 수 없다고 규정하고 있으며 학자와 판례는 동 협약은 소급해서 적용될 수 있음을 승인하고 있다. 따라서 1951년에 체결된 "대일평화조약"에 1969년에 체택된 "조약법 협약"은 적용되게 된다.

"대일평화조약" 제2조에 규정된 "독립승인조항"은 동 조약이 체결되기 전에 한국의 법적 지위는 비 독립국임을 전제로 한 것이고, 한국의 비 독립국임을 전제로 한 것은 그의 법적 근거인 "한일합방조약"의 유효를 전제로 한 것이다. 따라서 "독립승인조항"은 "한일합방조약"이 유효함을 묵시적으로 승인한 것이다. "권리포기조항"도 동 조약이 체결되기 전에 일본이 권리 등을 갖고 있었다는 전제로 한 것이며 일본이 권리 등을 갖고 있었음을 그의 법적 근거인 "한일합방조약"이 유효함을 묵시적으로 승인한 것이다. 결국 이 "한일합방조약"이 유효함은 "조약법 협약" 제36조의 규정에 의거 한국이 "대일평화조약" 제2조의 규정에 동의한 것으로 추정된 결과이다. 한국정부는 이 "한일합방조약"이 유효한 것으로 추정되는 "조약법 협약" 제36조 제1항의 효과를 배제하기 위한 조치를 취함을 요한다.

그러한 조치로 해석선언(interpretive declaration) 또는 해석유보(interpretive reservation)를 둘 수 있다. 양자 중 어느 것이 대한민국의 국익에 더 적합한 것이냐는 별도의 연구를 요하는 중요한 당면 과제 중의 하나이다.

제6절 Sebald의 기망행위에 의해 성안된 대일평화조약 미국 측 초안

Ⅰ. 서언

1945년 8월 15일 일본의 라디오 방송을 통한 "항복선언"(Declaration of Surrender)이 있었고, 9월 2일 이를 성문화하기 위한 "항복문서"(Instrument of Surrender)의 서명이 동경만에 정박 중인 미전함 미조리함 상에서 있었다. 그 후 1951년 9월 8일에 샌프란시스코 평화회의에서 48개 연합국과 일본 간에 체결된 "일본과의 평화조약"(Peace Treaty with Japan, 이하 "대일평화조약"이라 한다) 제2조 (a)항은 한국에 관해 "일본은 한국의 독립을 승인하고, 제주도·거문도 및 울릉도를 포함하는 한국에 대한 모든 권리·권원 및 청구권을 포기한다"라고 규정하고 있다.

동 조에는 독도에 관해서 아무런 규정이 없다. 즉, 독도는 한국의 영토라는 명문규정도, 독도는 일본의 영토라는 명문규정도 동 조에는 없다. 그러므로 동 조의 해석에 관해 한국정부와 일본정부의 해석이 대립되어 있다. 한국정부는 동 조에 일본이 포기하는 도서로 독도가 열거되어 있지 않아도 독도는 울릉도의 속도로 울릉도와 같이 일본이 포기한 한국의 영토라고 해석하고, 일본정부는 동 조에 일본이 포기하는 도서로 독도가 열거되어 있지 않으므로 독도는 일본의 영토라고 해석한다.

"대일평화조약"의 체결작업은 주로 미국에 의해 수행되었으며 1949년 11월 2일에 작성된 "제5차 미국초안"은 그 제6조에서는 독도는 한국의 영토로 규정되었다. 미 국무부는 1949년 11월 4일 동 초안을 Douglas MacArthur 장군과 미국의 일본 정치고문 William J. Sebald에게 검토를 위해 송부했다. Sebald는 그의 검토의견에서 독도는 일본의 영토로 규정되어야 한다고 수정건의를 했다. 미 국무부는 Sebald의 의견에 따라 1949년 12월 19일 "제6차 미국초안"에서 독도를 일본의 영토로 규정했다(제3조). 친일적인 Sebald의 농간에 의해 "대일평화조약" 제2조 (a)항은 상술한 바와 같이 독도를 한국의 영토로 명시적으로 규정하지 아니하게 되어 오늘 한일 간에 독도영유권 문제가 첨예하게 대립되어 있다.

이 연구는 Sebald의 기망(欺罔)행위와 그로 인한 미국의 오판행위로 오늘 한일 간의 독도영유권 문제가 제기되도록 한 Sebald의 원죄의 내용을 검토하고 이에 대한 "조약체결의 사정"을 동 조약 제2조(a)항의 해석의 보충적 수단을 이루는 것으로 보아 독도는 한국의 영토라는 해석을 도출하려 시도된 것이다.

이하, "인간 Sebald", "대일평화조약 제5차 미국초안", "Sebald의 검토의견", "제6차 미국초안과 제6차 미국초안 주석서", "Sebald의 의견에 나타난 기망행위와 보충적 수단에 의한 해석" 순으로 기술하고, "결론"에서 독도는 한국의 영토라는 논리를 정립하기로 한다.

II. 인간 William J. Sebald

William Joseph Sebald는 1901년 11월 5일에 출생하여 1980년 8월 10일에 사망한 미국 메릴랜드주 볼티모어 출신인 미국의 외교관이다. 그의 학력과 약력은 다음과 같이 요약된다.[1]

1922년 미국 해군사관학교 졸업
1933년 메릴랜드주립대학 법대 졸업
1949년 법학박사
1925년 주일 미대사관 무관
1925~1928년 일본 가루이자와역에서 일본어를 배울 때(미해군 일본어 코스)
1927년 일본계 영국인(Edith Frances de Recker, 부: 영국인, 모: 일본인)과 결혼
1933~1941년 고베에서 변호사
1942년 주일 미대사관 무관으로 재임명
1945년 12월 3일 연합군최고사령부(SCAP=GHQ) 임시 미 정치고문실(POLAD-Japan)
　　　　참모 겸 외교보조단 특별보좌 역
1947년 7월 27일 도쿄 주재 외교관
1947년 8월 11일 도쿄 주재 정치고문단 참사관
1947년 9월 2일 연합국 대일이사회 위원 겸 의장
1948년 10월 1일 공사
1949년 1월 7일 주일 미 정치고문 대리

---

1) 정병준, "Sebald, William"; 한국해양수산개발원, 『독도사전』(서울: 한국해양수산개발원, 2011), p.196; 정병준, "William Sebald(William J. Sebald)와 '독도분쟁'의 시발", 『역사비평』 여름, 2005, p.140; 김병렬, 『독도』(서울: 다다미디어, 1997), p.440, 448, 451; 신용하, 『신용하 저작집 제38집: 독도영유권에 대한 일본주장 비판』(서울: 서울대학교 출판부, 2001), p.168; 김명기, 『독도의 영유권과 대일평화조약』(서울: 우리영토, 2007), p.54; US Department of State, Office of Public Affairs, Register of the Department of State, April 1, 1950, p.454; US; Department of State, The Biographic Register(Revised as of May 1, 1956), pp.568-569; William J. Sebald, *With MacArthur in Japan: a Personal History of the Occupation* (New York, W. W. Norton, 1965); Howard Schonberger, "The Japan Lobby in American Diplomacy, 1947~1952", *Pacific Historical Review*, Vol.46, no.3, August 1977; John G. Roberts, "The 'Japan Crowd' and the Zaibatsu Restoration", *Japan Interpreter*, Vol.12, Summer, 1979, pp.384-415; James F. Schwabel, *United States Army in the Korean War* (Washington, D.C. USGPO, 1972), p.972.

1949년 "대일평화조약" 체결시 무징벌·무배상의 원칙 주장

1949년 11월 14일 "대일평화조약 제5차 미국초안"에 대해 독도를 일본의 영토
　　로 재고할 것을 권고하는 "전문검토의견"을 미 국무부에 제출했고, 1949
　　년 11월 17일 "서면 검토의견"을 제출

1950년 5월 23일 1급 외교관

1950년 10월 11일 대사급 도쿄 주재 연합군최고사령부 미 정치고문

1952년 4월 25일 미얀마 주재 전권대사

1954년 11월 1일 국무부 극동담당차관보

1956년 3월 7일 경력 공사

1957~1961년 주 호주대사

1965년 저서(자서전) *With MacArthur in Japan: a Personal History of the Occupation*
　　출간

Sebald는 친일적 외교관으로 태평양전쟁의 책임은 일본의 정치, 경제, 사상의 구조적 문제가 아니라 극소수 "군국주의자"들에게 있다고 생각했다. 자신의 친일적 입장을 일본의 공산주의화 저지, 즉 반공주의로 정당화하려고 했다.

III. 대일평화조약 제5차 미국초안

제1평화조약 미국 측 초안 제1차 초안에서부터 제4차 초안까지 어디에도 "한일합방조약"은 무효이자라는 규정이 없을 뿐만 아니라 한국의 독립을 승인하는 조항도 없었다.

대일평화조약 미국 측 초안은 "제1차 미국초안"에서부터 "제5차 미국초안"까지 큰 변화 없이 진행되었다. "제5차 미국초안" 이후 Sebald의 개입으로 미국 측 "제6차초안"부터 커다란 변혁을 거치게 되었다. Sebald의 기망(欺罔)행위가 있기 바로 직전의 초안이 "제5차 미국초안(1949년 11월 2일)"[2)]

---

2) US Department of State, "Commentary on Treaty of Peace with Japan"(November 2, 1949); 신용하, 『독도영유권 자료의 탐구』 제3권(서울: 독도연구보전협회, 2000), pp.297-30;

이므로 이들 기망행위가 있은 직후의 초안인 "제6차 미국초안(1949년 12월 29일)"[3]과 비교하기 위해 그 내용을 보기로 한다.

"제5차 미국초안"은 제3조에서 일본의 영토를 규정하고, 제6조에서 한국의 영토에 관해 규정하고 있다.

이와 같이 "제5차 미국초안"은 "일본의 영토조항"(제3조)에서 독도를 일본의 영토로 열거하지 않고, "한국의 영토조항"(제6조)에서 독도를 한국의 영토로 명시하고 있다.

제3조는 "일본의 영토조항"으로 다음과 같이 규정하고 있다.

> 1. 일본의 영토는 혼슈, 큐슈, 시코큐 그리고 호카이도의 4개의 주요 일본의 도서와 내해의 도서 … 를 포함하는 모든 부속 소도들로 구성된다.[4]

제6조는 "한국의 영토조항"으로 다음과 같이 규정하고 있다.

> 일본은 이로써 한국을 위하여, 한국의 본토와 제주도, 거문도, 울릉도 및 독도를 포함한 한국의 모든 해안도서들 … 에 대한 모든 권리와 권원을 포기한다.[5]

김병렬, 전주 1, pp.433-436; 이석우, 『일본의 영토분쟁과 샌프란시스코 평화조약』(인천: 인하대학출판부, 2003), pp.130-132.

3) US Department of State, "Draft Treaty of Peace with Japan on December 29"(December 29, 1949); 신용하, 전주 2, pp.313-315; 김병렬, 전주 1, pp.448-451; 이석우, 전주 2, pp.134-135.

4) The territory of Japan shall comprise the four principal Japanese islands of Honshu, Kyushu, Shikoku and Hokkaido and all adjacent minor islands, including the islands of the Inland Sea(Seto Naikai), …(US Department of State, *supra* n.2, Article 3).

5) Japan hereby renounces in favor of Korea all rights and titles to the Korean mainland territory and all offshore Korean islands, including Quelpart(Saishu To), the Nan How group(san To, or Komun do) which forms Port Hamilton(Tonaikai), Dagelet Island(Utsuryo To, or Matsu Shima), Liancourt Rocks(Takeshima),(US Department of State, *supra* n.2, Article 6).

IV. Sebald의 검토의견

1. 전문검토의견

미 국무부는 1949년 11월 4일 "제5차 미국초안"을 McArthur 장군과 Sebald
에게 보내 동 초안에 대한 의견을 문의했다.[6] 이에 대해 Sebald는 11월 14일
국무부에 "전문검토의견"을[7] 보내 McArthur 장군에 의해 수락된 의견을 보
내왔다. 동 의견에 표시된 동 초안 제6조에 관한 의견은 다음과 같다.

> 독도에 대한 재고려를 권고한다. 이 섬에 대한 일본의 주장은 오래되고 타
> 당한 것으로 보인다. 그리고 또한 그 곳에 기상 및 레이더 기지를 설치하는
> 안보적 고려를 상정해 볼 수 있다.[8]

Sebald는 위의 재고권고에서 "이에 대한 일본의 주장은 오래되고 타당한
것으로 보인다"라고 한 점과 "기상 및 레이더 기지를 설치하는 안보적 고
려를 상정해 볼 수 있다"라고 한 점으로 미루어보아 그가 일본으로부터 독
도에 관한 제의와 교섭을 받은 허위의 기망행위라는 사실을 추정함에 충
분하다.

2. 서면검토의견

Sebald는 1949년 11월 14일의 "전문검토의견"에 뒤이어 1949년 11월 19일

---

6) US Department of State, *Foreign Relations of the United States*, 1949, Vol.7
   (Washington D.C.: USGPO,1949), p.899.
7) US Department of State, "Incoming Telegram by William J. Sebald to Secretary of State"
   (November 4, 1949); 신용하, 전주 1, p.302; 김병렬, 전주 2, p.436; 이석우, 전주 2,
   p.55.
8) Recommend reconsideration Liancourt Rocks(Takeshima) Japan's claim to these islands
   is old and appears valid. Security considerations might conceivably envisage weather
   and radar stations thereon(US Department of State, *supra* n.2, Article 6).

미 국무부에 "서면검토의견"을[9) 보냈다. 동 의견 중 독도에 관한 의견(초안 제4조에서 제12조까지)은 다음과 같다.

한국의 관점에서 일본에 의해 전에 소유되었던 섬의 처리에 관해 독도는 우리의 제안 제3조에 일본에 속하는 것으로 규정되어야 한다고 제의한다.

이 점에 대한 일본의 주장은 오래되고 타당한 것으로 보인다. 그리고 이들 도서를 한국의 해안도서로 보기 어렵다. 또한 이 도서에 기상 및 레이더 기지를 설치하게 하는 안보적 고려를 미국의 이익으로 생각할 수 있다.[10)

Sebald의 "전문검토의견"과 "서면검토의견"의 내용은 대동소이하다. 다만 "서면검토의견"에는 "독도를 한국의 해안도서로 보기 어렵다"는 내용이 추가된 점만 "전문검토의견"과 다르다 하겠다.

"독도를 한국의 해안도서로 보기 어렵다"는 표현은 독도가 오끼도보다 울릉도에 더 가깝다는 사실을 은폐하고 또한 독도가 일본의 해안도서로 착각을 하도록 하는 술책임이 명백하다.

V. 대일평화조약 제6차 미국초안과 제6차 미국초안 주석서

미 국무부는 위의 Sebald의 1949년 11월 14일의 "전문검토의견"[11)과 1949년 11월 19일의 "서면검토의견"[12)을 수용·검토하여 다음과 같은 "제6차

---

9) US Department of State, Office of US Political Adviser for Japan, Tokyo, "Comment on Draft Treaty of Peace with Japan"(November 19, 1949); 신용하, 전주 2, pp.305-311; 김병렬, 전주 1, pp.441-448; 이석우, 전주 2, p.55.

10) With regard to the disposition of island formerly possessed by Japan in the direction of Korea it is suggested that Liancourt Rocks(Takeshima) be specified in our proposed Article 3 as belong to Japan. Japan's claim to these islands is old and appears valid, and it is difficult to regard them as islands off the shore of Korea. Security considerations might also conceivably ender the provision of weather and radar stations on these islands a matter or interest to the United States. (US Department of State, *supra* n.9, Detailed Comment on November 2 Draft Treaty, Article 4 through 12).

11) US Department of State, *supra* n.7.

미국초안"과 "제6차 미국초안 주석서"를 준비한 것으로 추정된다.

1. 제6차 미국초안

Sebald의 기망행위가 있은 후 그 결과로 작성된 미국초안이 "제6차 미국
초안"이므로 기망행위가 있기 직전의 초안인 "제5차 미국초안"13)과 비교하
기 위해 "제6차 미국초안"의 내용을 보기로 한다.

"제6차 미국초안"은 제3조에서 일본의 영토를 규정하고, 제6조에서 한국
의 영토에 관해 규정하고 있다.

가. 제3조

제3조는 독도를 일본의 영토로 규정하고 있다. 동 조의 규정은 다음과
같다.

　　일본의 영토는 혼슈, 큐슈, 시코큐, 호카이도의 4개의 주요 일본의 본도와
내해의 제 소도; 대마도, 독도 … 등 … 일본해에 위치한 모든 다른 제 소도를
포함하는 인접 제 소도로 구성된다.14)

이와 같이 제3조는 독도를 일본의 영토로 열거하고 있다.

나. 제6조

제6조는 한국의 영토로 독도를 열거하고 있지 않다. 동 조의 규정은 다

---

12) US Department of State, *supra* n.3.

13) US Department of State, "Draft Treaty of Peace with Japan on December 29"(December
29, 1949); 신용하, 전주 2, pp.313-315; 김병렬, 전주 1, pp.448-451; 이석우, 전주 2,
pp.134-135.

14) The territory of Japan shall comprise the four principal Japanese islands of Honshu,
Kyushu, Shikoku and Hokkaido and all adjacent minor islands, including the islands of
the Inland Sea(Seto Naikai); Tushima, Takeshima(Liamcourt Rocks), Oki Retto, Sado,
Okujiri … and all other islands in the Japan Sea(Nippon Kai)…,(US Department of
State, *supra* n.3, Article 3).

음과 같다.

> 일본은 이에 한국을 위하여, 한국의 본토와 제주도, 거문도, 울릉도, 그리고
> 일본이 권원을 취득했던 한국의 모든 해안 제 도와 소도에 대한 모든 권리와
> 권원을 포기한다.[15]

이와 같이 제6조는 독도를 한국의 영토로 열거하고 있지 않다.

"제1차 미국초안"에서 "제5차 미국초안"까지 독도를 일본의 영토에서 배제하고 한국의 영토로 규정해 왔으나, "제6차 미국초안"에서 "일본의 영토조항"(제3조)에서 독도를 일본의 영토에 포함시키고, "한국의 영토조항"(제6조)에서 독도를 한국의 영토로 열거하지 않는 규정을 두고 있다.

이는 Sebald의 기망행위를 사실로 인정한 미 국무부의 오판에 기인한 것임을 실증하는 것이다.

2. 제6차 미국초안 주석서

Sebald의 기망행위가 있은 후 그 결과로 작성된 "제6차 미국초안"에 대한 주석서는 "제6차 미국초안"이 작성되게 된 배경을 알아보기 위해 동 주석서의 내용을 고찰해 볼 필요가 있다.

"제6차 미국초안"[16]에 부하여진 "대일평화조약 초안에 대한 주석"(Commentary on Draft Treaty of Peace with Japan)[17]에는 독도에 관해 다음과 같이 해설하고 있다.

다께시마(리앙끄르암)

일본해에 일본과 한국으로부터 거의 등거리에 있는 다께시마의 두 소도는

---

15) US Department of State, *supra* n.3, Article 6.
16) US Department of State, *supra* n.3.
17) US Department of State, "Commentary on Draft Treaty with Japan"(December 12, 1949);
신용하, 전주 2, pp.315-316; 김병렬, 전주 1, pp.451-453; 이석우, 전주 2, pp.135-137.

1905년에 일본에 의해 주장되었고, 한국에 의한 항의가 명백히 없었다. 그리고 시마네현 오기도사의 관할 하에 있었다. 이는 물개의 서식지이고, 기록에 의하면 오랫동안 일본 어부들이 특정 계절 동안 거주해왔다. 서쪽에 근거리에 있는 울릉도와 달리 다께시마는 한국 이름이 없고, 한국에 의해 주장되어 온 바 없다. 이 도서는 점령기간 동안 미군에 의해 폭격연습장으로 사용되어 왔고 기상 또는 레이더 기지로서 가능한 가치를 갖고 있다.

Takeshima(Liancourt Rocks)

The two unhabited islets of Tekeshima, almost equidistant from Japan and Korea in the Japan Sea, were formally claimed by Japan in 1905, apparently without profest by Korea, and placed under the jurisdiction of the Oki Islands Branch Office shimane Prefecture. They are a breeding ground for sea Lions, and records show that for a long time Japanese fisherman migrate there during certain seasons. Unlike Dagelet Island a short distance to the west, Takeshima has no Korean name and does not appear ever to have been claimed by Korea. The islands have been used by U.S. forces during the occupation as a bombing range and have possible value as a weather or radar station site. [18]

VI. Sebald의 검토의견에 나타난 기망행위와 보충적 수단에 의한 해석

1. Sebald의 검토의견에 나타난 기망행위

가. 전문검토의견 상의 기망행위

동 전문검토의견 중 다음과 같은 기술은 Sebald의 기망행위이다.

첫째로, "이 섬에 대한 일본의 주장은 오래되고 타당한 것으로 보인다." "일본의 주장이 오래되고"라는 것은 한국의 주장은 지증왕 13년(512년)이고, 일본의 주장은 시마네현 고시 제40호(1905년)이므로 한국의 주장이 일

---

18) US Department of State, *supra* n.17, Article 3. Paragraph 1.

본의 주장보다 더 오래된 것이므로 "일본의 주장이 오래되고"라는 기술은 명백히 사실에 반하는 것이므로 이는 Sebald의 기망행위임이 명백하다.

둘째로, "타당한 것으로 보인다"는 "SCAPIN 제677"호 제3항의 규정에 의해 독도가 일본의 영토가 아니라는 것을 정치고문인 Sebald가 알지 못했을 리가 없으므로 이도 명백히 사실에 반하는 기망행위이다.

셋째로, "기상 및 레이더 기지를 설치하는 안보적 고려는 상정해 볼 수 있다"는 것은 미국이 장차 레이더 기지를 설정할 수 있다고 미국을 감언 유인한 것으로 이 감언 유인 행위도 미국이 독도를 일본의 영토로 오판하도록 의도한 것이므로 이도 Sebald의 기망행위인 것이다. 오판을 유도하는 행위는 기망행위이기 때문이다.

나. 서면검토의견 상의 기망행위

서면검토의견에는 다음과 같은 기술이 Sebald의 기망행위이다.

첫째로, "이 섬에 대한 일본의 주장은 오래되고 타당한 것으로 보인다"의 기망행위의 근거는 상술한 Sebald의 전문검토의견의 경우와 동일하다.

둘째로, "기상 또는 레이더 기지의 설치"의 기망행위의 근거는 상술한 Sebald의 전문검토의견의 경우와 동일하다.

셋째로, "이들 도서를 한국의 해안도서로 보기 어렵다"라고 하나, 독도는 한국의 영토인 울릉도로부터 87.4km 떨어져 있으며 오끼도로부터 157.5km 떨어져 있는 사실을 은폐하기 위한 기망행위이다. 왜냐하면 오끼도로부터 157.5km 떨어져 있는 독도를 일본의 해안도서로 볼 수 없기 때문이다.

2. 제2조 (a)항의 규정과 보충적 수단에 의한 해석

가. 제2조 (a)항의 규정

"대일평화조약" 제2조 (a)항은 Sebald의 허위와 기망행위에 의해 다음과 같이 규정되어 있다.

일본은 대한민국의 독립을 승인하고, 제주도, 거문도 및 울릉도를 포함하는 한국의 모든 권리, 권원 및 청구권을 포기한다.[19]

나. 제2조 (a)항의 해석

(1) 조약의 체결 사정

"조약법 협약" 제32조는 해석의 보충적 수단으로의 내용으로 "조약 체결의 준비작업"(*travaux preparatories* of treaty)과 "조약 체결의 사정"(circumstances of treaty conclusion)을 들고 있다.[20] 여기서는 "조약의 체결사정"만을 보기로 한다. "조약의 체결사정"에 관해서는 제3절 "Ⅳ. 조약의 보충적 해석수단으로서의 조약의 체결사정"에서 상술하는 바를 여기서 그대로 인용하기로 한다.

(2) 대일평화조약 체결의 사정

(가) 일반적 체결사정

"대일평화조약" 제2조 (a)항의 해석을 위한 보조적 수단인 조약의 일반적 체결사정으로 다음과 같은 사항을 제시해 볼 수 있다.

(ⅰ) 한국은 동 조약의 체결 당사자가 아니었으므로 동 조약의 체결 교섭과정에 능동적으로 참여할 수 없었다.

---

19) Japan recognizing the independence of Korea, renounces all right, title and claim to Korea, including the islands of Quelpart, Port Hamilton and Dagelet (UN, *UNTS*, Vol. 136, 1952, Article 2, (a).

20) Duncan B. Hollis, *Oxford Guide to Treaties* (Oxford: Oxford University Press, 2012), p.487; Martin Dixon, *International Law*, 7th ed.(Oxford: Oxford University Press, 2013), pp.76-77; Gerhar von Glahan and Jones Larry Toulbee, *Law Among Nations*, 9th ed. (London: Pearson, 2009), p.81; Vanghan Lowe, *International Law* (Oxford: Oxford University Press, 2007), p.73; Volerie Epps, *International Law*, 4th ed.(Durham: Carolina, 2009), p.65; John P. Grant and J. Craig Baker, *Encyclopeadic Dictionary of International Law*, 3rd ed.(Oxford: Oxford University Press, 2009), p.616; Gideon Boas, *Public International Law* (Cheltenham: Edward Elgar, 2012), p.64; Ian Brownlie, *Principles of Public International Law*, 5th ed.(Oxford: Oxford University Press, 1991), p.636.

(ⅱ) 한국은 전쟁 중이어서 동 조약의 체결 교섭과정에 적극적으로 참여할 외교적 역량이 없었다.

(ⅲ) 한국은 미국을 통해 동 조약의 체결 교섭과정에 간접적으로 참여할 수 있을 뿐이었다.

(ⅳ) 일본은 동 조약의 체약 당사자로서 동 조약의 체결 교섭과정에 능동적으로 참여할 수 있었다.

(ⅴ) 일본은 한국전쟁의 발발로 동아시아에서 그 역할이 증대되어 대연합국 특히 대미 영향력이 증대되어 동 조약의 체결 교섭과정에 외교적 역량을 발휘할 수 있었다.

(ⅵ) 미국은 동 조약의 체약 당사자가 아닌 한국의 의사보다 동 조약의 체약자인 일본의 의사를 고려했다.

(ⅶ) 한국은 독도의 영유국이지만 동 조약의 체약 당사자가 아니었으며 일본과 미국은 독도의 영유국은 아니지만 동 조약의 체약 당사자였다.

(나) 특수적 체결사정

"대일평화조약" 제2조 (a)항의 해석을 위한 보조적 수단인 조약체결의 특수적 체결사정으로 다음과 같은 사정을 제시해 볼 수 있다.

(ⅰ) 일본은 일본에 주재하고 있는 미국의 대일 정치고문 Sebald를 도쿄에서 쉽게 접촉하여 대일평화조약 안에 대한 교섭을 할 수 있었다.[21]

(ⅱ) 미국은 독도가 한국의 고유영토라는 사실을 잘 모르고 있었다.[22]

(ⅲ) 위의 이유로 일본은 독도의 영유권이 "시마네현 고시 제40호"에 의해 일본이 선점한 영토라고 미국을 쉽게 기망 설득할 수 있었다.[23]

---

21) 독도의 귀속수정을 건의한 Sebald의 서면 검토의견(1949.11.19)은 "도쿄"에서 발송되었다.

22) "우리의 정보에 의하면 … 보이지 않는다(according to our information … does not appear)"라는 표현에서 알 수 있다(주미 양유찬 대사의 공한에 대한 미국정부 답변서(1951.8.9)).

(ⅳ) 미국이 독도에 기상 레이더 관측소를 설치하려는 미국의 안보적 고려와 일본이 독도에 미공군을 유치하려는 일본의 안보적 고려는 쉽게 합치될 수 있었다.24)

(ⅴ) 대일평화조약 초안은 미국이 주도적으로 작성했으나 이에 대한 영국과 오스트레일리아의 세력이 균형을 이루어 독도는 일본영토로도 한국의 영토로도 규정하지 않는 타협안을 "대일평화조약" 제2조로 규정하게 되었다.25)

(ⅵ) Sebald의 "전문검토의견"과 "서면검토의견"에 표시된 기망행위에 의해 미국은 독도가 일본의 영토인 것으로 오판하여 독도를 일본의 영토로 규정한 "제6차 미국초안"을 작성했다.

다. Sebald의 기망행위에 의한 제2조 (a)항의 효력과 해석의 보충적 수단에 의한 해석

(1) 제2조 (a)항의 효력

"제5차 미국초안"에 대한 Sebald의 "전문검토의견"이나 "서면검토의견"에는 이들은 모두 일본에 의해 충동되어 Sebald에 의해 조작된 "기망행위"이다. 따라서 이는 "조약법 협약" 제49조에 의거 무효인 것이며, Sebald의 이러한 "기망행위"에 의해 유인된 "제6차 미국초안" 따라서 "대일평화조약"은 미국의 "오판행위"(착오행위)에 의해 체결된 것이다. 따라서 동 조항은 "조약법 협약" 제48조에 의거 "실체법상" 무효인 것이다. 다만, 절차법상 이의 무효를 주장하는 당사국이 없으므로 잠정적으로 동 조항은 유효한 것으로 취급될 뿐이다. 동 조약 제21조의 규정에 의해 한국은 제2조의 이익을 향유할 권리가 있으므로 동 조약의 당사국이 아닌 한국도 동 조항의 무효를 주장할 수 있다고 본다. 이에 관해서는 별도의 연구를 요한다. 현실적으로

---

23) 예컨대, "1905년 이래 시마네현의 관할하에 있어 왔으며"라는 표현에서 알 수 있다 (위 답변서).

24) "기상 레이더 기지의 대비로 고려될 수 있다"라는 표현에서 알 수 있다(Sebald의 서면 검토의견(1949.11.9)).

25) 대일평화조약을 위한 영미토론(1951.5.2), 영미합동초안에 대한 연합국 토론(1951.6.1).

는 무효의 주장보다 보충적 수단에 의한 해석으로 만족할 수밖에 없다고 본다.

(2) 제2조 (a)항의 보충적 수단에 의한 해석

이들 기망행위와 오판행위가 "조약법 협약" 제32조에 규정된 "해석의 보충적 수단"의 내용인 "조약체결의 사정"을 형성한다. 그리고 이러한 경우 "조약법 협약" 제31조에 규정된 해석의 제1원칙인 신의성실의 원칙(rule of good and faith)에 따라 해석할 때 이들의 무효의 효과는 결국 기망행위와 오판행위의 이전에 유효한 "제5차 미국초안"으로 돌아가 동 초안 제6조의 일본은 독도를 포기한다는 규정에 따라 독도는 한국의 영토로 해석된다.

VII. 결언

이상의 Sebald의 기망행위와 그로 인한 미국의 오판행위로 인해 작성된 "대일평화조약" 제2조 (a)항에 관해 다음과 같은 두 가지 결론을 맺기로 한다.

1. 대일평화조약 제2조 (a)항의 무효

Sebald의 "전문검토의견"이나 "서면검토의견"이나 모두 Sebald의 기망행위로 구성되어 있으며, 이 기망행위에 의거 미국은 오판행위(착오행위)를 한 것이다. 이와 같이 Sebald의 기망행위와 미국의 오판행위(착오행위)에 의해 작성된 "제6차 미국초안"에 따라서 "대일평화조약"이 작성된 것이다. "기망행위"(fraud)도 "착오행위"(error)도 "조약법 협약" 상 무효이다. "기망행위"의 무효는 "조약법 협약" 제49조에, "착오행위"의 무효는 "조약법 협약" 제48조에 각각 규정되어 있다. 그러므로 Sebald의 "전문검토의견"과 "서면검토의견"은 실체법상 무효이고, "제6차 미국초안"도 실체법상 무효이다.

따라서 "대일평화조약" 제2조 (a)항도 실체법상 무효이다. 다만 절차법상 동 조약의 무효를 주장하는 당사국이 없을 뿐이다. 동 조약의 당사자가 아닌 한국이 동 조약 제21조의 규정에 의거 무효를 주장할 수 있다고 본다.

2. 대일평화조약 제2조(a)항의 해석의 보충적 수단에 의한 해석

가. 조약체결의 사정

조약해석의 보충적 수단인 "조약체결의 사정"을 고려, "대일평화조약" 제2조 (a)항을 해석해보기로 한다. 그러기 위해 "대일평화조약" 체결의 사정을 보면 다음과 같다.

"대일평화조약"이 한국의 참여 없이 체결되었다는 사정, 한국은 6.25 전쟁중에 있었으므로 "대일평화조약" 체결에 외교력을 행사할 수 없었다는 사정, 친일적인 Sebald의 기망행위와 미국의 오판에 의해 "제6차 미국초안"이 작성되었다는 사정 등의 "조약체결의 사정"을 해석의 보충적 수단으로 하여 "대일평화조약" 제2조 (a)항을 해석할 때, "조약법 협약" 제31조의 규정에 의거 "신의성실의 원칙"에 따라 Sebald의 기망행위와 미국의 오판행위가 없이 작성된 "제5차 미국초안"으로 돌아가 동 초안 제6조의 규정에 따라 독도는 일본이 포기한 한국의 영토로 해석된다.

나. 조약체결의 준비작업

조약해석의 보충적 수단인 "조약체결의 준비작업"을 고려 "대일평화조약" 제2조 (a)항을 해석해보기로 한다. "대일평화조약" 체결의 준비작업으로 다음과 같은 것을 들 수 있다.

"조약체결의 사정"에 추가하여 "조약체결의 준비작업"으로 독도를 한국의 영토로 규정한 연합국의 "일본 구영토 처리에 관한 합의서"(Agreement Respecting the disposition of Former Japanese territory)26) 제3조 그리고 "제1

---

26) US Department of State, Agreement Respecting the Disposition of Former Japanese

차 미국초안", "제2차 미국초안", "제3차 미국초안", "제4차 미국초안" 그리
고 "제5차 미국초안"을 해석의 보충적 수단으로 해석할 때도 "조약법 협약"
제31조의 규정에 의거 "신의성설의 원칙"에 따라 독도는 한국의 영토로 해
석된다.

　이상의 결론으로부터 한국정부 당국에 대해 다음과 같은 정책대안을 제
의하기를 권고한다.

　첫째로 일본정부의 '대일평화조약' 제2조 (a)항에 일본이 포기하는 도서
로 독도가 열거되어 있지 아니하므로 독도는 일본의 영토라는 주장에 대
해 독도는 울릉도의 속도이므로 울릉도와 같이 일본이 포기한 한국의 영
토라는 종례의 한국정부의 주장에 대해 일본정부가 이를 계속 일축하면
동 조항은 Sebald의 기망행위와 미국의 오판행위로 작성된 것이므로 '조약
법 협약'상 무효라는 주장을 정책에 반영할 것을 검토한다.

　둘째로, 위 첫째의 일본정부의 주장에 대해 동 조항은 Sebald의 기망행
위와 그로 인한 미국의 오판행위에 의해 작성된 것이므로 조약법 협약상
무효라는 '조약체결의 사정'을 원용하여 조약 해석의 보충적 수단에 의하
여 해석할 때 독도는 일본으로부터 분리된 한국의 영토라는 주장을 정책
에 반영할 것을 검토한다.

　Territory, 1949.

제7절 대일평화조약상 한국의 독도영유권조항 불규정에 대한 미국의 정치적 책임

Ⅰ. 서언

신라 지증왕 13년(512년)에 이사부의 우산국 정복에 의해 한국은 독도영유권의 역사적 권원을 취득했다. 그 후 이는 고려에 승계되었고 조선에 다시 승계되었다. 대한제국에 이르러 1900년 10월 25일 "대한제국 칙령 제41호"에 의해 한국의 독도에 대한 역사적 권원은 현대 국제법상 권원으로 권원의 대체(replacement of title)를 이룩했다. 그러나 불행하게도 그 후 10년이라는 세월이 경과한 이후 1910년 8월 22일 일본의 강박에 의해 체결된 "한일합방조약"에 의해 독도를 포함한 한반도 전체가 일본의 영토로 병합되게 되었다. 물론 동 조약이 강박에 의해 체결되어 무효인 것이므로 한국의 일본에의 병합은 법적 병합이 아니라 사실상 병합인 것이었다. 그 후 연합국의 일련의 조치에 의해 독도를 포함한 한국은 일본으로부터 분리되게 되었다. 그 분리 조치의 최종 단계는 "대일평화조약"(the Peace Treaty with Japan)의 체결이었다. 동 조약 제2조 (a)항은 "일본은 한국의 독립을 승인하고, 제주도·거문도·울릉도를 포함하는 한국에 대한 권리·권원·청구권을 포기한다"라고 규정하고 있다. 일본이 포기하는 도서 중에 독도가 명시적으로 포함되어 있지 아니하므로 독도의 영유권에 관해 일본정부는 독도는 일본의 영토라고 주장하고 한국정부는 한국의 영토라고 주장한다. 그 근거는 "대일평화조약" 제2조 (a)항에 일본이 포기하는 도서로 열거되어 있는 가운데 독도가 열거되어 있지 아니하기 때문이다. 이렇게 규정하게 된 원인의 하나는 대한민국은 "대일평화조약"의 교섭·체결과정에 초대되기를 원했으나 미 국무부는 이를 용인하지 아니하여 대한민국은 동 조약의 체결·교섭 과정에 참여하여 독도의 영유권이 대한민국에 귀속된다는 주장을 할 수 없었던 것이고, 그 원인 중 또 다른 하나는 독도는 일본의 영토라는 미국의 일본 정치 고문 Sebald의 기망행위에 의해 미국이 이를 오판한 것이다. 따라서 미국은 Sebald의 기망행위에 대해 정치적 책임을 면할 수 없다.

이 연구는 "대일평화조약"에 독도를 한국의 영토로 명시적으로 규정하지 못한 미국의 정치적 책임의 성립 근거를 제시하기 위해 시도된 것이다.

이하 "대일평화조약" 교섭·체결에 대한민국의 참가요청을 거절한 미국의 책임, 일본의 기망행위에 오판을 한 미국의 책임 순으로 기술하고, 결론에서 이 원인을 조약의 보충적 해석 수단인 "조약체결의 사정"을 형성하므로 정책 당국에 대해 "대일평화조약" 제2조 (a)의 해석에 있어서 이 "조약체결 사정"을 원용할 것을 권고하기로 한다.

II. 대일평화조약의 교섭 · 체결 과정에 대한민국의 참가요청에 대한 미국의 불승인에 대한 책임

1. 대한민국정부의 참가요청

대한민국은 "대한민국임시정부"시절부터 "대한민국 정부"시절까지 "대일 평화조약"의 교섭과정 및 서명과정에 공식적으로 참여의 의사를 표시해 왔다.

대한민국임시정부는 1945년 3월 1일 이승만 박사의 미 국무장관에게 보 낸 공한에서 대한민국임시정부가 일본에 대해 1941년 12월 10일 공식적으 로 전쟁을 선포했으므로 대한민국은 "대일평화조약"의 교섭과 서명에 참 가하여야 한다고 주장했다.[1]

대한민국임시정부는 일본에 대해 전쟁을 선포했으나 이는 미국에 의해 승인되지 아니했다.

대한민국임시정부의 요청에 뒤이어 대한민국 정부도 대한민국이 "대일 평화조약"의 교섭과정과 서명에 참가하기를 원한다고 미 국무부에 요청했 다. 1951년 1월 4일 장면 주미한국대사가 미 국무부장관에게 보낸 서한을 통해 대한민국은 대일평화조약의 교섭과 서명에 참가하도록 초청받기를 희망한다고 요청했다.[2]

1951년 7월 9일 11시 30분에 양유찬 대사가 John Foster Dulles 대사에게 전화 했을 때 Dulles 대사는 양 대사에게 일본과 전쟁상태에 있는 국가와 유엔선언의 서명국만이 대일평화조약에 서명하는 것이기 때문에 대한민 국 정부는 동 조약서 서명국이 될 수 없다고 지적했다.[3]

---

1) US Department of State, Office Memorandum : Japanese Peace Settlement and States of War with Japan, June 20, 1949, Ⅰ.3.; letter form Dr. Syngman Rhee to the Secretary of State dated March 1, 1945.

2) Korean Embassy in Washington D.C, A Letter to Dean Acheson(Secretary of State from John M. Chang(Korean Ambassador), dated January 4, 1951.

3) US Department of State, Memorandum of Conversation : Japanese Peace Treaty, dated

이에 대해 양 대사는 대한민국임시정부는 일본과 전쟁상태에 있었다고 항의했다.4)

그러나 Dulles 대사는 한국은 조약의 규정으로부터 이익을 향유하게 될 것이라고 지적했다.5)

2. 미 국무부의 거부

대한민국 정부의 대일평화조약 교섭·서명에의 참가요청에도 불구하고 미 국무부는 대한민국이 일본과 전쟁상태에 있지 아니했다는 이유로 이 요청을 거부했다. 이는 미국이 "한일합방조약"을 유효로 보고, 따라서 한국은 국가로 보지 아니하는 정책기조에 근거한 것이었다.

III. 독도가 일본의 영토라는 Sebald 고문의 기망행위에 의한 오판의 책임

Sebald의 기망행위에 의한 미국의 오판을 입증하기 위해서는 Sebald의 기망행위가 있기 이전의 "제5차 미국초안"과 Sebald의 기망행위가 있은 이후의 "6차 미국초안"을 검토해볼 필요가 있다.

1. 제5차 미국초안의 독도에 관한 규정

"제5차 미국초안"은 "일본의 영토조항"(제3조)에서 독도를 일본의 영토로 열거하지 않고, "한국의 영토조항"(제6조)에서 독도를 한국이 영토로 명시하고 있다.

July 9, 1951, para.2.
4) *Ibid.,* para.3.
5) *Ibid.,* para.2.

제6조는 "한국의 영토조항"으로 다음과 같이 규정하고 있다.

일본은 이로써 한국을 위하여, 한국의 본토와 제주도, 거문도, 울릉도와 독도를 포함한 한국의 모든 해안도서들 … 에 대한 모든 권리와 권원을 포기한다.
Japan hereby renounces in favor of Korea all rights and titles to the Korean mainland territory and all offshore Korean islands, including Quelpart(Saishu To), the Nan How group(san To, or Komun do) which forms Port Hamilton(Tonaikai), Dagelet Island(Utsuryo To, or Matsu Shima), Liancourt Rocks(Takeshima).

2. Sebald의 검토의견

가. 전문 검토의견

미 국무부는 1949년 11월 4일 "제5차 미국초안"(1949년 11월 2일 초안)을 MacArthur 장군과 Sebald에게 보내 동 초안에 대한 의견을 문의했다.[6] 이에 대해 Sebald는 11월 14일 국무부에 "비밀전문 검토의견"을[7] 보내 MacArthur 장군에 의해 수락된 의견(관측)을 보내왔다.

이에 관해서는 제6절 Ⅳ에서 기술한 바를 그대로 인용하기로 한다.

나. 서면 검토의견

Sebald는 1949년 11월 14일의 "전문 검토의견"에 뒤이어 1949년 11월 19일 미 국무부에 "서면검토의견"을[8] 보냈다.

이에 관해서는 제6절 Ⅳ에서 기술한 바를 그대로 인용하기로 한다.

---

6) US Department of State, *Foreign Relations of the United States*, 1949, Vol.7(Washington D.C.: USGPO, 1949), p.899.

7) US Department of State, "Incoming Telegram by William J. Sebald to Secretary of Sate" (November 4, 1949)

8) US Department of State, Office of US Political Adviser for Japan, Tokyo, "Comment on Draft Treaty of Peace with Japan"(November 19, 1949)

3. 제6차 미국초안의 독도에 대한 규정

미 국무부는 위의 Sebald의 1949년 11월 14일의 "전문 검토의견"과 1949년 11월 19일의 "서면 검토의견"을 수용·검토하여 다음과 같은 "제6차 미국초안"을 준비했다.

이에 관해서는 제6절 Ⅳ에서 기술한 바를 그대로 인용하기로 한다.

4. Sebald의 기망행위의 근거

가. 전문검토의견상 기망행위의 근거

전문검토의견상 기망행위는 제6절 Ⅳ에서 기술한 바를 그대로 인용하기로 한다.

나. 서면검토의견상 기망행위의 근거

서면검토의견상 기망행위의 근거는 제6절 Ⅳ에서 기술한 바를 그대로 인용하기로 한다.

첫째로, "이 섬에 대한 일본의 주장은 오래되고 타당한 것으로 보인다"의 기망행위의 근거는 상술한 Sebald의 전문검토의견의 경우와 동일하다.

둘째로, "기상 또는 레이더 기지의 설치"의 기망행위의 근거는 상술한 Sebald의 전문의견의 경우와 동일하다.

셋째로, "이들 도서를 한국의 해안도서로 보기 어렵다"라고 하나, 독도는 한국의 영토인 울릉도로부터 87.4km 떨어져 있으며 오끼도로부터 157.5km 떨어져 있는 사실을 은폐하기 위한 기망행위이다. 왜냐하면 오끼도로부터 157.5km 떨어져 있는 독도를 일본의 해안도서로 볼 수 없기 때문이다.

이와 같이 미국의 국가기관인 Sebald의 기망행위에 의한 미 국무부의 착오로 독도는 한국의 영토로 규정되지 아니했다.

IV. 한일합방조약의 원초적 무효 불인정의 책임

미국에 의해 주도적으로 작성된 "대일평화조약" 제21조는 "한국은 본 조약 제2조, 제4조, 그리고 제12조의 이익을 향유할 권리를 가진다"라고 규정하고 동 조의 규정에 의해 한국이 향유할 이익을 가진 동 조약 제2조 (a) 항은 "일본은 한국의 독립을 승인하고, 제주도·거문도 및 울릉도를 포함하는 한국에 대한 권리·권원 및 청구권을 포기한다"라고 규정하고 있다.

1. 독립승인조항 : 제2조 (a)항 전단

전기한 바와 같이 "대일평화조약" 제2조 (a)항 전단은 "일본은 한국의 독립을 승인하고"라고 규정하고 있다. 이는 "대일평화조약"이 효력을 발생하는 시점인 1952년 4월 28일을 기준으로 한국의 독립을 승인한다는 것이므로 1952년 4월 28일 이전에는 한국은 비독립국가 이었음을 승인하는 것이다. 이는 1910년 "한일합방조약"이 원초적으로 무효가 아니라 "대일평화조약"이 효력을 발생하는 1952년 4월 28일부터 무효라는 의미이다.[9] 그러므로 "한일합방조약"은 1910년 8월 22일부터 무효라고 규정하지 아니하고 "대일평화조약"의 효력 발생시가 1952년 4월 28일부터 무효라고 간접적으로 규정한 미국은 이에 대한 정치적 책임을 면할 수 없다.

2. 권리포기조항 : 제2조 (a)항 후단

전기한 바와 같이 "대일평화조약" 제2조 (a)항 후단은 "일본은 … 제주도·거문도 및 울릉도를 포함하는 한국에 대한 모든 권리·권원 및 청구권을 포기한다"라고 규정하고 있다. 이 규정은 "대일평화조약"이 청구권을

---

9) "조약법 협약" 제28조는 조약은 그 조약에 특별히 규정되지 않는 한, 소급하여 적용되지 아니한다고 규정하고 있다.

갖고 있었음을 의미한다. 갖고 있지 아니한 권리의 포기는 있을 수 없기 때문이다. 미국이 "한일합방조약은 원초적으로 무효이다"라고 규정하지 아니하고 "대일평화조약"이 효력을 발생하려는 시점에서 무효라고 간접적으로 본데 대해 미국은 정치적인 책임을 면할 수 없다. 미국이 일본과 "대일평화조약"을 체결하면서 한국의 이익보다 일본의 이익을 고려한 것은 전후 소련과의 대결에서 전략적으로 일본을 이용하려는 전략의 배려를 "대일평화조약"에 반영한 것으로 추정된다.

미 국무부는 대한민국의 불승인을 대한민국의 대일평화조약의 교섭을 거부하는 이유 중에 하나로 들고 있다.

> 1910년 조약에 의한 일본의 한일합방은 미국을 포함한 거의 모든 국가에 의해 승인되었고, 1948년까지 한국 국가 또는 한국정부로 일반적으로 승인되지 아니했다. 한국에서 일본 규칙에 대한 조항을 지방화 또는 단기내란으로 금지되었다.
>
> (the Japanese annexation of Korea by treaty in 1910 was recognized by all most al countries, including the US, and no general recognition was given by Korean state or government until 1948. Resistance to Japanese rule within Korea was restricted to localized or brief disorders.)[10]

V. 결언

대한민국임시정부는 1941년 12월 10일에 공식적으로 일본에 대해 전쟁을 선언했으며 미 국무부에 "대일평화조약"교섭과 체결에 초청해줄 것을 요구했으나 미 국무부는 이 요구를 승인하지 아니했다. 대한민국 정부도 "대일평화조약"교섭과 체결과정에 초청해줄 것을 미 국무부에 요청했으나 미 국무부는 이를 수락하지 아니했다. 결국 대한민국은 "대일평화조약"의

---

10) US Department of State, Office memorandum : Japanese Peace Settlement and States of war with Japan, June 20, 1949, I. 3.

교섭과정에 참가하지 못하여 독도의 영유권이 한국에 귀속된다는 주장을 할 기회를 갖지 못했으므로 "대일평화조약"에 독도의 영유권이 한국에 귀속된다는 명문규정을 두지 못했으므로 이에 대한 정치적 책임은 미국에 있다.

그리고 미국의 정치고문 Sebald의 독도가 일본의 영토라는 기망행위에 대해 미국은 정치적인 책임을 면할 수 없는 것이며 또한 Sebald의 기망행위로 인해 미국이 독도가 일본의 영토로 오판하여 "대일평화조약"에 일본의 포기의 대상인 도서로 독도를 규정하지 못했으므로 미국은 또한 이 오판에 대한 정치적 책임을 면할 수 없다.

이는 특히 독도의 영유권 문제가 국제연합 안보리에 상정되게 되었을 경우에 고려하여야 할 것이다. 그리고 독도의 영유권분쟁의 해결을 위해 미국이 중재하게 된 경우에 고려하여야 할 것이다.

한미 양국은 한국전쟁을 겪으면서, 정전 후 1953년 10월 "한미상호방위조약"을 체결하여 우호관계와 긴밀한 협조관계를 유지해올 수 있었으나, 그 이전에는 상해 임시정부를 승인하지 아니하고 1910년 "한일합병조약"에 의한 일본의 한국통치의 유효성을 용인해왔었다. "대일평화조약"에 "일본은 한국의 독립을 승인하고, 한국에 대한 권리, 권원, 청구권을 포기한다"라고 규정하고 (제2조 (a)항) "한일합방조약"이 무효라고 규정하지 아니하고 "한일평화조약" 체결에까지 "한일합방조약"이 유효라는 견지에서 독립을 승인하고, 권리 등을 포기한다라고 규정하고 있다. 그러나 독도의 영유권 문제에 관해서는 친한적인 입장을 견지해오지 아니했다.

이제 대한민국의 국력은 현저하게 신장되었다. 정부당국은 적절한 시기에 대일, 대미 정책에 독도의 영유권에 대한 미국의 정치적 책임을 반영하여 역사를 바로 잡고 독도의 영유권을 확보하여야 할 것이다.

"대일평화조약"을 체결할 당시 미국의 대외전략은 소련세력의 동남아 진출을 제지하기 위해 일본을 방파적 전위제로 활용하기 위한 안보전략으로 최소한 친한적인 것이 아니라 친일적이었다는 것을 우리는 통찰해야 할 것이다.

제8절 대일평화조약상 한국의 법적 지위

Ⅰ. 서언

1951년에 9월 8일에 샌프란시스코에서 48개 연합국과 일본 간에 체결되어 1952년 4월 28일에 효력이 발생한 "대일평화조약"(Peace Treaty with Japan)에 한국은 동 조약의 체약당사국이 아니므로 동 조약의 제3자의 지위에 있음에 불과하다. 그러나 동 조약 제21조의 규정에 의거 한국은 동 조약 제2조, 제4조, 제9조 그리고 제12조의 이익을 향유할 권리를 가진다. 한국에 적용되는 동 조약 제2조 (a)항은 "일본은 한국의 독립을 승인하고, 제주도·거문도 및 울릉도를 포함하는 한국에 대한 모든 권리·권원 및 청구권을 포기한다"라고 규정하고 있다.

한편 "조약법 협약"은 제36조에 "제3자에게 권리를 부여하는 조약은 그

제3국이 이에 동의하는 의사 표현을 할 것을 조건으로 그 조약상의 권리
를 향유한다"라고 규정하고 동의의 의사표시가 없는 경우에는 반대의 규
정이 없는 한 반대의 의사표시가 있을 때까지 동의의 의사표시가 있는 것
으로 추정한다라고 규정하고 있다.

한국은 동의의 의사표시를 한 바 없으나, "조약법 협약" 제36조 제1항의
규정에 의해 동의의 의사표시가 있는 것으로 추정되어 "대일평화조약"이
한국에 적용되고 있다.

"대일평화조약" 제2조 (a)항은 "일본은 한국의 독립을 승인하고"라고 규
정하고 "일본은 한국에 대한 모든 권리, 권원 및 청구권을 포기한다"라고
규정하고 있다. 이 규정은 "한일합방조약"이 유효한 것을 전제로 한 것이
라는 문제를 제기한다.

이 연구는 "대일평화조약"의 제3자의 지위에 있는 한국에 대해 이 문제
가 제기됨을 제시하고 이에 대한 해결책을 강구하여야 한다는 것을 정부
당국에 제의하기 위해 시도된 것이다.

이하 "일반국제법상 조약의 제3자에 대한 법적 지위", "대일평화조약상
한국의 법적 지위", "조약법 협약상 조약의 제3자에 대한 권리 부여 규정",
"대일평화조약 제2조에 의한 한국의 독도 영유권의 승인과 한일합방조약
의 유효 승인", "대일평화조약에 의해 한국에 제기되는 제 문제" 그리고
"결론" 순으로 논술하기로 한다.

이 연구는 자연법을 극복한 법실증주의에 입각한 법 해석론적 접근임을
여기서 밝혀두기로 한다.

II. 일반국제법상 조약의 제3자의 법적 지위

일반 국제법상 특정 조약의 체약당사국이 아닌 제3국은 그 조약이 달리
규정하지 아니하는 한 그 조약상의 권리와 의무를 향유하지 못한다. 여기
"그 조약이 달리 규정하지 아니하는 한"이란 "그 조약이 제3자에게 적용되

는 조항을 규정하지 아니하는 한"이라는 의미이다. "대일평화조약" 제21조
는 제3국인 한국에 적용되는 조항으로 제2조, 제4조, 제9조 그리고 제12조
를 열거하고 있다. 조약은 제3자의 동의 없이 제3자에게 권리도 의무도 창
설하지 못한다는 것은 학설과 판례에 의해 일반적으로 승인되어 있다. 그
학설과 판례를 보면 다음과 같다.

1. 학설

학설은 조약은 당사자 간에만 효력이 있으며 제3자에게는 아무런 영향을
주지 않는다는 것이 국제법상 원칙으로 확립되어 있다. 즉 "조약은 제3자를
해롭게도 이롭게도 하지 않는다"(*pacta tertiis nec necprosunt*)는 원칙이 국제법
상 타당하다고 한다.[1]

2. 판례

이 원칙은 1926년 *Certain German Interests in Polish Upper Silesia Case*에
관한 상설국제사법재판소의 판결에 의해 확인되었고,[2] 1932년 *Free Zone of
Upper Savoy and District of Gex Case*에 관한 상성국제사법재판소에 의해 재
확인되었다.[3]

3. 조약법 협약

1969년의 '조약법 협약'도 이 원칙을 다음과 같이 채택하였다.

조약은 제3국의 동의없이 제3국에 대하여 의무나 권리를 창설하지 아니

---

1) Gillian D. Triggs, *International Law* (Australia: Butlerworth, 2006), p.509; Rebecca M. M.
   Wallace, *International Law*, 5th ed. (London: Sweet and Maxwell, 2005), pp.256-266; John
   O'Brien, *International Law*, 4th ed. (London: Routeldge, 2010), pp.117-118; Anthony
   Aust, *Handbook of International Law*, 2nd ed. (Cambridge: Cambridge University Press,
   2011), p.90; M. Akehurst, "The Hierarchy of the Sources of International Law". *BYIL*,
   Vol.47, 1947~1948 p.163; G. V. Glahn, *Law Among Nations*, 3rd ed. (New York:
   MacMillan, 1976), p.438; I. Brownlie, *Principles of Public International law*, 2nd ed.
   (Oxford: Clarenden, 1973), p.601; H. Kelsen, *Principles of International Law*, 2nd ed.
   (New York: Holt, 1967), p.484; M. Akehurst, "The Hierarchy of the Sources of International
   Law". *BYIL*, Vol.47, 1947~1948 p.163; D. P. O'Connell, *International Law* 2nd ed., Vol.1
   (London: Stevens, 1970), pp.246-247.
2) PCIJ, *Series A*, No.7, 1926, pp.27-29.
3) PCIJ, *Series A/B*, No.46, 1932, p.141.

한다.4)

조약의 당사국이 동 조약규정을 제3국에 대하여 의무를 설정시키는 수단으로 생각하고 또한 제3국이 이런 의무를 서면에 의하여 명백히 수락하는 경우에는 조약의 규정으로부터 제3국에 대한 의무가 발생한다.5)

이와 같이 제3국에 대하여 의무를 부과할 수 없다는 원칙은 국제법상 확립되어 있다.

III. 대일평화조약상 한국의 법적 지위

1. 제3자의 지위

대한민국은 "대일평화조약"의 체결 교섭에 참가할 수 없었고6) 서명하지 아니했으므로 동 조약의 당사국이 아니며, 동 조약의 제3자의 지위에 있다.

동 조약은 가입조항이 없으므로 추후에 동 조약에 가입하여 동 조약의 당사자로 될 수 있는 것도 아니다.

"조약법 협약"은 제3자를 다음과 같이 규정하고 있다.

제3국이라 함은 조약의 당사국이 아닌 국가를 의미한다.
Third state means a state not party to the treaty. (제2조 1항 (h))

그리고 "조약법 협약"은 당사자를 다음과 같이 규정하고 있다.

---

4) 제34조.
5) 제35조.
6) 대한민국임시정부는 1941년 12월 10일 일본에 대해 공식적으로 전쟁을 선언했으며, "대한민국임시정부"의 이승만 박사는 1945년 3월 1일 미국 국무장관에게 보낸 공한에서 대일평화해결에 참가하기를 희망했으나(U.S. Department of State, Office Memorandum : The Japanese Peace Settlement and State of War with Japan, 1949.6.20) 이는 거절되고 말았다.

당사국이라 함은 조약에 대한 기속적 동의를 부여하였으며 또한 그에 대하여 그 조약이 발효하고 있는 국가를 의미한다.

Party means a state which has consented to be bound by the treaty and for which one treaty is in force. (제2조 제1항 (g))

대한민국은 "대일평화조약"에 대한 기속적 동의를 부여한 바 없다. "조약법 협약"은 기속적 동의의 표시장법을 다음과 같이 규정하고 있다.

조약에 대한 국가의 기속적 동의는 서명, 조약을 구성하는 문서의 교환, 비준·수락·승인 또는 가입에 의하여 또는 기타의 방법에 관하여 참여하는 경우에 그러한 기타의 방법으로 표시된다.

the consent of a state to be bound by a treaty may be expressed by signature, exchange of instrument constituting a treaty, ratification, acceptance, approval or accession, or by any other means if so agreed. (제11조)

대한민국은 동 조약에 서명하거나 비준·수락·승인 또는 가입한 바 없으므로 당사국이 아니며 따라서 대한민국은 "조약법 협약" 제2조 제1항 (h)에 규정된 제3국이다.

국제법상 조약의 제3국은 그의 동의 없이 그에게 권리와 의무를 부과할 수 없다는 것은 일반적으로 승인 국제법의 원칙이다.[7] 이를 승인한 학설과 판례를 보면 다음과 같다.

조약은 당사자 간에만 효력이 있으며 제3자에게는 아무런 영향을 주지 않는다는 것이 국제법상 원칙으로 확립되어 있다. 즉, '조약은 제3자를 해롭게도 이롭게도 하지 않는다'(*pacta tertiis nec nocent nec prosunt*)는 원칙이 국제법상 타당하다는 것이 학설에 의해 승인되어있다.[8] 그리고 이

---

7) 이에 관해서는 전술한 바와 같다(Ⅱ. 일반 국제법상 조약의 제3자의 법적 지위).
8) Gillian D. Triggs, *supra* n.1, p.509; Rebecca M. M. Wallace, *supra* n.1, pp.256-266; John O'Brien, *International Law, supra* n.1, pp.117-118; Anthony Aust, *supra* n.1, p.90; M. Akehurst, *supra* n.1, 1986, p.163; G. V. Glahn, *supra* n.1, p.438; I. Brownlie, *supra* n.1, p.601; H. Kelsen, *supra* n.1, p.484; M. Akehurst, *supra* n.1, p.163; D. P. O'Connell, *supra* n.1, pp.246-247.

원칙은 다음과 같은 판례에 의해 승인되었다. 1926년 *Certain German Interests in Polish Upper Silesia* Case에 관한 상설국제사법재판소의 판결에 의해 확인되었고,[9] 1932년 *Free Zone of Upper Savoy and District of Gex* Case에 관한 상설국제사법재판소에 의해 재확인되었다.[10]

2. 부진정 제3자의 지위

"대일평화조약" 제21조는 대한민국에 적용되는 조항을 다음과 같이 규정하고 있다.

> 제25조의 규정에 불구하고 한국은 동 조약 제2조, 제4조, 제9조 및 제12조의 이익을 향유할 권리를 가진다.
>
> Notwithstanding the provisions of Article 25 of the present Treaty, China shall be entitled to the benefits of Articles 10 and 14(a)2; and Korea to the benefits of Articles 2, 4, 9 and 12 of the present Treaty.

위에 규정된 바와 같이 동 조약의 당사국이 아닌 대한민국은 동 조약 제2조, 제4조, 제9조 그리고 제12조의 이익을 향유할 권리를 갖는다. 즉, 제21조에 열거된 조항은 대한민국에 적용된다. 따라서 대한민국은 "대일평화조약"상 순수한 의미의 제3국이라고 할 수 없다. "대일평화조약" 제21조의 규정에 의거 대한민국은 순수한 의미의 동 조약의 제3국이라고 할 수 없다. 이 동 조약의 어떠한 조항도 전혀 적용하지 아니하는 제3국을 여기서 "진정 제3국"(genuine third state)이라 하고 동 조약의 몇몇 조항이 적용되는 제3국을 "부진정 제3국"(non-genuine third state)이라고 명명하고 있다.[11] 이를 당사자라고 할 수는 없다.[12] 요컨대, "대일평화조약"상 대한민

---

9) PCIJ, *Series A*, No.7, 1926, pp.27-29.

10) PCIJ, *Series A/B*, No.46, 1932, p.141.

11) 제3국에게 부분적으로 권리·의무에 관한 규정을 둔 조약을 Sinclair는 "제3국에 영향을 주는 조약"(Treaty affects a third State)이라 한다(Ian Sinclair, *The Vienna Convention on the Law of Treaties* (Manchester : Manchester University Press 2nd ed., 1984. p.99)).

국은 동 조약 제21조의 규정에 따라 동 조약의 몇몇 조항이 적용되므로 어떠한 조항도 전혀 적용되지 아니하는 순수한 의미의 제3국, 즉 "진정 제3국"이라 할 수 없고 "부진정 제3국"이라 할 수 있다.

3. 조건부 제3자의 지위

전술한 바와 같이 "대일평화조약" 제21조의 규정에 의해 대한민국은 동 조약 제2조, 제4조, 제9조 및 제12조의 이익을 향유할 권리가 있다. "조약의 협약"상은 물론 일반 국제법상 제3국에 대해 권리를 부여하거나 또는 의무를 부과하는 조약은 그 제3국의 동의가 있어야 효력이 있다.

"조약법 협약" 제36조 제1항은 다음과 같이 규정하고 있다.

> 조약의 당사국이 제3국 … 또는 모든 국가에 대하여 권리를 부여하는 조약 규정을 의도하며 또한 그 제3국이 이에 동의하는 경우에는 그 조약의 규정으로부터 그 제3국에 대하여 권리가 발생한다. 조약이 달리 규정하지 아니하는 한 제3국의 동의는 반대의 의사 표시가 없는 동안 있는 것으로 추정된다.
>
> a right arises for a third state from a provision of a treaty of the parties to the treaty intend the provision to accord that right either to the third state, … Its assent shall be presumed so long as the contrary is not indicated, unless the treaty otherwise provides.

대한민국은 "대일평화조약" 제21조의 규정에 의한 제2조, 제4조, 제9조 및 제12조의 규정에 동의한바 없고, 또 반대의 의사표시를 한바 없다.[13] 따라서 "대일평화조약"의 위에 열거한 조항은 한국에 적용된다.

그러므로 "대일평화조약"제21조와 그에 의거한 제2조, 제4조, 제9조 그리고 제12조는 대한민국이 반대의 의사표시를 하지 아니할 것을 조건으로 대한민국에 대하여 효력이 발생한다. 따라서 "대일평화조약"상 대한민국

---

12) Ian Sinclair, *supra* n.11, p.99.
13) 대한민국은 "대일평화조약"이 체결된 당시는 물론이고 1969년 "조약법 협약"에 가입할 경우도 이러한 의사표시를 한 바 없다.

의 지위는 대한민국이 "대일평화조약" 제21조의 규정에 따라서 제2조, 제4
조, 제9조 그리고 제12조의 규정에 반대의 의사표시를 하지 아니한 것을
조건으로 하는 부진정 제3자의 지위에 있는 것이다.

Ⅳ. 조약법 협약상 조약의 제3국에 대한 권리부여 규정

한국은 "대일평화조약"의 체약당사자가 아니고 제3자에 불과하기 때문
에 "조약법 협약"상 제3자의 지위에 관해서 어떠한 규정을 두고 있는지 살
펴볼 필요가 있다.

"조약법 협약"은 제3자에게 권리를 부여하는 조항에 대해서 제3국이 동
의하는 경우에 효력을 발생한다고 다음과 같이 규정하고 있다.

> ① 조약의 당사국이 제3국 또는 제3국이 속하는 국가의 그룹 또는 모든 국
> 가에 대하여 권리를 부여하는 조약 규정을 의도하며 또한 그 제3국이 이에 동
> 의하는 경우에는 그 조약의 규정으로부터 제3국에 권리가 발생한다. 조약이
> 달리 규정하지 아니하는 한 제3국의 동의는 반대의 의사표시가 없는 동안 있
> 는 것으로 추정된다.
>
> A right arises for a third State from a provision of a treaty if the parties to the
> treaty intend the provision to accord that right either to the third state, or to a
> group of state which it begins, or to all states, and the third State assents thereto.
> Its assent shall be presumed so long as the contrary is not indicated, unless the
> treaty otherwise provides. (제36조 제1항)[14]

위의 규정에 따라 권리를 부여 받은 국가의 동의는 조약에 달리 규정하
지 아니하는 한 제3국의 동의는 반대의 의사표시가 없는 동안 있는 것으
로 추정된다. 동 조의 규정에 의한 제3국의 권리는 조건부 권리(conditional
right)이다.[15]

---

14) 제36조의 규정은 조약이 직접 제3국에 부여한 권리와 저촉된다. Sinclair, *supra* n.11,
 p.103.

　요컨대, "대일평화조약"상 "한국은 '제3국의 지위"에 있고, 그것은 "부진정 제3국의 지위"에 있으며, 또한 "조건부 제3국의 지위"에 있는 것이다.

　"부진정 제3국의 지위"란 완전한 제3국이 아니라 한국에게 권리를 부여하는 조항 상 제한적인 의미의 제3국의 지위에 있다는 뜻이다. 그리고 "조건부 제3국의 지위"란 한국이 "대일평화조약" 제21조에 규정되어 있는 이익을 받을 권리를 수락한 경우에 동 조항은 효력이 있다는 의미이다.

V. 대일평화조약 제2조에 의한 대한민국의 독도영유권 승인과 한일합방조약의 유효 승인

1. 대일평화조약 제2조에 의한 한국 독도 영유권 승인

　대한민국은 "대일평화조약"의 제3국이나 이른바 "부진정 제3국"이므로 "대일평화조약"의 몇몇 규정이 한국에 적용되게 된다. 그중 독도의 영유권과 관계있는 것은 동 조약의 제2조이므로 동 조의 적용에 관해서만 보기로 한다.

　"대일평화조약" 제2조의 규정에 의해 한국에 적용되는 조항인 동 조약 제2조 (a)항은 다음과 같이 규정하고 있다.

　　일본은 한국의 독립을 승인하고, 제주도, 거문도 및 울릉도를 포함하는 한국의 모든 권리, 권원 및 청구권을 포기한다.
　　Japan recognizing the independence of Korea and renounces.

　동 조에 포기의 대상으로 "독도"가 열거되어있지 아니하므로 일본정부는 독도는 포기의 대상에 포함되어 있지 아니하므로 독도는 일본의 영토

---

15) Werner Morvay, "Peace Treaty with Japan", *EPIL*, Vol.4, 1982, p.128; Sinclair, *supra* n.11, p.102.

라고 주장하고[16] 대한민국 정부는 독도가 명시적으로 일본의 포기의 대상으로 규정되어 있지 아니하나, (i)독도는 울릉도의 속도이므로 독도는 울릉도와 같이 일본의 포기의 대상으로 포함된 것이고,[17] (ii)"현상 유보의 원칙"(*principle of uti possidetis*)에 따라 "대일평화조약"에 규정되지 아니한 사항, 동 조약이 체결될 당시의 현상태로 효력이 발생하므로 "SCAPIN 제677호"에 의해 분리된 독도는 동 조약이 체결될 당시 일본의 영토가 아니었으므로 독도는 한국의 영토인 것이며,[18] (iii)동 조약 제19조 (d)항의 규정에 의해 "SCAPIN 제677호"에 의해 일본으로부터 분리된 것을 일본이 승인하였으므로 독도는 한국의 영토인 것이다.[19] 또한 (iv)동 제2조를 목적론적 해석에 의할 때 "카이로 선언"에 의해 동 선언이 "일본은 그가 폭력과 탐욕에 의해 약취한 영토로부터 축출된다"라는 규정에 의해 독도는 일본으로부터 분리된 대한민국의 영토인 것이다.[20]

이와 같이 독도가 대한민국의 영토라고 대한민국이 주장할 수 있는 것은 "대일평화조약" 제21조의 규정에 의해 동 조약 제2조가 동 조약의 제3국인 대한민국에 적용되기 때문이다.

2. 대일평화조약 제2조에 의한 "한일합방조약" 묵시적 승인

"대일평화조약" 제2조 (a)항은 다음과 같이 규정하고 있다.

> "일본은 한국의 독립을 승인하고, 제주도, 거문도 및 울릉도를 포함하는 한국에 대한 모든 권리, 권원 및 청구권을 포기한다"

---

16) The Japanese Ministry of Foreign Affairs, Note Verbale, dated July 13, 1953, para.7.
17) 김명기, 『독도의 영토주권과 권원의 변권』(서울: 독도조사연구학회, 2012), p.224; 나홍근, "SLAPIN 제677호의 국제특별법령의 성격", 독도보전협회, 2011년 학술토론회, 2011.10.15. pp.75-117.
18) 김명기, 전주 17, p.226.
19) 상게서, p.225.
20) 상게서, p.224.

Japan recognizing the independence of Korea, and renounces all rights and titles to Korea including the islands of Quel Part, Port Hamilton and Dagelet.

동 조의 규정 중 "한국의 독립을 승인하고"는 "대일평화조약"이 체결되기 이전까지는 한국이 비독립의 상태에 있었음을 의미한다. 이는 1910년의 "한일합방조약"이 "대일평화조약"이 체결되기 직전까지 유효했음을 의미한다. 또한 "한국에 대한 권리, 권원 및 청구권을 포기한다"라는 것은 "대일평화조약"이 체결되기 직전까지 일본이 한국에 대한 권리, 권원 및 청구권을 갖고 있었음을 의미한다. 왜냐하면 일본이 갖고 있는 권리, 권원 및 청구권을 포기할 수 있는 것이며 동 조는 1910년 "한일합방조약"이 "대일평화조약"이 체결되기 직전까지 유효했음을 의미한다. 그러므로 대한민국이 "대일평화조약" 제2조 (a)항의 규정에 동의의 의사표시를 하는 것 또는 "조약법 협상" 제36조의 규정에 의해 동의의 의사표시를 하는 것으로 추정되는 것이다.

결국 1910년의 "한일합방조약"이 유효했음을 승인하는 것이 된다. "대일평화조약"의 체결 교섭과정이 대한민국이 참여할 수 있었다면[21] "한일합방조약"이 무효라는 규정을 동 조약 어떤 조항에라도 규정하였을 것이다. 묵시적으로 "한일합방조약"이 유효라는 규정을 최소한 두지 아니해야 할 것이다.

요컨대, "대일평화조약" 제2조는 "한일합방조약"의 유효함을 묵시적으로 승인한 것이다. 따라서 효과를 배제하기 위한 대한민국의 조치가 요구된다.

---

21) 대한민국임시정부는 1945년 3월 1일에 미 국무장관에게 참가를 희망하는 공한을 보냈으며(U.S. Department of State Office Memorandum : The Japanese Peace Settlement and States of War with Japan, 1949.6.20), 대한민국은 대일평화조약의 교섭과 서명에 초대받고자 하는 요청을 미 국무장관에게 했다(Korean Embassy, A letter to Dean Acheson (Secretary of State) from John M. Chang(Korean Ambassador)). 위의 요청에 대해 미 국무부는 이를 거부했다.

VI. 대일평화조약에 의해 제3국인 한국에 제기되는 제 문제

"대일평화조약"은 동 조약의 제3자인 한국에 대해 다음과 같은 제 문제를 제기한다.

1. 대일평화조약 제2조의 한일합방조약의 유효승인문제

전술한 바와 같이 "대일평화조약" 제2조의 "독립승인조항"과 "권리포기조항"은 "한일합방조약"이 유효한 것으로 승인되면 1910년 이래 1945년까지 일본의 한국지배는 법적 근거가 있는 유효한 지배로 승인되게 된다는 문제가 제기되게 되고, 또한 이는 1965년의 "한일기본관계조약" 제2조를 위반한 것이라는 문제가 제기되게 된다.

2. 대일평화조약 제2조에 대한 동의의 의사표시의 존재 추정문제

"대일평화조약"의 제3국인 대한민국은 "대일평화조약" 제2조의 권리부여 동의의 의사표시를 한 바 없으나, "조약법 협약" 제36조 제1항은 규정에 의해 대한민국은 동의의 의사표시를 한 것으로 추정된다. 따라서 "한일합방조약"은 유효 추정된다는 문제가 제기되게 된다.

3. 한일기본관계조약과 저촉문제

"대일기본관계조약" 제2조는 "1910년 및 그 이전에 대한제국과 대 일본제국 간에 체결한 조약 및 협정은 이미 무효임을 확인한다"라고 규정하고 있다. 상기 "1", "2"는 모든 "한일합방조약"의 유효함을 승인하는 것이라고 보면 이는 "한일합방조약" 제2조에 저촉된다는 문제가 제기된다.

VII. 결언

상술한 바와 같이 "대일평화조약"상 한국은 제3국의 지위에 있으며 그 것은 완전한 의미의 제3국(진정 제3국)이 아니라 동 조약 제21조의 규정에 따라 동 조약이 열거 하고 있는 조항이 적용되는 제한적 의미의 제3국, 이 른바 "부진정 제3국"의 지위에 있으며, 또한 동 조약 제21조에 열거되어 있 는 조항의 수익의 의사표시를 할 것을 조건으로 하는 조건부 제3국의 지 위에 있다.

대한민국임시정부도 대한민국 정부의 대일평화교섭에서 참가 요청이 미 국무부에 의해 거부되어 대한민국의 "대일평화조약"의 제3자의 지위로 머무를 수밖에 없었다. 동 조약 제25조는 대한민국은 제2조, 제4조, 제9 조, 및 제12조의 이익을 향유할 권리를 인정받는데 끝이었으나 동 조약 제 2조를 해결함에 있어서 대한민국 정부의 요청과 미 국무부의 거절은 "대 일평화조약"체결의 사정으로 이는 "조약법 협약" 제32조의 규정에 의한 동 조약 제2조의 보충적 해석수단이 된다.

"대일평화조약" 제2조의 "독립승인조항"과 "권리포기조항"은 "한일합방 보약"의 유효를 묵시적으로 승인하는 문제, "조약법 협약" 제36조의 규정에 의해 "대일평화조약" 제2조에 동의한 것으로 추정되어 "한일합방조약"이 유 효한 것을 묵시적으로 승인하는 문제, 그리고 상기 두 문제가 "한일기본관 계조약"에 저촉된다는 문제가 제기된다.

상기 제기되는 문제를 해결하기 위해 정부 당국은 "대일평화조약"의 어 떠한 규정도 "한일합방조약"이 유효했던 것으로 해석되지 아니한다는 "해 석선언" 또는 "해석유보"를 함을 요한다.

제3장

대일평화조약 제2조 (a)항의 해석론

제1절 대일평화조약 제2조 (a)항에 조약법 협약 제36조 제1항의 적용

Ⅰ. 서언

"대일평화조약" 제2조 (a)항은 "일본은 한국의 독립을 승인하고, 제주도·거문고 및 울릉도를 포함한 한국에 대한 모든 권리·권원 및 청구권을 포기한다"라고 규정하고 있다. "대일평화조약" 제21조는 비체약당사국인 한국에 대해 제2조의 규정이 적용된다고 규정하고 있다. 그리고 "조약법 협약"은 조약의 제3자인 국가에 대해서는 "동의의 의사표시가 있음을 요한다"라고 규정하고 이 "동의의 의사 표시는 제3자의 반대의 의사표시가 없는 한 있는 것으로 추정한다"라고 규정하고 있다. 따라서 "대일평화조약" 제2조 (a)항은 한국의 동의의사표시가 없어도 한국에 대해 효력이 있는 것으로 추정된다.

한편 "대일평화조약" 제2조는 "한일합방조약"은 무효라고 규정하지 아니하고, "한국의 독립을 승인한다고 규정하는 것"은 "한일합방조약이" 유효함을 묵시적으로 승인한 것이다. 또한 "일본은 … 권리, 권원 및 청구권을 포기한다"라고 규정하고 있다. 이도 "한일합방조약"이 유효함을 묵시적으로 승인한 것이다. 왜냐하면 일본이 갖고 있는 권리만을 포기 할 수 있고 일본이 권리를 갖고 있다는 것도 "한일합방조약"이 유효함을 전제로 한 것이다.

한국이 "대일평화조약" 제2조에 동의하지 아니해도 "조약법 협약"에 의해 동의가 있는 것으로 추정된다. 그리고 동 추정에 의해 "한일합방조약"도 유효하다는 것이 규정되어 있다.

이 연구는 "조약법 협약"에 의한 상기 추정을 한국정부가 배제할 필요가 있음을 지적하고, 그 배제의 방법을 제시하기 위해 시도된 것이다.

이하 (i)대일평화조약의 한국에 대한 효력규정 및 조약법 협약의 제3자에 대한 권리부여 규정, (ⅱ)조약법 협약의 적용범위와 대일평화조약에의 적용, (ⅲ)결론 순으로 논술하기로 한다.

이 연구는 법실증주의에 입각한 법해석론적 접근으로 *lex lata*를 대상으로 하고 있음을 여기 밝혀두기로 한다.

II. 대일평화조약의 한국에 대한 효력규정 및 조약법 협약의 제3자에 대한 권리부여 규정

1. 대일평화조약의 한국에 대한 효력규정

"대일평화조약"상 한국은 동 조약의 체약당사자가 아니므로 동 조약상 제3자의 지위에 있다. 그러나 동 조약 제21조는 한국에 적용되는 조항을 열거하고 있다. "대일평화조약" 제21조는 동 조약의 제3자에 대한 효력에 관해 다음과 같이 규정하고 있다.

본 조약 제25조의 규정에 불구하고 중국은 제16조 및 제24조 (가) 2의 이익을 향유할 권리를 가지며, 한국은 본 조약의 제2조·제4조·제9조 및 제12조의 이익을 향유할 권리를 가진다.

Notwithstanding the provisions of Article 25 of the present Treaty, China shall be entitled to the benefits of Articles 10 and 14(a)2; and Korea to the benefits of Articles 2, 4, 9 and 12 of the present treaty.

위의 규정에 따라 한국은 특히 제2조의 "일본은 한국의 독립[1]을 승인하고, 제주도·거문도 및 울릉도를 포함한 한국에 대한 권리·권원 및 청구권을 포기한다"의 이익을 향유할 권리를 가진다.[2] 동 조에 의거 한국이 향유할 "권리"의 법적 성격은 "권리"가 아니라 "반사적 이익"이다.[3]

2. 조약법 협약의 조약의 제3자에 대한 권리부여에 관한 규정

"조약법 협약"은 제3자에 권리부여에 관해 다음과 같이 규정하고 있다.

① 조약의 당사국이 제3국 또는 제3국이 속하는 국가의 그룹 또는 모든 국가에 대하여 권리를 부여하는 조약규정을 의도하며 또한 그 제3국이 이에 동의하는 경우에는 그 조약의 규정으로부터 제3국에 권리가 발생한다. 조약이 달리규정하지 아니하는 한 제3국의 동의는 반대의 의사표시가 없는 동안 있는 것으로 추정된다.

A right arises for a third State from a provision of a treaty if the parties to the treaty intend the provision to accord that right either to the third state, or to a group of States which it begins, or to all states, and the third State assents

---

1) 한국은 "대일평화조약"의 당사자로서의 지위에서 배제되고, 제3자로서 제21조의 권리가 부여되었다. 동 조약상 의무가 부과되는 규정은 없다.

2) 조약은 제3자에게 그의 동의 없이 권리도 의무도 창설하지 아니한다는 것은 일반적인 법의 원칙(general legal principle)이고 동시에 상식(common sence)이다(Ian Sinclair, *The Vienna Convention on the Law of Treaties*, 2nd ed.(Manchester: Manchester University Press, 1984), p.98). 조약에 규정된 제3국의 권리는 그 제3국이 동의할 것을 조건으로 하는 조건부 권리(conditional right)이다(*ibid*, p.102). 따라서 "대일평화조약" 제21조에 규정된 권리는 조건부 권리이다.

3) 김명기, 『독도의 영유권과 대일평화조약』(서울: 우리영토, 2007), pp.18-19.

thereto. Its assent shall be presumed so long as the contrary is not indicated, unless the treaty otherwise provides. (제36조 제1항)

위의 규정에 따라 권리를 부여 받은 국가의 동의는 조약에 달리 규정하지 아니하는 한 제3국의 동의는 반대의 의사표시가 없는 동안 있는 것으로 추정된다. 동 조의 규정에 의한 제3국의 권리는 제3국의 동의가 있음을 조건으로 하는 조건부 권리(conditional right)이다.[4]

III. 대일평화조약에의 조약법 협약의 적용

"대일평화조약" 제21조의 규정에 의거 한국에 적용되는 조항 중 가장 중요한 것은 제2조 (a)항의 전단과 후단이므로 동 조항의 적용에 관해서만 기술하기로 한다.

1. 대일평화조약 제2조 (a)항 전단에의 적용

"대일평화조약" 제2조 (a)항 전단은 "독립승인조항"이다.

"대일평화조약"제2조 (a)항 전단은 "일본은 한국의 독립을 승인하고…"(Japan reconizing independence of korea…)라고 규정하고 있다. "한일합방조약은 무효…"라고 규정하지 아니하고 "한국의 독립을 승인하고…"라고 규정하고 있다. 이는 "한일합방조약"은 유효했고 따라서 한국은 비 독립상태에 있었음을 의미한다. 즉, "대일평화조약"의 규정에 의해 일본이 한국의 독립을 승인하기 전까지 한국은 비 독립국가의 상태에 있었고 그것은 그때까지 "한일합방조약"이 유효했음을 의미한다.

"대일평화조약" 제2조 (a)항 전단에 "조약법 협약" 제36조 제1항의 "…제3

---

4) Werner Morvay, "Peace Treaty with Japan", *EPIL*, Vol.4, 1982, p.128.

국의 반대의 의사표시가 없는 한 제3국의 동의의사표시는 추정된다"는 규정을 적용하면 한국은 동 조항의 적용에 동의의사 표시를 한 것으로 추정되고 또한 그 추정의 결과 "한일합방조약"은 "대일평화조약"이 체결될 당시 유효한 것으로 추정되게 된다. 그러므로 이 추정의 효과는 "조약법 협약" 제36조 제1항의 규정에 의거 한국이 반대의 의사표시를 할 때까지 지속된다. 한국은 "대일평화조약" 제21조의 규정에 의한 동 조약 제2조 (a)항의 적용에 관해 지금까지 반대의 의사표시를 한 바 없으므로 결국 "한일합방조약"은 지금까지 유효한 것으로 추정되게 된다.

2. 대일평화조약 제2조 (a)항 후단에의 적용

"대일평화조약" 제2조 (a)항 후단은 "권리포기조항"이다.

"대일평화조약" 제2조 (a)항 후단은 "일본은 … 제주도, 거문도 및 울릉도를 포함하는 한국에 대한 모든 권리, 권원 및 청구권을 포기한다"라고 규정하고 있다.

이 규정도 일본이 "대일평화조약"에서 "한국의…권리 등을 포기하기 이전에 일본이 한국에 대한 권리 등"을 보유하고 있었음을 전제로 하는 것이다. 일본이 보유하고 있지 아니한 권리 등을 포기할 수 없기 때문이다. 따라서 이 규정도 결국 "한일합방조약"이 "대일평화조약"을 체결할 당시 유효한 것이었음을 의미한다. 요컨대, "대일평화조약"은 "한일합방조약"이 유효한 것을 전제로 하고 있다.

"대일평화조약" 제2조 (a)항 후단에 "조약법 협약" 제36조 제1항의 "제3국의 반대의사표시가 없는 한 제3국의 동의 의사표시는 있는 것으로 추정된다"는 규정을 적용하면 한국은 동 조항의 적용에 동의의사표시를 한 것으로 추정되고 또한 그 추정의 결과로 "한일합방조약"은 "대일평화조약"에 의해 유효한 것으로 추정되게 된다. 그리고 이 추정의 효과는 "조약법 협약" 제36조 제1항의 규정에 의거 한국이 이에 대해 반대의사표시를 할 때까지 지속된다. 그리고 이 추정의 효과는 "조약법 협약" 제36조 제1항의 규정에 의거 한국이 이에 대해 반대의 의사표시를 할 때까지 지속된다. 한국은 "대일평화조약" 제21조의 규정에 의한 동 조약 제2조 (a)항의 적용에 관해 지금까지 반대 의사표시를 한 바 없으므로 결국 "한일합방조약"은 지금까지 유효한 것으로 추정되게 된다.

3. 정부의 무관심

전술한 바와 같이 "대일평화조약" 제2조 (a)항 전단의 "독립승인조항"과 후단의 "권리포기조항"은 한국의 영토에 관한 규정에 한하는 것이 아니라 1910년의 "한일합방조약"의 유효를 선언하는 중대한 의미를 갖는 조항이다.

이와 같이 "대일평화조약" 제2조 (a)항은 "한일합방조약"이 유효함을 전제로 한 것이다. 따라서 "한일합방조약"은 1910년 이래 일본이 한국지배를 법적으로 유효한 것으로 인정하는 것이고, 독도를 포함한 한국의 영토가 법적으로 유효하게 일본영토에 병합되었음을 묵지적으로 승인한 것이다. 따라서 "대일평화조약"의 한국에 대한 효력을 인정한 제21조의 규정에 대해 한국정부가 어떠한 동의의사표시를 하지 아니하고 그대로 방치해도 "조약법 협약" 제36조 제1항의 규정에 의해 "대일평화조약" 제21조는 한국이 동의한 것으로 추정되고, 이 추정에 의해 "한일합방조약"이 유효한 것으로 추정되게 된다. 한국정부는 1951년의 "대일평화조약" 체결 당시에도 이에 관한 어떠한 의사표시를 한 바 없고, "1969년의 조약법 협약"에 가입할 경우도 어떠한 의사표시를 한 바 없다."

한국정부당국이나 독도연구 학자들도 "조약법 협약" 제36조 제1항의 규정에 의거 "대일평화조약" 제2조의 규정에 한국이 동의한 것으로 추정되고 따라서 "한일합방조약"이 유효한 것으로 추정된다는 법 구조를 이해하지 못한 채 "대일평화조약" 제2조의 규정을 해석해왔다. 뿐만 아니라 "대일평화조약" 제2조의 규정이 "한일기본관계조약" 제2조의 규정에 저촉된다는 법 구조도 이해하지 못한 채 "대일평화조약" 제2조의 규정을 해석해왔다.

독도의 영유권이 한국에 귀속된다는 법리가치 보다. "한일합방조약"이 소급적으로 무효라는 법리가 주는 가치가 더 큰 것이 사실이다. 정부 당국은 이 점에 관해 지나치게 무관심해왔다.

Ⅳ. 결언

1. 요약 · 정리

상술한 것을 다음과 같이 요약 · 정리하기로 한다.

(ⅰ) "대일평화조약" 제21조의 규정에 의거 동 조약의 당사자가 아닌 한국에 대해 동 조약 제2조 (a)항의 규정이 적용된다. "조약법 협약" 제36조 제1항의 규정에 의거 한국의 동 조약 적용에 관한 동의의사 표시가 있는 것으로 추정되기 때문이다.

(ⅱ) 그런데 "대일평화조약" 제2조 (a)항은 "한국의 독립을 승인한다"라고 규정하고 "한일합방조약"은 무효라고 규정하고 있지 않다. 그러므로 "대일평화조약"의 효력 발생시에 "한일합방조약"은 유효한 것으로 추정된다.

(ⅲ) 그리고 "대일평화조약"은 일본의 한국에 대한 권리 등을 "포기한다"라고 규정하고 있다. 이도 "대일평화조약"효력 발생당시에 "한일합방조약"은 유효한 것으로 해석된다. 왜냐하면 일본이 갖고 있는 권리만을 포기할 수 있기 때문이다.

(ⅳ) "조약법 협약" 제36조 제1항의 규정에 의거 "대일평화조약" 제2조 (a)항의 규정의 적용에 대해 한국이 동의한 것으로 추정되어 "대일평화조약" 제2조 (a)항의 규정에 따라 "한일합방조약"이 유효한 것으로 추정된다.

(ⅴ) "대일평화조약"은 일본이 갖고 있는 권리를 포기한다고 규정한 것도 "대일평화조약" 제2조 (a)항은 "일본은 … 포기한다"라고 규정하고 있으므로 포기직전에 한국에 대해 권리를 갖고 있음을 뜻하며 결국 이는 "한일합방조약"이 유효함을 승인한 것이다.

2. 정책대안

다음과 같은 정책대안을 제의하기로 한다.

(ⅰ) "조약법 협약" 제36조 제1항에 의거 한국은 "대일평화조약" 제2조 (a)항의 적용에 동의한 것으로 추정된다.

"조약법 협약"의 적용 추정과 동 추정에 의한 "대일평화조약"의 제2조 (a)항의 적용에 의한 "한일합방조약"의 유효추정효과를 배제하기위해 "이 조약의 어떠한 규정도 한일합방조약이 유효한 것으로 해석되지 아니한다"는 내용의 조약의 해석선언(interpretative declaration) 또는 해석유보(interpretative reservation)를 할 것을 검토한다.

(ⅱ) 또는 한국정부가 "대일평화조약" 제2조 (a)항에 "조약법 협약"에 의한 추정을 배제하는 명시적 의사표시를 하면서 "이 의사표시가 "대일평화조약"의 어떠한 규정도 한일합방조약은 유효한 것으로 해석되지 아니한다"는 내용의 해석선언 또는 해석유보를 할 것을 검토한다.

제2절 대일평화조약 제2조 (a)항의
통상적 의미의 해석

Ⅰ. 서언

독도영유권의 역사적 권원은 1900년 10월 25일 "대한제국칙령 제40호"에 의해 현대국제법상의 권원으로 "권원의 대체"(replacement of title)를 이룩 했으나 그로부터 10년이 되는 1910년 8월 22일 "한일합방조약"의 체결로 불행히도 현대국제법상의 권원은 "권원의 단절"(interruption of title)을 맞 게 되었다. 1945년 광복과 더불어 단절되었던 권원은 "권원의 회복"(restoration of title)을 맞게 되고 이는 1951년 9월 8일의 "대일평화조약"에 의해 확인되 게 되었다.

따라서 오늘의 시점에서 독도영유권의 권원은 "대일평화조약"이라 할 수 있다. 동 조약 제2조 (a) 항은 "일본은 … 제주도 · 거문도 및 울릉도를 포함하는 한국의 모든 권리·권원 및 청구권을 포기한다"라고 규정하고 있다. 동 조항에는 물론 동 조약 어느 조항에도 독도에 관해서는 명시적 규정이 없다. 따라서 일본정부는 독도는 일본의 포기의 대상에서 제외되어 일본의 영토라고 주장하고 한국정부는 독도는 포기의 대상에 포함되어 한국의 영토라고 주장하고 있다.

이 연구는 학설·판례·국제협약에 의해 일반적으로 승인되어있는 조약의 통상적 의미의 해석규칙(rule of ordinary meaning of interpretation)에 따라 동 제2조 (a)항을 해석하여 국제법상으로 독도가 한국의 영토임을 입론하기 위해 기도된 것이다.

이하 (ⅰ) 통상적 의미의 해석규칙, (ⅱ) 통상적 의미의 해석규칙을 인정한 학설, 국제판례 및 국제협약, (ⅳ) 대일평화조약 제2조 (a) 항의 통상적 의미의 해석규칙에 의한 해석 순으로 기술하기로 한다.

Ⅱ. 통상적 의미의 해석규칙

1. 통상적 의미의 해석규칙의 개념

가. 의의

통상적 의미의 해석규칙(rule of ordinary meaning of interpretation)이란 조약의 문맥에 주어진 통상적 의미에 의한 해석의 규칙을 말한다.[1] 즉, 동 규칙은 조약문으로부터 "통상적이고 합리적으로" 도출되는 모든 결과에 따라 도달되는 조약문의 참다운 의미에 의한 것의 규칙이다.[2]

---

[1] "The ordinary meaning to be given in the term of treaty", Ian Sinclair, *The Vienna Convention on the Law of Treaties*, 2nd ed. (Manchester : Manchester Uninversity Press, 1984), p.121.

[2] "The trne meaning of a treaty his to the arrived all consequenses which normally and reasonably flow from the text", *ibid.*

통상적 의미(ordinary meaning)는 관련 언어에 있어서 단어의 "통상적 일
상적 의미"를 말하며,3) 이는 "비정상적 또는 예외적 의미"(unusal or exeptional
meaning)4)에 반대되는 "정상적 또는 예외가 아닌 의미"(usual or unexceptional
meaning)를 뜻한다. 때로는 통상적 의미는 사용된 문언의 "자연적 의미"
(natural meaning of the terms used)로 표현되기도 한다.5)

요컨대, 통상적 의미는 문맥에 있어서 "명백하고 애매하지 아니한"(clear
and unambiguous in their contect)의미,6) 즉 단어 또는 어구의 명백하고, 자
연적이고, 또는 평범한 의미를 뜻한다.7)

나. 구별되는 개념

통상적 의미의 해석은 해석의 제1단계 해석인 국어적 문법적 해석인 문
리해석(literal interpretatopm)과 구별되고, 또한 해석의 제2단계인 논리해석
(logical interpretation)과 구별된다.8) 문리해석에 대립되는 개념은 논리해
석이고 논리해석에 대립되는 개념은 문리해석이나, 통상적 의미의 해석에
대립되는 개념은 특별한 의미(special meaning)의 해석인 것이다. 일반적으
로 통상적 의미의 해석은 문리해석 · 논리해석의 결과이다. 그것은 필수적
인 것은 아니다.9)

---

3) "words in their ordinary and everyday sense in the language concern", *ILR*, Vol.59,
p.130; Sinclair, *supra* n.1, p.122.
4) *Eastern Greenland* Case (1933); PCIJ, *Series A/B*, No.53, 1933, p.49.
5) *Employment of Women During the Night* Case (1932); PCIJ, *Series A/B*, No.50, p.383.
6) T. O. Elias, *The Modern Law of Treaties*(Leiden : Sijthoff, 1974), p.79.
7) "clear, natural or plan meaning of a word or phrase", American Law Institute,
Restatement of Law, 2nd, Foreign Relations Law of the United States, 1965, pt. Ⅲ,
pp.452-453; M. M. Whiteman, *Digest of International Law*, Vol.14(Washington, D.C.:
USGPO, 1970), p.376.
8) Elias, *supra* n.6, p.72.
9) Sinclair, *supra* n.1, p.121.

2. 통상적 의미의 해석규칙의 승인

국제법상 조약의 해석에 있어서 통상적 의미의 해석규칙이 적용됨은 학설, 국제판례 및 국제협약에 의해 승인되어 있다. 이에 관해서는 항을 달리하여 다음의 항에의 기술하기로 한다.

III. 통상적 의미의 해석규칙을 인정한 학설, 국제판례 및 국제협약

조약의 단어와 어구는 그의 문맥에 있어서 통상적 의미로 해석되어야 한다는 조약의 해석규칙은 학설, 국제판례, 그리고 국제협약에 의해 일반적으로 승인되어 있다.

1. 학설

가. Gerald Fitzmaurice

Fitzmaurice는 특정 단어와 구는 그들이 존재하고 있는 문맥에 있어서 그들의 정상적 자연적 의미로 부여된다고 다음과 같이 논술하고 있다.

특정 단어와 구는 그들이 존재하고 있는 문맥에 있어서 그들의 정상적 자연적 불변형 의미로 부여된다. 이 의미는 사용된 문언의 자연적 통상적 의미보다 다른 의미로 이해된다는 직접적 증거에 의해 대치될 수 있다

particular words and phrases are to be given their normal, natural, and unstrained meaning in theh context in which they occur. This meaning can only be displaced by direct evidence that the terms used are to be understood in another sense than the natural and ordinary one.[10]

---

10) Gerald Fitzmaurice, "The Law and Procedure of the International Court of Justice, 1951-4; Treaty Interpretation and Other Treaty Points." *BYIL* Vol.33, 1957, p.211.

나. Rudolf Bernhardt

Bernhardt는 통상적 의미는 조약의 해석의 출발점이라고 다음과 같이 기술하고 있다.

> 지배적인 의견에 의하면, 어떠한 조약의 해석에 있어서 출발점은 그 조약의 조약문과 그의 문언의 정상적 또는 통상적 의미이다.
>
> according to the prevailing apinion, the starting point in any treaty interpretation is the treaty text and the meaning normal or ovdinary meaning of its terms.[11]

다. Paul Reuter

Reuter는 문언을 통상적 의미로 해석되어야 하며 당사자의 의도가 그에 따르려 하지 아니하는 경우에는 통상적 의미에 의하지 아니할 수 있고 다음과 같이 논하고 있다.

> 합의서에 사용된 문언에 관한 한 문언은 그들의 통상적 의미 그리고 그 조약의 대상과 목적에 따라 신의 성실하게 해석되어야 한다. 문언에 있어서 통상적 의미는 만일 그로부터 이탈하려는 당사자의 의도가 성립될 수 있으면 그로부터 이탈할 수 있다.
>
> as for the terms of used in these agreement, they are to be interproted in good faith following their ordinary meaning and in the light of the object and purpose of the treaty. The ordinary meaning of the ferms may only be departed from it the parties' intention to do so can be established.[12]

라. T. O. Elias

Elias는 *Admissions* Case(1950)에의 국제사법재판소의 권고적 의견을 인용하여 조약의 문맥에 있어서 통상적 의미의 효과를 부여하여야 한다고 다음과 같이 기술하고 있다.

---

11) Rudolf Bernhardt, "Interpretation in International Law," *EPIL*, Vol.7, 1984, p.322.
12) Paul Reuter, *Introduction to the Law of Treaties* (London: pinter, 1989), p.75.

국제사법재판소는 그의 가입사건의 권고적 의견에서 다음과 같이 강조했다. "조약의 규정의 해석과 적용의 요구는 받은 법정의 첫째의 임무는 그들 규정이 존재하는 문맥에 있어서 그들의 자연적이고 통상적 의미에 있어서 그들에게 효과를 부여하기 위한 노력을 하는 것이다. …"

The ICJ, in its Advisory Opinion in Admission Case emphasized that "the tirst duty of a tribunal which called upon to interpret and apply the prorision of a treaty, is to eudeavour to give elfoot to them in their natural and ordinary meaning in the context in which they occur. …"13)

마. Ian Sinclear

Sinclear는 통상적 의미는 그 조약의 규정에 귀속시킬 수 있는 의미이여야 한다고 다음과 같이 기술하고 있다.

한 조약의 규정 통상적 의미는 원칙적으로 그 조약의 체결시에 있어서 그 조약의 규정에 귀속시킬 수 있는 의미이여야 한다.

The ordinary meaning of a treaty provssion should in principle be the meaning which would be attributed to it at the time of the conclusion of the treaty.14)

바. Ian Brownlie

Brownlie는 통상적 의미는 추정되는 의미이고 따라서 특별한 의미가 성립될 수 있으나 그의 입증책임은 특별한 의미의 제안자에게 있다고 다음과 같이 기술하고 있다.

통상적 의미의 이론은 오직 하나의 추정을 의미한다 : 통상적 의미 이외의 다른 의미가 성립될 수 있다. 그러나 특별한 의미의 제안자는 입증책임을 진다.

the doctrine of ordinary meaning involves only a presumption : a meaning other than erdinary meaning may be established, but the propanent of the special meaning has a burden of proof.15)

---

13) Elias, *supra* n.6, p.72.
14) Sinclair, *supra*, n.1, p.124.
15) Ian Brownlie, *Principles of Public International Law*, 5th ed. (Oxford: Oxford University

사. Peter Malanzzuk

Malanczuk는 그것이 특별한 의미로 사용될 것이 의도되지 아니하는 한 통상적 의미로 사용된다고 다음과 같이 기술하고 있다.

> 단어는 기술적 의미가 적용되는 경우에 기술적 의미가 의도된 것이 문맥으 로부터 명확하지 아니하는 한 그의 통상적 의미로 사용되는 것으로 추정된다.
>
> words are presumed to be used in their ordinary meaniry, unhess it is clear from the context that technical meaning is intened, in which care the technical meaning is applied.[16]

2. 국제판례

가. *Polish Postal Service in Danzig* Case(1925)

Polish Postal Service in Danzig Case(1925)에서 상설국제사법재판소는 단 어는 그것이 통상적으로 갖고 있는 의미로 해석되어야 한다고 다음과 같 이 판시한 바 있다.

> 단어는 그들이 그들의 문맥 내에서 통상적으로 갖고 있는 의미로 해석되어 야 한다는 것이 해석의 기본원칙이다. 그러한 해석이 비합리적이거나 또는 모 순되는 것으로 유도되지 아니하는 한도에서이다.
>
> it is cardinal principle of interpretation that words must be interpreted in the sense which they would normally have in their context, unless such interpretation would lead to something unreasonable or absured.[17]

나. *Eastern Greenland* Case(1933)

Eastern Greenland Case(1933)에서 상설국제사법재판소는 그린랜드의 지

Press, 1098), p.634.

16) Peter Malanczuk(ed.), *Akehavst's Modern Introduction to International Law*, 7th ed. (London : Routledge, 1987), p.365.

17) PCIJ, *Series A/B*, No.11, 1925, p.39.

리적 의미는 단어의 통상적 의미로 간주되어야 한다고 다음과 같이 판시
한 바 있다.

그린랜드라는 단어의 지리적 의미, 즉 전체섬을 명명하는 지도에 관습적으
로 사용되는 명칭의 지리적 의미는 단어의 통상적 의미로 간주되어야 한다.
the geographical meaning of the word "Greenland", I.e., the name which is
habifually used in the maps to denomindle the whole island, must be regarded
as the ordindry meaning of the word.[18]

다. *Admissions* Case(1950)

Lompetence of the General Assembly for Admission of a *State to United
Natioms, Advisory Opinion*(1950)에서 국제사법재판소는 한 협약의 규정은
자연적이고 통상적 의미로 해석되어야 한다고 다음과 같이 판시한 바 있
다.

협약의 규정을 해석하고 적용하기를 요청받은 법정의 첫째의 의무는 그들
규정이 존재하고 있는 문맥에서 그들의 자연적이고 통상적 의미에 있어서 그
들에게 효과를 주기 위해 노력하는 것이다.
the first duty of a tribunal which is called upon to interprete and apply the
prerisions of a freaty, is to endeavour to give effect to them in their natural and
ordinary meaning in the context in which they occur.[19]

라. *Peace Treaties* Case(1950)

Interpretation of Peace Treaties with Bulgarian, Hungary and Romania
(second phase), *Advisory Opinion*(1950)에서 국제사법 재판소는 문맥의 통
상적 의미에 따라 제3회원국의 임명이 우선되어야 한다고 다음과 같이 판
시한 바 있다.

---

18) PCIJ, *Series A/B*, No.53, 1933, p.49.
19) ICJ, *Reports*, 1950, p.8.

문언의 물리적 의미는 제3회원국의 임명에 앞서 제3회원국의 임명 가능성
은 완전히 배제하지 아니한다. 그럼에도 불구하고 문언의 자연적이고 통상적
의미에 의하면 양 국민위원의 임명은 제3회원국의 임명에 우선하여야 한다는
것이 의도되어 있다.

while the text in its ilteral sense does not completely exclude the porsibility of
the appoiutment of the third member before the appointment of both national
commissioners, it is nevertheless the true that according to natural and ordinarly
meaning of the terms it was intended that the appointment of both national
commissioners should precede that of the third member. [20]

3. 국제협약

"조약법 협약" 제31조 제1항은 조약은 조약의 문언에 부여된 통상적 의
미에 따라 해석되어야 한다고 다음과 같이 규정하고 있다.

조약은 조약문의 문맥 및 조약의 대상과 목적으로 보아 그 조약의 문맥에
부여되는 통상적 의미에 따라 성실하게 해석되어야 한다.

a treaty shall be interpreted in good taith in accordauce with the ordinary
meaning to be given to the terms of treaty in their context and in the light of its
object and purpose.

"조약법 협약"은 조약의 해석에 관해 (i) 해석의 일반규칙의 하나로 통
상적 의미의 해석규칙(rule of ordinary meaning of interpretation)의 규정은
(rule of supplementary means of interpretation)은 제31조 제2항에 규정되어
있다. 제31조는 국제관습법을 성문화한 것이다. [21]

---

20) ICJ, *Reports*, 1950, p.227.
21) Elias, *supra* n.6, p.69; Sinclair, *supra* n.1, p.9.

Ⅵ. 대일평화조약 제2조의 통상적 의미의 해석규칙에 의한 해석

1. 대일평화조약 제2조 (a)항의 규정

"대일평화조약" 제2조(a)항은 한국의 독립과 한국에 대한 권리, 권원 및 청구권의 포기에 관하여 다음과 같이 규정하고 있다.

> 일본은 한국의 독립을 승인하고, 제주도 · 거문도 및 울릉도를 포함하는 한 국에 대한 모든 권리 · 권원 및 청구권을 포기한다.
> Japan, recognizing the independence of Korea, renounces all right, title and claim to Korea, including the isolation of Quelpart, Hamilton and Dagalet.

동 조항의 규정의 이익은 동 조약 제2조의 "…한국은 제2조, 제4조, 제9 조 및 제12조의 이익을 향유할 권리를 가진다"라는 규정에 의해 한국이 향유할 권리가 인정된다.

2. 대일평화조약 제2조 (a)항의 해석

제2조(a)의 규정을 통상적 의미의 해석규칙에 따라 다음과 같이 해석된다.

가. 예시적 규정으로 해석

통상적 의미의 해석규칙에 따라 "제주도, 거문도 및 울릉도"를 해석할 때 제주도, 거문도 및 울릉도를 "포함하는 한국"으로 규정되어 있으므로 통상적 의미로 "한국"에는 "제주도, 거문도 및 울릉도" 이 외에 4천여 도서가 포함되므로 "제주도, 거문도 및 울릉도"라는 규정은 통상적 의미로 한정적 의미를 갖는 열거적 규정(enumerotic provision)이 아니라 몇몇 예의 의미를 갖는 예시적 규정(illustative provision)으로 해석된다.

이러한 해석은 우리 정부의 1953년 9월 9일의 "한국정부견해(1)"에[22] 다음과 같이 풀이되어 있다.

이들 3개 도의 열거는 결코 한국 해안의 다른 수 많은 도서를 한국의 소유로부터 배제하려 의도된 것이 아니다

the enumeration of these three islands is by no means intended to exclude other hundreds of island, on the Korean coasts from Korea's possession.[23]

요컨대, "제주도, 거문도 및 울릉도"의 통상적 의미는 이들 3개도에 한정하는 것이 아니라 그 이외에 다른 도서가 포함되는 것으로 해석된다.

나. 한국의 모든 도서로 해석

"제주도, 거문도 및 울릉도"가 상술한 바와 같이 예시적 규정이므로 이의 통상적 의미는 한국해안의 모든 도서를 의미하는 것으로 해석된다.

이러한 해석은 우리 정부의 1953년 9월 9일의 "한국정부견해(1)"에 다음과 같이 표시되어 있다.

만일 이 점에 관한 일본의 해석을 따른다면 이 3개의 도 외에 한국의 서해안과 남해안 밖의 수많은 도서는 한국이 아니라 일본에 귀속되게 된다.

if Japan's interpretation on this matter were followed, hundreds of islets off the western and southern coasts of Korea besides those three islands would not belong to Korea, but to Japan.[24]

요컨대, 통상적 의미로 예시적 규정으로 해석되는 "제주도, 거문도 및 울릉도"는 통상적 의미로 "한국의 모든 도서"로 해석된다.

---

22) The Korean Government, The Korean Government's Rufutation of Japanese Government's View Concerning Dokdo(Takeshima) dated July 13, 1953(September 9, 1953)

23) *Ibid.*, para. Ⅶ.

24) *Ibid.*

다. 한국의 모든 도서에 독도 포함으로 해석

상술한 바와 같이 통상적 의미로 "제주도, 거문도 및 울릉도"는 예시적 규정으로 해석되고, 통상적 의미로 이 예시적 규정은 "한국의 모든 도서"를 포함하는 것으로 해석된다. 그리고 통상적 의미로 이들 "한국의 모든 도서"에는 당연히 독도가 포함되는 것으로 해석된다. 그 이유는 (ⅰ) 통상적 의미로 독도는 일본 영토인 오끼도 보다(157.5km) 한국의 영토인 울릉도에 더 가까이(87.4km) 위치하고 있으며, (ⅱ) 통상적 의미로 한국의 모든 도서 중에 독도는 포함된다. (ⅲ) "대일평화조약"상 한국의 도서 중에서 독도는 제외된다는 특별 규정이 없으며, (ⅳ) 동 조약의 당사국(48개 연합국과 일본)에 독도를 한국의 도서에서 제외하라는 의도가 없었다. 만일 그러한 의도가 있었다면 이는 동 조약의 모든 당사국이 이를 입증하여야 하나[25] 그러한 입증이 없다. 그리고 (ⅴ) 통상적 의미로 울릉도의 속도인 독도는 당연히 한국의 모든 도서에 포함된다.[26] 우리 정부의 1953년 9월 9일의 "한국정부견해(1)"에 다음과 같이 표시되어 있다.

한국정부의 견해는 독도는 논의의 여지없이 역사적·지리적 배경으로 보아 한국 영토의 일부분이라는 것이 한국정부의 견해이다.
it is the view of the government of the Republic of Korea that Dokdo is indisputably a part of the Korean territory in the light of its historical and geographical background.

요컨대, 통상적 의미로 보아, 한국의 모든 도서 중에 독도는 포함되는 것으로 해석된다.

이상에서 검토해 본 바와 같이 통상적 의미의 해석규칙에 의할 때 "제

---

25) Brownlie, *supra* n.15, p.634.
26) 우리 정부는 독도는 울릉도의 속도이므로, "대일평화조약" 제2조 (a)항의 울릉도에 독도가 당연히 포함되는 것으로 주장해 왔다(The Korean Government, supra n.22, para. Ⅰ (e), para Ⅶ; The Korean Government, Korean Government's View Rufuting the Japanese Government's View of the International Ownership of Dokdo(Takeshima) dated February 10, 1954(September 25, 1954), para.(1), para. Ⅲ.).

주도, 거문도 및 울릉도를 포함한 한국"이라는 규정 중에는 독도가 포함되는 것으로 해석된다.

V. 결언

조약의 해석에 있어서 "통상적 의미의 해석규칙"은 학설, 국제판례 그리고 국제협약에 의해 일반적으로 승인되어 있다. 특히 "조약법 협약" 제31조 제1항은 이를 명문으로 규정하고 있다.

"대일평화조약" 제2조 (a)항의 "일본은 …제주도, 거문도 및 울릉도를 포함한 한국의 모든 권리, 권원 및 청구권을 포기한다"라는 규정을 통상적 의미의 해석규칙에 따라 해석하면 (ⅰ) "제주도, 거문도 및 울릉도"는 "예시적 규정"으로 해석되며, (ⅱ) 이 예시적 규정을 "통상적 의미의 해석규칙"으로 해석하면 "제주도, 거문도 및 울릉도"는 "한국의 모든 도서"로 해석된다. 그리고 (ⅲ) "한국의 모든 도서"를 통상적 의미의 해석규칙에 따라 해석하면 이에는 독도가 포함된다.

정부당국에 통상적 의미의 해석규칙에 의한 본 연구의 결과를 대일독도정책에 반영할 것을 건의하며, 이 연구결과를 보완하기 위한 독도는 울릉도의 속도라는 국제법학자·사학자·지리학자·지질학자·생태학자의 학제연구를 제의하며 아울러 정부당국에 이 학제연구를 적극적으로 지원할 것을 제의한다.

제3절 대일평화조약 제2조 (a)항의 목적론적 해석

목 차

Ⅰ. 서언

국제법상 독도의 영유권이 일본에 귀속되어 있다고 주장하는 일본정부 당국은 그 법적 근거의 하나로 "대일평화조약" 제2조 (a)항의 "일본은 한국의 독립을 승인하고, 제주도·거문도·울릉도를 포함하는 한국에 대한 모든 권리·권원·청구권을 포기한다"라는 규정을 들고 있다. 즉 동 조항 전단의 승인 대상인 한국에 독도가 포함되어 있는 것으로 명시되어 있지 않으며 또 동 조항 후단의 포기 대상인 한국에도 독도가 명시되어 있지 않으므로 동 조약에 의해 독도는 일본으로부터 분리된 것이 아니며 따라서 독도의 영유권은 일본에 귀속되어 있다는 것이 일본정부의 공식적인 주장인 것이다.

이 연구는 동 조항에 대해 일본정부가 동 조약의 대상과 목적을 간과한 단순한 "문리해석"을 하는 데 대해, 조약의 해석원칙의 하나인 "실효성의 원칙"에 따라 "목적론적 해석"으로 동 조항에 독도가 열거되어 있지 않아도 독도는 승인의 대상인 한국과 포기의 대상인 한국에 포함되어 독도의 영유권이 한국에 귀속되어 있다는 법리를 정리해 보려는 것이다.

이러한 법리의 정리 위에 (i) 먼저 "실효성의 원칙"이 학설·판례·국제협약에 의해 일반적으로 승인되어 있음을 실증하고, (ii) 이를 기초로 동 원칙에 따라 동 조항을 해석하여 독도는 동 조약에 의해 한국에 포함되어 한국의 영토라는 결론에 도달하려 한다.

이 연구의 연구방법은 목적론적 접근방법을 따르는 것이며, 연구의 기본적 법사조는 법실증주의에 둔다.

II. 목적론적 원칙에 관한 일반적 고찰

1. 목적론적 원칙의 의의

조약의 해석원칙의 하나인 목적론적 원칙, 즉, "실효성의 원칙"(Principle of effectiveness)은 "조약은 그의 선언되거나 명백한 대상과 목적을 참고하여 해석되어야 한다"는 원칙을 말한다.[1] 즉 "조약은 선언되거나 알려지거나 또는 추정되어지는 조약의 대상, 원칙, 그리고 목적을 참고하여 해석되지 않으면 안 된다"는 원칙을 의미한다.[2]

이러한 조약의 대상과 목적을 참고로 한 조약의 해석원칙, 즉 "실효성의 원칙"을[3] "목적론적 원칙"(teleological principle)이라고도 하며,[4] 이러한 원

---

1) "Treaties are to be interpreted with reference to their declared or apparent objects and purposes", Gerald Fitzmaurice, "The Law and Procedure of the International Court of Justice, 1951-4: Treaty Interpretation and other Treaty Points", *BYIL*, Vol.33, 1957, p.211.

2) "A treaty must be interpreted by reference to its objects, principle, and purposes as declared, known, or to be presumed", Gerald Fitzmaurice, "The Law and Procedure of the International Court of Justice", *BYIL*, Vol.28, 1985, p.8.

3) Hugh Thirlway, "The Law and Procedure of the International Court of Justice, 1960-1989", *BYIL*, Vol.62, 1991, p.445; T.O. Elias, *The Modern Law of Treaties* (Leiden: Sijthoff, 1974), p.74.

칙에 입각한 조약의 해석을 "목적론적 해석"(teleological interpretation),5) 또
는 "기능적 해석"(functional interpretation)이라고 하며,6) 이러한 해석방법을
"목적론적 접근"(teleological approach),7) "목적론적 방법"(teleological method),8)
또는 "친(親) 정책적 접근"(policy-oriented approach)9)이라 한다.

2. 목적론적 원칙을 승인한 학설

조약의 해석원칙의 하나인 "목적론적 원칙"은 많은 학자에 의해 승인되
어 왔다.

Ian Sinclair는 목적론적 해석을 강조하면서 이는 해석규칙의 적용에 있
어서 제2차적 과정이라고 다음과 같이 논하고 있다.

> 제31조 제1항에 표시된 일반규칙을 돌이켜 볼 때 … 조약의 대상과 목적의
> 관련성을 고찰해야 한다. … 조약의 객체와 목적이 해석의 일반규칙의 적용에
> 있어서 2차적 보조적 과정이라는 것을 참고하는 것은 역시 값진 강조이다.
>
> reverting to the general rule expressed in paragraph 1 of Article 31, we now
> have to consider the relevance of the object and purpose of the treaty is a secondary
> and ancillary process in the application of the general rule in interpretation.10)

T. O. Elias는 다음과 같이 조약 해설의 주요 요소중 하나로 "조약의 대
상과 목적"을 제시하여 조약해석 원칙의 하나로 "실효성의 원칙"을 수용하
고 있다.

---

4) Ian Sinclair, *The Vienna Convention on the Law of Treaties*, 2nd ed.(Mauchester: Mauchester University Press, 1984), p.131.
5) Rudolf Bernhardt, "Interpretation in International Law", *EPIL*, Vol.7, 1984, p.322.
6) Georg Schwarzenberger and E.D. Brown, *A Manual of International Law*, 6th ed. (Milton: Professional Books, 1976), p.134.
7) Ian Brownlie, *Principles of Public International Law*, 5th ed.(Clarendon: Oxford University Press, 1989), p.637.
8) Fizmaurice, *supra* n.2., p.7.
9) Sinclair, *supra* n.4., p.131.
10) *Ibid.*, *supra* n.4., p.130.

조약의 해석에 있어서 3개의 주요 요소가 관련되어 있다.
(a) 조약의 조약문
(b) 당사자의 의도
(c) 조약의 대상과 목적

treaty interpretation three major factors are pertinent :
(a) the text of the treaty
(b) the intention of the parties
(c) the object and purpose of the treaty[11]

Robert Jennings와 Arthur Watts는 다음과 같이 통상적 의미는 조약의 대상과 목적의 관점에서 결정되어야 한다고 하여 "목적론적 원칙"을 인정하고 있다.

문언의 통상적 의미는 추상적으로 결정되는 것이 아니라 조약의 문맥 그리고 조약의 대상과 목적의 관점에서 결정되어야 한다.
the ordinary meaning of a term is determined not in the abstract but its context and in the light of object and of purpose of the treaty.[12]

Ian Brownlie는 다음과 같이 "목적론적 접근"의 법 창조력을 승인하고 있다.

…목적론적 접근은 그의 사법적 입법의 관점을 갖고 건설적 역할을 하는 것으로 생각될 수 있다.
…the teleological approach, with its aspect of judicial legislation, may be though to have constructive role to play.[13]

Wernev Levi,[14] Paul Reuter,[15] Hugh Thirlway,[16] L. Oppenheim[17] 등도

---

11) Elias, *supra* n.3., p.72.
12) Robert Jennings and Arthur Watts(eds.), *Oppenheim's International Law*, Vol.1, 9th ed. (London: Longman, 1992), p.1273.
13) Brownlie, *supra* n.7., p.678.
14) Werner Levi, *Contemporary International Law: A Concise Introduction* (Boulder: Westview Press, 1979), pp.225-226.

"실효성의 원칙"을 승인하고 있다.

3. 목적론적 원칙을 승인한 판례

"목적론적 원칙"을 조약 해석원칙의 하나로 인정한 국제재판소의 판례를 보면 다음과 같다.

Competence of the General Assembly for the Admission of a State to the United Nation Case(1950)에서 국제사법재판소의 Acevedo 판사는 다음과 같이 "목적론적 해석"을 강조했다.

　…만일 문서가 세계평화, 인간간의 협조, 개인의 자유, 그리고 사회적 진보의 요구를 직면하게 되면 샌프란시스코 문서의 해석은 항상 목적론적 성격을 표현하지 않으면 안된다.
　the interpretation of the San Francisco instrument will always have to present a teleological character if they are to meet the requirements of world peace, co-operation between men, individual freedom and social progress.[18]

Interpretation of Peace Treaty with Bulgaria, Hungary and Rumania(Second Advisory Opinion)(1950)에서 국제사법재판소는 다음과 같이 조약의 해석원칙인 "실효성의 원칙"에 의거, 조약의 정신에 반하는 규정을 채택할 수 없다는 권고적 의견을 표시한 바 있다.

　흔히 실효성의 원칙으로 인용되는 법인 uti res magis valeat guam per eat에 표현된 해석원칙은, 재판소가 평화조약의 문자와 정신에 반하는 의미를 평화조약의 분쟁해결을 위한 제 규정의 탓으로 돌리는 것이 정당화될 수 없다.

---

15) Paul Reuter, Introduction to the Law of Treaties (London: Pointer, 1989), p.75.

16) Thirlway, supra n.3., p.44.

17) H. Lauterpacht (ed.) L. Oppenheim, International Law, Vol 8th ed.(London: Longmans, 1955), p.953.

18) ICJ, Reports, 1950, p.23.

the principle of interpretation expressed in the Maxim : uti res magis valent guam per eat often refired to as the rule of effectiveness, cannot justify the court in attributing to the provisions for the settlement of disputes in the Peace Treaties a meaning which would be contrary to their letter and sprite.[19]

United State National in Morocco Case(1952)에서 국제사법재판소는 조약의 해석을 위해 조약의 대상에 의뢰한다고 다음과 같이 판시했다.

재판소는 특정규례 해석의 목적을 위해 전문에 있는 그 조약 대상의 서술에 다시 한 번 의뢰한다.
the Court has more than once had recourse to the statement of the objects of the treaty in the preamble for the purpose of interpreting a particular provision.[20]

The Case *Concerning Right of Passage over Indian Territory*(1957)에서 국제사법재판소는 선택조항의 대상과 목적에 반하는 선언은 무효라고 판시하여 "실효성의 원칙"을 승인했다.

포르투갈 선언은 동 선언이 국제사법재판소 규정(제36조)의 선택조항의 대상과 목적에 양립할 수 없으므로 무효이다.
Portugal's Declaration was invalid for the reason that it was incompatible with the object and purpose of the optional clause of the Statute of the Court(article 36).[21]

Goldor Case(1975)에서 인권재판소(Court of Human Right)는 다음과 같이 조약의 해석을 위해 목적론적 해석원칙을 규정한 "비엔나 협약" 제31조를 인용했다.

비엔나 협약 제31조에서 제32조는 재판소에 의해 이미 때때로 인용된 바와 같이 국제법의 원칙으로 일반적으로 수락된 본질을 선언하고 있다. … 이런 관점에서 유럽 협약의 해석을 위해 이들 조항이 고려되어야 한다.

---

19) ICJ, *Reports*, 1950, p.227.
20) ICJ, *Reports*, 1952, pp.183-184.
21) ICJ, *Reports*, 1957, pp.141-142.

its Article 31 to 33 enunciate in essence generally accepted principle of international law to which the court has already referred on occasion, in this respect, for the interpretation of the European Convention account is to be taken of those Articles.[22]

이상에서 기술한 것 이외에도 "실효성의 원칙", 즉 "목적론적 원칙"을 조약의 해석원칙으로 수용한 다음과 같은 판결이 있다.

- *Competence of the ILD to regulate Personal Work of Employers* Case(1926)에서 상설국제사법재판소의 판결[23]
- *Corfu Channel* Case(1949)에서 국제사법재판소의 판결[24]
- *International Status of the South-West Africa* Case(1962)에서 국제사법재판소의 판결[25]
- *Ambatielos* Case(1952)에서 국제사법재판소의 판결[26]
- *The South-West Africa* Case(1962)에서 국제사법재판소의 판결[27]
- *Expense* Case(1962)에서 국제사법재판소의 판결[28]
- *The South-West Africa* Case(Second Phase, 1966)에서 국제사법재판소의 판결[29]
- *The Namibia* Case(1971)에서 국제사법재판소의 판결[30]

4. 목적론적 원칙을 승인한 국제협약

1969년 5월 23일에 채택되고 1980년 1월 27일 효력을 발생한 "조약법 협약"[31] 제31조는 "해석의 일반규칙"(general rule of interpretation)이라는 표제 아래 제1항에 다음과 같이 규정하고 있다.

---

22) ILR, Vol.57, pp.213-214.
23) PICJ, *Series B*, No.13, pp.6, 18.
24) ICJ, *Reports*, 1949, p.24.
25) ICJ, *Reports*, 1950, p.128.
26) ICJ, *Reports*, 1952, p.45.
27) ICJ, *Reports*, 1962, p.319.
28) ICJ, *Reports*, 1962, p.198.
29) ICJ, *Reports*, 1966, pp.36, 47-48.
30) ICJ, *Reports*, 1971, pp.47-50.
31) Shabtai Rosenne, "Vienna Convention on the Law of Treaties", *EPIL*, Vol.7 1984, p.525.

조약은 조약문언의 문맥과 조약의 대상 및 목적에 비추어 조약의 문언에 부여된 통상적 의미에 의거하여 성실하게 해석되어야 한다.

a treaty shall be interpreted in good faith in accordance with the ordinary meaning to be given to terms of the treaty in their context and in light of its object and pupose.

상기 규정 중 "조약은 … 조약의 대상 및 목적에 비추어 … 해석되어야 한다"는 "목적론적 해석의 원칙"을 규정한 것이다.[32]

이상에서 고찰해 본 바와 같이 "목적론적 해석의 원칙"은 학설·판례·국제협약에 의해 조약의 해석원칙의 하나로 일반적으로 승인되어 있다.

Ⅲ. 대일평화조약 제2조 (a)항의 목적론적 원칙에 의한 해석

1. 제2조 (a)항의 규정

1951년 9월 8일에 샌프란시스코에서 48개 연합국과 일본 간에 서명되고, 1952년 4월 25일에 효력을 발생한 "대일평화조약"(the Peace Treaty with Japan)[33] 제2조 (a)항은 다음과 같이 규정하고 있다.

(a) 일본은 한국의 독립을 승인하고, 제주도·거문도 및 울릉도를 포함하는 한국에 대한 모든 권리·권원 및 청구권을 포기한다.

(a) Japan recognizing the independence of Korea, renounces all right, title and claim to Korea, including the islands of Quelpart Port Hamilton and Dagelet.

---

32) "A treaty shall be interpreted … in light of its object and purpose", Sinclair, *supra* n.4., p.130.
33) Werner Morvay, "Peace Treaty with Japan(1951)", *EPIL*, Vol.4, 1982, p.125; UN, *UNTS*, Vol.136, p.45.

위의 규정에 의하면 한국에 포함되는 도서로 제주도, 거문도 및 울릉도가 열거되어 있으나 독도는 열거되어 있지 않다.

2. 제2조 (a)항의 목적론적 원칙에 의한 해석

"목적론적 원칙"에 의한 해석을 위해 (i) "대일평화조약"의 목적을 제시하고 (ii)제시된 목적에 의한 해석을 하기로 한다.

가. 대일평화조약의 목적의 제시

"대일평화조약" 제2조 (a)항의 "목적론적 원칙"에 따른 해석, 즉 "목적론적 해석"을 위해 먼저 동 조약의 목적이 무엇인지 밝혀야 한다.

"목적론적 해석"에서 "목적(purpose)"에는 조약의 "목적(purpose)"뿐만 아니라 "대상(object)", "원칙(princple)"이 포함되며,[34] 조약체결을 유도한 "동기(motives)"도 포함된다.[35]

그리고 이들 목적(목적, 대상, 원칙, 동기)의 발현 형태는 "선언된 것(declared)"에 한하지 않고, "명백한 것(apparent)",[36] "알려진 것(known)", 그리고 "추정되는 것(to be presumed)"을 포함한다.[37]

조약의 전문은 조약의 목적을 추출하는 데 도움을 준다.[38]

전문에 명시된 것은 "선언된 것", "명백한 것", "알려진 것"이라 할 수 있고, 전문에 명시되지 않은 것은 "추정되는 것"이라 할 수 있다.

"대일평화조약"에서 선언된 목적은 전문에 있으며, 추정되는 목적은 동 조약을 체결하게 된 배경, 동기, 과정 등에서 추출해야 한다.

---

34) Fitzmaurice, *supra* n.1., p.8.
35) Lauterpacht, *supra* n.17., p.953.
36) Fitzmaurice, *supra* n.1., p.221.
37) Fitzmaurice, *supra* n.1., p.8.
38) Sinclair, *supra* n.4., p.130; U.S. *Nationals in Morocco* Case에서 ICJ, *Reports*, 1952, pp.183-184.

(1) 선언된 목적

"대일평화조약" 전문은 다음과 같이 동 조약을 체결하는 목적을 선언하고 있다.

> …양자 간에 전쟁상태가 존재한 결과로서 아직 해결되지 아니한 문제를 해결하는 평화조약을 체결할 것을 희망…
>
> desirous of concluding a Treaty Peace which whill settle questions still outstanding as a result of existence of a state of war between them…

위의 선언에 표시된 바와 같이 동 조약의 대상과 목적은 "아직 해결되지 아니한 문제를 해결하는 것", 즉 "미해결 문제의 해결"이다. 특히 한국문제에 관해 기해결된 문제에 관해서는 그 효력을 승인한다(recognize)는 규정을 제2조 (a)항의 전단과 제19조 (d)항에 각각 두고 있다. 따라서 동 조약에 의한 "미해결된 문제의 해결"은 창설적 효력이 인정되고 "기해결된 문제의 승인"은 선언적 효력이 인정되는 것이다.

특히 제2조 (a)항의 전단의 "일본은 한국의 독립을 승인하고"라는 규정은 "항복문서"에 의해 한국은 일본으로부터 분리되어 한국의 영토문제는 "항복문서"에 의해 기해결되었고 "대일평화조약"은 기해결된 사실상의 상태를 단순히 승인하는(merely recognize de facto situation) 것으로 보는 것이 일반적이다.[39]

요컨대 동 조약의 선언된 목적 "미해결된 문제의 해결"이며 "기해결 문제의 승인"은 동 조약의 목적이 아니며 이에 대해서는 단순한 선언적 효력이 인정된다.

---

39) H. Borton, "Japan under the Allied Occupation", in F.C. Jones, H. Borton, and B.R. Pearn, *Surrey of International Affairs, 1939-1946: The Far East* (London: Oxford University Press, 1955), p.419; D.P. O'Connell, "Legal Aspects of the Peace Treaty with Japan", *BYIL*, Vol.29, 1952, p.425.

(2) 추정된 목적

"대일평화조약"의 추정된 목적은 동 조약을 체결하게 된 동기, 배경, 과정 등에서 추출해야 할 것이다. 동 조약의 목적은 항복조항을 구체화·현실화하는데 있다고 동 조약의 초안을 작성·토의하고 체결하는 과정에서 진술·주장되었다. 그 내용을 간추려 보면 다음과 같다.

1946년 4월 3일 영국외무부장관 Beuin은 하원에서 "영국 정부의 대일평화조약 정책은 카이로 선언, 포츠담 선언에 기술된 바와 같다"라고 진술하여, 대일평화조약의 목적은 카이로 선언과 포츠담 선언을 수용한 항복문서의 내용을 구체화는 것이라고 표명한 바 있다.[40]

1947년 1월19일 대일평화조약 안을 준비하는 극동위원회(the Far Eastern Commission)가 채택한 "일반정책"(General Politic)의 전문에는 "항복조약상 일본의 의무에 따른 정책, 원칙, 그리고 기준을 형식화하기 위하여"라고[41] 선언하여 내일 평화조약 안의 목적이 항복조항을 형식화하는 것이라고 발표했다.

1951년 3월 31일 미 대통령 특사 Dulles는 그의 연설을 통해 "평화조약 안의 영토규정은 합의된 항복조항에 따라 시도되었다"라고[42] 진술하여, 평화조약의 목적이 항복조항의 현실화였음을 표시한바 있다.

1951년 5월 7일 소련 외무부 장관인 Bogmolov가 모스코바 주재 미대사 Kirk에게 전달한 각서에는 "소련은, 대일평화조약의 초안은 카이로 선언, 포츠담 선언, 그리고 얄타 협정의 기초 위에서 작성할 것을 제의 한다"라고[43] 기술하고 있다.

1951년 5월 19일 미국이 워싱턴 주재 소련대사 Panyushkin에게 전달한

---

40) "the polity is as stated in the Cario Declaration and the Potsdam Declaration", Marjorie M. Whiteman, *Digest of International Law*, Vol.3(Washington, D.C: U.S. Government Printing Office, 1964), p.504.

41) "to formulate the politics, principles, and standards under the Terms of Surrender", *ibid.*, p.505.

42) "it is contemplated…in accordance with the agreed surrender terms", *ibid.*, p.515.

43) "to conduct the drafting of a peace treaty with Japan on basis of the Cario Declaration, the Potsdam Declaration, and Yalta Agreement", *ibid.*, p.519.

미국의 각서에는 "평화조약 초안 절차는 항복조항에 따라 일본의 주권이
… 에 제한되어야 한다는 전제하에 출발하고 있다"라고[44] 기술하여 평화
조약의 목적이 항복조항의 실현에 있음을 표시한 바 있다.

　1951년 7월 13일 일본수상이 미국대표 Dulles에게 보낸 서한에는 "본인
은 우리의 견해와 희망을 제시한 충분한 기회가 주어진데 대해 기쁘게 생
각한다"라고[45] 하며 항복문서를 형식화한 대일평화조약안에 만족을 표시
했다.

　1951년 9월 5일 전체회의에서 미국대표 Dulles는 "대일평화조약은 항복
조항을 구체화하고 있다"라고[46] 진술했다.

　이상에서 제시된 바와 같이 "대일평화조약"은 동 조약안을 작성 · 토의
하고 동 조약을 체결하는 과정에서 동 조약은 "항복조항을 형식화(formulate)
한 것",[47] "항복조항에 따라 시도된(contemplated in accordance with) 것",[48]
"항복조항의 기초 위에 한정된(drafting on the basis) 것",[49] "항복조항을 구
체화한(embodies) 것"[50]으로 표시되었다. 특히 동 조약의 영토조항의 틀은
항복조항에 규정되어 있다(framework was laid down in the Surrender Terms).[51]
따라서 동 조약의 대상과 목적은 항복조항인 것이다. 이는 일반적으로 항
복 후에 평화조약을 체결하는 경우에 그 평화조약의 대상과 목적은 항복조
항을 구체화(embody)하는 것이라는[52] 일반적인 관점에 일치하는 것이다.

　요컨대 "대일평화조약"의 추정된 대상과 목적은 "항복조항의 구체화"라

---

44) "the draft treaty proceed on the assumption that Japanese sovereignty shall be limited
　　… according to the Surrender Terms", *ibid.*, p.521.
45) "I am grad that we have been given a full opportunity to submit our views and desires",
　　ibid., p.533.
46) "the treaty embodies Surrender Terms", *ibid.*, p.533.
47) Whiteman, *supra.* n.40, p.533.
48) *ibid.*
49) *ibid.*
50) *Supra.* nn.40-49.
51) D.P. O'Connell, *supra.* n.39., p.424.
52) Isagani A. Cruz, *International Law* (Quezon: Central Lawbook, 1992), p.398.

할 수 있다.

나. 대일평화조약의 목적에 따른 해석

(1) 선언된 목적에 따른 해석

위에서 고찰해 본 바와 같이 "대일평화조약"이 선언된 목적은 "아직 체결되지 아니한 문제를 해결하는 것", 즉 "미해결 문제의 해결"이다. 기해결된 문제는 단순히 승인하는 것이다. 한국에 관해 기해결된 문제를 승인하는 규정으로 제2조 (a)항의 한국의 독립승인 규정과 제19조 (d)항의 점령당국에 의한 지령의 효력 승인 규정이 있다.

동 조약의 목적은 "미해결된 문제의 해결"이므로, 독도의 영유권 문제는 동 조약이 체결되기 이전에 독도는 한국의 영토인 것으로 기해결된 문제이므로, 동 조약 제2조 (a)항에 독도가 한국의 영토로 열거되어 있지 않아도 동 조약의 목적의 관점에서 볼 때 동 조약에서 기해결된 것과 다른 내용의 특별규정이 없는 한 기해결된 대로 효력이 인정된다. 물론 동 조약의 기해결된 것과 다른 내용의 특별규정은 없다. 따라서 독도의 영유권 문제는 기해결된 대로, 즉 한국의 영토인 것으로 해석된다. 이를 명시적으로 승인하는 규정을 동 조약 스스로가 제19조 (d)항에 두고 있다.

독도의 영유권 문제가 동 조약체결 이전에 한국의 영토인 것으로 기해결되고, 이를 동 조약이 제19조 (d)항에서 승인한 데 대한 구체적 내용을 보면 다음과 같다.

(가) 독도의 영육권의 분리과정과 내용

먼저 독도의 영유권 문제가 한국의 영토인 것으로 기해결된 과정과 그 내용을 보기로 한다.

(i) 독도 영유권의 분리과정

1945년 8월 15일 일본천황의 라디오 방송을 통한 "항복선언"(Declaration of Surrender)이 있은 후 이를 문서화하기 위해 1945년 9월 2일 일본 측과 연합국 측에 의한 "항복문서"(the Instrument of Surrender)의 서명이 있었다.[53] 이 "항복문서"의 시행을 위해 미국은 1945년 9월 6일 연합군최고사령관에게 "항복 후 미국의 초기대일정책"(United States Initial Post-Surrender Policy for Japan)이라는 정책문서를 하달하고,[54] 1945년 11월 2일 "일본의 점령과 관리를 위한 연합군최고사령관에 대한 항복 후 초기 기본지침"(Basic Initial Post-Surrender Directive to the Supreme Commander for the Allied Power for the Occupation Control of Japan)을 하달했다.[55] 이에 의거 연합군최고사령 관은 일본에 대해 1946년 1월 19일 "일본으로부터 특정 주변지역의 정치적 · 행정적 분리"(Governmental and Administrative Separation of Certain Outlying Area from Japan)라는 제목의 "연합군최고사령관 훈령 제677호" (Supreme Commander for the Allied Powers Instruction No.677: SCAPIN No.677, 이하 "SCANPIN 제677호"라 한다)를 하달했다.[56]

(ⅱ) 독도 영유권의 분리 내용
독도 영유권을 분리한 "SCAPIN 제677호" 제3항은 다음과 같이 규정하고 있다.

> 3. 이 지령의 목적을 위해 일본이라 함은 일본 4대도(北海島, 本州, 九州 및 四國) 및 대마도와 북위 30도 이북의 琉球(南西)제도(口之島, 제외)를 포함하는 약 1000의 인접 제소도를 포함하고 다음의 제도는 제외되는 것으로 정의된다.
> (a) 울릉도, 독도(죽도), 제주도
> (b) …
> (c) …[57]

---

53) Walter L. Langsam, *Historic Document of World War Ⅱ*(Westpoint: Greenwood, 1958), p.152.
54) F. C. Jones, H. Barton, and B. R. Pearn, *supra* n.39., p.500; Marjoreie M. Whiteman, *Digest of International Law*, Vol.3(Washington, D. C.: U. S. Governmaent Painting Office, 1964), p.490.
55) *Ibid.*, p.493; Jones, Barton, and Pearn, *supra* n.39., p.510.
56) Whiteman, *supra* n.54., p.498.
57) *Ibid.*, p.499.

3. for the purpose of this directive, Japan is defined to inclding the four main islands of Japan(Hakkaido, Honshu, Kyush, and Shikoku) and the approximately 1000 smaller adjacent islands, including the Tsushima islands and Ryukyu (Nansei) island north of 30 North Latitude(excluding Kuchinoshima island); and excluding (a)Utsryo (Ullung) Islands, Liancourt Rocks(Take Islands) and Quelpart(Saishu or Cheju Islands)

  (b) …

  (c) …

위의 "SCAPIN 제677호"의 규정에 표시된 바와 같이 독도는 일본의 정의에서 명시적으로 제외되어 있다. 즉 1946년 1월 29일 "SCAPIN 제677호"에 의해 독도는 일본의 영토로부터 제외되어 있다. 따라서 독도의 영유권문제는 "대일평화조약" 체결 이전에 기해결된 문제였다.

(나) 독도 영유권의 분리의 승인

다음으로 독도의 영유권문제가 한국의 영토인 것으로 기해결된 내용의 승인에 관해 보기로 한다.

"대일평화조약" 제19조) (d)항은 다음과 같이 규정하고 있다.

　　일본은 점령기간 중에 점령 당국의 지령에 의하거나 또는 그 결과로서 행하여진… 모든 작위 또는 부작위의 효력을 승인하며…

　　Japan recognizes the done during the period of occupation under of consequesnce of directives of the occupation authorities…

위의 규정에 의거 일본은 점령당국인 연합군최고사령부가 행한 지령의 효력을 승인한 것으로 훈령(instruction)의 이름을 가진 지령(directive)인 "연합군최고사령부 훈령 제677호"[58]의 효력을 승인한 것이다.

---

58) 동 훈령은 동경 중앙연락사무소(Central Liaison Office, Tokyo)를 경유 일본정부에 하달되었으며 문서번호는 "SCAPIN No.677"이고, 문서 통제번호는 "AG091(29 Jan, 45) GS"이다(Ibid, p.499). 이 문서의 명칭은 훈령(instruction)이나 내용은 지령(directive)으로 표시되어 있다(제3항, 제5항, 제6항, 제7항).

요컨대 동 조약이 선언된 목적은 "미해결 문제의 해결"이다. 따라서 독도의 영유권문제는 동 조약이 체결되기 이전인 1946년 1월 29일에 독도는 일본의 영토에서 제외되는 것으로 기해결된 문제이므로 동 조약의 목적의 관점에서 볼 때 동 조약상 독도는 기해결된 대로 일본의 영토에서 제외된 것이며 이는 제19조 (d)항에 의해 단순히 승인되었다.

(2) 추정된 목적에 따른 해석

위에서 고찰해 본바와 같이 "대일평화조약"의 추정된 목적은 "항복조항의 구체화"이다.

동 조약 제2조 (a)항에 일본이 권리·권원·청구권을 포기하는 한국의 도서에 독도가 열거되어 있지 않아도 동 조약의 목적인 "항복문서의 구체화"의 관점에서 볼 때 "항복문서"에 의해 수락된 "카이로 선언"의 "일본은 폭력과 탐욕에 의해 약취한 영역으로부터 축출 된다"는 규정에 따라 동 조약상 독도는 한국의 영토로 해석된다.

"항복문서"에 의해 독도가 한국의 영토로 인정되는 내용을 보면 다음과 같다.

"항복문서"는 다음과 같이 규정하고 있다.

(가) 포츠담 선언의 수락

> 1945년 7월 26일 포츠담에서 미국, 중국, 영국의 정부 거두에 의해 발표되고 그 후 소련에 의해 지지된 선언에 제시한 조항을 수락한다. … 우리는 이후 일본정부와 그 승계자가 포츠담 선언의 규정을 성실히 수행할 것을 확약한다.
>
> accept the provisions set forth in the Declaration issued by the Heads of the Government of the United States, China, and Great Britain on 26 July, 1945 at Potsdam and subsequently adhered by Union of Soviet Socialist Republic … We hereby undertake and their successor to carry out the provisions of the Potsdam Declaration.[59]

위와 같이 "항복문서"를 통해 일본은 포츠담 선언의 규정을 성실히 수행할 것을 확약했다.

(나) 포츠담 선언의 내용
일본이 성실히 수행할 것을 확약한 "포츠담 선언"의 내용은 다음과 같다.

카이로 선언의 제 조항은 시행될 것이며 일본의 주권은 本州, 北海島, 九州, 四國과 우리들이 결정하는 제 소도에 국한 될 것이다.

the terms of the Cairo Delaration shall be carried out and Japanese sovereignty shall be limited to the Island Honshu, Hokaido, Kyushai, Shikoku, and such minor islands as we determine.[60]

위와 같이 "항복문서"를 통해 "포츠담 선언"을 수락하고 이에 의해 일본은 "카이로 선언"의 제 조항을 이행할 것을 확약했다.

(다) 카이로 선언의 내용
일본이 이행할 것을 확약한 "카이로 선언"의 내용은 다음과 같다.

일본은 또한 폭력과 탐욕에 의하여 약취한 모든 다른 영역으로부터 축출되어야 한다. … 한국의 노예 상태에 유의하고 적절한 경로를 밟아 한국이 해방되고 독립될 것을 결의한다.

Japan will also be expelled from all other territories which she has taken by violence and greed. … mindful of the enslavement of the people of Korea, are determined that in due course Korea shall be free and independent.[61]

위와 같이 "카이로 선언"은 "일본은 폭력과 탐욕에 의하여 약취한 모든 영역으로부터 축출되어야 한다"라고 규정하고 있다. 독도는 일본이 1905년

---

59) U. S. Department of State, *In Quest of Peace and Security, Selected Documents in American Foreign Policy, 1941-1951* (Washington, S. C: USGPO, 1951), pp.69-70.
60) *Ibid.*, pp.39-40.
61) *Ibid.*, p.1.

2월 22일 국제법상 무효인 "시마네현 고시 제40호"[62]를 통해 탐욕에 의하여 약취한 영역이다. 따라서 "카이로 선언"에 따라 독도로부터 일본은 당연히 추출된다.[63]

요컨대, 동 조약 제2조 (a)항에 일본이 권리·권원·청구권을 포기하는 한국에 포함되는 도서로 독도가 열거되어 있지 않아도 동 조약의 목적인 "항복조항의 구체화"의 관점에서 볼 때 "항복문서"에 의해 수락된 "카이로 선언"의 "일본은 폭력과 탐욕에 의해 약취한 영역으로부터 축출 된다"는 규정에 따라 독도는 한국의 영토로 되었다고 해석된다.

IV. 결언

이상에서 고찰해 본바와 같이 조약의 해석원칙의 하나인 "목적론적 원칙"은 학설·판례·국제협약에 의해 일반적으로 승인되어 있다.

"대일평화조약" 제2조 (a)항에 일본이 권리·권원·청구권을 포기하는 한국에 포함되는 도서로 독도가 열거되어 있지 않으므로 독도는 일본의 영토라고 일본정부는 동 조항을 해석하고 있다. 그러나 이러한 일본정부의 문리해석에 기초한 주장은 "목적론적 원칙"에 따른 목적론적 해석으로 배척된다.

동 조약의 선언된 목적은 동 조약 전문에 명시된 바와 같이 "미해결된

---

62) "시마네현 고시 제40호"의 무효에 관해서는 Myung-Ki Kim, Territorial Sovereignty over Dokdo *and International Law* (Claremont, CA: Paige Press, 2000), pp.87, 88 참조.
63) "카이로 선언"은 연합국의 일방적 선언으로 그 자체 일본에 대해 법적 구속력을 갖는 것이 아니다(Shabtai Rosenne, "The Effect of Soverrignty upon Municipal Law", *BYIL* Vol.27, 1950, p.268, n.3). "포츠담 선언"도 연합국의 일방적 선언으로 그 자체가 일본에 대해 법적 구속력을 갖는 것이 아니다(*ibid*, D. P. O'Connell, "the States of Formosa and the Chinese Recognition", *AJIL*, Vol.50, 1956, pp.406-407). 그러나 일본이 "항복문서"에 서명함으로서 "항복문서"는 일본에 대해 법적 구속력을 갖게 되고, 이에 따라 "항복문서"에 수용된 "포츠담 선언"과 "카이로 선언"도 일본에 대해 법적 구속력을 갖게 되었다(Kim, *supra* n.62., p.8; O'Connell, *supra* n.39., p.425).

문제의 해결"이며, 추정된 목적은 동 조약의 체결과정에서 추출, 파악된 바와 같이 "항복조항의 구체화"이다.

동 조약 제2조 (a)항의 규정을 동 조약의 목적인 "미해결 문제의 해결"의 관점에서 볼 때 독도의 영유권문제는 동 조약의 체결 이전인 1946년 1월 29일의 "SCAPIN 제677호"에 의해 독도는 한국의 영토로 기해결된 문제이므로 동 조항에 독도가 한국의 영토라는 규정이 없어도 독도는 기해결된 대로 한국의 영토로 해석된다.

동 조약 제2조 (a)항의 규정은 동 조약의 목적인 "항복조항의 구체화"의 관점에서 볼 때, "항복문서"에 의해 일본이 수락한 "카이로 선언"의 "일본의 폭력과 탐욕에 의해 약취한 영역으로부터 축출된다"는 규정에 따라 독도는 한국 영토로 기해결된 문제이므로 동 조항에 독도가 한국의 영토라는 규정이 없어도 독도는 기해결된 대로 한국의 영토로 해석된다.

이 연구는 "목적론적 원칙"에 따른 목적론적 해석의 기초적 연구에 불과하다. 본래 "조약의 해석은 정확한 과학이 아니라 예술이다"(interpretation of treaty is not an exact science but an art). 그러므로 이 연구를 기초로 독도의 영유권을 영구히 보전하기 위한 보다 완전한 민족적 해석 작품의 제작이 외로운 길을 같이 걸어가고 있는 동료에 의해 뒤따라지기를 기대해 본다.

제4절 대일평화조약 제2조 (a)항의
통합의 원칙에 의한 해석

Ⅰ. 서언

1951년의 "대일평화조약" 제2조 (a)항은 "일본은 한국의 독점을 승인하고, 제주도·거문도 및 울릉도를 포함하는 한국에 대한 모든 권리·권원 및 청구권을 포기한다"라고 규정하고 있다.

위의 규정에 독도를 일본의 포기의 대상으로 명시적으로 규정하고 있지 아니하므로 일본정부는 독도를 일본의 영토라고 주장한다. 이러한 일본정부의 주장은 "대일평화조약" 제2조 (a)항을 단순히 문리해석하는 주장의 귀결이다. 그러나 관점을 달리하여 "대일평화조약" 제2조 (a)항을 동 조항에 한정하여 해석하지 아니하고, 이른바 통합의 원칙에 따라 "대일평화조약"을 전체의 문맥으로 해석하면 독도는 일본의 영토가 아니라는 결론에 귀일할 수 있다.

이 연구는 "대일평화조약" 제2조 (a)항을 "대일평화조약" 전체로(as a whole) 해석하여, 즉 조약의 해석원칙의 하나인 통합의 원칙(plinciple of integration)에 따라 체계 해석(systematic interpretation)을 하여 독도는 한국의 영토라는 결론을 도출하려 시도된 것이다.

이하 (ⅰ) 대일평화조약의 한국에 대한 규정, (ⅱ) 조약법 협약의 대일평화조약에의 적용, (ⅲ) 조약법 협약상 통합의 원칙, (ⅳ) 조약법 협약상 대일평화조약 제2조 (a)항의 통합의 원칙에 대한 해석 순으로 기술하고, (ⅴ) 결론에서 몇 가지 대정부 정책 제안을 제시하기로 한다.

이 연구는 법실증주의에 입각한 법 해석론적 접근으로 조약의 해석원칙의 하나인 통합의 원칙에 따라 체계해석(systematic interpretation)의 방법으로 시도한 것이다.

II. 통합론적 해석의 개념

1. 통합론적 해석의 개념

가. 통합론적 해석의 의의

조약의 해석원칙 중 "통합의 원칙"(principle of integration)은 "조약은 전체로서(treaty as a whole), 그리고 특정의 부, 장, 절 역시 전체로서(particular parts, chapters, sections also as a whole) 해석해야 하는 원칙"을 말한다.[1] 이 "통합의 원칙"이란 "조약의 해석은 조약의 한 단어, 항, 조, 절, 장, 부 별로 격리해서가 아니라 전체의 문맥으로 해석해야 하는 원칙"을 말한다.[2] 이 "통합의 원칙"을 더러는 "완전의 원칙"(principle of integrality)이라고도 한다.[3] 그리고 이 원칙에 의한 해석을 "체계해석"(systematic interpretation)

---

1) General Fitzmaurice, "The Law and Procedure of the International Court of Justice, 1951-4: Treaty Interpretation and other Treaty Points", *BYIL*, Vol.33, 1957, p.211.
2) Rudolf Bernhardt, "Interpretation in International Law", *EPIL*, Vol.7, 1984, p.322.

이라 한다.[4] 따라서 "체계해석"은 "격리된 단어의 의미(the meaning of words in isolation)보다 항, 조 그리고 전체로서의 조약의 넓은 문맥 속에서의 의미에 우선권을 주는 해석"을 뜻한다.[5]

나. 통합론적 해석의 구분

"통합의 원칙"에 의한 해석인 "체계해석"은 하나의 동일 조약 내의 문맥에서의 체계해석과 관련된 다른 조약의 문맥, 즉 그 조약의 틀 외의 조약문의 문맥까지[6] 확장된 체계해석으로 구분된다. 전자를 좁은 의미에서 체계해석이라 하고, 후자를 넓은 의미의 체계해석이라 한다.[7] 이 "체계해석"에 의해 "문리해석"은 대체된다.[8]

III. 조약법 협약상 통합론적 해석의 원칙

1. 제31조 제1항

1969년 5월 23일에 채택되고 1980년 1월 27일에 효력을 발생한 "조약법 협약" 제31조는 "해석의 일반 규칙"(general rule of interpretation)이라는 표제 아래 제1항에 다음과 같이 규정하고 있다.

---

3) Hugh Thirlway, "The Law and Procedure of the International Court of Justice, 1960-1989", *BYIL*, Vol.62, 1991, p.37.
4) Bernhardt, *supra* n.2, p.322; Georg Schwarzenberger and E.D. Brown, *A Manual of International Law*, 6th ed. (Milton: Professional Books, 1976), p.134.
5) "the meaning in the wider context of the paragraphs, articles, and the treaty as a whole", *ibid.*
6) "text outside the framework of the treaty", Bernhardt, *supra* n.2, p.322.
7) "narrow sense systematic interpretation", "broader sense of systematic interpretation", *ibid.*
8) "literal interpretation", Schwarzenberger and Brown, *supra* n.4, p.134.

조약은 조익문언의 문맥과 조약의 대상 및 목적에 비추어 조약의 문언에
부여된 통상적 의미에 의거하여 성실하게 해석되어야 한다.

　a treaty shall be interpreted in good faith in accordance with the ordinary
meaning to be given to the terms of the treaty in their context and in light of its
object and purpose.

상기 규정 중 "조약은 조약문언의 문맥에 … 의거하여 해석되어야 한
다"(a treaty shall be interpreted … in their context)는 "통합의 원칙"을 규정
한 것이다.

　T. O. Elias는 1966년의 "조약법 협약 초안"의 "제27조의 3개 항(조약법
협약 제31조 제1항, 제2항, 제3항) 모두 "문맥"이란 용어를 사용하는 것은 이
통합적 구도를 강조하기 위해 고안된 것이다"라고9) 하여, 제31조 제1항의
"조약은 조약문의 문맥 … 에 의거하여 해석되어야 한다"는 규정은 "통합
의 원칙"을 수용한 규정으로 보고 있다.

　J. G. Starke는 제31조 제1항의 문맥은 반드시 조약 전체일 필요는 없으
나 의심스러운 단어 또는 구(句)가 야기되는 특수 분야에 있어서는 "문맥
은 조약 전체일 필요가 있다"라고10) 하여 제31조 제1항의 "조약은 조약문
의 문맥 … 에 의거하여 해석되어야 한다"는 규정은 "통합의 원칙"을 성문
화한 규정으로 보고 있다.

　David H. Ott는 제31조 제1항의 규정 중 "문맥이란 용어는 … 문리의 기
초로 고려되지 않는다"라고11) 하여, 제31조 제1항의 "조약은 조약문의 문
맥 … 에 의거하여 해석되어야 한다"는 규정은 "통합의 원칙"을 규정한 것
으로 보고 있다.

---

9) "the use of the word "context" in all the three paragraphs of the Article is designed to
　emphasize this integrated scheme", T. O. Elias, *The Modem Law of Treaties* (Leiden
　Sijthoff, 1974), p.74.
10) "context need necessarily be the whole of the treaty", J. G. Starke, *Introduction to
　International Law*, 9th ed,(London: Butterworth, 1984), p.457.
11) "term "context" to be considered … not as separate bases", David H. Ott, *Public
　International Law in the Modem World* (London: Pitman, 1987), p.195.

Ian Brownlie,[12] Ian Sinclair,[13] 그리고 Malcom N. Shaw[14]도 제31조 제1항을 "통합의 원칙"을 규정한 것으로 보고 있다.

2. 제31조 제2항

"조약법 협약" 제31조 제2항은 문맥의 범위에 관해 다음과 같이 규정하고 있다.

> 조약의 해석상 문맥은 조약문에 추가하여 조약의 전문 및 부속서와 함께 다음의 것을 포함한다.
> the contest for the purpose of the interpretation of a treaty shall comprise, in addition to the text, including its preamble and annexes.

위의 규정 중 "문맥은 조약문에 추가하여 … context shall comprise in addition to the text…"의 "통합의 원칙"을 규정한 것이다.

Sinclair는 제31조 제2항을 설명함에 있어서 "조약의 조약문은 물론 전체로 읽어야 한다"라고[15] 하여, 동 조항은 "통합의 원칙"을 규정한 것으로 보고 있다.

Thirlway는 제31조 제2항을 설명함에 있어서 "문맥은 역시 분명히 최소한 해석을 요하는 조약이나 문서 전제에 관한 것이어야 한다"라고[16] 하여 총 조항은 넓은 의미의 "통합의 원칙"을 규정한 것으로 보고 있다.

Elias는 제31조 제2항을 설명함에 있어서 "문맥은 … 통합된 구도를 강조

---

12) Ian Brownlie, *Principles of Public International Law*, 5th ed.(Oxford: Oxford University Press, 1998), p.634, n.137.
13) Ian Sinclair, *The Vienna Convention on the Law of Treaties*, 2nd ed.(Manchester: Manchester University Press, 1984, pp.127-130.
14) Malcolm N. Shaw, *International Law*, 4th ed.(Cambridge: Cambridge University Press, 1997), pp.656-657.
15) "the text of the treaty must be read as a whole", Sinclair, *supra* n.13, p.127.
16) "the context must also clearly refer to, at least the whole of the treaty or instrument to be interpreted", Thirlway, *supra* n.3, pp.30-31.

하기 위한 것"이라고[17] 하여, 동 조항을 넓은 의미의 "통합의 원칙"을 규정한 것으로 보고 있다.

Jennings와 Watts는 제31조 제2항을 설명함에 있어서 "때때로 관련된 합의서가 전체로서 같이 검토될 수 있는 조약의 네트워크의 부분을 형성 한다"라고[18] 하여, 동 조항은 넓은 의미의 "통합의 원칙"을 규정한 것으로 보고 있다.

Starke,[19] Ott,[20] Levi,[21] Brownlie,[22] Reuter,[23] 그리고 Bernhardt[24] 등도 위와 같은 견해를 갖는 것으로 보인다.

이와 같이 "조약법 협약" 제31조 제1항과 제2항이 일반규칙의 하나로 "통합의 원칙"을 규정하고 있다.

그리고 동 협약의 이들 규정은 일반적으로 승인된 국제관습법을 수용한 것으로 보고 있다.[25] 따라서 동 조항을 적용함에 있어서 "조약법 협약"의 당사자이냐의 여부와 동 협약 제4조의 소급금지의 적용여부는 논의의 실익이 없다.[26]

---

17) "context … to emphasize this integrated scheme", Elias, *supra* n.9, p.74.
18) "connected agreements often form part of a network of treaties which can be viewed together as a whole", Robert Jenning and Arthur Watts(eds.), *Oppenheim, International Law*, Vol. 1, 8th ed. (London: Longman, 1992), pp.1273-1274.
19) Starke, *supra* n.10, p.457.
20) Ott, *supra* n.11, p.196.
21) Werner Levi, *Contemporary International Law : A Concise Introduction* (Boulder: Westview Press, 1979), pp.226-227.
22) Ian Brownlie, *Principles Public International Law*, 5th ed.(Oxford: Oxford University Press, 1998), pp.634-635.
23) Paul Reuter, *Introduction to the Law of Treaties*(London: Pointer, 1989), p.75.
24) Bernhardt, "Interpretation in International Law", *EPIL.*, Vol.7, 1984, p.323.
25) Sinclair, *supra* n.13, p.196; Shaw, *supra* n.14., p.656; Bernhardt, *supra* n.2, p.322; Thirlway, *supra* n.3, p.17, n.70; Jenning and Watts, *supra* n.18, p.1721; *Libyalchad* Case(1994), ICJ, *Reports*, 1994 pp.21-22; Qater Ⅴ. *Bahrain* Case(1995), ICJ, *Reports*, 1995.
26) Sinclair, *supra* n.13, Shabtai Rosenne, "Vienna Convention on the Law of Treaties", *EPIL*, Vol.7, 1986, p.525.

IV. 조약법 협약상 제2조 (a)항의 통합론적 해석에 의한 해석

상기 일본정부의 "대일평화조약" 제2조 (a)항의 해석은 동 조항만을 본 해석이므로 이는 조약의 해석규칙인 "통합의 원칙"에 반한 해석이다. "통합의 원칙"에 의한 해석을 위해 최소한 다음 2개의 조약문의 문맥을 보아야 한다.

1. 대일평화조약 제19조 (d)항

"대일평화조약"(the Peace Treaty with Japan) 제19조 (d)항은 다음과 같이 규정하고 있다.

> 일본은 점령기간 중에 점령당국의 지령에 의하거나 또는 그 결과로서 행하여진 … 모든 작위 또는 부작위의 효력을 승인하며…
>
> Japan recognizes the validity of all acts and omissions done during the period of occupation under or consequence of directives of the occupation authorities…[27]

위의 규정에 의거 일본은 점령당국인 연합군최고사령부가 행한 지령의 효력을 승인한 것이므로 훈령(instruction)의 이름을 가진 지령(directive)인 "연합군최고사령부 훈령 제677호"(Supreme Commander for the Allied Powers Instruction No.677: SCAPIN No.677, 이하 "SCAPIN 제677호"라 한다)[28]의 효력을 승인한 것이다.

1945년 9월 2일 일본 측과 연합국 측에 의한 "항복문서"(the Instrument of Surrender)의 서명이 있었다.[29] 이 "항복문서"의 시행을 위해 미국은 1945년

---

27) UN, *UNTS*, Vol.163, p.50.
28) 동 훈령은 동경 중앙연락사무소(Central Liaison Office, Tokyo)를 경유 일본정부에 하달되었으며, 문서 번호는 "SCAPIN No.677"이고 이 문서 통제번호는 "AG 091(29 Jan. 45)GS"이다(Marjorie M. Whiteman, *Digest of International Law*, vol.14(Washington, D.C.: U.S.G.P.O., 1970, p.499). 이 문서의 명칭은 훈령(instruction)이나, 내용에서는 지령(directive)으로 표시되어 있다(제3항, 제5항, 제6항, 제7항). (*ibid*).

9월 6일 연합군최고사령관에게 "항복 후 미국의 초기대일정책"(United States Initial Post-Surrender Policy for Japan)이라는 정책문서를 하달하고,[30] 1945년 11월 3일 "일본의 점령과 관리를 위한 연합군최고사령관에 대한 항복 후 초기 기본지침"을 하달했다.[31] 이에 의거 연합군최고사령관은 일본에 대해 1946년 1월 19일 "일본으로부터 특정 주변지역의 정치적·행정적 분리"(Governmental and Administrative Separation of Certain Outlying Area from Japan)라는 제목의 "SCAPIN 제677호"를 하달했다.[32]

"SCAPIN 제677조" 제3항은 다음과 같이 규정하고 있다.

> 3. 이 지령의 목적을 위해 일본이라 함은 일본 4대도(北海島, 本州, 九州, 四國) 및 대마도와 북위 30도 이북의 琉球(南西)제도 (口之島 제외)를 포함하는 약 1,000의 인접 제 소도를 포함하고 다음의 제도는 제외되는 것으로 정의된다.
> (a) 울릉도, 독도(죽도), 제주도
> (b) …
> (c) …

> 3. for the purpose of this directive, Japan is defined to include the four main islands of Japan(Hokkaido, Honshu and Shikoku) and the approximately 1,000 smaller adjacent islands, including the Isushima Islands and Ryukyu(Nansei) Island north of 30 North Latitude(excluding kuchinoshima Island 7 ; and excluding
> (a) Utsryo(Ullung) Island, Liancourt Rocks(Take Island) and Quelpart(Saishu or Cheju Island)
> (b) …

---

29) Walter L. Langsam, *Historic Documents of World War II* (Westpoint: Green wood, 1985), p.152.
30) "Basic Initial Post-Surrender Directive to the Supreme Commander for the Allied Powers for the Occupation Control of Japan", F. C. Jones, H. Borton and B. R. Peam, *Survey of International Affairs, The Far East, 1924-1946*(London: Oxford University Press. 1955), p.500; Marjorie M. Whiteman, *Digest of International Law*, Vol.3(Washington, D.C.: USGPO, 1964), p.490.
31) Ibid., p.493; Jones, Barton, and Pearn. *supra* n.30., p.510.
32) Whiteman, *supra* n.30., p.498.

(c) ···33)

위의 규정에 표시된 바와 같이 독도는 일본의 정의에서 명시적으로 제
외되어 있다. 일본은 이 지령에 의한 효력을 "대일평화 조약" 제19조 (d)항
에 의거 승인한 것이므로 동 조약 제2조 (a)항에 일본이 권리·권원·청구
권을 포기하는 한국의 도서에 독도가 열거되어 있지 않아도 조약의 해석
규칙인 "통합의 원칙"에 따라 동 조약을 전체로(as a whole) 해석해야 하므
로 제19조 (d)항의 규정에 의해 일본이 권리·권원·청구권을 포기하는 한
국에 독도가 포함되어 있는 것으로 해석된다.

2. 항복문서

전술한 바와 같이 넓은 의미의 "통합의 원칙"에 의한 해석' 즉 "넓은 의
미의 체계해석"은 보편적으로 승인되어 있다(universally recognized).34) "넓
은 의미의 체계해석"을 인정하는 근거를 정리해 보면 다음과 같다.
  (i) 조약의 해석은 그 조약의 틀 외의 조약문과 사건이 고려되어야 한
       다.35)
  (ii) 특히 당사자 간의 선행조약은 조약문의 의미를 명백히 하기 위해
       참고 될 필요가 있다.36)
  (iii) 조약의 의미는 해석의 시점에 있어서 지배되는 전체 법제도의 틀
       에서 해석되어야 한다.37)

---

33) *Ibid.*, p.499.
34) Bernhardt, *supra* n.2, p.322.
35) "consideration of texts and events outside the framework of the treaty", *Ibid.*
36) "previous treaties may sometime be referred to for purpose of clarifying the meaning
    of the text", Jenning and Watts, *supra* n.18, p.1274, n.18; *German Settlers in Poland*
    Case(1923), PCIJ., *Series B*, No.6, 1923, pp.25-26; *German Interests in Polish Uper*
    Silesia Case (1926): PCIJ, *Series A*, No.7, 1926, p.25.
37) "within the frame work of the entire legal system prevailing at the time of the
    interpretation", Levi, *supra* n.21, p.227.

(iv) 관련된 합의서는 경우에 따라 전체로서 같이 검토될 수 있는 조약
의 네트워크의 부분을 형성한다.38)

(v) "조약법 협약" 제31조 3항 (c)는 조약의 해석에서 당사국 간의 관계에
서 적용될 수 있는 국제법의 관계규칙을 고려하도록 규정하고 있다.
여기 "국제법의 관계규칙"은 검토되어야 할 조약의 규정에 대해 배
경을 형성하는 조약을 고려한 것이다.39)

일반적으로 무조건 항복이 조약의 한계 내에 있듯이(is within the limits
of a treaty)40) 이는 일치된 약속(consensual engagement), 당사자의 공동의
사(common intent of the parties)41)를 구성하는 것으로 연합국과 일본 간의
전후 문제를 처리하는 전체 법제도의 틀과 네트워크를 구성한다. "대일평
화조약"의 영토에 관한 제 규정의 틀은 "항복문서"에 의해 수락된 "카이로
선언"에 형성되어 있다.42)

1945년 8월 6일 히로시마에 역사적인 원자폭탄이 투하되고, 8월 8일 소
련의 대일선전포고가 있었으며, 8월 9일 나가사키에 또 다시 원자폭탄이
투하되었다. 이에 일본은 8월 15일 라디오방송을 통해 "무조건 항복"을 선
언했다.43) 9월 2일 동경만의 미전함 미조리함 상에서 일본 측과 연합국 측
간에 "항복문서"(the Instrument of Surrender)의 서명이 있었다.44) 이로써 "항

---

38) "connected agreements often form part of a network of treaties which can be viewed together as a whole", Jennings and Watts, *supra* n.18, p.1274.

39) "any relevant rules of international law applicable in the relations between the parties", "constituting the background against which the treaty's provisions must be viewed", *Ibid.,* p.1274.

40) Georg Schwarzenberger, *International Law: The Law of Armed Conflict*, Vol.2(London: Stevens, 1968), p.725.

41) Wilfried Fiedler, "Surrender", *EPIL*, Vol.4, 1982, p.238.

42) D. P. O'Connell, "Legal Aspects of the Peace Treaty with Japan", *BYIL*, Vol.29, 1952, p.424.

43) J. P. Warburg, *The United State in the Postwar World*(New York: Atheneum, 1966, pp.19-21; Jones, Barton, and Pearn. *supra* n.30, pp.497-498; *New York Times*, 15 Aug, 1954; Myung-Ki Kim, *The korean War and International Law*(Claremont, CA: Paige Press, 1991), p.8.

복문서"는 일본과 연합국 간의 조약의 성격을 갖고 일본에 대해 법적 구속력을 갖게 되었다. 이 "항복문서"에 의해 해결되지 않은 사항을 해결하기 위해[45] 1951년에 "대일평화조약"이 역시 일본 측과 연합국 측간에 결정되었다.

"항복문서"는 다음과 같이 규정하고 있다.

> 1945년 7월 26일 포츠담에서 미국 · 중국 · 영국의 정부 거두에 의해 발표되고 그 후 소련에 의해 지지된 선언에 제시한 제 조항은 수락한다. … 우리는 이후 일본정부와 그 승계자가 포츠담 선언의 규정을 성실히 수행할 것을 확약한다.
>
> accept the provisons set forth in the Declaration issued by the Heads of the Government of the United States, China, and Great Britain on 26 July at Potsdam and subsequently adhered by the Union of Soviet Socialist and their successors to carry out the provisions of the Potsdam Declaration.[46]

위와 같이 "항복문서"를 통해 일본은 "포츠담 선언"의 규정을 성실히 수행할 것을 확약했다.

일본이 성실히 수행할 것을 확약한 "포츠담 선언"의 내용은 다음과 같다.

> 카이로 선언의 제 조항은 이행될 것이며, 일본의 주권을 北海島, 本州, 九州, 四國과 우리들이 결정하는 제 소도에 국한될 것이다.
>
> the terms of the Cairo Declaration shall be carried out and Japanese sovereignty shall be limited to the Island Honshu, Hokaido, Shikoku, and as we minor islands as we determine.[47]

---

44) *Ibid.*; Langsam, *Historic Documents of world War* Ⅱ(Westpoint: Green wood, 1958), p.152; Jones, Borton, and Pearn, *supra* n.30, p.499.

45) "대일평화조약" 전문에는 "…아직 해결되지 아니한 문제를 해결하고 대일평화조약을 체결할 것을 희망하므로…"(…desirous of concluding a Treaty Peace which will settle questions still outstanding…)라고 선언되어 있다.

46) Jones, Barton and Pearn, *supra* n.30, p.499 : U S Department of State, *In Quest of Peace and Security, Selected Documents on American Foreign Policy, 1941-1951* (Washington, D. C.: USGPO, 1951), pp.69-70.

47) U. S., Senate Committee on Foreign Relations, *A Decade of American Policy; Basic*

위와 같이 "항복문서"를 통해 "포츠담 선언"에 의해 일본은 "카이로 선언"의 제 조항을 이행할 것을 확약했다.

일본이 이행할 것을 확약한 "카이로 선언"의 내용은 다음과 같다.

> 일본은 폭력과 탐욕에 의하여 약취한 모든 다른 영역으로부터 축출되어야 한다. … 한국의 노예 상태에 유의하고 적절한 경로를 밟아 한국이 해방되고 독립될 것을 결의한다.
>
> Japan will also be expelled from all other territories which she has taken by violence and greed. … mindful of the enslavement of the people of Korea, are determined that in due course Korea shall be free and independent.[48]

위와 같이 "카이로 선언"은 "일본은 폭력과 탐욕에 의하여 약취한 모든 영역으로부터 축출되어야 한다"라고 규정하고 있다. 독도는 일본이 1905년 2월 22일 국제법상 무효인 "시마네현 고시 제40호"[49]를 통해 탐욕에 의하여 약취한 영역이다. 따라서 "카이로 선언"에 따라 독도로부터 일본은 당연히 축출된다.[50]

"대일평화조약" 제2조 (a)항에 일본이 권리·권원·청구권을 포기하는 한국의 도서에 독도가 열거되어 있지 않아도, 동 조약의 선행 조약이고 연합국과 일본 간의 전후문제를 처리하는 전체 법제도의 틀과 네트워크를 형성하는 "항복문서"를 조약의 해석규칙인 넓은 의미의 "통합의 원칙"에 따

Documents, 1941-1949 (Washington, D. C.: USGPO, 1950), p.50 : U. S. Department of State, supra n.46, pp.39-40.

48) US Department of State, Bulletin, Vol. XI (Washington, D. C.: USGPO, 1943), p.393; US Department of State, supra n.46, p.1.

49) "시마네현 고시 제40호"의 무효에 관해서는 Myung-Ki Kim, Territorial Sovereignty over Dokdo and International Law (Clarmont, CA: Paige Press, 2000), pp.87-88 참조.

50) "카이로 선언"은 연합국의 일방적 선언으로 그 자체 일본에 대해 법적 구속력을 갖는 것이 아니다(Shabtai Rosenne, "The Effect of Sovereignty upon Municipal Law", BYIL, Vol.27, 1950, p.28, n.3). "포츠담 선언"도 연합국의 일방적 선언으로 그 자체 일본에 대해 법적 구속력을 갖는 것이 아니다(ibid; D. P. O'Connell, "The Status of Formosa and the Chines Recognintion Problem", AJIL, Vol.50, 1956, pp.406-407). 그러나 일본이 "항복문서"에 수용된 "포츠담 선언"과 "카이로 선언"도 일본에 대해 법적 구속력을 갖게 되었다(Kim, supra n.49, p.8).

라 동 조약과 함께 전체로(as a whole) 해석해야 하므로, "항복문서"에 의
해 수락된 "카이로 선언"의 "일본은 폭력과 탐욕에 의해 약취한 영역으로
부터 축출 된다"는 규정에 따라 독도는 동 조약 제2조 (a)항의 일본이 권
리·권원·청구권을 포기한 한국에 포함되어 있는 것으로 해석되어야 한
다. 이는 "항복문서"는 "포츠담 선언"을 수락하고, "포츠담 선언"은 "카이로
선언"을 수용하여 결국 "카이로 선언"은 일본에 대해 법적 구속력을 갖게
된 결과이다.

V. 결언

첫째, 상술한 바를 다음과 같이 요약하기로 한다.

(ⅰ) 조약의 해석원칙의 하나인 "통합의 원칙"은 학설·판례 그리고 국
제 협약에 의해 일반적으로 수락되어 있다.

(ⅱ) 통합의 원칙은 조약의 해석을 해당 조문에만 입각하여 해석하는
것을 배제하고 조약 전체(as a whole)의 문맥으로, 한 걸음 더 나아가 해당
조약과 네트워크를 형성하고 있는 조약의 틀 전부의 문맥에 따라 해석하
는 원칙이다.

(ⅲ) "통합의 원칙"을 승인한 "조약법 협약"은 불소급의 원칙을 명문으로
규정하고 있으나(제4조), 학설과 판례는 불소급의 원칙을 부정하는 것이
일반적이다. 따라서 1969년의 "조약법 협약"이 채택되기 이전인 1951년에
체결된 "대일평화조약"에 "조약법 협약"은 적용된다.

(ⅳ) "대일평화조약" 제2조 (a)항을 통합의 원칙에 의해 해석할 때 동 조
약 제19조 (d)항의 규정의 문맥을 보아야 한다. 동 조항은 일본은 점령기간
중 점령 당국의 지령을 승인한다고 규정하고 있다. 그러한 지령으로 연합
국최고사령부 훈령 제677호가 있다. 동 훈령 제3항은 독도는 일본의 영토
에서 제외된다고 규정하고 있다. 따라서 "대일평화조약" 제2조 (a)항을 통
합의 원칙에 따라 체계적으로 해석하면 독도는 한국의 영토인 것이다.

(ⅴ) "대일평화조약" 제2조 (a)항을 넓은 의미의 통합의 원칙에 의해 해석할 때, 즉 넓은 의미의 체계 해석을 할 때 국제법의 관계 규칙을 고려할 때(조약법 협약 제31조 제3항 (c)) 그러한 규칙으로 "항복문서"를 둘 수 있다. 일본정부는 "항복문서"를 통해 "포츠담 선언"을 성실히 수행할 것을 확약했고 또한 "포츠담 선언"에 의해 "카이로 선언"의 제 조항을 이행할 것을 확약했다. "카이로 선언"은 "일본은 폭력과 탐욕에 의해 약취한 모든 다른 영토로부터 축출된다"라고 규정되어 있다. 따라서 "항복문서"를 고려할 때 독도는 일본으로부터 분리된 한국의 영토인 것이다.

둘째로, 정부 관계당국에 대해 다음과 같은 정책 건의를 하기로 한다.

(ⅰ) 일본정부의 "대일평화조약" 제2조 (a)항에 대한 문리해석에 대해 이를 독도는 울릉도의 속도로 울릉도와 같이 분리된 한국의 영토라는 문리해석에 의한 주장을 통합의 원칙에 의한 체계해석을 하는 기본입장을 변경하는 정책의 전환을 할 것을 검토한다.

(ⅱ) 종전의 한국정부의 "다케시마 10포인트"에 대한 비판 중 일본정부의 "대일평화조약" 제2조 (a)항의 해석에 대해 통합의 원칙에 의한 해석으로 변경하여 수정 반박할 것을 검토한다.

제5절 대일평화조약 제2조 (a)항에 규정된
울릉도에 독도의 포함여부

Ⅰ. 서언

1951년 9월 8일 샌프란시스코에서 48개 연합국과 일본 간에 체결된 "대일평화조약"(the Peace Treaty with Japan) 제2조 (a)항은 "일본은 한국의 독립을 승인하고, 제주도·거문도 및 울릉도를 포함한 한국에 대한 모든 권리·권원 및 청구권을 포기한다"라고 규정하고 있다. 동 조항에 독도에 관해 아무런 규정이 없다. 즉 포기(분리)의 대상에 독도가 포함된다는 명문 규정도 포함되지 아니한다는 명문 규정도 없다.

이에 관해 일본정부는 독도가 분리된다는 명문 규정이 없으므로 독도는 분리된 것이 아니고 따라서 독도는 일본의 영토라고 주장한다.[1] 이에 대

---

1) Japanese Government, Japanese Government's Views Concerning Takeshima(일본정부 견해(1)) dated July 13, 1953, para.7; 일본외무성, 『다케시마 문제의 개요』 제Ⅵ, 제3항, 2009.

해 한국정부는 동 조항에 독도가 분리된다는 명문 규정이 없어도 독도는 분리된 것이라고 주장하면서 그 이유 중의 하로 독도는 울릉도의 속도이므로 동 조에 명시적 규정이 없어도 울릉도와 함께 분리된 것이라고 주장한다.[2]

동 조에 "주도와 속도의 법적 지위 동일의 원칙"을 적용하면 울릉도의 속도인 독도는 당연히 울릉도와 함께 분리된 것으로 되므로 일본정부의 주장은 성립의 여지가 없다.

위의 "독도는 울릉도의 속도이므로 동 조에 명시적인 규정이 없어도 독도는 울릉도와 함께 분리된 것이다"라는 주장이 성립되기 위해서는 다음의 두 요건이 충족되어야 한다.

(i) 그 하나는 "독도는 울릉도의 속도이다"는 사실관계에 관한 요건의 입증이다. (ii) 다른 하나는 "주도의 법적 지위는 속도의 법적 지위에 미친다"는 법률관계에 관한 요건의 입증이다.

대부분의 국내 학자는 막연하게 "독도는 울릉도의 속도이므로 "대일평화조약" 제2조 (a)항의 규정에 의해 울릉도와 함께 일본의 포기의 대상이고 따라서 독도는 한국의 영토이다"라고 주장한다. 이 주장에는 상술한 두 요건 중 어느 하나도 충족하는 것이 되지 못한다. 즉, 위의 주장은 "독도는 울릉도의 속도이다"는 사실 관계의 입증이 없으며 또 속도의 법적 지위는 주도의 법적지위와 동일하다는 법률관계의 입증이 결여되어 있다.

이 연구는 독도는 상기 두 요건을 충족한 것이라는 실증을 하기 위해 시도된 것이다.

이하 먼저 상기 (i)의 요건에 관해 기술하고, 다음에 (ii)의 요건에 관해 기술하기로 한다.

---

2) The Korean Government, The Korean Government's Rufutation of the Japanese Government's Views Concerning Dokdo("Takeshima") dated July 13, 1953(한국정부 견해(1)) (September 9, 1953), para. Ⅶ.

II. 독도의 울릉도의 속도 여부의 검토

서론에서 논급한 바와 같이 한국정부는 독도가 울릉도의 속도라는 근거로 "심흥택 보고서"만을 제시하고 있으나 이를 보완하기 위해 또 다른 근거의 제시가 요구된다. "독도는 울릉도의 속도이다"라는 사실이 확인되어야, 속도의 법적 지위는 주도의 법적 지위와 동일하다는 국제법상 원칙을 독도와 울릉도에 적용할 수 있기 때문이다.

1. 대일평화조약과 관련 제문서의 규정

독도가 울릉도의 속도라는 규정을 "연합국의 구일본 영토 처리에 관한 합의서"의 규정, "대일평화조약 미국초안"의 규정, "양유찬 대사의 공한" 그리고 "대일평화조약"의 규정에 있는지를 검토해 보기로 한다.

가. 연합국의 구일본 영토 처리에 관한 합의서

"연합국의 구일본 영토 처리에 관한 합의서"(Agreement Respecting the disposition of Former Japanese Territories)(1949년 12월 19일) 제3조는 다음과 같이 규정하고 있다.

> 연합국은 대한민국의 본토와 거문도, 울릉도 및 독도를 포함하는 한국의 해양도서에 대한 모든 권리, 권원은 대한민국의 완전 주권을 이양할 것에 합의한다.
>
> the allied powers agree that there shall be transferred in full sovereignty to the Republic of Korea all right, and titles to the Korea mainland and all offshore islands, including ··· Quelport, Port Hamilton, Paglet Island, Port Hamilton, Liancourt Rocks···.[3]

---

3) US Department of State, Agreement Respecting the Disposition of Former Japanese Territories, Article 3.

이와 같이 동 합의서는 울릉도와 독도를 병기하여 한국에 이양할 것을 합의했다. 동 조에 울릉도와 독도를 병기했으나 독도는 울릉도의 속도라는 어떠한 규정도 동 합의서에는 없다.

나. 대일평화조약 미국초안의 규정

(1) 제1차 미국초안

미 국무부가 작성한 "제1차 미국초안"(1947년 3월 20일)은[4] 제1조에서 일본의 영토에 관해 규정하고, 제4조에서 한국의 영토에 관해 규정하고 있다. 제4조는 다음과 같이 규정하고 있다.

> 일본은 이에 한국과 제주도, 거문도, 울릉도 및 독도를 포함하는 한국의 모든 해안 제 소도에 대한 모든 권리와 권원을 포기한다.
> Japan hereby renounces all rights and titles to Korea and all minor offshore Korean islands including Quelpart Island, Port Hamilton, Dagelet(utsuriyo) Island and Liancourt Rock(Takeshima).

이와 같이 "제1차 미국초안"은 "일본의 영토조항"(제1조)에서 독도를 일본의 영토로 열거하지 않고, "한국의 영토조항"(제4조)에서 울릉도와 독도를 한국의 영토로 명시하는 규정을 두고 있다.

이와 같이 "제1차 미국초안"은 "울릉도"와 "독도"를 한국의 영토로 병기하고 있다. 여기 울릉도와 독도를 병기한 것은 동 초안에 의해서도 독도를 울릉도의 속도로 본 것이라는 명문규정은 없다. 이는 "SCAPIN 제677호" 제3항의 규정과 동일하다.

---

4) US Department of State, from Dean G. Acheson(Under Secretary of State) to General MacArthur(The Supreme Commander for the Allied Powers), "Memorandum: Outline and Various Sections of Draft Treaty"(March 20, 1947), Attached Draft(March 19, 1947); 신용하, 『독도영유권 자료의 탐구』 제3권(서울: 독도연구보전협회, 2000), pp.284-287; 김병렬, 『독도』(서울: 다다미디어, 1998), pp.418-422; 이석우, 『일본의 영토분쟁과 샌프란시스코 평화조약』(인천: 인하대학 출판부, 2003), pp.127-128.

(2) 제2차 미국초안

"제2차 미국초안"(1947년 8월 5일)은[5] "제1차 미국초안"과 같이 제1조에서 일본의 영토를 규정하고, 제4조에서 한국의 영토에 관해 규정하고 있다.

제4조는 "제1차 미국초안" 제4조를 자구 수정한 것으로 다음과 같이 규정하고 있다.

> 일본은 이에 한국과 제주도, 거문도, 울릉도 및 독도를 포함하는 한국의 모든 해안 제도에 대한 권리와 권원을 포기한다.
> Japan hereby renounces all rights and titles to Korea(Chosen) and all offshore Korean islands, including Quelpart(Shisu To) ··· Liancourt Rocks(Takeshima).

이와 같이 "제2차 미국초안"은 "제1차 미국초안"과 같이 "울릉도와 독도"를 한국의 영토로 병기하고 있다. 여기 울릉도와 독도를 병기한 "제2차 미국초안"은 독도는 울릉도의 속도라는 어떠한 규정도 없다. "제1차 미국초안"의 경우와 같다. 이 병기는 "SCAPIN 제677호" 제3항의 규정과 동일하다.

(3) 제3차 미국초안

"제3차 미국초안"(1948년 1월 2일)은[6] "제2차 미국초안"과 같이 제1조에서 일본의 영토를 규정하고, 제4조에서 한국의 영토에 관해 규정하고 있다. 제1조는 "제2차 미국초안" 제1조를 자구 수정하고 주 3개를 부하고 있으나 동 조 제1항은 "제2차 미국초안" 제1조 제1항과 거의 동일하며 독도를 일본의 영토로 열거하지 않은 점도 "제2차 미국초안"과 동일하다.

제4조는 "제2차 미국초안" 제4조를 자구 수정한 것으로, 다음과 같이 규

---

5) US Department of State, from Hugh Borton(Acting Special Assistant to the Director, Office of Far Eastern Affairs) to Charles E. Bohlen(Counsellor of the Department of State), "Office Memorandum: Draft Treaty of Peace for Japan"(August 6, 1947); 신용하, 전주 4, pp.287-290; 김병렬, 전주 4, pp.422-426; 이석우, 전주 4, pp.128-129.

6) US Department of State, "Office Memorandum: Background of Draft of Japanese Peace Treaty"(January 30, 1948); 신용하, 전주4, pp.290-293, 김병렬, 전주 4, pp.426-429; 이석우, 전주 4, pp.50, 53-54.

정하고 있다.

　　일본은 이에 한국인을 위하여 한국과 제주도, 거문도, 울릉도 및 독도를 포
　　함하는 한국의 모든 해안 제도에 대한 모든 권리와 권원을 포기한다….

　　Japan hereby renounces in favor of the Korean People all rights and titles of
　　Korea(Chosen) and all offshore Korean islands, including Quelpart(Saishu To); the
　　Nan How group (San To, or Kumun Do which forms port Hamilton(Tonakai);
　　Dagalet Island(Utsuryo To, or Matsu Shima); Liancourt Rocks(Takeshima);….

울릉도와 독도를 병기한 것은 "제2차 미국초안"의 경우와 같다. 요컨대,
"제3차 미국초안" 어디에도 독도는 울릉도의 속도라는 규정이 없다.

(4) 제4차 미국초안

"제4차 미국초안"(1949년 10월 13일)은[7] "제3차 미국초안"과 같이 제1조
에서 일본의 영토를 규정하고, 제4조에서 한국의 영토에 관해 규정하고 있
다. 물론 울릉도와 독도의 병기도 "제3차 미국초안"의 경우와 같다. 즉, 울
릉도와 독도는 병기되어 있으나 독도는 울릉도의 속도라는 어떠한 규정도
없다.

(5) 제5차 미국초안

"제5차 미국초안"(1949년 11월 2일)은[8] 제3조에서 일본의 영토를 규정하
고, 제6조에서 한국의 영토에 관해 규정하고 있다. 제3조는 "제4차 미국초
안" 제1조와 동일하며, 제6조는 "제4차 미국초안" 제4조와 동일하다. 요컨
대, 울릉도와 독도는 병기되어 있으나, 독도는 울릉도의 속도라는 규정은
"제5차 미국초안"에도 없다.

---

7) US Department of State, "Office Memorandum : Attached Draft"(August 14, 1949), 신용
　하, 전주 4, pp.293-296; 김병렬, 전주 4, pp.429-433.
8) US Department of State, "Commentary on Treaty of Peace with Japan" (November 2, 1949);
　신용하, 전주 4, pp.297-230; 김병렬, 전주 4, pp.433-436; 이석우, 전주 4, pp.130-132.

(6) 제6차 미국초안

"제6차 미국초안"(1949년 12월 29일)은[9] 제3조에서 일본의 영토를 규정하고, 제6조에서 한국의 영토에 관해 규정하고 있다. 제3조는 독도를 일본의 영토로 규정하고 있다.

"제6차 미국초안" 제3조는 독도만을 일본의 영토로 규정하며, 울릉도는 제6조에서 한국의 영토로 규정하고 있다. "제6차 미국초안"서부터 울릉도와 독도는 병기되지 아니하고 각각 분리되어 규정되게 되었다. 따라서 "제7차 미국초안" 이하는 이 연구에서 검토하지 아니하기로 한다.

이상에서 검토해 본 바와 같이 "제1차 미국초안"에서 "제5차 미국초안"까지는 울릉도와 독도가 한국의 영토인 것으로 병기되었으나 "제6차 미국초안"부터는 독도가 한국의 영토인 것으로 규정되지도 아니하고 울릉도와 독도가 병기되지도 아니했다. 따라서 "제1차 미국초안"부터 "제5차 미국초안"까지는 미국이 독도를 울릉도의 속도로 인정한 것이라는 주장이 가능할 수도 있으나 그 이후부터는 이러한 주장을 할 수 없게 되고 말았다.

그리고 미 국무부 정보연구실 지리담당 특별자문 Samel W. Boggs의 동북아시아 문제과에 제출된 각서(1950년 1월 3일),[10] 그리고 극동연구 정보연구실의 "일본에 의해 점령 되었던 특정 인접도서에 관한 각서"(note)(1950년 4월 12일)[11]에도 독도는 울릉도의 속도라는 기술이 전혀 없다.

요컨대, "대일평화조약" "제1차 미국초안"에서 "제5차 미국초안"까지는 독도는 울릉도와 같이 병기되어 있으나 그것만으로 "미국은 독도를 울릉도의 속도로 본 것이다"라는 결론에 도달할 수 없다.

---

9) US Department of State, "Draft Treaty of Peace with Japan on December 29, 1949" (December 29, 1949); 신용하, 전주 4, pp.313-315; 김병렬, 전주 4, pp.448-451; 이석우, 전주 4, pp.134-135.

10) US Dpartment of State, "Office Memorandum from Samel W. boggs."

11) US Dpartment of State, Division of Research Intelligence Note.

나. 양유찬 대사의 공한

(1) 양유찬 대사의 공한

1951년 7월 19일자 양유찬 대사가 Dulles에 수교한 공한[12]에 "제주도, 거문도, 울릉도, 독도와 파랑도"("islands, Quelpart, Port Hamilton, Dagelet, Dokdo and Parangdo")를 일본이 포기하는 도서로 규정해 줄 것을 요구했을 뿐 울릉도와 독도가 주도와 속도의 관계에 있다는 어떠한 기술도 없다.

(2) 양유찬 대사의 공한

1951년 8월 20일자 양유찬 대사가 Acheson 미국무장관에 수교한 공한[13]에 1951년 7월 19일자 공한을 고려해주기 바란다고 하고 제9조에서 MacArthur 라인은 협정이 체결될 때까지 유효하다는 제의를 했을 뿐 독도는 울릉도의 속도이므로 울릉도와 같이 일본이 포기의 대상으로 규정해야 한다는 어떠한 제의도 없었다.

요컨대 양유찬 대사의 공한 어디에도 독도는 울릉도의 속도라는 언급이 전혀 없다.

다. 대일평화조약의 규정

"대일평화조약" 제21조는 대한민국에 적용되는 조항을 다음과 같이 규정하고 있다.

> 한국은 동 조약 제2조, 제4조, 제9조 및 제12조의 이익을 향유할 권리를 가진다.
> Korea to the benefits of Articles 2,4,9 and 12 of the present treaty.

위에 규정된 바와 같이 동 조약의 당사국이 아닌 대한민국은 동 조약 제2조, 제4조, 제9조 그리고 제12조의 이익을 향유할 권리를 갖는다. 즉,

---

12) US Department of State, "Memorandum of Conversation: Japanese Peace Treaty from You Chan Yang(Korean Ambassador in Washington, July 19, 1951.

13) US Department of State, "A Letter to Dean G. Acheson from You Chan Yang"(Korean Ambassador in Washington), August 20, 1951.

제21조에 열거된 조항은 대한민국에 적용된다.

"대일평화조약" 제21조의 규정에 의해 대한민국에 적용되는 조항인 동 조약 제2조 (a)항은 다음과 같이 규정하고 있다.

> 일본은 대한민국의 독립을 승인하고, 제주도·거문도 및 울릉도를 포함하는 한국의 모든 권리, 권원 및 청구권을 포기한다.
>
> Japan recognizing the independence of Korea and renounces.

여하간 "대일평화조약" 제2조 (a)항의 규정에 의해 울릉도와 독도는 병기되지 아니하고 울릉도만이 일본이 포기하는 대상으로 규정되어 있고 독도는 울릉도와 병기되어 있지 아니하다. 그러므로 "대일평화조약"의 규정만으로부터 독도는 울릉도의 속도이므로 "대일평화조약" 제2조 (a)항에 규정된 울릉도에는 그의 속도인 독도가 포함된다는 주장을 할 수는 없게 되고 말았다.

요컨대 "대일평화조약" 제2조 (a)항의 규정으로부터 "독도는 울릉도의 속도이다"는 결론을 도출할 수 없다.

2. 독도를 울릉도의 속도로 보는 정부의 견해

가. 한국정부의 견해 1

1953년 7월 13일의 일본정부의 견해에 대한 한국정부의 비판 "한국정부의 견해1"(1953년 9월 9일)에는 독도가 울릉도의 속도라고 다음과 같이 주장되어 있다.

> 1906년에 울릉군수 심흥택에 의해 한국정부에 제출된 공식적인 보고서에 "이 군에 부속된 섬인 독도"라는 규정이 있다.
>
> In an official report to the Korean government submitted by Mr. Shim Heung Taik, the country master of Ulneungdo, in 1906, there is a passage which reads, "Dokdo which is an island attached to this country….[14]

나. 한국정부의 견해 2

1945년 2월 10일 일본정부의 견해를 반박하는 한국정부의 견해(한국정부의 견해2)(1954년 9월 28일)는 독도는 울릉도의 속도라는 근거로 심흥택 보고서를 인용하고 있다. 그 내용은 다음과 같다.

독도를 울릉도의 속도라 한 울릉도군수 심흥택의 보고서에 관하여 일본정부는 한국 측에서 제시한 "인용의 출전을 제시하지 아니하였다"라고 하여 이에 대한 견해를 회피하였으나 그 원본은 현재 아국정부의 공문서 철중에 보관하고 있다. 대한민국정부는 1954년 9월 9일자 대한민국정부의 견해에 지적한 바와 같이 독도는 울릉도군수의 관할 하에 있다는 것을 되풀이 하려 한다.15)

다. 한국정부의 견해 3

1956년 9월 20일자 독도에 대한 일본정부의 견해를 반박하는 한국정부의 견해(한국정부의 견해3)(1959년 1월 7일)는 독도는 울릉도의 속도라고 다음과 같이 주장하고 있다.

요컨대 이미 신라 지증왕당시에 우산국이 신라에 귀속하였다는 사실과 그 우산국은 이조 초기에 이르러서는 분명히 울릉 우산 양도를 포함한 것으로 인지되어 관찬지리지를 비롯한 기타 공식기록에 수록되었고 따라서 울릉도의 속도인 우산도 즉 독도도 영역의 일부로 분명히 간주되어 있었다는 사실에 추호의 의문을 품을 여지가 없다.16)

위의 한국정부의 견해 중 공식기록은 심흥택 보고서를 뜻하는 것으로

---

14) The Korean Ministry of Foreign Affairs, The Korean Government's Refutation of the Japanese Government's Views concerning Dokdo("Takeshima") dates July 13 1953. (September 9. 1953)

15) The Korean Ministry of Forng Affairs, The Korean Government's View Refuting the Japanese Government's View of the Territorial Ownership of Dokdo (Takeshima), an Taken in the Note Verbale No.15/A2 of the Japanese Ministry of Foreign Affairs Dated February 10, 1954.

16) The Korean Ministry of Forng Affairs, Refuting the Japanese View contatined in the attachment to the Ministry's Note Verbale No. 102/A1 dated September 20, 1956. (Tokyo, January 7, 1959).

"심홍택 보고서"만을 근거로 독도는 울릉도의 속도이다 라고 주장한다. 그러나 "심홍택 보고서"만을 근거로 독도는 울릉도의 속도라는 주장은 미흡하고, 따라서 일본정부가 독도는 울릉도의 속도이다는 근거의 제시요구에 취약함은 논의의 여지가 없다. 이를 보완하기 위해 역사상 독도를 울릉도의 속도로 본 몇몇 근거를 추가적으로 제시해 보기로 한다.

3. 역사상 독도를 울릉도의 속도로 인정한 근거

독도는 울릉도의 속도이므로 울릉도의 법적 효과는 독도에도 동일하게 미친다는 주장을 하기 위해서는 독도는 울릉도의 속도라는 역사적인 근거, 즉 역사상 독도는 울릉도의 속도로 취급되어 왔다는 근거를 제시함을 요한다.

상술한 바와 같이 한국정부는 그 근거로 "심홍택 보고서"만을 제시하고 있으나 이를 보완하기 위해 또 다른 근거를 제시해 보기로 한다. 이 시도에 큰 과오가 없기를 기대한다.

가. 세종의 우산무릉등처안무사 김인우 임명·파견

태종의 쇄환정책은 세종에 의해서 승계되었다. 세종은 태종이 임명했던 무릉등처안무사(武陵等處按撫使)를 "우산·무릉등처안무사"(于山武陵等處按撫使)로 개칭하여 임명하여 쇄환정책을 추진했다. 세종은 세종 7년(1425년) 8월에 김인우(金麟雨)를 우산무릉등처안무사로 임명하여 군인 50명, 병기, 3개월분의 식량을 준비하여 울릉도에 도망하여 거주하고 있는 남녀 28명을 쇄환하여 오도록 명하였다.[17]

『세종실록』에는 우산무릉등처안무사 김인우가 부역을 피해 본도(本島)에 피해간 남녀 20인을 수색하여 잡아 왔다고 다음과 같이 복명하였다는

---

17) 신용하, 『독도의 민족영토사연구』(서울: 지식산업사, 1996), pp.77, 79; 임영정·김호동, "김인우", 한국해양수산개발원, 『독도사전』(서울: 한국해양수산개발원, 2011), p.51; 김명기, 『독도강의』(서울: 독도조사연구학회, 2007), pp.59-60.

기록이 있다.

> 우산무릉등처안무사 김인우가 본도에 부역을 피해 간 남녀 20명을 수색하
> 여 잡아와 복명하였다(于山武陵等處按撫使金麟雨 搜捕本島避役男婦 二十人
> 來復命)18)

태종이 수토사로 임명한 "무릉등처안무사"를 "우산무릉등처안무사"로 개
칭한 것은 안무사의 관할 구역이 울릉도에서 무릉도 및 우산도(독도)로 확
대된 것을 의미하며, 또한 『세종실록』에 울릉도를 본도(本島)라고 기록하
고 있는 것은 울릉도를 주도로 보고 우산도를 그에 부속된 속도로 본 것
이다.

따라서 세종대왕은 울릉도를 본도(주도)로 보고 우산도를 주도인 울릉
도에 부속된 속도로 본 것이다.

이 이외에도 『세종실록』에는 울릉도를 본도로 기록한 곳이 여럿 있다.19)

요컨대, 세종이 "무릉등처안무사"를 "우산·무릉등처안무사"로 개칭하여
임명·파견하고 울릉도를 "본도"라고 『세종실록』에 기록되어 있는 것은 울
릉도를 주도로 보고 우산도(독도)를 속도로 본 것이며 이는 조선이 울릉도
와 그 속도인 우산도를 실효적으로 지배한 것을 의미한다.

나. 세종실록지리지(1454년)

『세종실록』「지리지」는 세종의 명으로 맹사성(孟思誠), 권진(權軫), 윤회
(尹淮) 등이 완성한 『신찬팔도지리지』(新撰八道地理志)를 수정, 보완하여
1454년(단종2년) 『세종실록』을 편찬할 때 부록으로 편입한 것이다. 모두 8
책으로 전국 328개의 군현(郡縣)에 관한 인문 지리적 내용을 담고 있다.

『세종실록』「지리지」에는 우산과 무릉 2도에 관해 다음과 같이 기록되
어 있다.

---

18) 『세종실록』, 세종 7년(1425년), 10월 을류조.
19) 『세종실록』, 세종 7년(1425년), 12월 계사조.

于山과 武陵의 2島가 縣(울진현)의 正東의 바다 가운데 있다. 2도가 서로 거리가 멀지 아니하며 날씨가 청명하면 가히 발라볼 수 있다. 신라시대에서는 우산국이라고 칭하였다. 一会하여 울릉도라고도 한다. 地의 方은 100리이다. (于山·武陵二島 在縣正東海中 二島相距不遠 風日淸明 則可望見 親羅時稱于山國一会鬱陵島 地方百里)[20]

위의 기록 중 "우산 무능 2도가 … 신라시대는 우산국이라고 칭하였다"는 우산·무능 2도를 우산국이라는 "하나의 전체로서의 실체 또는 자연적 단위"(one entity or natural unity as a whole)[21] 또는 "하나의 지리적 단위"(one geographical unity)[22]로 본 것이며, "일은 울릉도라고도 한다"는 이 지리적 단위를 이루고 있는 그 도서 중 울릉도를 주도로 본 것이며, 그러므로 우산도는 울릉도의 속도로 본 것이다.

따라서 이는 또한 세종이 무도인 무릉(울릉도)과 그 속도인 우산(독도)을 실효적으로 지배 했다는 근거로 된다.

다. 고종의 검찰사 이규원에 대한 지시

태종에 의해 수립되고 세종에 의해 추진된 쇄환정책과 수토정책은 고종에 이르러 폐기 되게 된다. 고종이 울릉도에 대한 수토정책을 폐지하고, 울릉도를 재개척하기 위해 울릉도 검찰사 이규원(李奎遠)에게 다음과 같이 지시한 바 있다.

왕께서 가로되 혹은 칭하기를 우산도라하고 혹은 칭하기를 송죽도라 하는 것은 모두 동국여지승람이 만든 바이다. 또한 송죽도라고 칭하는데 우산도와 더불어 3도가 되고, 모두 울릉도라고 통칭하기도 한다. 그 형편을 모두 검찰하라(上日 或稱芋山島 或稱松竹島 皆輿地勝覽所製他 而又稱松竹島 與芋山島 爲三島 通稱鬱陵島矣 其形便一體檢察).[23]

20) 『세종실록』 권153, 지리지, 강원도 울진현 조.
21) G. Fitzmaurice, "The Law and Procedure of the International Court of Justice, 1951-1954," *BYIL*, Vol.32, 1955-1956, p.75.
22) C. H. M. Waldock, "Disputed Sovereignty in the Falkland Islands Dependoncies," *BYIL*, Vol.25, 1948, p.344.

이와 같이 고종이 우산도, 송도 그리고 울릉도를 모두 통칭하여 울릉도라고 한다고 했다. 즉 고종은 광의의 울릉도에 울릉도, 우산도 그리고 송도가 있고 이를 모두 합쳐서 울릉도라고 통칭(通稱)한다고 했다. 그 뜻은 우산도(독도)가 넓은 의미의 울릉도에 속한다는 것이므로, 환언하면 고종은 넓은 의미의 울릉도에는 주도인 울릉도와 그 속도인 우산도가 있다는 것으로 해석된다.

그러므로 고종은 울릉도 검찰사 이규원에게 울릉도와 울릉도의 속도인 우산도(독도)의 검찰을 지시한 것이다. 따라서 이는 우산도(독도)를 울릉도의 속도로 본 중요한 근거가 되고 또한 이는 고종이 주도인 울릉도와 그의 속도인 독도에 대한 실효적 지배를 한 근거가 된다.

라. 순조의 만기요람(1808)

『만기요람』(萬機要覽)은 국왕이 정무에 참고할 수 있도록 재정과 군정에 관한 지침서이다. 이는 순조의 명에 따라 순조 81년(1808년) 서영보(徐榮輔)와 심상규(沈象奎) 등이 편찬한 것으로 동 요람은 "재정편"과 "군정편"으로 구성되어 있다.

동 요람 군정편에는 "鬱陵于山 皆于山國地(울릉도와 우산도는 모두 우산국의 당이다) 우산도는 왜인들이 말하는 송도(松島)이다"라고 기록되어 있다.[24] 여기 "울릉도와 우산도는 우산국의 땅이다"라는 것은 우산국이라는 하나의 전체로서의 실체 또는 자연적 단위(one entity or natural unity as a whole) 또는 "지리적 단위"(geographical unit)를[25] 뜻하는 것이며 이 실체 내에는 울릉도와 우산도만이 있으므로 지리적으로 양자 중 울릉도가 우산도 보다 넓고 높으므로 울릉도가 주도이고 우산도가 울릉도의 속도인 것이다.

---

23) 『승정원일기』, 고종 19년(1882년) 4월 초7일조; 이태은, "울릉도검찰일기", 『독도사전』(전주 17), p.246; 김명기, 전주 17, pp.62-63.

24) 신용하, 전주 17, p.28; 김명기, 전주 17, p.55; 유미림, "만기요람", 『독도사전』(전주 17), p.146.

25) Fitzmaurice, *supra* n.21, p.75; Waldock, *supra* n.22, p.344.

그러므로 순조의 명에 의해 편찬된『만기요람』의 기록에 의해 울릉도는 주도이고 우산도는 울릉도의 속도로 본 것이다.

마. 고종의 동남제도개척사로 김인우 임명·파견

고종은 울릉도에 대한 쇄한정책을 폐지하고 울릉도를 재개척하였다. 적극적으로 울릉도를 개척하기 위해서 1883년 3월 16일 개화파의 영수 김옥균(金玉均)을 "동남제도개척사겸관포경사"(東南諸島開拓使兼官捕鯨事)에 임명하였다.[26]

여기서 주목할 것은 김옥균의 직함을 "울릉도개척사"(鬱陵島開拓使)라고 하지 않고 "동남제도개척사"(東南諸島開拓使)라고 한 사실이다. 직함에 "제도"(諸島)를 넣은 것은 국왕 고종이 울릉도뿐만 아니라 울릉도·죽도·우산도 3도 개척에 큰 관심을 가지고 있음을 나타낸 것으로 해석된다.

김옥균의 직함인 "동남제도개척사"의 "동남제도"에는 울릉도, 죽도, 독도가 포함되는 것으로 이 3개도를 하나로 묶어 "동남제도"라 한 것은 이 3도를 포함하는 "동남제도"를 "하나의 전체로서의 실체 또는 자연적 단위"(one entity or natural unity as a whole) 또는 "지리적 단위"(geographical unit)로[27] 본 것이며, 그중 지리적으로 가장 넓고 높은 울릉도가 주도이므로 죽도와 독도는 울릉도의 속도인 것이다. 이렇게 보면 "동남제도개척사"는 주도인 울릉도와 그의 속도인 독도에 대한 개척사인 것이다.

고종이 김옥균을 "동남제도개척사"로 임명한 것은 고종이 독도를 울릉도의 속도로 본 것이고 또한 이는 조선이 울릉도와 그의 속도인 독도에 대한 실효적 지배를 한 증거로 된다.

바. 고종의 대한제국 칙령 제41호

조선왕조의 국호가 1897년 대한제국(大韓帝國)으로 개칭된 후 일본인들

---

26) 『고종실록』, 고종 20년(1883년) 3월 16일 조; 신용하, 전주 17, p.183; 임영정, "동남제도개척사", 『독도사전』(전주 17), p.125.

27) Fitzmaurice, supra n.21, p.75; Waldock, supra n.22, p.344.

의 불법침입과 삼림벌채가 심각한 문제가 되자, 대한제국정부는 1899년 10월 우용정(禹用鼎)을 책임자로 한 조사단을 울릉도에 파견하여 일본인 침입문제에 대한 대책을 수립하기로 하였다.

우용정이 울릉도에 도착해 보니 70여 명에 달하는 일본인들의 집단도래 와 불법적 삼림도벌은 심각한데, 도감은 군대도 없이 적수공권(赤手空拳) 이므로 이를 막을 힘이 없어 중앙정부의 대책이 시급했다.[28] 이에 대한제 국정부는 적극적인 대책의 일환으로 1900년 10월 25일 "칙령 제41호"로 "울 릉도를 울도로 개칭하고 도감을 군수로 개정하는 건"을 공포하여 종래 강 원도 울진현에 속해 있던 울릉도와 그 부속도서를 묶어 하나의 독립된 군 을 설치했다.[29]

내부대신 이건하(李乾夏)의 설군(設郡)청의서가 1900년 10월 24일 의정 부회의(내각회의)에서 8 대 0의 만장일치로 통과되자 이에 대한제국정부 는 1900년 10월 25일자 "칙령 제41호"로 전문 6조로 된 "울릉도를 울도로 개칭하고 도감을 군수로 개정한 건"을 다음과 같이 관보(官報)에 게재하고 전국에 반포하였다.[30]

동 칙령 제1조와 제2조는 다음과 같이 규정하고 있다.

> 칙령 제41호
> 울릉도를 울도로 개칭하고 도감을 군수로 개정한 건
> 제1조 울릉도를 울도로 개칭하여 강원도에 부속하고 도감을 군수로 개정하
> 여 관제에 편입하고 군의 등급은 5등으로 한다.
> 제2조 군청위치는 태하동으로 정하고 구역은 울릉전도와 죽도·석도를 관
> 할한다.[31]

제2조의 울도군은 "구역은 울릉전도와 죽도·석도를 관할할 事"라고 한

---

28) 유미림, "울도기", 『독도사전』(전주 17), p.242.
29) 허영란, "칙령 제41호", 『독도사전』(전주 17), pp.321-322; 김명기, 전주 17, pp.69-71; 신용하, 전주 17, pp.192-193.
30) 『관보』 제1716호, 광무 4년 10월 27일자.
31) 『관보』 제1716호, 광무 4년 10월 27일자.

부분이다. 여기서 죽도는 울릉도 바로 옆의 죽서도(竹嶼島)를 가리키는 것으로 이규원의 『울릉도검찰일기』에서 확인된다. 그리고 석도는 독도를 가리키는 것이 틀림없다.

요컨대 동 칙령에 의해 독도(석도)와 울도(울릉도)가 울릉군수의 관할 하에 있는 속도임이 명백하게 규정되었다.

동 칙령에 의해 울릉전도와 독도(석도)가 울릉군수의 관할 하에 있다. 울릉군수가 관할하는 구역은 울릉군의 구역이며 이 울릉군의 구역은 "하나의 전체로서의 실체 또는 자연적 단위"(on entity or natural unity as a whole) 또는 "지리적 단위"(geographical unit)이다. 이 실체에 포함되어 있는 울릉도와 독도 중 울릉도가 가장 넓고 높으므로 울릉도가 주도이고 독도(석도)는 그 명칭에 관계없이 울릉도의 속도인 것이다.

요컨대 "대한제국 칙령 제41호"에 의해 울릉군은 울릉도(울릉전도)와 독도(석도)를 포함하므로 그중 가장 넓고 높은 울릉도가 주도이고 석도(독도)는 그의 속도인 것이며, 이는 대한제국이 주도인 울릉도와 그의 속도인 독도(석도)에 대해 실효적 지배를 한 증거로 된다.

사. 심흥택 보고서

1905년 2월 22일 "시마네현 고시 제40호"에 의한 일본정부가 "선점"이라고 주장하는 독도 침탈행위가 있은 후 1년이 경과한 1906년 3월 28일 도근현 은기도사 동문보(東文輔, 마즈마 분스케)와 사무관 신전유태랑(神田由太郎, 긴다 요시타오) 일행이 울릉도군수 심흥택(沈興澤)에게 "시마네현 고시 제40호"에 의해 독도가 일본의 영토로 편입되었다는 사실을 구두로 통보해 왔다. 이에 대해 울릉군수 심흥택은 다음날인 1906년 3월 29일 이 사실을 강원도 관찰사 서리 이명래(李明來)에게 보고했다.

이에 이명래는 즉시 이 사실을 내부대신 이지용(李址鎔)에게 보고했다.[32]

---

32) 김명기, 전주 17, pp.88-89; 신용하, 전주 17, pp. 225-227; 임영정·허영란, "심흥택보고서", 『독도사전』(전주 17), pp.204-205.

심흥택 보고서의 내용은 다음과 같다.

本郡所屬 獨島가 在於本部外洋百餘里外이삽더니 本月初四日辰時量에 輪
船一雙이 來泊于郡內道洞浦而 日本官人一行이 到于官舍ᄒ야 自云獨島가 今
爲日本領地故로 視察次來到이다 이온바 其一行則 日本島根縣隱岐島司東文輔
及 事務官神西由太郎 稅務監督局長吉田平吾 分署長警部 影山巖八郎 巡査一
人 會議員一人 醫師技手各一人 其外隨員十餘人이 先問戶摠人口土地生産多少
ᄒ고 且問人員及經費幾許 諸般事務를 以調査樣으로 錄去이옵기 玆에 報告ᄒ
오니 照亮ᄒ시믈 伏望等因으로 准此報告ᄒ오니 照亮ᄒ시믈 伏望.

光武十年 丙午陰三月五日[33]

위 보고서에 "本郡所屬 獨島"라고 기술되어 있는바 "本郡"은 울릉군 즉
울릉도이므로 "본군소속"은 울릉도 소속을 뜻한다. 그러므로 이는 울릉군
수라는 대한제국의 국가기관이 독도는 울릉도의 속도임을 표현한 것이다.
이는 독도는 울릉도의 속도이고 또한 울릉군수의 실효적 지배하에 있음을
명시한 것이다.

요컨대, "심흥택보고서"는 독도를 울릉도의 속도로 인정한 것이며, 또한
이는 대한제국에 의한 울릉도와 독도에 대한 실효적 지배의 증거로 된다.

아. 이명래 보고서

강원도 관찰사 이명래의 보고서 내용은 울릉 군수 심흥택의 보고서를
그대로 인용하고 있다. 다음과 같다.

鬱島郡守 沈興澤 報告書 內開에 本郡所屬 獨島가 在於外洋 百餘里外이살
더니 本月初四日 辰時量에 輪船一雙이 來泊 于郡內道洞浦 而日本官人一行이
到于官舍ᄒ야 自云 獨島가 今爲日本領地故로 視察次來到이다 이온바 其一行
則日本島根縣 隱岐島司 東文輔 及 事務官 神西田太郎 稅務監督局長 吉田平吾
分署長 警部 影山巖八郎 巡査一人會議一人 醫師 技手各一人 其外 隨員 十餘

人이 先問 戶摠 人口 土地生産 多少하고 且問 人員 及 經費 幾許 諸般事務를
以調査様으로 錄去아옵기 玆에 報告ᄒ오니 熙亮ᄒ시믈 伏望.
광무십년 사월이십구일
강원도관찰서리 이명래
참정대신 각하[34]

위 이명래 보고서는 전기한 "심흥택 보고서"를 그대로 인용하고 있다.
물론 "本郡所屬 獨島"라는 기술도 심흥택 보고서와 동일하다. 따라서 이도
강원도 관찰사라는 대한제국의 국가기관이 독도를 울릉도의 속도로 인정
한 것이고 또한 이는 독도는 울릉도와 같이 대한제국의 실효적 지배하에
있음을 명시한 것이다.

III. 주도의 법적 지위와 속도의 법적 지위 동일의 원칙 검토

속도의 법적 지위는 주도의 법적 지위와 국제법상 동일한 것인가, 국제
법상 속도의 법적 지위는 그 주도의 법적 지위와 동일하다는 원칙, 즉 "주
도와 속도의 법적 지위 동일의 원칙"은 국제법상 인정된 원칙이라고 이를
인정한 국제협약도 국제 관습법도 없다. 다만 이를 판례와 학설에 의해
일반적으로 승인되어 있다.

1. 판례

가. *British Guiana Boundary* Case(1904)

British Guiana Boundary Case(1904)에서 중재관은 "유기적 전체"(organic
whole)라는 개념을 설정하고 유기적 전체의 부분의 점유는 전체에 대해

---

34) 이명래보고서『각 관할 도안』제1책, 광무 10년 4월 29일 조, 보고서 호 외(동북아
   역사재단,『우리 땅 독도를 만나다』, 2012, p.83).

주권이 미친다고 다음과 같이 판시한 바 있다.

　　지역의 부분의 실효적 점유는 … 단순한 유기적 전체를 구성하는 지역의
주권에 대한 권리의 수여를 유지해 올 수 있었다.
　　the effctive possession of part of region … may be held to confer a right to
the sovereignty of the whole region which constitute a simple organic whole.[35]

위의 판시내용에 주도와 속도라는 용어를 사용하지 아니했지만 주도와
속도가 유기적 전체의 개념에 포섭될 수 있음은 승인한 것이다.

　나. *Palmas Island* Case(1928)

Palmas Island Case(1928)에서 중재관 Huber는 도의 한 그룹이 법상 한
단위(an unit)를 구성할 수 있음을 인정하고 주도의 운명은 잔여도를 포함
한다고 다음과 같이 판시한 바 있다.

　　도의 한 그룹이 특정한 사정하에서 법상 한 단위로 간주될 수 있고, 주도의
운명이 잔여도를 포함할 수 있는 것이 가능하다.
　　It is passible that a group of islands may under crtain cicumstances be
regarded a in law an unit, and that the fate of the pricipal may involve the rest.[36]

상기 판정은 주도(the principal)와 잔여도(the rest)의 용어를 사용하고 주
도와 잔여도, 즉 주도와 속도가 한 단위(an unit)를 구성할 경우 주도의 운
명에 속도는 따른다는 것을 명시했다.

　다. *Minquiers and Ecrehos* Case(1953)

Minquiers and Ecrehos Case(1953)에서 Carneiro Levi 재판관은 그의 개인
적 의견에서 도의 "자연적 단위"(natural unity)라는 개념을 설정하고 분쟁의

---

35) British MOFA, *British and Foreign State Paper*, Vol.99, 1904, p.930; Fitzmaurice, *infra*
　　note 42, p.75, note 1.
36) UN, *RLAA*. Vol.2, 1949, p.855; Fitzmanrice, *infra* n.42, p.74.

대상인 Minquiers와 Ecrehos는 "자연적 단위"의 부분으로 Jersey의 속도라고 다음과 같이 그의 의견을 표시한 바 있다.

> Minquiers와 Ecrehos는 본토보다 Jersey에 가깝다. 그들은 본토보다 Jersey에 소속된 것으로 간주되어야 한다. 이들 도서는 Jersey의 자연적 단위의 부분이 었고 그렇게 연속되고 있다. 이러한 이유로 그들은 그들 자신 군도하에 영국에 보유되어 있다.
>
> the Minquiers and Ecrehos are closer to Jersey then the mainland. They must be regarded as atteched to Jersey rather than to the mainland. These islets were, and continue to be part of the "natural unity". It is for this reason that they remained English under the archipolape itself.[37]

Carneiro 판사는 도의 "자연적 단위"의 개념을 설정하고 Jersey를 주도로 보고 Minquiers와 Ecrehos를 속도로 보고, 주도인 영국의 영토 Jersey에 속도인 Minquiers와 Ecrehos는 귀속된다고 보았다.

라. *Land, Island and Maritime Frontier Dispute* Case(1992)

Land, Island and Maritime Frontier Dispute Case(1992)에서 국제사법재판소는 한 도의 법적 지위와 다른 도의 법적 지위가 일치될 수 있음을 인정하는 경우가 있음을 다음과 같이 판시했다.

> 재판부는 Meanguerra에 관해 이전에 있어서 증거의 부존재로 그 도의 법적 지위가 다름아닌 Meanguerra의 법적 지위와 일치되어 올 수 있었다는 것이 가능하다고 생각하지 아니한다.
>
> As regards Meanguerra the Chamber does not consider it possible, in the absence of evidence on the point, that legal position of that island could have been other than idential with that of Meanguerra.[38]

상기 판시내용에 한 도의 법적 지위와 다른 도의 법적 지위가 일치되는

---

37) ICJ, *Reports*, 1953, p.102.
38) ICJ, *Reports*, 1992, p.281.

경우가 있음을 인정했다. 이는 단일 그룹(single group) 또는 단일의 물리적 단위(single physical unit)의 존재를 긍정한 것으로 이러한 경우 주도와 속도의 법적 지위가 일치함을 인정한 것이다.

마. *Case Concerning Sovereignty over Pedra Branca*(2008)

Case concerning Sovereignty over Pedrd Branca(2008)에서 싱가포르는 Pedra Branca, Middle Rocks 와 South Ledge는 지리적으로 단일 그룹(single group)을 형성하고, 하나의 단일 물리적 단위(a single physical unit)를 형성한다고 주장하고, *Palmas Island and Mritime Frontier* Case(1992)에서 주도의 문명은 잔여도의 문명을 포함한다는 판정을 인용하고,[39] 또한 *Iand, Island and Mritime Frontier* Case(1992)에서 한 도의 법적 지위와 다른 도의 법적 지위가 일치되는 경우가 있다는 판결을 인용했다.[40] 이러한 싱가포르의 주장에 대해 국제사법재판소는 이를 거부하지 아니하고 도의 단일 그룹(single group), 도의 그룹(groups of islands)을 인정하는 내용의 다음과 같은 판결을 했다.

> Middle Rocks는 Peara Branca의 법적 지위와 같은 법적 지위를 가져 왔다고 이해되므로 … Middle Rocks에 대한 본원적 권원은 달리 증명되지 아니하는 한 … 말레이지아에 보유되어야 한다. 재판소는 싱가포르가 그러한 증명을 한 바 없음을 발견했다.
>
> Since Middle Rooks should be understood to have the same legal status as Pedra Branca … original title to Middle Rocks should remain with Malaysia … unless proven otherwise, which the Court finds Singapore has not done.[41]

상기 판결은 Pedra Branca와 Middle Rocks를 "하나의 단일 물리적 단위"(a single physical unit)로 보고 전자를 주도 후자를 속도로 보아 양자의 동일한 법적 지위를 인정한 것이다.

---

39) ICJ, *Reports*, 2008, p.280.
40) ICJ, *Reports*, 2008, p.281.
41) ICJ, *Reports*, 2008, p.290.

이상에서 고찰해 본 바와 같이 판례는 도의 한 그룹이 법적으로 하나의 실체를 형성할 경우 특정의 사정하에 반대의 증거가 없는 한 그 실체의 모든 부분의 법적 지위의 동일성을 인정하고 있다. 즉, 주도와 속도의 법적 지위의 동일성을 인정하고 있다.

2. 학설

가. Gerald Fitzmaurice

Fitzmaurice는 "하나의 전체로서의 실체 또는 자연적 단위"(an entity or natural unity as a whole)의 개념을 설정하고, 이에 대한 주권은 이를 구성하는 모든 부분에 확대적용 된다고 하여, 결국 주도의 주권이 속도에 확대됨을 다음과 같이 인정하고 있다.

> 하나의 전체로서의 실체 또는 자연적 단위에 관해 일찍이 존재를 보여 준 주권은 반대의 증거가 없는 경우 그 전체로서의 실체 또는 단위의 모든 부분에 확대되는 것으로 여겨질 수 있다는 원칙의 명백한 실례가 간혹 있을 수 있다.
>
> There could be scarcely be a clearer illustration of the principle that sovereignty, once shown to exist in the respect of an entity or natural unity as a whole may be deemed, in the absence of any evidence to the contrary, to extend to all parts of that entity or unity.[42]

Fitzmaurice는 주도와 속도라는 용어를 사용하지는 아니했지만 "하나의 전체로서의 실체 또는 자연적 단위"의 "모든 부분"에 주권이 확대된다고 하여 주도와 속도의 모든 부분에 주권이 확대됨을 인정하고 있다.

나. C. H. M. Waldock

Waldook은 *Palmas Island* Case(1928)에서 Huber 중재관의 지리적 단위의

---

42) G. Fitzmaurice, "The Law and Procedure of the International Court of Justice, 1951-1954," *BYIL*, Vol.32, 1955-1956, p.75.

주요 부분의 주권은 잔여 부분을 포함한다는 취지의 판정을 수용하면서
영토를 통한 주권의 표명이 요구된다고 다음과 같이 기술하고 있다.

> 하나의 지리적 단위를 형성하는 영토의 부분의 첫 병합에 관해 그 병합은
> 추정에 의해 그 전체 단위에 확대된다는 견해에 관한 Huber 재판관을 포함한
> 확실한 대가가 있다. … 권원이 주권의 계속적이고 오랜 현시에 의해 주장될
> 경우 주장된 영토를 통한 주권의 표명이 있어야 한다.
>
> There as certainly some authority, including that of Judge Huber for the view
> that, on first annexation of part of territories which form a geographical unit, the
> annexation extends by presumption to whole unit. … when title is claimed by a
> continious and prolonged display of sovereignty, there must be some manifestation
> of sovereignty throughout the territory claimed.[43]

Waldock은 주도와 속도라는 용어를 사용하지 아니했지만 "지리적 단위"
를 형성하는 영토의 부분(주도)과 전체단위(속도포함)의 개념을 인정하고
전자가 후자에 확대된다고 인정하고 있다. 다만 차후에 주권의 현시에 의
한 주장에 대해서는 주권의 표명이 요구된다고 보고 있다.

다. H. Lanterpacht

lacht는 *Palmas Island* Case(1928)의 판정을 인용하여 도서의 그룹이 법적
으로 한 단위(in law a unit)를 구성할 경우 주요부분의 운명은 잔여 부분을
포함한다고 다음과 같이 기술하고 있다.

> 중재관은 도의 한 그룹이 법적으로 한 단위를 구성할 수 있고 주요부분의
> 운명은 잔여 부분을 포함한다는 것을 용인한 것이다.
>
> the arbitrator admitted that a group of islands may form in law a unit, and that
> the fate of the principal part may involve the rest.[44]

---

43) C. H. M. Waldock, "Disputed Sovereignty in the Falkland Islands Dependoncies," *BYIL*,
Vol.25, 1948, pp.344-345.
44) H. Lauterpacht, "Soveveignt over Submarine Area," *BYIL*, Vol.27, 1950, p.428.

이와 같이 Lauterpacht는 도의 그룹이 법적으로 한 단위를 구성할 수 있고, 그중 주요부문의 운명은 잔여부분을 포함한다고 하여 주도(주요 부분)의 운명은 속도(잔여부분)의 운명을 포함한다는 것을 인정하고 있다.

라. Santiago Torres Bernardez

Bernardez는 "조직적 또는 개별화된 전체"(organic or individualized whole)로서의 지역의 개념을 설정하고, 그의 중요성이 있다고 다음과 같이 기술하고 있다.

> 연속성은 문제의 지역이 하나의 "조직적" 또는 "개별화된" 전체를 형성할 경우 일반적으로 더욱 중요성을 수행한다.
> contiguity will generally carry more weight when the area in quesition constitutes an "organic" or "individualized" whole.[45]

Bernardez는 하나의 조직적 또는 개별화된 지역은 중요성을 갖는다고 기술하고 *Guyana Boundar Case*를 그의 근거로 제시하고 있다. *Guyana Boundary Case*에서 중재관은 유기적 전체(organic whole)를 구성하는 지역의 주권은 그 지역의 부분에 미친다고 판시했다. 그는 "하나의 조직적 또는 개별화된 지역"의 주권은 그 지역의 부분에 미친다고 하여 주도와 속도라는 용어를 사용하지는 아니했지만 결국 "조직적" 또는 "개별화된" 지역의 주권은 그 지역 내의 주도와 속도에 미친다고 기술한 것이다.

IV. 결언

"대일평화조약" 제2조 (a)항에 규정된 울릉도에는 그의 속도인 독도가

---

45) *Guyana Boundary* Case ; UN, *RLAA*, Vol.11, 1961, pp.21-22 : Santiago Tores Bernardez, "Territory Acquisition," *EPIL*, Vol.10, 1987, pp.501-502.

포함되어 있는 것으로 해석하기 위해서는

첫째로, 독도는 울릉도의 속도이어야 한다. 독도가 울릉도의 속도라는 역사적 사실을 "심흥택 보고서", "이명래 보고서" 이외에도 세종의 우산 무능등처 안무사로 김인우의 임명·파견, 고종의 검찰사 이규원의 파견 등에 의해 실증된다.

둘째로, 속도의 법적 지위는 주도의 법적 지위와 동일하여야 한다. 주도의 법적 지위는 속도의 법적 지위에 확장된다는 "주도의 법적 지위와 속도의 법적 지위 동일의 원칙"은 Fitzmaurice, Waldock, Lauterpacht, Bernandez 등 여러 학자에 의해 수용되어 있으며, 또한 *British Guiana Boundary* Case (1904), *Palmas Island* Case(1928), *Minquiers and Ecrehos* Case(1953) 등의 판결에 의해 수락되어 있다.

그러므로 "대일평화조약" 제2조 (a)항에 일본이 포기하는 것으로 규명된 "울릉도"에는 속도인 독도가 포함된다. 그러므로 독도는 그의 주도인 울릉도와 같이 일본이 포기한 한국의 영토이다.

정부 관계 당국은 첫째로, "심흥택 보고서"만을 독도가 울릉도의 속도인 근거로 제시하던 것에 추가하여 상기 제 근거를 추가 보완하고 둘째로, 속도의 법적 지위는 주도의 법적 지위와 동일하다는 국제법적 근거도 추보하여 대일 독도정책에 반영할 것을 권고해 본다.

제6절 대일평화조약 제19조 (d)항에 의한
제2조 (a)항의 해석

Ⅰ. 서언

1945년 8월 6일 히로시마에 역사적인 원자 폭탄이 투하되었다. 3일 후인 8월 9일 나가사끼에 또 다시 원자 폭탄이 투하되었다. 8월 15일 일본 천황은 라디오 방송을 통해 "항복선언"(Declaration of Surrender)을 했고, 이를 문서화하기 위한 "항복문서"(Instrument of Surrender)의 서명이 1945년 9월 2일에 연합국과 일본 간에 있었다. 동 "항복문서"를 법문화하기 위한 "대일평화조약"(Peace Treaty with Japan)이 샌프란시스코 평화회의에서 1951년 9월 8일 48개 연합국과 일본 간에 서명되었다. 한국은 대일평화교섭에 참가하도록 초청해 줄 것을 미 국무부에 요청했으나 거절되어 "대일평화조약"의 체약당사자가 되지 못했다. 따라서 한국은 동 조약의 제3자의 지위에 머물러 있게 되고 말았다. 그러나 동 조약 제21조에서 한국은 동 조약 제2조, 제4조, 제9조, 및 제12조의 이익을 향유할 권리가 있다고 규정하여 한국은 이들 조항의 이익을 향유할 권리를 가진다.

한편 연합국이 점령기간 동안 행한 지령 등을 일본이 승인한다고 규정한 동 조약 제19조 (d)항은 한국이 향유할 권리가 있는 것으로 규정되어 있지 아니한다. 따라서 한국은 동 조약 제19조 (d)항에 관해 완전한 의미의 제3자의 지위에 머물러있다.

동 제19조 (d)항의 규정에 의해 1946년 1월 29일에 연합군최고 사령부가 일본정부에 하달한 "연합군최고사령부 훈령 제677호"(SCAPIN No.677)의 효력을 일본은 승인한 것이며, 동 훈련 제3항은 독도는 일본의 영토에서 제외된다고 규정하고 있다.

이 연구는 "대일평화조약" 제19조 (d)항의 규정에 의해 일본과 연합군이 한국의 독도영토주권을 승인한 것이라는 법리를 정립하기 위해 시도된 것이다.

II. 대일평화조약 제19조 (d)항의 규정

"대일평화조약" 제19조 (d)항은 일본은 점령당국이 점령기간 행한 지시와 그에 따른 효력을 승인한다고 다음과 같이 규정하고 있다.

> (d) 일본은 점령기간 동안, 점령당국의 지시에 따라 또는 그 지시의 결과로 행해졌거나 당시의 일본법에 의해 인정된 모든 작위 또는 부작위 행위의 효력을 인정하며, 연합국 국민들에게 그러한 작위 또는 부작위 행위로부터 발생하는 민사 또는 형사책임을 묻는 어떤 조치도 취하지 않는다.
>
> (d) Japan recognizes the validity of all acts and omissions done during the period of occupation under or in consequence of directives of the occupation authorities or authorized by Japanese law at that time, and will take no action subjecting Allied nationals to civil or criminal liability arising out of such acts or omissions.

위의 "점령기간 동안 점령당국의 지시에 따라 … 행하여진 행위의 효력을 인정하며…(recognizes the validity of act … done during the period of occupation derectives of the occupation authorities)" 중 "점령당국의 지시" (derectives of the occupation authorities)의 규정 중에는 동 조약이 효력을 발생할 당시에 폐기된 것도 포함되는 것인지의 의문이 제기될 수 있으나 단순히 "점령기간 동안 점령 당국의 지시"(during the period of occupation directives of the occupation authority)로 규정하고 있으므로 동 조약이 효력을 발생할 당시에 폐지된 것도 포함된다고 본다. 그러한 지시로 이른바 "맥아더 라인"에 관한 다음과 같은 지시를 둘 수 있다.

(ⅰ) 1946년 6월 22일의 SCAPIN 제1033호
(ⅱ) 1947년 12월 23일의 SCAPIN 제1033/1호
(ⅲ) 1949년 6월 30일의 SCAPIN 제1032/2호
(ⅳ) 1949년 9월 19일의 SCAPIN 제2046호
(ⅴ) 1949년 10월 10일의 SCAPIN 제2050호
(ⅵ) 1951년 1월 13일의 SCAPIN 제2050/1호
(ⅷ) 1950년 5월 11일의 SCAPIN 제2097호[1]

이들은 1952년 4월 25일 SCAPIN으로 폐기되었다.[2] 이상의 모든 SCAPIN이 독도를 인가된 어로구역 내에 위치시킬 것이다. 이는 연합군 최고사령부가, 즉 연합국이 독도를 일본의 영토가 아니라 한국의 영토인 것으로 묵시적으로 승인한 것이다.

위의 SCAPIN 중 1946년 6월 22일의 "SCAPIN 제1033호" 제3항은 독도를 명시하여 독도의 12해리 이내의 수역에 일본어선은 접근하지 못한다고 규정하고 있다.

1952년 4월 28일에 SCAPIN에 의해 폐지되지 아니한 SCAPIN으로 1946년

---

1) M.M.Whiteman, *Digest of International Law*, Vol.4(Washington, D.C.: USGPO, 1965), p.1185.
2) *Ibid*, p.1186.

1월 29일의 "SCAPIN 제677호"를 들 수 있다. "SCAPIN 제677호" 제3항은 독도를 일본의 정의에서 제외하고 있다. 이에 관해서는 후술하기로 한다.

III. 대일평화조약 제19조 (d)항의 한국에 대한 효력

"대일평화조약" 제21조는 한국은 동 조약의 체약당사국이 아니나 한국에 대해 적용되는 조항을 다음과 같이 규정하고 있다.

> 제25조의 규정에 불구하고 ⋯ 한국은 본 조약의 제2조, 제4조, 제9조, 및 제12조 이익을 받을 권리를 가진다.
>
> Notwithstanding the provisions of Article 25 of the present Treaty, ⋯ Korea to the benefits of Articles 2, 4, 9, and 12 of the present treaty.

위의 한국에 적용되는 조항을 규정한 제21조에는 제19조 (d)항이 포함되어 있지 아니하다. 따라서 제19조 (d)항에는 "조약법 협약" 제36조 제1항은 적용되지 아니한다. 동 조항은 다음과 같이 규정하고 있다.

> 조약의 당사국이 제3국 또는 제3국이 속하는 국가의 그룹 또는 모든 국가에 대하여 권리를 부여하는 조약규정을 의도하며 또한 그 제3국이 이에 동의하는 경우에는 그 조약의 규정으로부터 그 제3국에 대하여 권리가 발생한다. 조약이 달리 규정하지 아니하는 한 제3국의 동의는 반대의 표시가 없는 동안 있는 것으로 추정된다.
>
> 1. A right arises for a third State from a provision of a treaty if the parties to the treaty intend the provision to accord that right either to the third State, or to a group of States to which it belongs, or to all States, and the third State assents thereto. Its assent shall be presumed so long as the contrary is not indicated, unless the treaty otherwise provides.

제19조 (d)항은 한국에 적용되는 조항이 아니므로 위의 규정에 적응하지 아니한다. 다만 "조약법 협약" 제34조는 조약은 제3국에 대하여 의무도

권리도 창설하는 것이 아니한다라고 규정한 조약만이 적용될 뿐이다. 제34조는 다음과 같이 규정하고 있다.

> 조약은 제3국에 대하여 그의 동의 없이는 의무 또는 권리를 창설하지 아니한다.
> a treaty does not create either obligations or rights for a third State without its consent.

요컨대, 한국은 "대일평화조약" 제21조의 규정에 의하여 부진정 제3국의 지위에 있으나 제21조에 규정된 이외의 조항에 관하여는 진정 제3국의 지위에 있는 것이다. 따라서 제19조 (d)항은 48개 연합국과 일본과의 관계에서만 적용되는 것이며 한국은 그 적용의 반사적 이익을 받을 수 있음에 불과한 것이다.

IV. 대일평화조약 제2조 (a)항과 제19조 (d)항의 관계

1. 대일평화조약 제2조 (a)항의 규정

"대일평화조약"제2조 (a)항은 다음과 같이 규정하고 있다.

> (a) 일본은 한국의 독립을 승인하고, 제주도 · 거문도 및 울릉도를 포함하는 한국에 대한 모든 권리 · 권원 및 청구권을 포기한다.
> (a) Japan recognizing the independence of Korea, renounces all right, title and claim to Korea, including the islands of Quelpart, Port Hamilton and Dagelet.

동 조항에 일본이 표기하는 도서로 독도가 규정되어 있지 아니하다. 그러므로 일본정부는 동 조항에 포기의 대상으로 독도가 열거되어 있지 아니하므로 독도는 일본의 영토라고 주장하고, 한국정부는 독도를 울릉도의 속도이므로 울릉도와 같이 일본이 포기한 도서로 한국의 영토라고 주장한다.

동 조항을 해석함에 있어서 "통합의 원칙"(principle of integrate)에 의해 해석할 때 동 조약 제19조 (d)항의 규정에 따라 독도는 한국의 영토로 해석되게 된다.

2. 대일평화조약 제2조 (a)항의 통합의 원칙에 의한 해석

가. 통합의 원칙을 채택한 조약법 협약의 규정

"조약법 협약" 제31조 제1항은 조약의 해석에 있어서 통합의 원칙에 따라 해석하여야 한다고 다음과 같이 규정하고 있다.

> 조약은 조약문의 문맥 및 조약의 대상과 목적으로 보아, 그 조약의 문면에 부여되는 통상적 의미에 따라 성실하게 해석되어야 한다.
>
> a treaty shall be interpreted in good faith in accordance with the ordinary meaning to be given to the terms of the treaty in their context and in the light of its object and purpose.

그리고 제31조 제2항은 문맥의 범위를 다음과 같이 규정하여 조약은 통합의 원칙에 따라 해석하여야 한다고 역시 통합의 원칙을 규정한 것이다.

> 조약의 해석 목적상 문맥은 조약문에 추가하여 조약의 전문 및 부속서와 함께 다음의 것을 포함한다.
> (a) 조약의 체결에 관련하여 모든 당사국 간에 이루어진 그 조약에 관한 합의
> (b) 조약의 체결에 관련하여 그 또는 그 이상의 당사국이 작성하고 또한 다른 당사국이 그 조약이 관련되는 문서로서 수락한 문서
>
> The context for the purpose of the interpretation of a treaty shall comprise, in addition to the text, including its preamble and annexes:
> (a) any agreement relating to the treaty which was made between all the parties in connexion with the conclusion of the treaty;
> (b) any instrument which was made by one or more parties in connexion with the conclusion of the treaty and accepted by the other parties as an instrument related to the treaty.

또한 제31조 제3항은 문맥과 함께 참작하여야할 사항으로 추후의 관행에 관해 다음과 같이 규정하고 있다.

> 문맥과 함께 다음의 것이 참작되어야 한다.
> (a) 조약의 해석 또는 그 조약규정의 적용에 관한 당사국간의 추후의 합의
> (b) 조약의 해석에 관한 당사국의 합의를 확정하는 그 조약 적용에 있어서의 추후의 관행
>
> There shall be taken into account, together with the context:
> (a) any subsequent agreement between the parties regarding the interpretation of the treaty or the application of its provisions;
> (b) any subsequent practice in the application of the treaty which establishes the agreement of the parties regarding its interpretation;

가. 통합의 원칙을 승인하는 학설

통합의 원칙을 조약의 해석 원칙으로 학설에 의해 일반적으로 승인되어 있다.

T. O. Elias는 "조약법 협약" 제27조의 4개의 요소는 통합된 전체 또는 독립된 전체로서 적용된다고 하여 통합의 원칙을 다음과 같이 강조하고 있다.

> 이 조(제27조)의 4개의 주요 요소는 통합된 전체 또는 독립된 전체로서 적용되어야 하는 것이다 … 문맥이란 단어의 사용을 통합적 체계를 강조하기 위해 디자인된 것이다.
>
> the four main elements of this Article … to be applied as an integrated of independent whole. The use of the word "context" in the three paragraphs of the Article is desgined to emphasize this integrates scheme.[3]

Gideon Boas는 "조약의 전체"(treaty as a whole)를 해석이 선호되어야 한다고 하여 "통합의 원칙"을 다음과 같이 주장하고 있다.

> 조약에 있어서 모든 규정에 효과를 주는 해석이 선호되어야 한다.

---

3) T. O. Elias, *The Modern Law of Treaties* (Leiden: Sijhoff, 1972), p.74.

The interpretation giving effect to every provision in the treaty is to be preferred.[4]

Clive Parry는 "통합의 원칙"을 다음과 같이 인정하고 있다.

조약의 해석에 있어서 어떤 조약문도 공정하게 그리고 전체로서 읽어야 하고, 조약문의 조항도 전체의 문맥으로 읽어야 한다.

Any text must be read fairy and as a whole, clause in it must be read entire context.[5]

Ian Sinclair는 "통합의 원칙"을 다음과 같이 강조하고 있다.

조약의 문언은 물론 전체로서 읽어야 한다. 누구도 단순히 하나의 항, 하나의 조, 하나의 절, 하나의 장, 또는 하나의 부에만 집중할 수는 없다.

The text of the treaty must of course be read as a whole. One can not simply concentrate on a paragraph, a article, a section, a chapter, of a part.[6]

Hugh Thirlway는 조약은 그의 대상, 목적, 원칙과 함께 전체로 해석되어야 한다고 하여 다음과 같이 "통합의 원칙"을 인정하고 있다.

조약은 전체로서 해석되어야 한다. 그리고 그들의 선언되거나 명백한 대상, 목적, 그리고 원칙도 참고하여 해석되어야 한다.

Treaties are to be interpreted as a whole, and with reference to their declared or apparent objects, purposes and principles.[7]

Gerald Fitzmaurice는 다음과 같이 "통합의 원칙"을 인정하고 있다.

---

4) Gideon Boas, *Public International Law*(Cheltenham: Edward Elgar, 2012), pp.64-65.
5) Clire Parry, "The Law of Treaty", Max Sorensen(ed.), *A Manual of International Law* (New York: Macmillan, 1968), p.211.
6) Ian Sinclair, *The Vienna Convention on the Law of Treaties*, 2nd ed.(Manchester: Manchester University Press, 1984), p.127.
7) Hugh Thirlway, "The Law and Procedure of the International Court of Justice, 190-1989", *BYIL*, Vol.62, 1997, p.37.

조약은 전체로서 해석되어야 한다. 그리고 특정의 부, 장, 절 역시 전체로
서 해석되어야 한다.

Treaties are to be interpreted as a whole. Particular parts, chapters, or sections
also as a whole.[8]

Lord McNair는 "통합의 원칙"을 다음과 같이 표시했다.

조약은 전체로 읽지 않으면 안 되고 조약의 의미는 단순히 특정의 구에 따
라 결정되어지지 않는다는 것은 자명한 일이다.

it is obvious that the treaty must be read as a whole, and that its meaning is
not to be determined merely upon particular phrases.[9]

Rudolf Bernhardt는 다음과 같이 "통합의 원칙"을 주장하고 있다.

단어는 격리되어 정확히 이해하기 어려운 것이며, 오히려 관련된 조약문의
문맥 속에서 보지 않으면 안 된다. … 이러한 체계해석은 보편적으로 승인되
어 있다.

In the context of the relevant text, words can hardly be correctly understood
in isolation instead they have to be seen in the context of the relevant text. …
Systematic interpretation seems to be universally recognize.[10]

나. 통합의 원칙을 승인하는 판례

"통합의 원칙"은 조약의 해석원칙의 하나로 국제·국내 재판소의 판결
에 의해 승인되어 왔다.

Competence of the ILO to Regulate Agricultural Labour Case(1922)에서 상설
국제재판소는 다음과 같이 "통합의 원칙"을 인정하는 판결을 한 바 있다.

---

8) Gerald Fitzmaurice, "The Law and Procedure of the international Court of Justice,
   1951-4: Treaty Interpretation and Other Treaty Points", *BYIL*, Vol.33, 1957, p.211.
9) L. McNair, *The Law of Treaties* (Oxford: Clardon, 1961), pp.381-382.
10) Bernhardt Rudolf, "Interpretation in International Law", *EPIL*, Vol 7. 1984, p.100.

문맥은 제기된 문언이 있는 조약의 조항이나 절 뿐만 아니라 전체로서의
조약의 문맥이다.

the context is not merely the article or section of the treaty in which the term
occurs but also the context of the treaty as a whole.[11]

South-West Africa Case(1950)에서 de Visscher 국제사법재판소 판사는 다
음과 같이 "통합의 원칙"을 인정하는 판시를 했다.

조약의 조항은 전체로서 고려되지 않으면 안 된다는 것은 승인된 해석의
규칙이다. … 이 규칙은 국제연합헌장과 같은 헌법적 성격의 조약의 조약문의
해석에 특별히 적용될 수 있다.…

It si an acknowledge rule of interpretaion that treaty clauses must not only be
considered as a whole. … this rule is particularly applicable to the interpretation
of a text of a treaty of a constitutional character like the United Nations Charter. …[12]

Peace Treaties Case(1950)에서 국제사법재판소의 Read 판사는 다음과 같
이 "통합의 원칙"을 인정했다.

조약은 전체로서 읽혀지지 않으면 조약의 의미는 단순히 특정의 구절로만
결정되어서는 아니 된다…

treaty must be read as a whole. … its meaning is not to be determined merely
particular phrase…,[13]

Moroco Case(1952)에서 국제사법재판소는 다음과 같이 "통합의 원칙"을
인정하는 판결을 한 바 있다.

전체로서 고려된 Algeciras Act의 제5장의 … 제 규정은 결정적인 증거 …
등을 제시하지 아니한다.

the provisions of … chapter Ⅴ of the Act of Algeciras considered as a whole,

---

11) PCIJ, *Series B* Nos.2 and 3, 1922, p.23.
12) ICJ, *Reports*, 1950, p.187.
13) ICJ, *Reports*, 1950, p.235.

do not afford decisive evidence … etc.[14]

Ambatielos Case(2nd Phase, 1953)에서 국제사법재판소는 다음과 같이 "통합의 원칙"을 승인하는 판결을 하였다.

그 선언은 전체로서 읽는 것은 그 견해 … 등을 확인한다.
a reading of the Declaration as a whole confirms the view … etc.[15]

Eck v. Unite Arab Airlines Case(1964)에서 미국 제2지방법원(뉴욕)(US. Second District Court(New York)는 다음과 같이 "통합의 원칙"을 선언한 바 있다.

법원은 조약을 조약 전체로서, 그의 역사에 따라 검토하는 것, 그리고 특별히 조약이 해결하기를 의도했던 문제들을 고찰하는 것은 정상적인 절차라고 결정한다.
decided that the proper procedure to examine the treaty as a whole along with its history and particular, to look into the problems which it was intended to solve.[16]

이상의 판결 이외에 특히 *South-West Africa* Case(1950)[17]와 *Western Sahara* Case(1975)[18]에서 넓은 의미의 체계해석을 위한 "통합의 원칙"을 승인하는 판결이 있었다.[19]
요컨대, "통합의 원칙"은 판례에 의해 일반적으로 인정되어 왔다.
따라서 "대일평화조약" 제2조 (a)항을 해석함에 있어서 "조약법 협약" 제36조 제1항 및 제2항의 규정에 따라 "대일평화조약" 제19조 (d)항의 문맥에

---

14) ICJ, *Reports*, 1950, p.209.
15) ICJ, *Reports*, 1950, p.30.
16) ICJ, *Reports*, 1950, p.227.
17) ICJ, *Reports*, 1950, p.336.
18) ICJ, *Reports*, 1950, p.26.
19) Thirlway, *supra* n.7, pp.31-32.

따라 신의 성실하게 해석하여야 한다. 즉, "대일평화조약" 제2조 (a)항은 동 조항만으로 해석하는 것이 아니라 동 조약을 전체로 (as a whole)보아 해석하여야 하므로 제19조 (d)의 규정도 함께 보아 해석하여야 하므로 "대일평화조약" 제2조 (a)항과 동 조약 제19조 (d)항은 "조약법 협약" 제36조에 의해 해석상 연계되어 있다.

V. 대일평화조약 제2조 (a)항의 제19조 (d)항에 의거한 해석

"대일평화조약" 제2조 (a)항을 해석함에 있어서 "조약법 협약" 재31조에 규정된 "통합의 원칙"에 따라 동 조약 제19조 (d)항의 규정에 비추어 해석할 때, 제19조 (d)항의 규정 중 "일본은 점령기간 중 점령당국의 지령에 의거하여 in consequence of derectives of the occupation authorities"의 규정 중 지령에는 독도의 영유권과 관련되어 있는 중요한 지령으로 "SCAPIN 제1033호"와 "SCAPIN 제677호"를 들 수 있다.

1. SCAPIN 제1033호

"SCAPIN 제1033호"는 일본 선박과 민원은 독도의 12해리 이내에 접근하지 못한다고 다음과 같이 규정하고 있다.

> (b) 일본의 선박이나 인원은 금후 리앙크루암(북위 37도 15분 동경 131도 53분)의 12해리 이내에 접근하지 못하며 또한 동 도에 어떠한 접근도 하지 못한다.
>
> (b) Japanese vessles or personnel there of will not approach close then 12miles to Liancourt(37°15' North Latitude 131°53' Est latitude) nor have any contact with said island)[20]

---

20) SCAPIN, File Room 600-1.

"대일평화조약" 제19조 (d)항에 의거 일본이 "SCAPIN 제1033호"의 효력을 승인한 것은 한국의 독도영토 주권을 승인한 것이다. 따라서 "대일평화조약" 제2조 (a)항에 일본이 포기하는 도서로 독도가 명시되어 있지 아니해도 독도는 일본이 승인한 한국의 영토로 해석된다.

2. SCAPIN 제677호

"SCAPIN 제677호" 제3항은 독도는 일본의 정의에서 제외된다고 다음과 같이 규정하고 있다.

3. 본 지령의 목적상 일본은 일본의 4개 도서(홋가이도, 혼슈, 큐우슈우 및 시코쿠)와 대마도를 포함한 약 1,000개의 인접한 보다 작은도서들과 북위 30도의 북쪽 유구(난세이) 열도(구찌노시마 도서 제외)로 한정되며, (a) 우쓰료(울릉)도, 리앙꼬르 암석(다케시마, 독도) 및 퀠파트(사이슈 또는 제주도), (b) 북위 30도 이남 유구(난세이) 열도(구찌노시마 섬 포함), 이즈, 난포, 보닌,(오가사와라) 및 화산(오시가시 또는 오아가리) 군도 및 파레스 벨라(오기노도리), 마아카스(미나미도리) 및 간지스(나까노도리) 도서들과 (c) 구릴(지시마) 열도, 하보마이(수우이쇼, 유리, 아까유리, 시보쓰 및 다라쿠 도서들 포함하는 하포마쓰 군도)와 시고탄도를 제외한다

3. For the purpose of this directive, Japan is defined to include the four main islands of Japan (Hokkaido, Honshu, Kyushu and Shinkoku) and the approximately 1,000 smaller adjacent islands, including the Tsushima Islands and the Ryukyu (Nansei) Islands north of 30°North Latitude (excluding Kuchinoshima Island), and excluding (a) Utsryo (Ullung) Island, Liancourt Rocks (Take Island) and Quelpart (Saishu or Cheju Island, (b) the Ryukyu (Nansei) Islands south of 30°North Latitude (including Kuchinoshima Island), the Izu, Nanpo, Bonin (Ogasawara) and Volcano (Kazan or Iwo) Island Groups, and all the outlying Pacific Islands (including the Daito (Ohigashi or Oagari) Island Group, and Parece Vela (Okinotori), Marcus (Minami-tori) and Ganges Habomai (Hapomaze Island Group (including Suisho, Yuri, Akiyuri, Shibotsu and Taraku Islands) and Shikotan Island.

"대일평화조약" 제19조 (d)항의 규정에 의거 일본이 "SCAPIN 제677호"의

효력을 승인한 것은 한국의 독도영유권을 승인한 것이다. 따라서 "대일평화조약" 제2조 (a)항에 일본이 포기하는 도서로 독도가 명시되어 있지 아니해도 독도는 일본이 승인한 한국의 영토로 해석된다.

VI. 결언: 제기되는 제 문제

"대일평화조약" 제19조 (d)항은 일본은 점령기간 중 점령당국의 지시의 효력을 승인한다고 규정하고 있다. "대일평화조약" 제2조 (a)항에 일본이 포기하는 도서의 하나로 독도가 명시되어 있지 아니하다. "조약법 협약" 제31호는 조약의 해석원칙의 하나로 "통합의 원칙"을 규정하고 있으며, 점령기간 중 연합국의 지시의 하나로 "SCAPIN 제677호"가 있으며 동 SCAPIN 제3항은 독도를 일본의 정의에서 제외되는 것으로 규정하고 있다. 일본은 "대일평화조약" 제19조 (a)항의 규정에 의거 "SCAPIN 제677호"에 규정의 효력을 승인하여 독도의 영유권이 한국에 귀속됨을 승인한 것이다. 따라서 독도는 한국의 영토로 해석된다.

그러나 다음과 같은 제 문제가 제기된다.

1. 한일합방조약의 유효 승인 문제

이상의 독도영토주권이 한국에 귀속된다는 해석은 "대일평화조약" 제2조 (a)항의 해석에 기초한 것이다. 그런데 동 조항의 "독립 승인 규정"과 "권리 포기 규정"은 모두 "한일합방조약"의 유효를 전제로 한 것이다.

독립 승인 이전에는 한국이 비독립 상태에 있음을 전제로 한 것이며 또한 권리 포기 이전에는 일본이 권리를 갖고 있었음을 전제로 한 것이므로 이는 결국 "한일합방조약"의 유효를 전제로 한 것이다.

그러므로 독도의 영유권이 한국에 귀속된다는 위의 해석은 "한일합방조약"이 유효했었음을 묵시적으로 승인하는 것으로 된다는 문제가 제기된다. 이에 대한 대책 방안은 후술하기로 한다.

2. 제2조 (a)항의 적용 또는 제19조 (d)항의 적용문제

이상의 해석은 "대일평화조약" 제2조 (a)항의 적용 문제로 볼 것이냐 제19조 (d)항의 적용문제로 볼 것이냐의 문제가 제기된다. 즉, 권리로서 주장할 것이냐 반사적 이익으로 대할 것이냐의 문제가 제기된다.

이상의 독도영토주권이 한국에 귀속된다는 해석을 "대일평화조약" 제21조의 규정에 의한 제2조 (a)항의 적용문제로 볼 것인가 제19조 (d)항의 적용문제로 볼 것인가의 문제가 제기된다. 전자로 본다면 "조약법 협약" 제36조 제1항에 의한 "대일평화조약" 제2조 (a)항의 수락 추정의 문제가 제기된다. 후자로 본다면 제19조 (d)항은 한국에 대한 권리부여 규정이 아니므로 "조약법 협약" 제36조 제1항에 의한 수락 추정의 문제가 제기되지 아니한다. 전자의 문제로 본다면 위 해석의 결과는 권리로 주장할 수 있으나 (제21조), "한일합방조약"의 유효했음이 추정되는 문제가 제기된다. 후자의 문제로 본다면 "한일합방조약"의 유효했음이 추정되는 문제는 제기되지 아니하나 위의 해석을 권리로 주장할(제21조) 수 없고 반사적 이익으로만 기대된다는 단점이 있다.

제2조 (a)항의 적용문제로 보고 "한일합방조약"이 유효했음을 추정되는 효과를 배제하기 위해 "대일평화조약"의 어떠한 규정도 "한일합방조약"이 유효했다고 해석되지 아니한다는 해석유보 또는 해석선언을 하는 정책대안을 제의하기로 한다.

3. 한국의 독도영토주권의 근거는 SCAPIN 제677호이냐 대일평화조약이냐의 문제

한국의 독도영토주권의 근거가 "SCAPIN 제677호"이냐, "대일평화조약"이냐는 견해의 대립이 있다. 전자는 연합국의 일방적 조치이고 후자는 연합

국과 일본이 합의한 조치이고 전쟁이 종료된 후 영토의 귀속문제는 평화
조약으로 규정하는 것이 일반관행이므로 전자보다 후자가 타당하다고 본
다. 후자는 직접적인 근거이고 전자는 간접적인 근거로 봄이 타당하다고
본다. 다만 후자를 직접적 근거로 볼 때 이는 "한일합방조약"의 유효 승인
문제가 제기되나 전자는 이 문제가 제기되지 아니한다.

결국 "대일평화조약" 중 어떠한 규정도 "한일합방조약"이 유효했다는 의
미로 해석되지 아니한다는 해석유보 또는 해석선언을 할 것을 조건으로
후자가 타당하다고 본다.

제7절 일본정부의 역사적 권원 주장의 변화 추이

Ⅰ. 서언

The Island of Palmas Case(1928)에서 Max Huber 중재관의 "권리의 창조"와 "권리의 존재"에 적용되는 법은 각기 다르다는 판정에 뒤이어 *Minquiers and Ecrehos* Case(1953)에서 국제사법재판소는 역사적 권원은 현대국제법에 의해 타당한 권원으로 대체되지 아니하면 그 자체로서는 법적효력이 없으며, 대체된 이후에는 역사적 권원은 법적효력이 없다고 판시하여 이 국제사법대판소의 판결은 그 후 국제판례와 학설에 의해 수용되었으며 이는 영토분쟁에 관한 법리에 커다란 지각변동을 가져왔다. 역사적 권원의 대체에 관한 국제판례와 학설의 추세에 따른 국제법의 발전 동향에 대해 일본정부당국은 이를 적극 수용하여 실리적으로 독도에 관한 정책에 적극 반영했으나, 우리 정부당국의 정책과 사학자의 연구는 아직 역사적 권원의 완고한 틀에 묶여 국제사회의 일반적 변화추세에 둔감한 것이 현실이다.

이 연구는 일본정부의 역사적 권원의 종래의 주장이 2008년을 기점으로 새로운 주장으로 변화한 점을 지적하여 한국의 정책당국과 학계, 특히 사학계도 국제판례와 학설에 의한 국제법의 발전추세를 수용하여야 한다는 점을 제의하기 위해 시도된 것이다.

이하 (ⅰ) "역사적 권원의 대체의 법이론", (ⅱ) "일본정부의 독도의 역사적 권원 주장의 변화추이", (ⅲ) "한국정부의 독도의 역사적 권원주장의 불변화"에 관해 기술하고, (ⅴ) "결론"에서 몇 가지 정부정책당국에 대해 정책대안을 제의하기로 한다.

이 연구는 법 실증주의에 기초한 것이며, 따라서 *lex lata*를 대상으로 할 것임을 여기 밝혀 두기로 한다.

II. 역사적 권원의 대체의 법이론

1. 역사적 권원의 개념

영토주권의 권원(title to territorial sovereignty)이란 타 국가에 대한 영토주권의 주장의 타당 근거를 의미한다.[1]

영토에 대한 주권의 현시(display of sovereignty), 즉 실효적 지배(effective control)가 요구되는 것은 "권원의 대체"(replacement of title), "권원의 취득" (acquisition of title) 또는 "권원의 유지"(maintenance of title)를 위해서이다.

영토주권의 권원은 시간의 경과의 축에서 구분해 볼 때, "현대국제법상 권원"과 그 이전의 "역사적 권원"으로 구분된다. 그중 역사적 권원(historical title)은 고전적 권원(ancient title), 본원적 권원(original title), 봉건적 권원 (feudal title) 등 현대국제법 이전의 영토주권의 타당 근거를 말한다. 역사

---

1) "the validity of claims to territorial sovereignty against other states", Ian Brownlie, *Principles of Public International Law*, 5th ed.(Oxford: Oxford University Press, 1998), p.121.

적 권원은 전법적 주권(pre-legal sovereignty)의 권원 즉, 국제법 이전의 권원을 뜻한다.[2] 따라서 역사적 권원은 엄격한 의미에서 법적 권원이라 할 수 없다. 물론 역사적 권원이 성립할 당시에 타당한 현대국제법 이전의 규범도 법규범으로 본다면 역사적 권원도 법적 권원이라 할 수 있으나 그 것은 현대국제법상 권원이라고는 할 수는 없다. 현대국제법은 1648년의 웨스트파리아 조약(Treaty of Westphalia) 이후에 성립된 것으로 보는 것이 일반적인 견해이므로[3] 결국 역사적 권원은 1648년 이전 근대국가성립 이전의 권원을 의미 한다고 할 수 있다. 이는 특정 국가가 국가로서 성립한 이후에 후속적으로 증가된(subsequently increased) 권원과 구별된다.[4]

2. 역사적 권원의 대체의 의의

시제법(時際法, intertemporal law)상 권리 취득 시의 법과 권리 존재 시의 법은 다른 것이다. 권리의 취득에 관해서는 그 취득 당시에 타당한 법

---

2) G. Schwarzenberger and E. D. Brown, *A Manual of International Law*, 6th ed.(Miton: Professional Book, 1972), p.96.

3) Stephan Verosta, "History of Law of Nations, 1648 to 1815," *EPIL*, vol.7, 1984, pp.160-162, B. S. Chimni, *International Law and World Oder*(London: Sage, 1993), p.226; John Westlake, *International Law*(Cambridge: CUP, 1895), p.59; Triggs, *Infra* n.18, p.10; D. P. O'connell, "A Cause Celebre in the History of Treaty Making," *BYIL*, vol.42, 1967, pp.71-90; Antonio Cassesse, *International Law*(Oxford: OUP, 2001), p.19; John O'Brien, *International Law*(London: Cavendish, 2001), p.15; Turan Kayaglu, *Legal Imperialism* (Cambridge: CUP, 2010), pp.14, 27; Steven Wheatley, *The Democratic Legitimacy of International Law*(Oxford: Hart, 2010), p.124; Leo Gross, "The Peace of Westphalia 1648-948," *AJIL*, vol.42, 1948, pp.20, 29; J. R. Strayer, *On the Medieval Origins of Modern State*(Princeton: Princeton University Press, 1979), pp.9-10; Mark W. Zocher, "The Territorial Integrity Norm," in B. A. Simmons and R. H. Steinberg(eds.), *International Law and International Relations*(Cambridge: Cambridge University Press, 2006), p.260; Alind Kaczorowska, *Public International Law*, 4th ed.(London: Routledge, 2011), pp.11-12; Rechard Joyce, "Westphalia : Event, Memory, Myth," in F. Johns, R. Joyce and S. Papahuja (eds.), *Events : The Force of International Law* (London: Routledge, 2011), pp.55-56; Paul F. Diehl and Charlatte Ku, *The Dynamic of International Law*(Cambridge: Cambridge University Press, 2012), p.28.

4) Antonio Tores Bernordez, "Territory, Acquisition," *EPIL*, Vol.10, 1987, p.498.

이 적용되는 것이며 권리의 존재에 관해서는 오늘 평가 시에 타당한 법이 적용되는 것이다. "권원의 대체"란 역사적 권원을 현대국제법에 의해 타당한 다른 권원(another title valid by modern International law)으로 대체(replacement)하는 것을 말한다.[5] 즉 역사적 권원이 그 후의 역사적 발전의 효과에 의해 대체(superseded)되는 것을 뜻한다.[6] 요컨대, 고전적 권원, 본원적 권원, 봉건적 권원 등 역사적 권원을 현대국제법에 의해 타당한 새로운 권원으로 변경하는 것을 역사적 권원의 대체라 한다. 이를 "권원의 교체"(supersede of title), "권원의 변경"(change of title) 또는 권원의 변형(transformation of title)이라고도 한다.

권원의 대체는 새로운 권원을 취득하는 "권원의 취득"과 구별되고, 기취득된 권원의 현상을 유지하는 "권원의 유지"와 구별된다.

3. 역사적 권원의 대체의 필요성

권원의 대체는 "권원의 객체의 현대화", "권원의 주체의 현대화", 그리고 "권원의 적용법의 현대화"를 위해 요구된다.

첫째로, 권원의 대체의 필요성은 권원의 객체의 현대화를 위해 요구된다. 역사적 권원의 객체는 사법상의 토지 소유권이었다. 이를 현대 국제법상의 객체인 영유권으로 변경하기 위해 권원의 대체가 요구된다. 주로 유럽에 있어서 왕(king) 또는 제후(prince)가 지배하는 영토에 대한 소유권으로 당시 로마법에 의해 인정된 사법상의 권원이 영토에 대한 국제법상 권원으로 인정하기 위해 권원의 대체가 요구된다.[7] 근대국가(modern state)의 형성에 의해 근대국제법이 성립되었으며, 근대국제법 사회는 1648년 10월의 웨스트파리아 회의(Conference of Westphalia)를 그 시발점으로 하

---

5) *Minquiers and Ecrehos* Case: ICJ, *Reports*, 1953, p.56.
6) David H. Ott, *Public International Law in the Modern World*(London: Pitman, 1987), p.109.
7) Peter Malanczuk(ed), *Akehurst's Modern Introduction to International Law*, 7th ed. (London: Routledge, 1987), p.155.

여 형성되었다.[8] 이 회의는 중세 이래 존속하여 온 유럽의 전통적인 봉건적 사회조직의 종말을 선언하고 근대국가로 형성되는 근대국제법 사회의 출발점을 제시했다. 이에 따라 근대국제법의 체계가 형성되었다.[9] 그러므로 근대국제법 체계의 형성 이전에 성립된 사적 소유권인 봉건적 권원은 국제법상 권원인 국가의 영유권으로 대체하기 위해 권원의 대체가 요구되었다.

둘째로, 권원의 대체의 필요성은 권원의 주체의 현대화를 위해 요구된다. 역사적 권원의 주체는 왕 또는 제후였다. 이를 현대국제법의 주체인 국가로 변경하기 위해 권원의 대체가 요구된다. 봉건적 사회에서 왕 또는 제후가 지배하는 영토와 그 영토 내의 주민으로 구성된 공동체(community)의 로마법에 의한 법인격자가 국제법상 권원의 주체가 될 수 있는 국제법상 국가로 인정될 수 있느냐의 문제가 제기된다.[10] 전술한 바와 같이 봉건국가(feudal state)를 대체한 근대국가(modern state)의 형성으로 국제법 체계가 형성되었으므로 그 이전의 봉건적 권원의 주체가 국제법상 권원의 주체인 국가로 인정될 수 있느냐의 문제가 제기되는 것이다. 이 문제를 해결하기 위해 고전적 권원, 원시적 권원, 봉건적 권원 등 역사적 권원의 주체는 국제법상 권원의 주체로 인정될 수 없는 것이다. 역사적 권원의 주체인 왕 또는 제후를 현대 국제법상 주체인 국가로 대체하기 위해 권원의 대체가 요구된다.

셋째로, 권원의 대체의 필요성은 권원의 적용법의 현대화를 위해 요구된다. 역사적 권원에 적용되는 법은 그 권원이 창설될 당시의 법이며 오늘의 현대국제법이 아니다. 권원의 성립당시의 법을 권원의 평가당시의 오늘의 국제법으로 변경하기 위해 권원의 대체가 요구된다.

---

8) Stephan Verosta, "History of the Law of Nations 1648 to 1815", *EPIL*, Vol.7, 1984.8, pp.160-162.

9) Leo Gross, "The Peace of Westphalia", *AJIL*, Vol.42, 1948, pp.20-41.

10) James Crawford, *The Creation of States in International Law* (Oxford: Clarendon, 1979), pp.5-15, 176-184.

4. 역사적 권원의 대체의 효과

역사적 권원의 대체 이전에 효력이 인정되지 않았던 역사적 권원은 권원의 대체로 대체 당시의 법에 따라 새로운 권원으로 성립·발효되게 된다.

역사적 권원의 대체로 역사적 권원은 대체 이후 법적으로 실효되게 된다. 그러므로 역사적 권원 대체 이후 역사적 권원은 그것이 존재했었다는 역사적 사실을 남긴 채 법적 권원으로 주장될 수 없게 된다.

5. 역사적 권원의 대체를 인정한 판례와 학설

역사적 권원을 현대국제법상 타당한 새로운 권원으로 대체하지 아니하면 현대국제법상 효력이 없으며, 역사적 권원은 대체된 이후에는 법적 효력을 상실하게 된다는 것은 판례와 학설에 의해 일반적으로 승인되어 있다.

그 판례와 학설을 보면 다음과 같다.

가. 판례

The Island of Palmas Case(1928)에서 Huber 중재관은 권리의 창조와 권리의 존속에 적용되는 법은 각기 다르다고 전제한 다음 법의 존재에 적용되는 법은 법의 발전에 의해 요구되는 조건에 따라야 한다고 하여 역사적 권원의 대체라는 용어는 사용하지 아니했으나 다음과 같이 간접적으로 역사적 권원의 대체 필요성을 판시했다.

> 법적 사실은 그 사실과 같이 이는 현재의 법의 관점에서 평가되어야 한다. ⋯ 권리의 창조행위가 권리가 발생되는 때에 효력이 있는 법을 따라야 한다는 동일한 원칙은 권리의 존속, 다시 말해 권리의 계속적인 현시는 법의 발전에 의해 요구되는 요건을 따라야 한다는 것을 요구한다.
>
> a judicial fact must be appreciated in the light of the law contemporary with it, ⋯ the same principle which subjects the act creative of a right to the law in force at the time the right arises, demands that existence of the right, in other

words its continued manitesfation, shall follow the conditions required by the
evolution of law.[11]

Minquiers and Ecrehos Case(1953)에서 국제사법재판소는 봉건적 권원은
대체 당시의 법에 따라 유효한 권원으로 변경되지 않으면 법적 효력이 없
다고 다음과 같이 판시하였다.

> 재판소의 의견으로는 본 건을 재판하기 위하여 그러한 역사적 논쟁을 해결
> 할 필요가 없다(…not necessary to solve these historical controversies). …프랑
> 스 왕이 Channel Island에도 고유의 봉건적 권원을 가졌었다 할지라도 그러한
> 권원은 1204년 및 그 이후의 사건의 결과 실효(失效)되었음이 분명하다.
> 그렇게 주장된 고유의 봉건적 권원은 대체 당시의 법에 따라 다른 유효한
> 권원으로 대체된 것이 아니면 오늘에 어떤 법적 효과도 발생하지 아니한다.
> 그 대체의 입증 책임은 프랑스 정부에 있다.
> such an alleged original feudal title could today produce no legal effect, unless
> it had been replaced by another title valid according to the law of the time of
> replacement. It is for the French Government to establish that il was so replaced.[12]

Western Sahara Case(1975)의 권고적 의견에서 국제사법재판소는 권원의
전환(transforming title)에 있어서 합의서에 의한 권원의 대체의 기능을 다
음과 같이 승인했다. 종전까지는 "권원의 대체"에 있어서 "실효적 지배"의
기능을 인정해 온 것에 비해 특별한 의미를 갖는다. 동 권고적 의견은 다
음과 같다.

> 그러한 영토의 사건에 있어서 주권의 취득은 무주지의 본원적 권원에 의한
> 무주지의 선점을 통해 일방적으로 영향을 받는 것으로 일반적으로 생각되지
> 아니했다. 그러나 지방적 지배자와 체결된 합의서를 통해 … 그러한 합의서는
> 권원의 파생적 근거로서 인정되었고 무주지의 선점에 의해 취득된 본원적 권
> 원이 아닌 것으로 인정되었다.
> in the case of such territories the acquisition of sovereignty was not generally

---

11) *The Island of Palmas* Case: UN, *RIAA*, Vol.2, 1949, p.839.
12) *Minquiers and Ecrehos* Case: ICJ, *Reports*, 1953, p.56.

considered as effected unilaterally through the occupation of *terra nullius* by original title but through agreements concluded with local readers ··· such agreements ··· were regarded as derivative roots of title, and not original titles obtained by occupation of *terra nullius*.[13]

Land, Island and Maritime Frontier Dispute Case(1992)에서 국제사법재판소는 *Minquiers and Ecrehos* Case(1953)의 판결을 인용하여 동 판결은 모든 고전적 권원이 단순히 무시되는 것이 아니라 대체되지 아니한 권원이 무시되고 대체된 최근의 권원에 기초하여 재판한 것이라고 다음과 같이 판시한 바 있다.

　이 사건에서 재판소는 고전적 권원을 단순히 무시하지 아니했고, 더 최근의 주권의 현시에 기초하여 재판한 것이다.
　the Court in this case did not simply disregard the ancient titles and decide on a basis of more recent display of sovereignty.[14]

Territorial and Maritime Dispute in the Carbean Sea Case(2007)에서 온드라는 역사적 기초(historical basis)에 근거한 전통적 경계선(traditional boundary line)의 확인을 요구했다. 재판소는 전통적 경계선을 용인하지 아니했다.[15] 전통적 경계선은 역사적 권원에 근거한 것이다. 경계선은 대체된 권원에 근거한 것이 아니었다.

Pedra Branca Case(2008)에서 말레이시아는 "태고로부터"(forme time immemorial) Pedra Branca는 조오르왕국의 주권하에 있었다고 주장했고,[16] 재판소는 역사적 권원(historical title)은 말레이시아에 귀속되나 실효적 지배를 해온 싱가포르에 권원이 이전되었다고 판시했다. 재판소는 판결문에

---

13) *Western Sahara* Case: ICJ, *Reports*, 1975, p.39.
14) *Land, Island and Maritime Frontier Dispute* Case: ICJ, *Reports*, 1992, paras.343-44.
15) *Territorial and Maritime Dispute in the Carbean Sea* Case: ICJ, *Reports*, 2007, para.259.
16) *Pedra Branca* Case: ICJ, *Reports*, 2008, para.48.

서 역사적 권원(historical title)이란 용어를 사용했다.

이상 이외에 역사적 권원은 *Rann of Kuch Arbitration*(1968)의 판결에서 인정되었다. [17]

이와 같이 국제사법재판소는 역사적 권원은 대체 당시에 유효한 법에 의해 대체되지 아니하면 효력이 없고, 대체된 이후에는 역사적 권원은 법적으로 실효되게 된다고 판시했다.

나. 학설

역사적 권원은 대체되지 아니하면 현대국제법상 효력이 없고, 대체된 이후에는 법적 효력이 없다는 것이 학설에 의해서도 일반적으로 수락되어 있다.

Gillian D. Triggs는 *the Island of Palmas* Case에서 Max Huber 중재관의 판정을 인용하여 본원적 봉건적 권원은 그 후에 발전된 실효적 선점의 법에 따라 취득되게 된다고 하여 역사적 권원의 대체를 다음과 같이 기술하고 있다.

> 후속적인 국제재판소는 시제법에 관한 후버의 접근을 채택해왔다. *Palmas Island* Case에서 후버 판사는 발견에 기초한 스페인 선행자의 권원은 홀랜드에 의한 실효적인 선점의 추후 행위에 우선할 수 없다는 것을 발견했다. 국제사법재판소는 *Minguiers and Ecrehos* Case에서 어떠한 본원적 봉건적 권원은 1204년 이후의 사건의 결과로서 소멸되었다. 그리고 그 권원은 실효적 선점의 관습법의 발전에 따라 후속적으로 취득되었다.
>
> subsequent international tribunals have adopted the Huber approach to intertemporal law. In *Island of Palmas* Case, Judge Huber found that the prior Spanish title based on discovery could not prevail over the late acts of effective occupation by the dutch. The ICJ in the *Minquiers and Eclehus* Case also Found that any original feudal title had lapsed as a consequence of events of after 1204 and that title was subsequently acquinted in accordance with the developing

---

17) *Rann of Kuch Arbitration: ILR*, Vol.50, p.494.

customary law of effective occupation.[18]

Richard K.Gardiner는 *Island of Palmas* Case에서 Huber 중재관의 판정을 인용하고 권리의 창조와 권리의 존재 간에 기본적인 차이가 있다고 하면서 국제법규칙의 발전을 배경으로 한 사건의 연속적 고리의 문제는 시제법의 원칙으로 해결할 수 없으며 본원적 권원을 귀속시키는 계속적인 실효적 주장에 주목하여야 한다고 하며 다음과 같이 역사적 권원의 대체를 승인하고 있다.

> 이 원칙(시제법의)은 의미 있는 법적 효과를 갖는 행위는 그 행위가 야기된 때의 국제법의 관점에서 판단되어야 한다고 한다. … 시제법은 한 특정 시간에 있어서 권리의 식별을 가능하게 하는 반면 국제법의 발전적 규칙의 배경에 대해 주장되어 온 계속적 사건의 연쇄가 있는 경우 문제를 해결하지 아니한다. … 본원적 권원이 계속적인 선점자에게 정확히 귀속될 수 있을 경우에 법적 지위는 안정적으로 보여줄 수 있다.
>
> this principle states that acts which have a significant legal effect must be judged in the light of international law at the time that they occurred while the intertemporal law may enable identification of rights at one particular time, it does not resolve the problem where there is a continuous chain of event to be asserted against a background of developing rules of international law. … where the original title can be correctly ascribed to the continuous occupant the legal position can be seen as secure.[19]

David H. Ott는 고전적 권원은 그 후의 역사적 발전에 의해 대체되게 될 경우 그 대체 전의 고전적 권원은 거의 의미가 없다고 하여 고전적 권원의 대체의 필요성을 다음과 같이 논하고 있다.

> 고전적 권원과 그와 유사한 개념(ancient title and similar concept)은 그들이 그 후의 역사적 발전의 효과에 의해 사실상 오랜 기간 대체되어 온 영토에 대

---

18) Gillan D. Triggs, *International Law*(Australia: Butterworth, 2006), p.225.
19) Richard K. Gardiner, *International Law*(London: Longman, 2003), p.177.

한 역사적 관련(historic connection)을 소홀히 한 청구의 기초를 의미할 경우
이는 거의 의미가 없다는 것이다.[20]

이와 같이 Ott는 고전적 권원이 그 후의 역사적 발전에 의해 대체되게
된 경우 이는 의미가 없는 것으로 되며, 대체된 권원이 의미를 갖게 된다
고 하여, 고전적 권원은 역사적 발전에 따라 새로운 권원으로 대체되어야
권원으로 인정될 수 있다고 논하고 있다. 즉, 고전적 권원의 대체의 필요
성을 강조하고 있다.

Santiago Terres Bernardez는 역사적 권원의 평가는 그 권원이 발단된 때
의 국제법에 의해 평가되어 왔다고 주장한다. 그러나 그는 다음과 같이
불소급의 원칙은 *Island of Palmas* Case(1928) 이후 제한되게 되었다고 하
여, 즉 역사적 권원은 그 "권원의 발생 당시의 법"이 아니라 그 권원의 "대
체된 평가 당시의 법"에 의해 평가되게 된다고 하여 역사적 권원의 변경의
필요성을 제의하고 있다.

> 역사적 권원에 대해 사례법(case-law)은 시제법의 원칙(intertemporal law
> principle)을 적절히 고려할 필요성을 강조하고 있다. 이에 따르면 관계 권원의
> 평가는 권원이 주장된 발단의 시기에 효력이 있는 국제법(international law in
> force at the time of its alleged inception)의 기초 위에 이루어져야 한다. 그러나
> 이 불소급의 원칙은 *Island of Palmas* Case에서 Max Huber의 중재 판정에 의해
> 제한되게 되었다.[21]

이와 같이 Bernardez는 역사적 권원의 평가는 그 권원이 발생할 당시의
국제법이라는 원칙이 변경되어, 역사적 권원은 평가 당시의 국제법상 권
원으로 변경되어야 함을 제의하고 있다.

Peter Malanczuk는 영토의 권원의 타당성을 결정하는 법은 취득의 순간
에 효력이 있는 법이라고 하면서도, 이는 *Island of Palmas* Case 이후 훼손

---

20) "territory which has in fact long been superseded by the effects of later historical development", Ott, *supra* n.6, p.109.
21) Bernordez, *supra* n.4, p.499.

되고 말았다고 하여, 고전적 권원, 즉 역사적 권원은 발전된 법의 요건을 구비하여야 한다고 다음과 같이 논하고 있다.

> 영토의 취득을 지배하는 규칙은 세기를 거쳐 변화되어 왔다. 어느 시기의 법이 영토 권원의 타당성을 결정(determine the validity of title to territory)하는 데 적용되어야 하는가? 그것은 주장되는 취득의 순간에 효력이 있는 법이다. 이는 법은 소급해서 적용될 수 없다는 일반원칙의 한 예에 불과하다. 그러나 이러한 견해는 *Palmas Island* Case에 의해 훼손되었다.[22]

Georg Schwarzenberger는 역사적 권원은 법 이전의 권원이라고 다음과 같이 논하고 있다.

> 영토권원의 역사적 출발점은 전(前)법적 주권이다(the historical starting point of titles to territory is pre-legal sovereignty). 즉 제후가 그 자신의 이름으로 영토를 방위할 권한을 갖고 영토에 대한 실효적 지배를 한 것이다.[23]

위의 기술 중 "전(前)법적"이란 "전(前)국제법적"이라는 의미임은 물론이다. 위의 기술은 봉건적 권원(feudal title)은 "국제법 이전의 권원"이라는 것이다. 이는 "국제법 이전의 권원"인 봉건적 권원은 국제법으로 평가할 수 없는 권원이라는 것을 의미하며, 이는 봉건적 권원은 "국제법 이후의 권원"으로 대체되지 않으면 국제법으로 평가될 수 없다는 것을 당연히 전제로 한 설명인 것이다. 요컨대, Schwarzenberger는 봉건적 권원은 국제법적 권원으로 대체되어야 국제법상 효력이 있는 것으로 보고 있다.

Ian Brownlie는 역사적 권원에 적용될 법에 관해 시제법의 원칙에 따라 역사적 권원이 성립한 당시에 존재한 법이라는 원칙은 더 이상 유지될 수 없게 되었다고 다음과 같이 기술하고 있다.

---

22) "law enforce at the moment of the alleged acquisition", Malanczuk, *supra* n.7, p.155.
23) Schwarzenberger and Brown, *supra* n.2, p.96.

많은 경우에 있어서 이 원칙은 작용할 수 없다. 즉, 그의 이론적 한계 (theoretical extent)는 승인, 묵인, 금반언, 시효의 효과에 의해 감소하게 되었다.[24]

이와 같이 Brownlie는 역사적 권원에 적용되어야 할 법은 그 권원이 성립할 당시의 법이라는 원칙은 승인, 묵인, 금반언에 의해 새로운 권원으로 변경된다는 것을 인정한 것이다. 즉, 역사적 권원은 승인, 묵인, 금반언 등의 권원의 근거(root)에 의해 오늘의 국제법상 다른 권원으로 대체되어야 법적 효력이 있음을 승인하고 있다.

이상의 주장 이외에 역사적 권원의 대체 필요성은 P. C. Jessup,[25] F.C. Wade,[26] R. Y. Jennings,[27] M. N. Shaw,[28] D. H. N. Johnson[29] 등에 의해 주장되고 있다.

III. 일본정부의 독도의 역사적 권원 주장의 변화추이

1. 역사적 권원의 종래의 주장

일본정부는 독도가 역사적으로 일본의 영토라고 주장하면서 1951년 이

---

24) "by the effect of recognition, acquiescence, estopper, prescription", Brownlie, *supra* n.1, p.129.

25) P. C. Jessup, "The Palmas Island Arbitration", *AJIL*, Vol.22, 1928, pp.739-740.

26) E. C. Wade, *The Minquiers and Ecrehos* Case, Grotius Society transactions for year 1954, Vol.40, 1954, pp.98-99.

27) Robert Y. Jennings, *The Acquisition of Territory in International Law* (Dobbs Ferry: Oceana, 1963), pp.28-31.

28) Malcolm N. Shaw, *International Law*, 4th ed.(Cambridge: Cambridge University Press, 1997), p.347.

29) D. H. N. Johnson, "Acquisitive Prescription in International Law", *BYIL*, Vol.27, 1950, p.332.

래 한일 간에 전개되어온 구술서를 통한 외교전에서 빠짐없이 독도의 역사적 권원을 제시해 왔다. 이는 1953년의 *Minquiers and Eclehos* Case에 대한 국제사법재판소의 역사적 권원의 대체에 관한 판결이 아직 판례와 학설에 의해 일반적으로 수용되기 이전이어서 역사적 권원의 대체와 관련 없이 태고로부터 모든 역사적 권원을 망라하고 있는 것으로 보인다. 이들 일본정부가 종래에 주장해 온 역사적 권원을 보면 다음과 같다.

여기서는 일본정부의 종래의 주장 중 "1648년 이전"의 역사적 권원관련 사실의 주장만을 보기로 한다. 이 주장 사실은 일본정부의 새로운 주장에서는 모두 삭제되어 있는 상황이다.

첫째, 1004년의 일본인의 인지: 1956년 9월 20일의 일본정부의 한국정부에 대한 반박구술서에는 1004년에 울릉도가 일본인에게 이미 인지되었다고 다음과 같이 주장·기술되어 있다. 1962년 7월 13일의 항의구술서에도 위와 동일한 주장이 기술되어 있다.

> 한국 측이 오늘의 다케시마를 옛날에 인지했다는 것을 입증할 수 없다는 사실에 반해 일본은 다년간 울릉도의 존재를 알아왔다. 일본인에게 1004년에 이는 우르마노시마(우르마도로 알려졌다.(권기(權記에 의하면) 그리고 뿐만 아니라 고려사에는 1939년에 일본인들이 동 도를 방문하기 시작했다고 기술되어왔다.
>
> in contract with the fact that Korea is unable to prove that even in the old days it knew of Takeshima of the present day, Japan has been aware of the existence of Uleungdo for many years. It was known to the Japanese as Uruma-no-Shima(or Uruma Island) back in 1004 A.D.(According to the Gonki) and moreover, it is said (in the Kolyosa) that the Japanese began to visit the island in 1379.[30]

둘째, 1379년의 일본인의 방문: 1956년 9월 20일의 일본정부의 한국정부

---

30) Japanese Ministry of Foreign Affairs, The Japanese Governments's Views on the Korean Government's Version of Problem of Takeshima dated September 25, 1954(September 20, 1956), para. Ⅲ, (2); The Japanese Government's Views of the Korean Government's Views of January 7, 1959, Concerning Takeshima(July 13, 1962), para (2).

에 대한 항의 구술서에는 1379년에 일본인이 울릉도를 방문한 사실이 있다고 다음과 같이 주장·기술되어 있다.

뿐만 아니라 1379년에 일본인이 동도를 방문하기 시작했다고 한다(고려사에 의하면). 이조 초기에 울릉도는 완전히 무거주지로 되었고 한국정부에 의해 실질적으로 포기된 이후 보르노크 전쟁(1593) 뒤에 약 100년간 동도를 방문하는 일본인의 수가 증가했다.

and moreover, it is said (in the Kolyosa) that the Japanese began to visit the island in 1379. After Uleungdo became completely uninhabited in early days of the Lee Dynasty and was virtually abandoned by the Korean Government, the Japanese visiting the island increased in number and for some 100 years subsequent to the war of Bunroku(1953).[31]

셋째, 1593년 이후 일본인의 어업·수렵장: 1956년 9월 20일의 일본정부의 한국정부에 대한 합의 구술서에는 1593년 이후 약 100년간 울릉도는 일본인의 어업 및 수렵의 시기로 사용되었다고 다음과 같이 주장·기술되어 있다.

이조 초기에 울릉도가 완전히 무거주지로 되고 한국정부에 의해 실제상 포기된 이후에 일본인의 동도에 대한 방문이 크게 증가하고 보르노크전쟁(1593) 이후 약 100년간 일본인에 의해 어업기지와 수렵장으로 사용되었다.

after Uleungdo became completely uninhabited in earlt days of the Lee Dynasty and was virtually abandoned by the Korean Government, the Japanese visiting the island increased in number and for some 100 years subsequent to the war of Bunroku(1593), the island was used by the Japanese fully as fishing base and hunting ground.[32]

넷째, 1618년의 어로·수렵의 독점화: 1956년 9월 20일의 일본정부의 한국정부에 대한 항의구술서에는 1618년 울릉도는 오히야가와 무라카와가

---

31) Japanese Ministry of Foreign Affairs, The Japanese Governments's Views(September 20, 1956), *supra* note 30, para. Ⅰ. (2).

32) Japanese Ministry of Foreign Affairs(September 20, 1956), *supra* n.30, para. Ⅲ. (2).

의 어로와 수렵의 독점화 지역이었다고 다음과 같이 주장·기술되어 있다. 1962년 7월 13일의 항의구술서에도 이와 동일한 주장이 기술되어 있다.

다른 한편, 울릉도가 이조 초기에 무인도로 되고 한국정부에 의해 실질적으로 포기된 이후에 여행하는 일본인의 수가 증가했고 일본의 일반대중과 오히야와 무라카와는 다케시마(울릉도)를 오히야와 무라카와 간에 허용된 영토로 인정하기 시작했다. 특히 게나(1618) 4년에 소그나테 정부에 의해 그들에게 동 도에 대한 통과의 허가가 주어진 이래 그들은 동도를 어로와 수렵의 활동을 위한 도로서 독점화되게 되었다.

on the other hand, since Uleungdo became uninhibited in the early days of the Lee Dynasty and was virtually abandoned by the Korean Government, the Japanese traveling to and from the island increased in number, and the general public of Japan as well as Ohya and Murakawa began to regard Takeshima (Uleungdo) as the Land granted to the Ohya and Murakawa families, particularly since a permit was given to them by the Shogunate Government in the 4th year of Genna(1618) for passage to and from the island, and they come to monopolized the island as a base for fishing and hunting activities.[33]

2. 역사적 권원의 새로운 주장

"다케시마 10포인트" 중 전반부인 포인트 1에서 포인트 6까지 독도가 일본의 영토라는 역사적인 주장을 하는 것으로 구성되어 있으며, 후반부인 포인트 6에서 포인트 10까지는 국제법적인 주장으로 구성되어 있다. 전반부 중 포인트 1에서 포인트 6까지는 모두 현대국제법이 성립한 1648년 이후의 역사적인 근거를 제시하고 있다.

이는 일본정부가 일본의 독도영유권에 관한 역사적인 권원이 언제 현대국제법상 권원으로 권원의 대체를 이룩했다고 명시적으로 지적하지 아니하면서 그 대신 현대국제법상 권원의 근거를 제시하고 있다. 이는 역사적

---

33) *Ibid.*, para. Ⅳ. (2); Japanese Ministry of Foreign Affairs(July 13, 1962), *supra* n.30, para. (2).

권원은 현대국제법상 유효한 권원으로 대체되지 아니하면 역사적 권원은
그 자체 현대국제법상 효력이 없다는 것을 명백히 반영한 것이라고 본다.
1648년 이후의 역사적 근거만을 제시한 일본정부의 새로운 주장의 내용을
보면 다음과 같다.

첫째로, 포인트 1에는 다음과 같이 기술되어 있다.

> …일본이 "다케시마"와 "마쓰시마"의 존재를 옛날부터 인지하고 있었던 것
> 은 각종 지도와 문헌으로도 확인할 수 있습니다. 예를 들어 경위선을 투영한
> 간행 일본지도로서 가장 대표적인 나카쿠보 세키스이(長久保赤水)의 '개정일
> 본여지노정전도'(改正日本與地路程全圖)(1779년 초판) 외에도 울릉도와 다케
> 시마를 한반도와 오키제도 사이에 정확하게 기재하고 있는 지도는 다수 존재
> 합니다.[34]

이와 같이 일본정부는 1648년 이후의 지도인 1779년의 "개정일본여지노
정전도"를 제시하고 있는 것은 1648년 이전의 지도는 역사적 권원의 근거
로 되어 현대국제법상 효력이 없는 것이라는 평가를 의식적으로 회피하기
위한 것으로 보여진다.

둘째로, 포인트 2 제3항에는 다음과 같이 기술되어 있다.

> …'여지지'의 원래의 기술은 우산도와 울릉도는 동일한 섬이라고 하고 있으
> 며『동국문헌비고』등의 기술은『여지지』에서 직접 정확하게 인용한 것이 아
> 니라고 비판하는 연구도 있습니다. 이 연구에서는『동국문헌비고』등의 기술
> 은 안용복의 신빙성이 낮은 진술은 아무런 비판 없이 인용한 다른 문헌 (『강
> 계고』(疆界考)『강계지』(疆界誌), 1756년)을 원본으로 담고 있다고 지적하고
> 있습니다.[35]

이와 같이 일본정부는『동국문헌비고』등의 기술의 부정확성을 논급하
기 위해 1648년 이후인 1756년의『강계지』를 인용하고 있는 것은 1648년

---

34) Japanese Ministry of Foreign Affairs, *Takeshima 10 Points*, 2008, p.3; 일본외무성,『다
케시마 문제를 이해하기 위한 10의 포인트』, 2008, p.3.
35) Japanese Ministry of Foreign Affairs, *supra* n.34, p.4.

이전의 문헌은 현대국제법상 권원의 근거로 제시할 수 없다는 비판을 피하기 위한 것으로 보여진다.

셋째로, 포인트 3 제4항에는 다음과 같이 기술되어 있다.

> 이와 같이 일본은 늦어도 에도시대 초기인 17세기 중엽에는 다케시마의 영유권을 확립했다고 생각됩니다.[36]

이와 같이 일본정부는 늦어도 17세기 중엽에는 다케시마 영유권을 확립했다고 생각합니다라고 표현하며 17세기 초반 또는 그 이전으로 표현하고 있지 아니한 것은 1948년 이전에 확립되었다는 것은 역사적 권원의 확립이며 현대국제법상 권원의 확립이 아니라는 비판을 피하기 위한 것으로 보여진다.

넷째로, 포인트 4 제2항에는 다음과 같이 기술되어 있다.

> 1692년 울릉도에 향한 무라카와가는 다수의 조선인들이 울릉도에서 어류채취에 종사하고 있는 광경을 조우했습니다. 또 이듬해에는 오야가가 마찬가지로 다수의 조선인과 조우하며 안용복, 박어둔 2명을 일본에 데리고 돌아갔습니다. 이때 조선왕조는 국민들의 울릉도 도항을 금하였습니다.[37]

이와 같이 일본정부는 1648년 이후의 역사적 사실을 제시하고 그 이전의 사실을 제시하지 아니하는 것은 1648년 이전의 역사적 사실의 제시는 역사적 권원의 근거로 제시할 수 있으나 현대국제법상 권원의 근거로 제시할 수 없다는 주장을 피하기 위한 것으로 보여진다. 일본정부가 1648년 이전의 역사적 권원의 주장의 한계에 직면하여 내린 정책의 결정으로 보기는 어렵다. 왜냐하면 1648년 이전의 역사적 권원도 각기 일본정부가 주장해오던 근거가 있기 때문이다.

다섯째로, 포인트 5 제3항에는 다음과 같이 기술되어 있다.

---

36) *Ibid.*, p.5.
37) *Ibid.*, p.6.

더욱이 한국의 문헌에 의하면, 안용복은 1696년 일본에 왔을 때 울릉도에 다수 일본인이 있었다고 말한 것으로 되어 있습니다. 그러나 안용복이 도일해 온 것은 막부가 울릉도 도항 금지를 결정한 후의 일로서, 당시 오야, 무라까와 양가는 모두 이 섬에 도항하지 않았습니다.[38]

포인트 4 제2항의 경우와 같이 포인트 5 제3항의 경우도 일본정부는 1696년 당시의 역사적 사실을 주장하고 1648년 이전의 역사적 사실은 주장하지 아니하는 것은 이 역시 1648년 이전의 역사적 사실은 역사적 권원의 증거로 될 수 있으나 현대국제법상의 권원의 증거로 될 수 없다는 주장을 피하기 위한 것으로 보여진다.

요컨대, 일본정부는 언제 역사적 권원이 현대국제법상 권원으로 대체되었다고 논함이 없이 근대국제법이 성립한 1648년을 기준으로 그 이전의 역사적 권원은 모두 배제하고 그 이후의 것만 제시하고 있다. 이는 역사적 권원의 대체에 관한 판례와 학설을 즉, 국제법의 변화 추이를 일본정부가 수용한 것으로 현실적인 조치로 보여진다.

IV. 한국정부의 독도의 역사적 권원 주장의 불 변화

2008년 이래 일본정부의 독도의 역사적 권원주장의 변화에 대해 한국정부도 1648년 이전의 역사적 권원으로 반박하지 아니하고 그 이후의 역사적 권원만을 원용하여 일본정부의 주장을 반박하고 있다.

그러나 "제2포인트"에서 『세종실록』 「지리지」(1454년)와 『신증동국여지승람』(1530년) 등 역사적 권원을 원용하여 역사적 권원의 대체의 법리를 수용하고 있지 않다.[39]

외교통상부가 발행한 『한국의 아름다운 섬, 독도』에서도 한국정부는

---

38) *Ibid.*, p.7.
39) 동북아역사재단, 『일본외무성의 독도홍보팜플렛 반박문』(서울: 동북아역사재단, 독도연구소, 2008), "제2포인트 반박문".

1648년 이전의 독도영유권에 대한 권원을 추가하지 아니하고 역사적 권원인『세종실록』「지리지」(1454년)와『신증동국여지승람』(1530년)을 원용하여 역사적 권원의 변천법리를 수용하고 있지 않다.[40)]

　동북아 역사재단이 발행한『우리 땅 독도를 만나다』(2011년)에서도 독도의 역사적 권원의 근거로『삼국사기』(1145년),『세종실록』「지리지」(1454년) 그리고『신증동국여지승람』(1531년)을 원용하여 역사적 권원의 대체이론을 수용하고 있지 않다.[41)]

V. 결언

　첫째로, 상술한 바를 다음과 같이 "요약"하기로 한다.

　(i) 역사적 권원은 현대 국제법상 권원으로 대체되지 아니하면 현대국제법상 효력이 없고, 현대국제법상 권원으로 대체되게 되면 그 이후 역사적 권원은 법적으로 실효되게 된다는 것이 국제판례와 학설에 의해 일반적으로 수락되어 있다.

　(ii) 2008년 이래 일본정부는 독도영유권의 권원주장을 1648년 이후로 변경했으며, 이는 독도문제를 국제사법재판소에 제소할 것을 대비한 것으로 보여진다. 한국정부는 원칙적으로 권원의 대체를 수용하고 있지 아니하다.

　(iii) 512년 신라 이사부의 우산국 정복에 의해 취득된 독도 영유권의 역사적 권원은 1900년 "대한제국칙령 제41호"에 의해 현대국제법상 권원으로 대체되었고 이에 따라 역사적 권원은 "오늘" 법적으로 실효되게 되었다. 그러나 역사적 권원이 존재했다는 역사적 사실은 그대로 엄존함은 물론이다.

　(iv) 따라서 독도영유권의 연구는 실효된 역사적 권원에서 대체된 현대

---

40) 외교통상부,『한국의 아름다운 섬, 독도』(서울: 외교통상부, 발행연도 불표시), pp.5, 6.
41) 동북아역사재단,『우리의 땅 독도를 만나다』(서울: 동북아역사재단, 2001), pp.46-48.

국제법상 권원으로 대 전환이 요구된다. 특히 "대한제국칙령 제41호" 이후
의 실효적 지배의 연구가 요구된다.

그리고 독도 영유권의 연구는 1910년 "한일합방조약"에 의한 권원의 중
단과정에서 연합국에 의한 권원의 회복과정으로 전환이 요구된다. 특히
"대일평화조약"의 체결 과정에 관한 연구가 요구된다.

둘째로, 정부 당국에 대해 다음과 같은 정책대안을 "제의"하기로 한다.

(ⅰ) 역사적 권원의 대체의 법리에 의거 상술한 역사적 권원의 대체의
국제적 추세에 따라 독도 정책의 방향을 과감히 전환한다. 즉 역사적 권
원 주장에서 대체된 권원 주장으로 환언하면 1900년 "대한제국칙령 제41호"
이전의 역사적 권원에서 그 이후의 대체된 권원으로 정책을 전환할 것을
검토한다.

(ⅱ) 독도의 역사를 바로잡는 민족적 사업은 독도 영유권의 역사적 권
원의 대체와 관계없이 지속적으로 추진한다.

(ⅲ) 사학과 국제법학의 학제연구의 중장기 총괄 계획을 수리하고 이를
주도적으로 추진·진원하고, 그 결과를 정책에 적극 반영할 것을 검토한
다.

제8절 대일평화조약 제2조 (a)항과
한일 기본관계조약의 저촉

Ⅰ. 서언

1945년 8월 15일 일본은 라디오 방송을 통해 "항복선언"(Declaration of Surrender)을 했고, 9월 2일 이를 성문화하기 위한 "항복문서"(Instrument of Surrender)의 서명이 있었다. 일본의 항복으로 일본을 점령한 미국이 대일평화조약의 교섭·체결에 주역을 담당했다.

한국은 대한민국임시정부시절부터 한국이 대일평화조약의 교섭·체결을 위해 초청될 것을 미 국무부에 요청했으나 이는 모두 거절되고 말았다. 따라서 한국은 "대일평화조약"의 당사국이 되지 못하고 동 조약에 대해 제3자의 지위에 머물러 있게 되었다. 그러나 동 조약 제21조는 "한국은 동 조약 제2조, 제4조, 제9조 그리고 제19조의 이익을 향유할 권리가 있다"는 규정에 의해 한국도 동 조약의 몇몇 조항의 이익을 향유할 권리를 갖게 되었다.

동 조약 제21조의 규정에 의거 한국이 이익을 향유할 권리가 있는 동 조약 제2조 (a)항은 다음과 같이 규정하고 있다.

일본은 한국의 독립을 승인하고, 제주도·거문도 및 울릉도를 포함하는 한 국에 대한 권리·권원 및 청구권을 포기한다.
Japan recognizing the independence of Korea, renounces all right, title and claim to Korea, including the islands of Quelpart, Port Hamilton and Dagelet.

위의 "한국의 독립을 승인하다"라는 규정을 이하 "독립승인조항"이라 하고, "권리, 권원 및 청구권을 포기한다"는 규정을 "권리포기조항"이라 하기로 한다.

"독립승인조항"은 일본이 승인하기 직전까지 한국은 비독립국이고 한국이 비독립국가인 근거는 1910년의 "한일합방조약"이 유효하다는 것이다. 따라서 한국이 "대일평화조약" 제2조의 이익을 향유한다는 것은 "한일합방조약"이 "대일평화조약"이 체결되기 직전까지 유효함을 묵시적으로 승인한 것으로 된다.

다른 한편 1965년 일본과의 국교정상화를 위해 체결한 "한일기본관계조약" 제2조는 다음과 같이 규정하고 있다.

1910년 및 그 이전에 대한제국과 대일본국 간에 체결된 조약 및 협정은 이미 무효임을 확인한다.
It is confirmed that all treaties or agreements concluded between the Empire of Japan and the Empire of Korea on or before August 22, 1910 are already null and void.

위의 규정 중 "이미 무효"는 원천적으로 무효이므로 "한일합방조약"은 1910년 8월 22일 무효인 것으로 된다.

따라서 "대일평화조약"은 "한일합방조약"이 "대일평화조약"을 체결하기 직전까지 유효한 것으로 된다는 것과 "한일기본조약" 제2조는 "한일합방조약"

이 원초적으로 1910년부터 무효인 것으로 된다는 두 개의 명제는 상호 각각 저촉되게 된다.

이 연구는 이 저촉의 해결을 위해 한국정부가 취하여야 할 조치를 구명하기 위해 시도된 것이다.

이하 "대일평화조약 제2조", "한일기본관계조약 제2조", "대일평화조약과 한일기본관계 조약의 저촉" 순으로 기술하고 "결론"에서 정부관계당국에 대해 몇 가지 정책대안을 제의하기로 한다.

II. 대일평화조약 제2조 (a)항

1. 대일평화조약 제2조 (a)항의 규정

1951년 48개 연합국과 일본 간에 체결된 "대일평화조약"[1] 제2조 (a)항은 다음과 같이 규정하고 있다.

일본은 한국의 독립을 승인하고, 제주도·거문도 및 울릉도를 포함하는 한국에 대한 모든 권리·권원 및 청구권을 포기한다.

Japan recognizing the independence of Korea and renounces all right, title and claim to Korea including the islands of Quelpart, Port Hamilton and Dagelet.

2. 대일평화조약 제2조 (a)항의 한국에 대한 적용

가. 대일평화조약 제21조의 규정

한국은 대한민국임시정부 시절부터 대일평화조약의 교섭·체결에 참가할 수 있도록 초청해줄 것을 미 국무부에 요청했으나[2] 이는 거절되었고,

---

1) L. V. Aduard, *Japan: From Surrender to Peace* (New York: Praeger, 1954), pp.103-104.
2) US Department of State, Office Memorandum: Japanese Peace Settlement and State of War with Japan, June 20, 1949.

대한민국정부도 대한민국임시정부와 같은 요청을 미 국무부에 했으나 역시 거절되고 말았다.3) 따라서 한국은 "대일평화조약"의 체약당사국이 되지 못하고 동 조약의 제3자의 지위에 머물러 있게 되었다. 그러나 동 조약 제21조는 조약이 한국에 대해 적용되는 조항을 다음과 같이 규정하고 있다.

> 한국은 동 조약 제2조, 제4조, 제9조 및 제12조의 이익을 향유할 권리를 가진다.
>
> Notwithstanding the provisions of Article 25 of the present Treaty, China shall be entitled to the benefits of Articles 10 and 14(a)2; and Korea to the benefits of Articles 2, 4, 9 and 12 of the present Treaty.

동 제21조의 규정에 의해 한국은 동 조약 제2조 (a)항의 이익을 향유할 권리를 갖는다. 동 조약 제2조 (a)항의 규정은 상기한 바와 같다.

나. 조약법 협약 제36조 제1항의 규정

"대일평화조약"상 한국은 체약당사자가 아니며 제3자에 불과하나 제21조의 규정에 의거 제2조 (a)항의 이익을 받을 권리가 있으므로 이에 관한 "조약법 협약" 상의 규정을 고찰해 볼 필요가 있다.

"조약법 협약"은 제3자에 권리부여에 관해 다음과 같이 규정하고 있다.

> ① 조약의 당사국이 제3국 또는 제3국이 속하는 국가의 그룹 또는 모든 국가에 대하여 권리를 부여하는 조약 규정을 의도하며 또한 그 제3국이 이에 동의하는 경우에는 그 조약의 규정으로부터 제3국에 권리가 발생한다. 조약이 달리 규정하지 아니하는 한 제3국의 동의는 반대의 의사표시가 없는 동안 있는 것으로 추정된다.
>
> a right arises for a third State from a provision of a treaty if the parties to the treaty intend the provision to accord that right either to the third state, or to a

---

3) 1951년 1월 4일 장면 주미대사의 서한(Korean Embassy in Washington D.C., A Letter to Dean Acheson(Secretary of State) from John M. Chang).

group of state which it begins, or to all states, and the third State assents thereto. Its assent shall be presumed so long as the contrary is not indicated, unless the treaty otherwise provides. (제36조 제1항)[4]

위의 규정에 따라 권리를 부여 받은 국가의 동의는 조약에 달리 규정하지 아니하는 한 제3국의 동의는 반대의 의사표시가 없는 동안 있는 것으로 추정된다. 동 조의 규정에 의한 제3국의 권리는 조건부 권리(conditional right)이다.[5]

동 조의 규정에 의해 한국은 "대일평화조약" 제21조에 따라서 제2조의 이익을 향유한다는 선언을 한 바 없으나 "대일평화조약" 제21조 이익을 향유할 권리가 추정된다.

3. 대일평화조약 제2조 (a)항의 해석

가. 독립승인조항

1910년 8월 22일에 한일간에 체결된 "한일합방조약"을 대한제국의 대표자에 대해 강박을 가해 체결된 조약이므로 이는 국제법상 무효이다. 그러나 "독립승인조항"은 "한일합방조약"을 유효로 보고 있다.

(1) 한일합방조약 유효의 묵시적 승인

(가) 1952년 4월 28일까지 승인

"대일평화조약" 제2조 (a)항 전단은 "일본은 한국의 독립을 승인하고"(Japan recognizing the independence of Korea)라고 규정하고 있다. 이는 동 조약이 효력을 발생한 1952년 4월 28일까지 한국은 비독립 상태에 있었음을 전제로 한 것이다. 따라서 한국이 동 조항의 이익을 향유할 의사표시를 하는 것은 "한일합방조약"이 "1952년 4월 28일"까지 유효함을 묵시적으로 승

---

4) 제36조의 규정은 조약이 직접 제3국에 부여한 권리와 저촉된다.
5) Werner Morvay, "Peace Treaty with Japan", *EPIL*, Vol.4, 1982, p.128.

인하는 것이 된다. 왜냐하면 (i)조약의 효력발생시점은 그 조약에 달리 규정하지 아니하는 한 그 조약이 성립하는 시점이며 엄격하게는 발효 시점에 소급해서 적용되지 아니하는 것이 조약법의 원칙이기 때문이다.[6] "조약법 협약" 제28조는 동 조약의 불소급적용에 관하여 다음과 같이 규정하고 있다.

> 별도의 의사가 조약으로부터 나타나지 아니하거나 또는 달리 확정되지 아니하는 한 그 조약의 규정은 그 발효 이전에 당사국에 관련하여 발생한 행위나 사실 또는 없어진 사태에 관하여 그 당사국을 구속하지 아니한다.
> Unless a different intention appears from the treaty or is otherwise established, its provisions do not bind a party in relation to any act or fact which took place or any situation which ceased to exist before the date of the entry into force of the treaty with respect to that party.

따라서 1951년 9월 8일에 서명된 "대일평화조약"은 동 조약이 발효한 1952년 4월 28일 이전에 소급하여 적용되지 아니한다. 그러므로 "대일평화

---

6) Ian Sinclair, *The Vienna Convention on The Law of Treaties* (Manchester: Manchester University Press, 1984), pp.85-87; E.T. Elias, *The Modern Law of Treaties* (Leiden: Sijithoff, 1974), pp.46-49; Stepehn Allen, *International Law* (London: Pearson, 2013), pp.42-43; Martin Dixon, *International Law* (Oxford: Oxford University Press, 2013), pp.66-67; Andrew B. Hollis(ed.) *The Oxford Guide to Treaties* (Oxford: Oxford University Press, 2012), pp.699-702; John P. Grant and J. Craig Barker(eds.), *Encyclopaedic Dictionary of International Law*; 3rd ed.(Oxford: Oxford University Press, 2009), p.615; Robert Jennings and Arthur Watts(ed.), *Oppenheim's International Law*, Vol.1, 9th ed.(London: Longman, 1992), pp.1234-1335, 1238-1239; David H. Ott, *Public International Law in the Modern World* (London: Pitman, 1987), p.194; Malcolm Shaw, *International Law*, 4th ed.(Cambridge: cambridge University Press, 1997), p.650; Werner Levi, *Contemporary International Law: A Concise Introduction, Boulder* (Colorado: Westview, 1979), p.225; Paul Reutevr, *The Modern Law of Treaties* (London: Pinter, 1989), pp.51-55; Hans Kelsen, *Principles of International Law*, 2nd ed(New York: Holt, 1967), p.493; Gerhard von Glah, *Law among Nations*, 4th ed.(New York: Macmillan, 1981), pp.493-494; Gerog Schwarzenberger and E.D. Brown, *A Mannal of International Law*, 6th ed.(Milton: Professional Books, 1976), p.130; *Marrommotis Concession* Case(1924): PCIJ, *Series A*, No.2(1924), p.34; *Phosphates in Moroco* Case(1938): PCIJ, *Series A/B* No.24, (1938), p.24; 김명기, 『국제법원론 上』(서울: 박영사, 1969), pp.894-895.

조약" 제2조 (a)항에 의해 일본이 한국의 독립을 승인한 일자는 1952년 4월 28일 직전까지 한국은 비독립상태에 있었고 따라서 "한일합방조약"은 1952년 4월 27일까지 유효한 것으로 묵시적으로 추정된다.

(ii)"독립승인조항"은 "승인하며"(recognizing)라고 규정하고 "승인했으며" (recognized)로 규정하고 있지 아니하다. 따라서 1952년 4월 28일이 한국의 독립을 승인한 일자이며 따라서 1952년 4월 28일까지 1910년 8월 22일에 강박을 가해 체결된 "한일합방조약"은 유효한 것으로 추정된다.

(나) 묵시적 승인의 추정

"대일평화조약"에 의해 한국의 독립이 1954년 4월 28일에 승인되고 따라서 "한일합방조약"이 1952년 4월 28일까지 유효한 것으로 추정되는 것은 한국이 "대일평화조약" 제21조, 따라서 제2조 (a)항의 이익을 향유하는데 동의의 의사표시를 한 바 없으나 "조약법 협약" 제36조 제1항의 조약의 제3국이 동의의 의사표시를 하지 아니해도 그 제3국이 반대의의사표시를 할 때까지 동의의 의사표시를 한 것으로 추정되기 때문이다. 요컨대 "대일평화조약" 제2조(a)항의 규정이 한국에 대해 효력이 있고 따라서 "한일합방조약"이 1952년 4월 28일까지 유효한 것으로 "추정"되는 것은 "조약법 협약" 제36조 제1항의 규정에 의한 것이다.

나. 권리포기조항

"권리포기조항"도 강박에 의해 체결된 "한일합방조약"을 유효로 보고 있다.

(1) 한일합방조약 유효의 묵시적 승인

(가) 1952년 4월 28일까지 승인

"대일평화조약" 제2조(a)항 후단은 "일본은 한국에 대한 … 모든 권리·권원 및 청구권을 포기한다"(Japan renounces all right, title and claim)라고 규정하고 있다. 이 "권리포기조항"은 195년 4월 28일까지 일본이 권리·권원 및 청구권을 갖고 있었음을 인정하고 있다. 왜냐하면 갖고 있는 권리·권원 및 청구권을 포기할 수 있는 것이며 갖고 있지 아니한 권리 등은 포기할 수 없는 것은 자명한 일이기 때문이다. 따라서 이 "권리포기조항"도 1952년 4월 28일까지는 "한일합방조약"이 유효했음을 의미한다. 그리고 이도 "조약법 협약" 제36조 제8항의 규정에 의해 한국이 승인한 것으로 추정된다. 이는 "독립승인조항"의 경우와 동일하다.

(나) 묵시적 승인의 추정
독립 승인 조항의 경우와 같다.

III. 한일기본관계조약 제2조

1. 한일기본관계조약 제2조의 규정

1954년 한일 국교정상화 과정에서 한일 간에 체결된 "한일기본관계조약" 제2조는 다음과 같이 규정하고 있다.

> 1910년 8월 22일 및 그 이전에 대한제국과 대일본제국 간에 체결된 모든 조약 및 협정이 이미 무효임을 확인한다.
> It is confirmed that all treaties or agreements concluded between the Empire of Japan and the Empire of Korea on or before August 22, 1910 are already null and void.

위의 규정에 따라서 1910년 8월 22일에 한일 간에 체결된 "한일합방조약"은 "이미 무효"임이 확인되었다.

2. 한일기본관계조약 제2조의 해석

"한일기본관계조약" 제2조는 "1910년 8월 22일 및 그 이전에 한일 간에 체결된 조약 및 협정이 이미 무효이다"라고 규정하고 있다. 동 조에 규정된 "이미 무효"의 의미에 관해 한국정부와 일본정부의 해석이 대립되어 있다.

가. 한국정부의 해석

"이미 무효"를 "당초부터 무효"라고 한국정부는 해석하고 있다. 따라서 1910년 8월 22일에 체결된 "한일합방조약"은 1910년 8월 22일에 소급하여 그때부터 무효라고 한다.[7]

따라서 1910년에서 1945년까지 일본의 한국에 대한 지배는 법적 근거가 없는 위법한 지배가 된다.

나. 일본정부의 해석

한국정부의 "이미 무효"를 "당초부터 무효"라는 해석에 대해 일본정부는 1948년 8월 15일 한국정부가 수립된 때부터 무효라고 해석한다.[8] 따라서 "한일합방조약"은 1945년 8월 15일부터 무효라고 주장한다. 이 주장에 의하면 1910년부터 1945년까지 일본의 한국지배는 국제법상 유효한 "한일합방조약"에 근거한 것으로 합법적인 지배로 된다.

Ⅳ. 대일평화조약 제2조 (a)항과 한일기본관계조약 제2조의 저촉

이와 같이 "대일평화조약" 제2조 (a)항에 의하면 "한일합방조약"이 "대일평화조약"이 체결·발효한 1952년 7월 28일이 무효라는 해석과 "한일기본관계조약" 제2조에 의하면 "한일합방조약"이 원천적으로 무효로 되어 1910년

---

7) 대한민국정부, 『대한민국과 일본국 간의 조약 및 협정해석』(서울: 대한민국정부, 1965), p.11; 대한민국정부, 『한일회담백서』(서울: 대한민국정부, 1964), p.19.

8) Oda, "The Normalization of Relation Between Japan and The Republic of Korea", *AJIL*, Vol.61, 1967, pp.40-41.

8월 22일부터 무효라는 해석은 상호충돌된다.[9] 이 상호충돌되는 해석을 피하기 위해 "한일합방조약"이 1910년 8월 22일부터 무효라는 후자의 해석은 그대로 유지하고 1952년 7월 28일부터 "한일합방조약"이 무효라는 전자를 해석을 배제하도록 하는 한국정부의 조치가 요구된다.

V. 결언

결론으로 다음과 같은 두 가지 조치를 정부관계당국에 제의하기로 한다.

1. 한일기본관계조약에 대한 조치

"한일기본관계조약" 제2조의 "이미 무효"의 해석에 관해 "이미 무효"는 "원천적으로 무효"로 해석된다는 내용의 "해석의정서"를 한일 간에 체결하여 1910년 이래 1945년까지 일본의 한국지배의 합법성을 배제하는 조치를 하여야 할 것이다. 물론 일본이 이 "해석의정서"의 체결에 반대할 것이다. 한국은 다각적인 외교역량을 다하여 "이미 무효"는 "원천적으로 무효"라는 내용의 "해석의정서"를 체결하여 민족적인 과제를 해결하여야 할 것이다.

2. 대일평화조약에 대한 조치

"대일평화조약" 제21조의 규정에 의한 동 조약 제2조 (a)항에 의거 "한일합방조약"이 1952년 7월 28일부터 무효라는 효과를 배제하기 위해 "조약법협약" 제36조 제1항에 의거 "대일평화조약" 제21조의 이익을 향유한다는 선언을 하면서 "대일평화조약"의 어떠한 규정도 "한일합방조약"이 1952년 7월 28부터 무효로 해석되지 아니한다는 내용의 "해석선언"을 하여야 할

---

9) 이는 엄격한 의미로는 "조약의 저촉"이 아니라, "조약의 해석의 저촉"이다.

것이다.

상기 "1" 및 "2" 양자는 모두 역사를 바로잡는 민족적 당위이며, 보편적 정의를 실현하는 대한민국의 소명이다.10)

---

10) "한일기본관계조약"이 체결되기 근 반세기가 경과한 오늘까지 동 조약 제2조의 "이미 무효" 문제를 해결하지 못한 정부가 "독도의 영유권 문제", "정신대 문제"를 논하는 것은 기본적인 문제를 해결하지 못하고 그로부터 파생되는 지엽적인 문제부터 해결하려 하는 태도는 전후가 전도된 것이다.

제9절 대일평화조약과 한일어업협정의 저촉

Ⅰ. 서언

1951년의 "대일평화조약"은 "일본은 … 제주도, 거문고 및 울릉도를 포함하는 한국에 대한 모든 권리, 전원 및 청구권을 포기한다"라고 규정하고 (제2조 (a)항) 있는바, 이에 대해 1998년의 "한일어업협정"은 독도 주변 수역에 이른바 동해 중간 수역을 설정하고(제9조), 이 수역에서 "기국주의"에 의해 한국의 주권행사가 제한되고 일본의 주권행사가 인정되어 있다(부속서 제Ⅰ). 이는 "대일평화조약"의 규정에 의해 일본의 독도에 대한 권리, 전원 및 청구권이 포기되어 있는데 반하여 "한일어업협정"은 일본의 독도에 대한 권리를 인정하고 있는 것으로 이는 "대일평화조약"의 규정과 "한일어업협정"의 규정이 저촉되어 있는 것이다. 이 저촉은 "대일평화조약"에 의해 독도의 영유권이 한국에 귀속된다는 것을 전제로 한 것으로 이 전제에 관해서는 이 연구에서 논외로 하기로 한다. "대일평화조약"에 의해 일

본의 독도에 대한 권리가 포기되었는데 대해 "한일어업협정"에 의해 일본
의 독도에 대한 권리가 인정되어 있기 때문이다.

이 연구는 "대일평화조약"의 규정에 저촉되는 "한일어업협정"의 규정은
조약의 저촉원칙에 따라 적용이 배제된다는 법이론을 정립해 보려 시도된
것이다.

이하 (i) 조약의 저촉에 관한 일반적 고찰, (ii) 일당사자 공통 저촉조약
의 후조약 무효, (iii) 한일어업협정의 무효 검토 순으로 기술하고, (iv) 결
론에서 정부당국에 대해 몇 가지 정책대안을 제의하기로 한다.

이 연구는 법실증주의에 입각한 *lex lata*의 해석론임을 여기 밝히어 두기
로 한다.

II. 조약의 저촉에 관한 일반적 고찰

1. 조약의 저촉의 개념

가. 의의

조약의 저촉(conflict of treaties)이란 국제법의 저촉(conflict of international
law)의 한 유형으로[1] 한 조약의 내용이 다른 조약의 내용과 상호 충돌
되는 사태를 말한다. 즉, 한 조약과 다른 조약의 내용상 불가양립성
(incompatibility)을 뜻한다.[2] 조약의 저촉의 발생원인은 국제사회에 중앙적

---

1) 국제법의 저촉에는 (i)관습법과 관습법의 저촉, (ii)관습법과 조약의 저촉, (iii)조
   약과 조약의 저촉의 유형이 있다.

2) Hans Kelsen, *Principles of International Law*, 2nd ed.(New York: Holt, 1967), p.502;
   G.Schwarzenberger and E.D.Brown, *A Manual of International Law*, 6th ed.(Milton:
   Professional Books, 1976), p.131; Wolfram Karl, "Conflicts between Treaties", *EPIL*,
   Vol.7, 1984, pp.467-468; 김명기, 『국제법원론』(서울: 박영사, 1996), p.77; Jorg
   Kammerhofer, Uncertainity in International Law(London: Routledge, 2010), p.141. 즉,
   다른 규범에 대한 한 규범의 우선(priviledging one norm over the other)을 의미한다
   (*ibid.*, p.139; M. Balkin, Deconstructive Practice and legal Treaty; *Yale Law Jounal*,

입법기관의 결여에 의한 분권적 국제입법에 의하여 국제법의 주체가 개별적으로 조약을 체결하는 데 있다. 개별 국가의 주권의 존재를 전제로 한 국제법 체계에서는 불가피한 현상일 수밖에 없다.[3] 그러나 이를 방치할 수 없으므로 일찍이 C.Rousseau는 조약의 저촉의 해결과제는 "국제질서에 있어서 가장 긴급한 과제 중의 하나(task as one of the most urgent problem in the international order)이다"라고[4] 기술한 바 있다.

나. 유형

(1) 조약의 체약당사자 기준

(가) 체약당사자가 동일한 조약의 저촉[5]

예컨대, A·B를 당사자로 하는 X조약과 A·B를 당사자로 하는 Y조약의 저촉(A·B 〈X〉 : A·B 〈Y〉)

(나) 체약당사자가 상이한 조약의 저촉[6]

① 제1유형

2개의 저촉되는 조약에 공통된 1개의 당사자가 있는 조약의 저촉, 예컨대, A·B를 당사자로 하는 X조약과 A·C를 당사자로 하는 Y조약의 저촉 (A·B 〈X〉 : A·C 〈Y〉)

② 제2유형

2개의 저촉되는 조약에 공통된 2개 이상의 전부의 당사자가 공통되지 아니한 일부의 당사자가 있는 조약의 저촉, 예컨대, A·B를 당사자로 하는 X조약과 A·B·C·D를 당사자로 하는 Y조약의 저촉(A·B 〈X〉 :

Vol.96, 1987, pp.743-786).
3) Karl, *supra* n.2, p.468; C.W.Jenks, "The Conflict of Law-Making Treaties," *BYIL*, Vol.30, 1953, pp.402-403.
4) Quoted in Karl, *supra* n.2, p.468.
5) Schwarzenberger and Brown, *supra* n.2, p.131.
6) *Ibid*; 김명기, 전주2, p.81.

A · B · C · D 〈Y〉)

③ 제3유형
2개의 저촉되는 조약에 공통된 당사자가 하나도 없는 조약의 저촉, 예
컨대, A · B를 당사자로 하는 X조약과 C · D를 당사자로 하는 조약의 저촉
(A · B 〈X〉 : C · D 〈Y〉)

(2) 조약의 체계 기준
(가) 신(후)조약과 구(전)조약의 저촉
(나) 일반조약과 특수조약의 저촉
(다) 상위조약과 하위조약의 저촉
(라) 동위조약과 동위조약의 저촉
(마) 강행조약과 임의조약의 저촉
(바) 국제조직조약과 국제조직구성국 조약의 저촉

2. 조약의 저촉의 조약법상 체계

조약의 저촉의 조약법상 체계에 관해 다음과 같이 견해가 나누어져 있
다.
(i) 조약의 적용(application of treaties) 문제로 보는 견해[7]
(ii) 조약의 목적(objects of treaties) 문제로 보는 견해[8]
(iii) 조약의 해석 · 유효 · 개정 · 종료(interpretation, validity, revision, termination
of treaties) 문제로 보는 견해[9]

---

7) T.D. Elias, *The Modern Law of Treaties* (Leiden: Sijthoff, 1974), p.54; Ian Sinclair, *The Vienna Convention on the Law of Treaties*, 2nd ed.(Manchester: Manchester University Press, 1984), p.84; Alina Kaczorowiska, *Public International Law*, 4th ed.(London: Routledge, 2010), p.116.
8) Robert Jennings and Arthur Watts (eds.), *Oppenheim's International Law*. 9th ed., Vol.1(London: Longman, 1992), p.1214.
9) Karl *supra* n.2, p.468.

(ⅳ) 조약의 유효(validity of treaties) 문제로 보는 견해10)

(ⅴ) 조약의 적용과 효력(application and effect of treaties) 문제로 보는 견해11)

조약의 저촉을 (ⅰ) 조약의 적용 문제로 보는 견해는 저촉되는 조약의 유효를, (ⅱ) 조약의 목적문제로 보는 견해는 저촉되는 조약의 무효를, (ⅲ) 조약의 해석·유효·개정·종료 문제로 보는 견해는 해석·개정·종료의 경우는 저촉되는 조약의 유효를, 유효의 경우에는 저촉되는 조약의 무효를, (ⅳ) 조약의 유효로 보는 견해는 저촉되는 조약의 무효를, (ⅴ) 조약의 적용과 효력의 문제로 보는 견해는 적용의 경우는 저촉되는 조약의 유효를, 효력의 경우는 저촉되는 조약의 무효를 각각 전재로 한 것이다.

요컨대, 저촉되는 조약의 무효를 전재로 하는 견해는 상기 (ⅱ), (ⅲ), (ⅳ) 그리고 (ⅴ)의 견해라고 볼 수 있다.

3. 조약의 저촉의 해결방법

조약의 저촉을 해결하는 방법의 원칙으로 다음과 같은 것이 있다.

(ⅰ) 위계의 원칙(hierachic priciple)

(ⅱ) 선법우선의 원칙(lex prior priciple)

(ⅲ) 후법우선의 원칙(lex posterior priciple)

(ⅳ) 특별법우선의 원칙(lex specialis priciple)

(ⅴ) 자치적 적용의 원칙(autonomous operation priciple)

(ⅵ) 입법의사의 원칙(legislative intent priciple)12)

조약의 저촉의 어떤 유형의 경우에 어느 원칙이 적용되고 2개 이상의 원척이 경합된 경우 어떤 원칙이 우선하느냐의 원칙도 명확히 확립되어

---

10) Michel Vinally "Law of Treaties," in Max Sorensen(ed.), *Manual of Public International Law*(London: Macmillan, 1968), p.206.

11) Ian Brownlie, *Principles of Public International Law*, 5th ed.(Oxford: Oxford University Press, 1998), pp.627, 630.

12) Sinclair, *supra* n.7, p.96; Jenks, *supra* n.3, pp.436-453.

있지 아니하며, 이들 원칙은 상호 불가분의 연관(inseparable link)을 갖고
있다.[13]

상술한 조약의 저촉의 유형별로 조약의 저촉을 해결하는 원칙을 적용해
보면 다음과 같다.

(i) 체약당사자가 동일한 조약의 저촉(A·B $\langle X \rangle$: A·B $\langle Y \rangle$) : 이 경우
는 후법 우선의 원칙이 적용되게 된다(Y가 X에 우선).[14]

(ii) 체약당사자가 상이한 조약의 저촉 : 제1유형(A·B $\langle X \rangle$: A·C $\langle Y \rangle$),
제2유형(A·B $\langle X \rangle$: A·B·C·D $\langle Y \rangle$), 제3유형(A·B $\langle X \rangle$: C·D $\langle Y \rangle$)
별로 각기 적용하는 원칙이 상이하다.[15]

이 연구에서는 제1유형(A·B $\langle X \rangle$: A·C $\langle Y \rangle$) 즉, "일 당사자가 공통인
조약의 저촉"의 해결방법에 관해서만 검토하기로 한다. 한·일 간의 "어업
협정"과 연합국·일 간의 "대일평화조약"은 제1유형(한·일 $\langle$어업협정$\rangle$:
연합국·일 $\langle$대일평화조약$\rangle$)에 해당되기 때문이다.

제1유형의 해결방법에 관하여 후조약무효설,[16] 후조약위법설,[17] 후조약
유효설[18]이 있으나 후조약무효설이 다수설이고 판례라 할 수 있다.

III. 일 당사자 공통 저촉조약의 후조약 무효

여기 "일 당사자가 동통인 저촉조약"(one common party to conflict treaties)
이란[19] "단 하나의 당사자가 공통인 충돌조약"(conflict treaties with only one
party in common),[20] "분기당사자를 가진 저촉조약"(conflict treaties with

---

13) Karl, *supra* n.2, p.469.
14) *Ibid.*, p.470.
15) *Ibid.*, pp.470-471.
16) H. Lawterpacht, "The Covenant as High Law," *BYIL*, Vol.17, 1936, pp.64-65.
17) Wesley Gould, *An Introduction to International Law* (New York: Harper and Brothers, 1957), p.326.
18) Kelsen *supra* n.2, p.504.
19) Scharzenberger and Brown, *supra* n.3, p.131.

divergent parties)을[21] 말한다. 이는 전술한 조약의 저촉유형 중 당사자가 상이한 조약의 저촉 중 제1유형에 해당되는 저촉을 말한다. 예컨대, A·B를 당사자로 하는 X조약과 A·C를 당사자로 하는 Y조약의 저촉(A·B ⟨X⟩ : A·C ⟨Y⟩)을 말한다. 즉, X조약과 Y조약에 있어서 A만이 공통인 X조약과 Y조약의 저촉을 뜻한다.

전술한 바와 같이 이 저촉의 경우 저촉되는 후조약의 효력에 관해 학설이 나누어져 있으나 후조약무효설이 학설과 판례 그리고 관행이라 할 수 있다. 이에 관한 학설과 판례, 조약법 협약안과 조약법 협약 그리고 관행을 고찰해 보기로 한다.

1. 학설과 판례

가. 학설

(1) Gerald Fitzmaurice

Fitzmaurice는 A·C 간의 조약이 A·B 간의 전조약에 저촉될 경우 후조약이 전조약의 "직접적인 위반"을 수반하는 경우 후조약은 무효라고 다음과 같이 기술하고 있다.

A국과 C국 간의 조약이 A국와 B국 간의 선조약에 저촉될 경우
(a) …
(b) 후조약이 필연적으로 선조약의 직접적 위반을 수반할 경우 후조약은 무효이다

where a treaty between state A and C was inconsistent with an earlier treaty state A and B … the later treaty would be invalid only
(a) …
(b) the later treaty necessarily involved a direct breach of the earlier treaty[22]

---

20) Karl, *supra* n.2, p.468; Jennings and Watts, *supra* n.8, pp.1214-1215.
21) Karl, *supra* n.2, p.470; Virally, *supra* n.10, p.207.
22) Gerald Fitzmaurice, Third Report on the Law of Treaties, A/CN.4/115(1958), Arts, 18.19;

(2) H. Laeterpacht.

Laeterpacht는 선조약에 저촉되는 후조약은 불가양립성의 한도에서 무효이고 집행할 수 없는 것이라고 다음과 같이 기술하고 있다.

> 동일체약국 간의 조약이 아닌 선조약의 규정에 저촉되는 조약은 그들 서명국의 약간의 피해의 원인이 되는 선조약에 저촉되는 조약은 그와 같은 불가양립성의 한도에서 무효이고 국제재판소에서 집행할 수 없는 것이다.
>
> treaties, other than those between the same contracting parties, which conflict with the provisions of previous treaties so as to cause injury to the interest of some of their signatories are to the extent of such imcompatibility, invalid and unenforceable before international court. [23]

(3) L. McNair

McNair는 A국과 B국이 당사자인 조약과 A국과 C국이 당사자인 후조약에 저촉되는 경우 후 조약이 무표(null and void)로 되는 경우의 하나로 다음을 열거하고 있다.

> (a) 전 조약에 의하여 A국가가 그의 조약 체결 능력을 양도하거나 감축한 경우에 A국가가 그의 조약체결 능력의 부존재 또는 초과하에 체결된 후조약
>
> Where, by virtue of the earlier treaty state A surrendered or diminished its treaty-making capacity and the later treaty has been concluded by state A in absence, or in excess of its treaty-making capacity. [24]

이는 조약 체결능력이 없거나 또는 초과하여 체결된 조약은 무효라는 것이므로 B국가가 A국가에게 조약체결 능력을 선조약으로 부여하고 A국가가 그 조약체결 능력을 초과하여 체결된 조약이 무효라는 의미도 된다고 본다.

Sinclair, *supra* n.7, p.94.
23) Lauterpacht, *supra* n.16, p.60.
24) L.McNair, *Law of Treaties* (Oxford: Clarendon, 1961), p.221.

(4) Robert Jennings 와 Arthur Watts

Jennings와 Watts는 저촉되는 후조약이 무효이고, 특히 보호조약의 경우 보호국이 보호조약에 의해 부여된 권한을 초과하여 체결된 조약은 무효라고 다음과 같이 기술하고 있다.

특정의 경우 약간의 신뢰의 조치로서 최소한 후조약의 전 조약에 대한 불가양립성의 한도에서 후조약이 무효라고 주장될 수 있다.

(1) 전 조약이 국가의 조약체결 능력을 직접적으로 감축하고 후조약이 그 국가에 의해 아직 유보되어 있는 조약체결 능력을 초과한 경우; 그러한 사태는 연방연합으로 진입하는 조약이나 피 보호 상태를 수락하는 조약에 의한 국가에 의해 야기되게 된다.

in certain cases it can with some measure of confidence be asserted that the later treaty is void, at least to the extent of its incompatibility with the earlier treaty:

(1) where the earlier treaty has directly reduce the treaty making capacity of the state and the later treaty is in excess of the capacity (if any) still retained by the state; such a situation would occur in respect of state by treaty entering into a federal union or accepting protectorate status.[25]

(5) Michel Virally

Virally는 선조약의 약속에 불일치하는 조약은 무효로 될 수 있다고 하면서 그 무효는 위법성에 근거한 것을 반드시 의미하지 아니한다고 다음과 같이 기술하고 있다.

당사자의 하나의 선약속에 불일치에 관한 조약이 무효로 될 수 있다는 논의는 그 조약무효의 근거가 위법하다는 것을 필수적으로 의미하지 아니한다.
the argument that a treaty may be void for inconsitency with a prior engagement of one if the parties does not necessarily involve that ground of its being so void is illegality.[26]

---

25) Jennings and Watts, *supra* n.8, pp.1214-1215.
26) Virally, *supra* n.10, p.207.

(6) C. W. Jenks

Jenks는 일 당사자가 공통인 저촉조약의 해결 원칙은 선법우선의 원칙이라고 다음과 같이 기술하고 있다. 선법이 우선한다는 것은 후법의 무효를 간접적으로 함축한 것이라고 할 수 있다.

> 저촉의 해결을 위한 어떠한 규칙이 요구되는 한 선법 우선의 원칙은 아직 합리적이고 편리한 것이다.
>
> the lex prior principal may still be a reanable and convenient one in so far as some rule for resolving the conflict is necessary.[27)

(7) G. G. Wilson

Wilson은 타 국가와 저촉되는 제3국의 조약은 선 조약이 우선한다고 다음과 같이 기술하고 있다. 선 조약이 우선한다는 뜻은 후조약이 무효라는 의미인 것이다.

> 다른 국가와 저촉되는 제3국과의 후조약의 경우 선 조약이 우선한다.
>
> in case a later treaty with a third conflicts with other state, the earlier treaty prevails.[28)

(8) T. O. Elias

Elias는 선 조약의 당사자와 후조약의 당사자가 동일한 조약의 저촉의 경우는 후조약이 우선하나 선후 두 조약의 공통된 한 당사자가 있는 경우는 선 조약이 우선 하다고 다음과 같이 기술하고 있다. 우선 당하는 조약은 무효라는 의미인 것이다.

> 선조약과 후조약 양자의 당사자 간에 있어서는 후조약이 우선한다. 그러나 선후 양 조약의 당사자인 국가와 선조약 만의 당사자인 국가 간에 있어서는 선조약이 우선한다.

---

27) Jenks, *supra* n.3, pp.444-445.
28) G.G.Wilson, *International Law*, 9th ed.(New York: Silver, 1935), p.222.

between two states that are parties to both the earlier and the later treaties, the later treaty prevails, but as between a state party to both treaties and a state party only the earlier traty, the earlier treaty prevails.[29]

이상의 학설 이외에 후조약이 무효라는 견해는 E. de Vattle,[30] W. E. Hall,[31] L. Oppenheim[32] 등에 의해 표시되어 왔다.

나. 판례

(1) *Costa Rica v. Nicaragua* (1916)

1916년 미국과 니카라구아 간에 체결된 "브라이언·차모로 조약"(Bryan-Chamorro Treaty)은 99년간 니카라구아 영토를 횡단하여 폰세카(Fonseca) 만을 연결하는 해양운하의 건설권을 미국에 부여하는 규정을 두고 있다. 이는 니카라구아와 코스타리카 간에 체결된 선조약의 규정을 위반한 것이었다. 이에 코스타리카와 엘살바도르는 중앙아메리카재판소(Central American Court of Justice)에 제소했다.

재판소는 단순히 미국에 대해 관할권이 없다는 이유로 후조약인 "브라이언·차모로 조약"이 선조약을 위반하여 무효(null and void)임을 확인했으나 무효라는 선언을 하지 아니했다.[33]

(2) *Salvador v. Nicaragua* (1917)

1916년 미국과 니카라구아 간에 체결된 폰세카만의 해군기지의 건설에 관한 "브라이언·차모로 조약"은 1917년에 체결된 폰세카만에 있어서 엘살바도르의 공유권을 규정한 "중앙아메리카 국가간 평화와 우호조약"(Treaty

---

29) Elias, *supra* n.7, p.56.
30) E.de Vattle, *Droit des gens*, Book Ⅱ, ch.12, §165.
31) W.E.Hall, *A Treaties on International Law*, 6th ed.(Oxford: Clarendon, 1909), p.334.
32) L. Oppenheim, *International Law*, Vol. 1, 4th ed.(London: Longmans, 1926), p.713; Jorg Kammerhufer, *Uncertainity in International Law*(London: Routhedge, 2011), p.167.
33) *AJIL*, Vol.11, 1917, p.228; H. Lauterpacht, "The Covenant as High Law" *BYIL*, Vol.17, 1936, p.61; *BYIL*, Vol.30, 1953, p.42.

of Peace and Amity among Central American States)의 규정을 위반한 것이었다. 엘살바도르는 니카라구아를 중앙아메리카재판소에 제소했다.

재판소는 후조약인 "브라이언·차모로 조약"은 선조약인 "중앙아메리카 국가간 평화우호조약"을 위반하여 무효라는 이유를 다음과 같이 판시했다.

> 니카라구아는─국제법에 의해 규정된 모든 가능한 수단을 다할─브라이언·차모로 조약이전에 존재하는 법적 상태를 재수립하고 유지할 의무하에 있다.
>
> Nicaragua is under obligation─availing itself of all possible means provided bu international law─to re-establish and maintain the legal status that existed prior to the Bryan-Chamorro Treaty.[34]

(3) *Jurisdiction of the European Commission of the Danube* (1927)

1856년의 "파리 평화조약"(Paris Peace Treaty) 제15조는 다뉴브와 그 하구(Danube and its Mouths)의 자유항행이 된다라고 규정하고 있다. 다뉴브의 자유항행을 위해 특별 국제기관(Special International Organ)인 이자크챠(Isaktcha), 즉 유럽다뉴브위원회(European Danube Commission, 이하 "EDC"라 한다)가 창설되었다. 1919년의 "베르사이유 평화조약"(Peace Treaty of Versailles)은 제1차 대전 이전에 EDC의 권한을 확인하고 독일의 으름(Ulm) 상원의 국제화를 확장했다.

1921년 7월 23일의 "다뉴브한정정관수립협약"(Convention Establishing the Definitive of the Danube), 즉 "다뉴브한정정관"(Definitive Statute of the Danube)이 제정되었다.

동 규정에 의해 EDC의 권한이 확인되고 모든 항행가능한 하천의 권한은 으름(Ulm)에서 브라이라(Braila)까지(fluvial Danube) 그리고 브리아라에서 흑해까지(maritime Danube) 확장되었다.

---

34) *AJIL*, Vol.11, 1917, p.719; *BYIL*, Vol.16, 1935, p.164; *BYIL*, Vol.17, 1936, p.61; *BYIL*, Vol.30, 1953, p.422.

"베르사이유평화조약" 제346조, 제348조 및 제349조의 적용에 관해 분쟁
이 발생했다. 루마니아 정부는 가라츠(Galatz)와 브라이라(Braila) 간의 운
하의 자유항행을 부정했다. 이 분쟁은 국제연맹이사회에 회부되었고 사무
총장은 1926년 12월 18일 이에 관한 권고적 의견을 상설국제사업재판소에
요구했다.[35] 1926년 12월 18일 이 문제는 "베르사이유평화조약"과 "다뉴베
정의규정"의 저촉문제로 재판소는 "베르사이유평화조약과 한정정관 양자
에 서명하고 비준한 본 분쟁에 관련된 모든 정부는 그들 간의 관계에 있
어서 이의 규정의 어떤 것이 무효라고 주장할 수 없다"고 판시했다.[36] 이
는 "한정정관"에 서명하지 아니한 루마니아는 무효를 주장할 수 있다는 뜻
이다. 즉 "베르사이유평화조약"과 "한정정관"의 저촉에서 전자에 저촉되는
후자는 "무효"라는 것을 간접적으로 인정한 것이다. 그러나 재판소는 EDC
가 "한정정관" 체결 이후 장기간 가라츠(Galatz)와 브라이라(Braila)에 대해
권한을 행사해온 사실을 누구도 부인할 수 없다고 하고 또한 이는 전대부
터 행사해온 것이므로 이에는 '전쟁전 현상의 원칙'(princilal of status quo
ante bellium)에 따라 "베르사이유평화조약"에 대한 권한은 있다고 다음과
같이 판시했다.

> 전쟁 전 현상의 복구는 다뉴브에 관한 베르사이유 조약의 규정과 그에 관
> 한 한정정관의 규정을 지배하는 원칙이 마찬가지였다.[37] 현행법상 EDC는 가
> 라츠 이하의 구역과 마찬가지로 가라츠에서 브라이라 간의 해안구역에 대하
> 여 동일한 권한을 갖는다
>
> the restoration of the status quo ante bellium was one of the leading princilple
> of the provisions of the Treaty of Versailles concerning Danube as well as of
> those of the Definitive Statute. under the Law at present in forcr the EDC has the
> same powers on the maritime sector of the Danube from Galatz to Braila as
> sector below Galatz.[38]

---

35) Jennings and Watts, *supra* n.8, p.578; PCIJ, *Series B* No.14, 1927, pp.8, 28.
36) PCIJ, *Series B*, No.14, 1927, p.23.
37) *Ibid.*, p.27.
38) *Ibid.*, pp.27, 69.

(4) Customs Regime between Germany and Austria (1931)

1931년 5월 19일 국제연맹이사회는 상설국제사법재판소에 1931년 3월 19일의 "오스트리아 · 독일의정서"(Austrai-German Protocol)에 의해 규정된 독일과 오스트리아 간의 관세연맹(Customs Union)이 1919년 9월 10일 연합국과 오스트리아 간의 평화조약인 "성 게르만 평화조약"(Saint German Peace Treaty) 제88조와 동 평화조약의 의정서인 1922년 10월 4일 제네바에서 서명된 "의정서 I"(Protocol I)과 양립할 수 있느냐의 권고적 의견을 요청했다.[39] 양 합의서는 오스트리아에게 오스트리아의 독립을 약속하는 어떠한 행위도 자제할 의무를 부과하고 있다.[40] 오스트리아는 1922년 10월 4일의 "의정서 I"의 당사자이고 또한 1931년 3월 19일의 "오스트리아 · 독일 의정서"의 당사자이다. 이 양 의정서의 저촉유형은 "일 공통 당사자 저촉조약" 유형(A · B⟨X⟩:A · C⟨Y⟩)에 해당된다. 상설국제사법재판소는 1931년 9월 5일 1931년의 관세체제(customs regime)는 1922년의 의정서와 양립하지 아니한다는 다음과 같은 권고적 의견을 표시했다.

> 1931년 3월 19일의 의정서에 의해 기초와 원칙의 한계에 관해 독일과 오스트리아 간에 수립된 체제는 1922년 10월 4일 제네바에서 서명된 의정서 제1과 양립하지 아니한다.
>
> a regime established between Germany and Austria, on the basic and the limits of the principles laid down by the Protocol of March 19th 1031, woould not be compatible with Protocol No.1 signed at Genova on October 4th 1922.[41]

이 판결에서 "양립하지 아니한다"(not be compatible)는 것은 저촉되는 후조약은 무효로 된다는 뜻으로 본다. 결국 후조약인 "제네바의정서 제1"은 무효인 것이다.

---

39) PCIJ, *Series A/B*, No.41, 1931, p.5.
40) Ibid., p.38; Monika Vicheiling, "Customs Regine between Germany and Austria", *EPIL*, Vol.2, 1984, p.69.
41) PCIJ, *Series A/B* No. 41, 1931, p.53.

(5) *Oscar Chinn* Case(1934)

영국인 Oscar Chinn은 벨기에의 식민지로된 콩고에 하천 수송회사 "Unatra"를 설립했다. 당시 벨기에 국가가 반 이상의 주식을 보유하고 있었으며 "Unatra"의 수송률은 벨기에 정부의 인가를 받아야 했다. 1930~1931년의 디플레이션으로 벨기에 정부는 "Unatra"의 통행량을 결정적으로 감축하는 조치를 취하게 되었다. 이에 손실을 보게 된 Chinn은 보상을 요구하게 되어 영국 정부와 벨기에 정부 간에 분쟁이 야기되어 1934년 4월 14일의 영국 정부와 벨기에 정부 간의 제소합의로 영국정부는 상설국제재판소에 벨기에 정부의 조치가 국제법에 위반한 것이라는 제소를 했다.

1934년 12월 12일 재판소는 벨기에 정부의 조치가 국제법에 저촉되지 아니한다고 판결했다. 재판소는 1919년 9월 10일의 "성 게르마인협약"(Convention of Saint-Germain) 제5조의 규정에 근거한 것이었다. 물론 영국과 벨기에는 동 협약의 비준국이었다. 동 협약은 1885년 2월 22일에 모든 유럽국가와 미국이 서명한 "베를린 회종의정서"(Berlin Final Act, Berlin General Act)와의 저촉문제가 제기되게 된 것이다.

재판소는 동 협약과 동 의정서가 모두 유효하다는 것이었으나 반대의견을 표명한 Eysiga 재판관과 분리의견을 표명한 Schuking 재판관은 후조약인 1919년의 "성 게르마인 협약"은 선조약인 1885년의 "베를린 최종의정서"에 저촉되어 무효라는 의견을 표명했다.

반대의견을 표명한 Eysiga 재판관은 "베를린 최종의정서"의 개정은 동 의정서의 모든 체약국의 동의로만 가능하다고, 따라서 모든 국가의 동의가 없는 "성 게르만 협약"은 무효라고 하며 그 이유를 다음과 같이 주장했다.

> 베를린 의정서는 다수의 국가 간에 다수의 계약관계를 창설하지 아니한다. … 이는 만장일치수정법을 의미하지 아니한다. 그러나 이는 정관과 헌법에 의해 하나의 체제로서 공고지역을 규정한다. 이 체제는 불가분의 전체를 형성하고 수정될 수 있으나 이는 모든 체약 당사국의 합의를 요한다.
>
> the General Act of Berlin does not create a number of contractual relations

between a number of states, ⋯ it does not constitute a just dispositium, but it provides the Congo Basin with a regime, a statute, a constitution. This is regime, which forms on indivisible whole, may be modified, but for this the agreement of all contracting powers is required.[42]

M Schucking 재판관은 그의 분리의견(separate opinion)에서 무효는 상대적이고 무효를 주장할 때까지는 유효한 것이라고 다음과 같이 기술했다.

> 무효는 오직 상대적인 것이다. 즉 그들 서명국 간에 있어서는 유효한 것이다. ⋯ 그럼에도 불구하고 신협약은 그에 참여에 초대되지 아니한 국가가 그들의 권리를 주장하는 단계를 취할 때까지 계속 합법적이고 유효한 것이다.
>
> the nullity is only relative to say they are valid in relations between their signatories ⋯ the new convention continues nevertheless to be legal and valid, until such time as the powers which were not invited to participate in it take steps to assert their rights.[43]

이상에서 고찰해 본 바와 같이 일 공통당사자 저촉조약에서 (A·B〈X〉: A·C〈Y〉) 선 조약에 저촉되는 후 조약은 무효라는 것이 학설과 판례에 의해 일반적으로 승인되어 있다.

2. 조약법 협약안과 조약법 협약

가. 하바드 조약법 협약안(1938)

"하바드 국제법연구소의 조약법 협약안"(Harvard Research in International Law, Draft Convention on the Law of Treaties)은 제3국과의 선 조약상의 의무에 후 조약상의 의무가 저촉될 경우 선 조약상의 의무가 우선한다고 다음과 같이 규정하고 있다.

---

42) PCIJ, *Series A/B* No. 63, 1934, pp.133-134.
43) *Ibid.*, p. 87.

　　일 국가가 타 국가와의 조약에 의해 부담한 의무가 제3국과의 선 조약에
의해 부담한 의무에 저촉될 경우, 선 조약에 의해 부담한 의무가 후 조약에
의해 부담한 의무에 우선한다.

　　if a state assumes by a treaty with another state on obligation which is in
conflict with an obligation which it has assumed by an earlier treaty with a third
state, the obligation assumed by earlier treaty takes priority over the obligation
assumed by the later treaty.[44]

위의 규정에서 우선한다(takes priority over)는 것은 결과적으로 후조약
이 무효라는 의미를 함축하고 있는 것이다.

나. 조약법 협약(1969)

조약법 제30조 제2항은 "조약이 선 조약 또는 후 조약에 따를 것을 명시
하고 있거나 또는 선 조약 또는 후 조약과 양립하지 아니하는 것으로 간
주되지 아니함을 명시하고 있는 경우에는 그 다른 조약의 규정이 우선한
다"라고 규정하여 양립조항이 있는 경우에는 그에 따를 것을 규정하고 있
으나 양립조항이 없는 경우에는 규정을 두고 있지 못하다. 제30조 제4항
(b)는 다음과 같이 규정하고 있다.

　　양 조약의 당사국과 어느 한 조약의 당사국 간에는 그 양국이 다 같이 당사
국인 조약 그들 상호간의 권리의무를 규율한다.

　　as between a state party to both treaties and a state party to only one of the
treaties, the treaty to which both state are parties governs their mutual right, and
obligations.

이 규정은 조약은 제3자에 대해 영향을 주지 아니한다는 원칙(제34조)
을 확인한 것에 불과하다.[45] 이는 선 조약에 저촉되는 후 조약이 위법 또
는 무효이냐의 문제를 해결하지 못한 것이다.[46]

---

44) *AJIL*, Vol. 29, 1935, Suppl. p.1044; *BYIL*, Vol.30, 1953, p.442.
45) Karl *supra* n.3, p.470.
46) *Ibid.*

제30조 제5항은 다음과 같이 규정하고 있다.

> 다른 조약에 다른 국가에 대한 어느 국가의 의무와 조약 규정이 양립하지
> 아니하는 조약의 체결 또는 적용으로부터 그 어느 국가에 대하여 야기될 수
> 있는 책임문제를 침해하지 아니한다.
> without prejudice … to any question of responsibility which may rise for a
> state from the conclusion or application of a traty the provisions towards another
> state under another treaty.

동 규정은 "책임문제를 침해하지 아니한다"라고만 규정하였을 뿐 후 조
약이 "위법" 또는 "무효"라고 규정하고 있지 아니하다.[47] 동 조의 규정은
많은 점에서 전적으로 만족스러운 것이 아니다.(in many respects not entirely
satisfactory)[48]

요컨대, "조약법 협약"은 일 공통당사자 저촉의 경우 (A · B⟨X⟩:A · C⟨Y⟩)
선 조약에 저촉되는 후 조약의 "무효"를 명시적으로 규정하고 있지 아니하
나 후 조약의 체결 또는 적용에 대한 책임을 규정하고 있다. 그러나 책임
문제가 배제되지 아니하는 원인으로써 후 조약의 "무료"가 배제되는 것은
아니다. 즉 후 조약이 무효이므로 책임문제가 배제되는 것이 아니라는 의
미를 묵시적으로 표시하고 있다.

IV. 한일어업협정의 무효 검토

1. 학설 · 판례에 의한 무효

상술한[49] 바와 같이 일 당사자 공통인 저촉 조약에서 후 조약은 학설 ·

---

47) *Ibid.*, p.471.
48) Sinclair, *supra* n.13, p.98.
49) *Supra* Ⅲ. 1. 가. 나

판례에 의하여 무효이다. 이에 따르면 선 조약인 일본을 공통 당사자로
하는 "대일평화조약"에 저촉되는 후 조약인 "한일어업협정"은 무효이다.

2. 조약법 협약에 의한 무효

1969년의 "조약법 협약"은 1980년에 발효했으므로, 1999년의 "한일어업
협정"에 "조약법 협약" 제4조에 규정된 불소급의 원칙에 따라 "한일어업협
정"에 "조약법 협약"은 적용되지 아니한다. 그러나 "조약법 협약"은 관습법
을 성문화한 것이므로 동 협약의 체약당사국이 아닌 국가에 대해서는 동
협약이 관습법으로 적용될 수 있다는 견해에 의하면[50] 동 협약은 관습법
으로 "한일어업협정"에 적용될 수 있다.

"조약법 협약"은 일 당사자 공통인 저촉조약에 관해 선 조약에 저촉되는
후 조약은 무효라고 명시하지 아니하고 후 조약 당사자의 "책임문제"가 해
제되지 아니한다라고 규정하고 있으므로[51] 책임문제가 후 조약의 "무효"를
전재로 한 것이라고 하여 "한일어업협정"의 "무효"를 주장할 수도 있고, 책
임 문제가 위법을 전재로 한 것이라고 하여 "한일어업협정"의 위법성을 주
장할 수도 있다. 물론 무효 · 위법을 별론으로 하고 책임의 해제방법인 원
상회복, 손해배상, 진사 등을 요구할 수도 있다.

요컨대, "조약법 협약"에 의해 후 조약의 무효가 명시적으로 배제되어
있지 아니하므로 한국은 일본에 대해 "한일어업협정"의 무효를 주장할 수
있다고 본다.

---

50) Sinclair, *supra* n.7, p.9; Shabatai Rosenne, "Vienna Convention on the Law of Treaties",
   EPIL, Vol. 7, 1984, p.528; Brownlie, *supra* n.11, p.608; *Namibia* case(1917): ICJ,
   Reports, 1971, p.47.
51) "조약법 협약" 제30조 제5항; 전술 Ⅲ. 2. 나.

V. 결언

첫째로, 상술한 바를 다음과 같이 요약하기로 한다.

(i) "일 당사자가 공통인 저촉조약"(A·B〈X〉 : A·C〈Y〉)에서 선 조약 (X)에 저촉되는 후 조약(Y)은 무효라는 것이 학설·판례·관행에 의해 일 반적으로 승인되어 있다.

(ii) 후 조약인 "한일어업협정"은 선 조약인 "대일평화조약"에 저촉된다. 특히 "한일어업협정"제9조는 "대일평화조약"제2조(a)항에 저촉된다. 따라 서 "대일평화조약"에 저촉되는 "한일어업협정"은 무효이다.

둘째로, 정부관계당국에 대해 다음과 같은 정책대안을 제의하기로 한다.

(i) "한일어업협정"은 "대일평화조약"에 저촉되어 무효라는 학계의 연 구를 주도적으로 추진·지원하고 그 연구결과를 정책에 적극적으로 반영 한다.

(ii) "대일평화조약"에 저촉되는 "한일어업협정"은 무효이므로 "대일평 화조약" 제21조의 "한국은 본 협약의 제2조, 제4조, 제9조 및 12조의 이익 을 향유할 권리를 가진다"라는 규정에 의해 한국은 일본에 대해 "한일어업 협정"의 무효를 주장할 수 있으며, 이에 따라 "한일어업협정" 제15조의 "이 협정의 어떠한 규정도 어업에 관한 사항이외의 국제법상 문제에 관한 각 체약국의 입장을 해하는 것으로 간주되어서는 아니된다"의 규정에 의거 일본이 독도의 영유권 주장을 할 수 있었으나 한국은 "한일어업협정"의 무 효를 주장하여 일본은 더 이상 독도의 영유권을 주장할 수 없게 된다. 독 도에 관한 정부의 정책당국은 이를 근거로 일본은 독도영유권 주장을 할 수 없는 것이라는 것을 대일본독도정책에 반영한다.

(iii) "대일평화조약" 제21조의 "한국은 본 협약의 제2조, 제4조, 제9조 및 제12조의 이익을 향유할 권리를 가진다"는 규정에 의거 한국은 "한일어업 협정"의 무효를 주장할 수 있으며, 이에 의거 "한일어업협정"에 의한 중간 수역에서 기국주의에 의해 추적권이 금지되어 왔으나 (부속서 제2항 가

목) "한일어업협정"의 무효로 중간수역에서 추적권이 인정됨을 정책에 반영한다.

(ⅳ) 조약의 저촉문제로 "한일어업협정" 제16조 제2항에 의거 동 협정의 전부의 폐기 통보 없이 상기의 효과를 정책에 반영한다.

제10절 일본영역참고도의 국제법상 효력 검토

Ⅰ. 서언

"대일평화조약" 제2조 (a)항에 일본이 포기하는 도서로 독도가 명시적으로 규정되어 있지 아니하므로 한일 간에 독도영유권의 귀속에 관해 상호 엇갈린 주장을 계속해 오고 있다. 1951년 일본 국토교통성 해상보안청 수로국이 발행한 "일본영역참고도"(日本領域參考圖)에는 SCAPIN 제677호에 부속된 지도와 같이 독도를 일본의 영토에서 제외되는 것으로 표시되어있다. 동 "일본영역참고도"는 국내 사학자들에게 발견되고 이에 관한 연구·검토가 진행되어 왔으나, 동 지도의 국제법상 효력에 관해서는 아직 국내 국제법학자에 의해 연구·발표된 바 없는 것으로 안다.

이 연구는 "일본영역참고도"가 국제법상 어떤 의미를 갖고 또한 어떠한 법적 효력이 있는지, 특히 "대일평화조약" 제2조 (a)항을 해석함에 있어서 어떠한 의미와 효력을 갖는지를 검토하기 위해 시도될 것이다.

이하 "일본영역참고도"의 제작과 그 내용, "일본영역참고도"의 일본 의

회에서의 "대일평화조약" 비준 동의안에의 첨부, "일본영역참고도"의 국제
법상 효력검토 순으로 기술하고, 결론에서 정부관계당국에 대한 정책대안
을 제의하기로 한다.

이 연구는 자연법론을 초극한 법실증주의에 입각한 것이며, 법해석논적
접근임을 여기 밝혀두기로 한다.

II. 일본영역참고도의 제정, 내용, 비준승인조약 첨부

1. 일본영역참고도 제정

"일본영역참고도"는 1951년 8월에 일본 국토교통성 산하 해상보안청 수
로부에 의해 제작되었다. "대일평화조약"이 1951년 9월 8일에 서명되었으
므로 동 지도는 "대일평화조약" 서명 직전에 제정된 것이다.[1]

"해상보안청 수로부"는 국토교통성 산하 기관이므로 동 지도는 일본 국
가기관이 제작한 지도임은 검토의 여지가 없다. 이 지도의 정식 명칭은
물론 "일본영역참고도"(日本領域參考圖)이다.[2] 동 지도는 "대일평화조약"
비준동의안에 첨부되었다.[3]

"일본영역참고도"는 "일본영역도"와 혼동되어서는 아니된다. "일본영역
도"는 1952년 5월 25일 마이니찌(每日)신문사가 발행한 『대일평화조약』안
쪽 표지에 게재된 지도이다. 이 지도에는 독도를 한국의 영토로 표시되어
있다.[4] 그러나 이는 일본 국가기관이 발행한 지도가 아니라는 데 주목해

---

1) "일본영역참고도" 난외의 기록에 "昭和26년 8월 海上保案廳 水路部 調製"라고 기록
   되어 있다.
2) "日本領域參考圖"라는 명칭은 동 지도 좌측 상단에 큰 글자로 표기되어 있다.
3) 1951년 10월 22일 『중의원 회의록』.
4) 정태만, "일본영역참고도와 연합국의 대일평화조약", 독도보전협회 2015년 학술대
   회, 『일본 아베 정권의 독도 침략 정책 강화 추세와 한국의 독도 영유권의 명중』,
   2015.10.8, 서울역사박물관, p.65; 자승구, "일본법령 28개 독도를 외국 또는 일본 부

야 한다.

2. 일본영역참고도의 내용

"일본영역참고도"는 독도 동쪽에 분명하게 별도의 반원을 그려 독도를 일본영토에서 제외하며 한국영역으로 표기하고 있다. 독도는 분명하게 그 주위에 반원을 그려 일본영토에서 제외하도록 반원표시한 "SCAPIN 제677호"에 첨부된 지도와 동일하다. 남쪽 한계선은 북위 24도로 하고, 동쪽 한계선을 동명 180도로 표시하고 있다.

일본영토는 점선으로 둘러싸고 있는 구역을 "어선조업허가구역"이라 표시되어 있다. 상술한 바와 같이 지도의 명칭은 "영역"(領域)으로 표시되며, 동 지도는 일본의 영역을 표시하고 있는 것이며, 영역의 부속으로 "어선조업허가구역"을 부기하고 있다. 요컨대, "일본영역참고도"는 일본의 "영역도"이며, 어선조업허가구역도가 아닌 것이다.

3. 비준승인 대일평화조약 첨부

가. 국회의 비준 승인에 관한 헌법의 규정

"일본헌법"상 조약의 비준권자는 내각이며(제37조 제3호), 중의원과 참의원은 비준승인권을 갖는다. "한국헌법"은 조약의 체결·비준권자는 대통령이며(제73조), 국회는 비준의 동의권을 갖는 것(제60조 제1항)과 구별된다. 조약의 비준승인에서 참의원에서 중의원과 다른 의결을 한 경우, 양원협의회를 열어도 의견이 일치하지 아니할 때, 또는 참의원이 의결로부터 일정기간 안에 의결하지 아니한 때에는 중의원의 의결을 국회의 의결로 한다(제60조 제2항, 제61조, 제67조 제2항).

속섬이라 명시", 『월간조선』, 2015.5, pp.92-95.

나. 중의원에서의 대일평화조약 비준승인

"대일평화조약"의 비준승인은 중의원에서 다음과 같이 이루어졌다. 1951년 10월 11일부터 10월 25일까지 중의원 "평화조약 및 일미안전보장조약 특별위원회"에서 9차에 걸쳐 "대일평화조약"이 심의되었고, "대일평화조약"에 첨부된 "일본영역참고도"는 10월 22일 중의원 특별위원회 제6차 회의에서 논의되었다.[5] 10월 26일 중의원 본회의에서 승인이 결의되었다.

다. 참의원에서 "대일평화조약" 비준승인

"대일평화조약" 비준승인안은 참의원 특별위원회에서 10월 18일부터 11월 17일까지 심의되고 11월 18일 참의원 본회의에서 비준의 승인이 결의되었다.[6]

1951년 11월 19일 천황이 비준서를 인증하고, 11월 28일에 미국정부에 비준서를 기탁했다.[7]

중의원과 참의원에서 "대일평화조약" 비준승인 심의과정에서 『일본영역참고도』는 동 조약의 부속도서로 첨부되었다. 물론 동 지도는 48개 연합국에게 배부된 "대일평화조약"에 첨부된 것이 아니라 일본에서만 "대일평화조약"에 첨부되어 국회의 비준승인을 받은 것이다.

III. 일본영역참고도의 국제법상 효력 검토

1. 일본영역참고도의 지도로서의 증명력

가. 지도의 증명력 일반

조약(treaties)과 재판(decisions)과 같은 법적 문서(legal instruments)에 부

---

5) 정태만, 전주4, p.68.
6) 정태만, 전주4, p.68.
7) 정태만, 전주4, p.68.

속되어 그 법적 문서의 불가분의 일부를 구성하는 지도는 직접적 증명력이 인정되고 그 이외의 지도는 간접적 증명력만이 인정되는데 불과하다. 이와 같이 법적 문서에 부속된 지도를 "인증지도"(authenticated maps)라 하고,[8] 이러한 지도의 특성을 "인증성"(authenticity, authentic character)이라 한다.[9] 이 "인증지도"에는 법적 문서의 불가분의 일부를 구성하는 지도뿐만 아니라 서명된 지도와 같이 지도 그 자체가 법적 문서인 지도도 포함된다.[10]

"인증지도"는 국가기관이 발행한 지도인 "공식지도"(official maps)와 구별된다. "공식지도"는 "국가기관"이 발행한 지도 이외에 국가의 찬조(auspiece) 또는 취지(purporting)로 발행한 지도를 의미한다.[11] "인증지도"는 직접적 증명력이 인정되나 "공식지도"는 간접적 증명력이 인정되는데 불과하다. 그러나 "공식지도"는 승인, 묵인, 금반언의 효과가 인정되는 점에 특색이 있다.[12]

공식지도는 국가가 생각하는 영역의 한계를 표시하는 것으로 인정되기 (represented what that state deemed the limits of its domain) 때문이다.[13]

(1) 학설

(가) Durward Sandifer

Sandifer는 지도는 대분의 경우 전문증거로서 제2차적 증거라고 하여, 그와 반대로 대부분의 경우가 아닌 특수한 경우, 즉 법적 문서에 부속된

---

8) *Opinion and Award of Guatemala-Honduras Special Boundary Tribunal*, January 23, 1933.9.8; Charles Cheney Hyde, "Maps as Evidence in International Boundary Disputes," *A.J.IL*, Vol.27, 1933, p.313; Guenter Weissberg, "Maps as Evidence in International Boundary Disputes: A Reappraisal," *AJIL*, p.782.

9) *Monastery of Sant-Naum Advisory Opinion*, PCIJ, *Series B*, No.9, 1924, p.21; A. O. Cukwurah, *The Settlement of Boundary Disputes in International Law* (Manchester: Manchester University Press, 1967), p.219.

10) PCIJ, *Series B*, No.9, 1924, p.21; Weissberg, *supra* n.8, p.784.

11) Hyde, *supra* n.8, p.315.

12) Weissberg, *supra* n.8, p.803.

13) Hyde, *supra* n.8, p.315.

경우에만 제1차적 증거로 될 수 있다고 다음과 같이 암시적 기술을 하고
있다.

> 대부분의 경우에 있어서 지도는 기껏해야 제2차적 증거이고, 흔히 성격상
> 전문증거이다…
>
> maps are in most instances, at best, secondary evidence, and frequently hearsay
> in character….[14)

> 지도는 경계의 위치에 관해 야기될 수 있는 분쟁의 결정에 있어서 분쟁의
> 결정적 증거로 거의 채택되지 아니한다.
>
> maps can seldom be taken as conclusive evidence in the determination of
> disputes which may arise concerning the location of boundary.[15)

이와 같이 Sandifer는 지도는 "대부분의 경우에 제2차적 증거"라고 만 기
술하고 있다. 그러나 대부분의 경우가 아닌 경우, 즉 특수한 경우는 제1차
적 증거로 인정된다는 의미로 반대 해석되며, 또 대부분의 경우가 아닌 경
우가 어떤 경우인지 명시하고 있지 아니하나 지도가 결정적 증거로 인정
되는 경우는 "인증지도"의 경우이므로 이는 인증지도의 경우로 해석된다.

(나) Charles Cheney Hyde

Hyde는 상설국제재판소의 포랜드 · 체코슬로바키아 간 국경에 관한 권
고적 의견(Advisory Opinion, Polish-Czechoslovakia Frontier)을 다음과 같이
인용하여 조약과 재판의 문본의 일부인 인증지도만이 제1차적 증거로 될
수 있다고 논하고 있다.

> 지도와 지도의 범례표는 조약이나 재판의 문본과 독립하여 결정적 증거로
> 인정될 수 없다는 것은 진실이다.
>
> it is true that maps and their tables of explanatory signs cannot be regarded

---

14) D.V. Sandifer, *Evidence before International Tribunals*, revised ed.(Chicago: Chicago University
   Press, 1975), p.157.

15) *Ibid.*

as conclusive proof, independently of the text of the tredties and decisions.[16]

이와 같이 Hyde가 폴란드와 체코슬로바키아 간 국경에 관한 상설국제
사법재판소의 권고적 의견을 인용한 것은 그가 조약이나 재판의 문본에
부속된 지도는 인증지도로서 이는 결정적 증거, 즉 직접적 증거로 인정되
나, 그 이외의 지도는 간접적 증거, 즉 제2차적 증거로 됨에 불과하다고
논하는 것이다.

(다) Guenter Weisberger

Weisberger는 지도는 조약과 결정의 문본에서 독립하여 증거로 될 수 없
다고 하여, 인증지도만이 증거로 될 수 있다고 다음과 같이 기술하고 있
다.

상설국제사법재판소는 "지도와 지도의 범례표는 조약과 재판의 문본으로
부터 독립하여 결정적 증명으로 인정될 수 없다"는 것을 덧붙임으로서 재판소
의 지도의 상대적 가치의 인식을 표시한 바 있다…
the Permanent Court expressed of their relative value by adding that "maps and
their tables of explanatory signs cannot be regarded as conclusive proof,
independently of the treaties and decisions"….[17]

여러 사건과 성명은 Sandifer 박사가 표시해 온 바와 같이 지도는 제1차적
증거가 아니라 흔히 전문증거의 성격을 지닌 제2차적 증거로 기술하고 있다.
case and statements, such as these have led Dr. Durward Sandifer to describe
maps not as primary, but as secondary evidence.[18]

이와 같이 Weisberger는 지도는 조약과 재판의 일부분을 구성하는 지도,
즉 인증지도만이 결정적 증명력, 즉 직접적 증명력을 갖는다고 논하고 있
다.

---

16) Hyde, *supra* n.8, p.316.
17) Weissberg, *supra* n.8, p.784.
18) *Ibid.*, pp.784-785.

(라) A. O. Cukwurah

Cukwurah는 *the Palmas Island* Caes에서 지도는 법적 문서에 부속된 경우를 제외하고 권리의 승인 또는 포기의 증거로 될 수 없다는 판정을 인용하여, 인증지도만을 제1차적 증거로 보는 의견을 다음과 같이 표시하고 있다.

지도의 고유한 한계로부터 야기되는 일반적인 접근은 지도 그 자체에 관해서 지도를 결정적인 가치로서가 아니라 상대적인 가치로서 취급된다. 따라서 팔마스도 사건에서 중재관은 지도는 하나의 표시만을 제공할 뿐이다. ―그리고 바로 간접적 표시― 그리고 법적 문서에 부속된 경우를 제외하고 권리의 승인 또는 포기를 의미하는 문서로서의 가치를 가지지 아니한다.

with regard to maps as such, the popular approach, arising from their inherent limitations, is not to treat them as conclusive but relative value, Thus, the arbitrator in the Palmas Island case, observed that "a map affords only an indication-and that a very indirect one-and, except when annexed to a legal instrument, has not the value of such an instrument, involving recognition or abandonment of rights". 19)

이와 같이 Cukwurah는 법적 문서에 부속된 지도, 즉 인증지도만이 결정적 증명력, 즉 직접적 증명력을 갖는다고 논하고 있다.

(2) 판례

(가) 1895년의 *The Misiones Boundary Arbitration between Argentined and Brazil* Case

1895년의 아르헨티나와 브라질간의 미시온스 경계 중재사건(*The Misiones Boundary Arbitration between Argentined and Brazil*)에서 아르헨티나가 제출한 지도에 대해 브라질은 그러한 지도의 존재자체는 부인하지는 아니했으나 그러한 지도의 인증성(authenticity)과 정확성(accuracy)에 관해 의문을 표시했다.20) 1895년 5월 중재관은 동 사건의 판정에서 아르헨티나가 제출

---

19) Cukwurah, *supra* n.9, pp.224-225.
20) *The Misiones Boundary Arbitration, John Bassett Moore, International Arbitration*, Vol.2

한 지도의 인증성과 정확성에 관해 어떠한 판단도 표시한 바 없었다.[21]

동 사건의 판정에서 비록 중재관은 지도의 인증성에 관해 어떠한 판단도 표시한 바 없었으나 당사자에 의해 지도의 인증성이 주장되었다. 동 사건에서 최초로 국제법상 지도의 "인증성"이 논의 되었다는 점에서 의의가 있다.

(나) 1914년의 *Timor Island Arbitration* Case

1914년 티모르도 중재사건(*Timor Island Arbitration*)에서 네덜란드는 1904년 10월 1일의 포르투갈과 네덜란드 간의 경계조약에 부속된 지도에 표시된 경계가 양국의 경계라고 주장했고, 포르트갈은 조약에 표시된 실제의 이름의 강의 탈베그(Thalweg)가 양국의 경계라고 주장했다.[22] 포르투갈은 그의 주장을 보충하기 위하여 Batavia가 제작한 사적 지도를 상설중재재판소에 제출했다. 이에 대해 동 재판소는 이 지도는 1904년에 혼합국경획정위원회에 의해 작성되고 서명된 공식지도와 증명력을 비교할 수 없다고 판시했다.[23] 동 판정은 혼합경계획정위원회가 작성 서명되고 조약에 부속된 지도를 법적 문서(legal instrument)로 보아 동 지도를 인증지도로 본 것이라 할 수 있다.

(다) 1923년의 *Jaworzina Advisory Opinion, Polish-Czechoslovakian Frontier Advosory Opinion* Case

1923년 자워르지나사건 (*Jaworzina Advisory Opinion, Polish-Czechoslovakian Frontier Advisory Opinion*)에서 상설국제사법재판소는 지도는 조약 및 결정의 문본과 독립하여 직접적 증거가 될 수 없다고 다음과 같은 권고적

(Washington, D. C.: Government Printing Office, 1898), pp.1997-1999.

21) *Ibid.*, pp.2021-2022.

22) Joseph H. Kaiser, "Timor Island Arbitration," *EPIL*, Vol.2, 1981, p.275.

23) Arbitral Award Rendered in Execution of the Compromise Signed at Hague, April 3, 1913, between the Netherlands and Portugal Concerning the Subject of Boundary of a Part of their Possessions in the Island of Timor, *AJIL*, Vol.9, 1915, p.275.

의견을 표시했다.

> 지도 및 지도상의 해설기호는 조약 및 재판의 문본과 독립하여 결정적 증거
> 로 인정될 수 없다.
>
> maps and their tables of explanatory signs cannot be regarded as conclusive
> proof, independently of the text of treaties and decisions.24)

위의 권고적 의견 중 (i) "조약 및 재판의 문본과 독립하여"란 "조약 및
결정의 문본과 별도로", 즉 "그 자체만으로"의 의미이므로 "조약 및 재판의
문본의 일부를 이루고 있지 아니하는 경우에는 그 자체만으로"라는 뜻이
며, (ii) "결정적 증거로 인정될 수 없다"에서 "결정적 증거"란 "제1차적 증
거", 즉 "직접적 증거"를 뜻하는 것이다.

따라서 위의 견해는 "인증지도"만이 "직접적 증거"로 인정된다는 의미인
것이다.

(라) 1924년의 *Monastery of Saint-Naoum, Advisory Opinion* Case

1924년의 성 나오음 수도원 사건(*Monastery of Saint-Naoum, Advisory
Opinion*)에서 상설국제사법재판소는 그의 권고적 의견에서 동 재판소에
제출된 지도에 대해 다음과 같이 "인증성"이 없는 지도의 증명력을 부인하
는 권고적 의견을 표시했다.

> 그 지도가 런던의 재판을 표시한다고 주장된다. 그러나 이 지도에 표시된
> 경계선이 1913년 8월 11일의 결정의 제1항 말미에 관한 것이라는 것을 수락한
> 다 할지라도 ⋯ 더 나아가 문제의 지도는 서명되지 아니하여 이의 인증성이
> 성립되지 아니하였다.
>
> it is alleged that the map represents the decision of London, Even admitting,
> however, that the line marked on this map is that refereed to at the end of the
> first paragraph of the decision of August 11th 1913,⋯ Moreover the map in
> question is unsigned and its authentic character is not established.25)

---

24) Jawerzina Advisory Opinion: PCIJ, *Series B*, No.8, 1923, pp.32-33.

위의 권고적 의견이 "공식성"(official character)이란 표현을 사용하지 아니하고 "인증성"(authentic character)이란 표현을 사용하여 문제의 지도가 인증지도가 아니므로 직접증거로 될 수 없다는 것이다. 특히 이 의견은 지도가 조약이나 재판에 부속되어 그 일부를 구성하는 경우만이 아니라 지도 자체에 서명이 있으면 그 지도는 인증지도로 된다는 것을 인정하고 있다는 점에 특색이 있다.

(마) 1928년의 *Palmas Island* Case

1928년의 팔마스도 중재사건(*Palmas Island* Case)에서 미국은 1000여 매의 지도를 팔마스도의 영유권의 증거로 제출했으나 중재관(Max Hurber)는 지도는 법적 문서에 부속된 경우 이외에는 영유권의 증거로 인정될 수 없다고 다음과 같이 판시한 바 있다.

> 지도는 오직 하나의 방증─즉 바로 간접적 방증─을 제공할 뿐이며, 법적 문서에 부속된 경우 이외에는 권리의 승인 또는 포기로 인정하는 문서로서 가치를 가지지 아니한다.
>
> a map affords only an indication-and that a very indirect one-and, except when annexed to a legal instrument, has not value of such an instrument, involving recognition or abandonment of rights.[26]

위의 판정은 지도는 법적 문서에 부속되지 아니한 지도, 즉 인증지도 이외의 지도는 제2차적 증거에 불과하며, 인증지도만이 권원의 제1차적 증거, 즉 직접적 증거로 됨을 인정한 것이다.

(바) 1933년의 *Guatemala-Hondras Boundary Arbitration* Case

1933년의 과테말라·온드라스 경계 중재사건(*Guatemala-Hondras Boundary Arbitration*)에서 특별경계재판소(Special Boundary Tribunal)는 다음과 같이

---

25) *Monastery of Saint-Naum, Advisory Opinion*: PCIJ, *Series B*, No.9, 1924, p.21.
26) *Palmas Island Arbitration*: AJIL, Vol.22, 1928, p.892.

인증지도의 증명력을 인정하는 판결을 했다.

> 인증지도는 고려되어야 한다. 그러나 그러한 기술적인 자료일지라도 알려
> 지지도 아니하고 행정력도 실질적으로 행사되지 아니하는 영토에 관계되었을
> 경우에는 거의 가치가 없다.
> authenticated maps are also to be considered, although such descriptive material
> is of slight value when it relates to territory of which little or nothing was known
> and in which it does not appear that any administrative control was actually
> exercised.[27]

위의 판결에는 "인증지도는 고려되어야 한다"라고 간결히 표시되어 있
고 "고려되어야 한다"는 의미가 무엇을 뜻하는 지 명백하지 아니하나 "인
증지도"라는 용어를 사용하고 있는 것으로 보아 직접증거로 인정하여야
한다는 의미로 해석된다.

(사) 1986년의 *Case Concerning the Frontier Dispute-Burkina Faso/ Rupublic
of Mali-*

1986년의 국경분쟁사건(*Case Concerning the Frontier Dispute-Burkina Faso/
Rupublic of Mali-*)에서 국제사법재판소는 지도는 공적 문본에 부속되어 그
일부를 구성하는 경우 이 외에는 부수적 증거(extrinsic evidence)로 이용될
수 있음에 불과하다고 다음과 같이 판시했다.

> 지도는 단순한 정보일 뿐이다. … 지도는 영토권원일 수 없다. … 지도가
> 공적 문본에 부속되어 그 문본의 불가분의 일부를 형성하는 경우를 제외하고
> 지도는 단순한 부수적 증거일 뿐이다.
> maps merely constitute information, … they cannot constitute a territorial title,
> … when maps are annexed to an official text of which they form on integral part.
> Except in this clearly defined case, maps are only extrinsic evidence.[28]

---

27) *Guatemala-Hondras Boundary Arbitration, Opinion and Award of Guatemala-Hondras
Special Boundary Tribunal,* January 23, 1933.9.8.
28) *Case Concerning the Frontier Dispute-Burkina Faso/Republic Hali-*: ICJ, *Reports,* 1986,

위의 판결은 공식문본에 부속되어 그 문본의 불가분의 일부를 구성하는 지도, 즉 인증지도 이외의 지도는 간접적 증거일 뿐이라고 표시하여 인증지도 만이 직접적 증거로 인정된다는 점을 명시한 것이다.

(아) 2002년의 *Case Concerning Sovereignty over Pulau Ligitan and Pulau Sipitan*

2002년 리기탄도 및 시파단도 영유권 사건(*Case Concerning Sovereignty over Pulau Ligitan and Pulau Sipitan*)에서 국제사법재판소는 1986년 국경분쟁사건(*Frontier Dispute-Burkina Faso I Republic of Mali-*)에서 국제사법재판소가 판시한 "지도는 공적 문본(official text)에 부속된 경우를 제외하고는 부수적 증거(extrinsic evidence)로 이용될 수 있음에 불과하다"는 내용을 인용하고[29] 다음과 같이 판시했다.

> 요컨대, 1915년의 협정에 부속된 지도를 제외하고 당사자에 의해 제출된 지도 자료는 결정적인 것이 아니다.
>
> In sum, with the exception of the map annexed to the 1915 Agreement, the cartographic material submitted by the parties is inconclusive.[30]

위의 판결 중 "협정에 부속된 지도"란 인증지도를 의미하는 것이며 "결정적"이란 "직접적", "제1차적"증거를 뜻하는 것이므로 결국 "인증지도"만이 직접적 증거, 제1차적 증거로 된다는 의미를 표시한 것이다.

(자) 2008년의 *Case Concerning Sovereignty over Pedra Branca*

2008년의 페드라 브랑카 영유건 사건(*Case Concerning Sovereignty over Pedra Branca*)에서 당사자에 의해 근 100매의 지도가 제출되었다. 말레이

---

para.54.

29) *Case Concerning Sovereignty over Pulau Ligitan and Pulau Sipitan*: ICJ, *Reports*, 2002, para.88.

30) *Ibid.*, para.272.

시아는 지도는 권원을 창출할 수 없으며(maps do not create title), 지도가 조약 내에 구체화되거나 국가 간 교섭에 사용된 경우(when incorporated in treaty or used in inter-state negotiation)를 제외하고는 인정될 수 있는 것이 아니라고 주장했다.³¹⁾ 이에 대해 국제사법재판소는 이를 부정하는 어떠한 판단도 표시한 바 없고, 말레이시아 측량단장(Surveyer-General)이 제작한 지도와 싱가포르 정부(Government)가 제작한 지도는 "도서가 싱가포르의 관할하에 있음을 확인하는데 도움이 된다(tend to confirm)"라고 결론지었다.³²⁾ "확인하는데 도움이 된다"라고 표현하고 "확인된다"라고 표현하지 아니한 것은 이들 정부기관이 제작한 지도를 "인증지도"로 보지 아니하고 따라서 제2차적 증명력을 인정한 것으로 보인다. 이는 말레이시아가 "지도가 조약 내에 구체화되거나 국가 간 교섭에 사용된 경우를 제외하고는 권원을 창출할 수 없다"고 주장한 데 대해 재판소가 반대의 판단을 표시한 바 없는 것으로 보아 명백하다.

요컨대 동 사건에서 국제사법재판소는 인증지도 이외의 지도는 제2차적 증명력을 갖는데 불과하다는 종래의 판례를 재확인 뜻을 판시한 것이다.

나. 일본영역참고도의 증명력

전술한 바와 같이 조약에 첨부된 것과 같은 인증지도만이 제1차적 증명력을 갖고, 그 이외의 지도는 제2차적 증명력을 갖는데 불과하다. "일본영역참고도"는 "대일평화조약"의 당사국들이 "대일평화조약"에 첨부한 것이 아니라 일본이 국내적으로 비준승인을 위해 국내 "대일평화조약"에 첨부한 거이므로 이는 관찬지도라는 성격을 갖는 것이나 인증지도는 아니므로 제1차적 증명력을 갖는 지도는 아니다.

요컨대, "대일평화조약" 제2조 (a)항을 해석함에 있어서 한국의 독도영토주권을 증명하기 위해 "일본영역참고도"를 원용할 수 없다.

---

31) *Case Concerning Sovereignty over Pedra Branca*: ICJ, *Judgement*, 23 May 2008, para.270.
32) *Ibid.*, para.272.

2. 일본영역참고도의 조약의 준비작업 여부

가. 조약의 준비작업 일반

준비작업은 조약체결의 역사적 사실(historical facts)로,[33] 그것은 조약이 교섭된 역사적 문맥(the historical context in which the treaty was negotiated)이고,[34] 교섭자체의 기록(the records of negotiations themself)이다.[35] 준비작업은 조약의 입법사(legislative hisotry of a treaty)로[36] 그것은 조약이 기초된 과정(process whereby it was drafted)이다.[37] 그 예로 다음과 같은 것을 들고 있다.

(i) 준비초안(preliminary draft), 회의토의록(record of conference discussion), 수정초안(draft amendments)[38]

(ii) 교섭의 기록(record of negotiations), 전체회의의사록(minutes of the plenary meetings), 조약을 채택한 회의의 위원회의 의사록(minutes of committee of the conference which adopted a treaty), 조약의 연속적 초안(successsive drafts of treaty)[39]

(iii) 교섭 시에 기록된 진술(statements recorded at the time of the negotiations), 사용된 준비자료(preliminary materials used)[40]

(iv) 특정조의 초안(drafts of particular articles), 회의의 준비문서와 의사록 (preparatory documents & proceedings of meetings)[41]

---

33) Georg Schwarzenberger, *International Law*, Vol.1, 3rd ed.(London: Stevens, 1957), p.514.

34) Peter Malanczuk (ed.), *Akehurst's Modern Introduction to International Law* (New York: Routledge, 1987), p.366.

35) *Ibid.*, p.366.

36) John P. Grant and Crarg Barker, *Encyclopeadic Dictionary of International Law*, 3rd ed. (Oxford: Oxford University Press, 2009), p.613.

37) David Ott. *Public Internaitonal Law in the Modern World*(London: Pitman, 1987), p.191.

38) J. G. Starke, *Introduction to International Law*, 9th ed.(London: Butterworth, 1984), p.458.

39) Robert Jennings and Arthur Watts (ets.), *Oppenheim's International Law*, Vol. 1, 9th ed. (London: Longman, 1992), pp.1277-1278.

40) Isagani A. Cruz, *International Law* (Quezon: Central Lawbook, 1992), p.181.

41) Ian Sinclair, *The Vienna Convention on the Law of Treaties*, 2nd ed.(Manchester:

(ⅴ) 의사록(minutes), 기록(records), 준비초안(preparatory drafts), 교환각서(exchanges of notes)⁴²⁾

(ⅵ) 준비초안으로서의 자료(materials as preliminary drafts), 교섭자의 통신(correspondence of the negotiators), 위원회 전체회기에서의 교섭자의 의견(remarks in committee of plenary sessions), 위원회보고서(committee reports), 보고자의 보고서(reports of reporteurs), 교섭자 또는 대표 정치인의 공적 성명(public statements of negotiators or representative statement)⁴³⁾

나. 일본영역참고도의 조약준비작업여부

전술한 바와 같이, "조약의 준비작업"은 조약체결의 역사적 사실(historical facts)이다. 조약체결의 준비작업은 조약 "체결"에 관한 것이다. "일본영역참고도"는 "대일평화조약" 비준승인안에 첨부된 것으로 일본 국내적으로 조약 "체결"과 관계된 것이라 할 수 있다고 해도 동 조약체결 당사자들과의 관계에서 국제적으로 조약체결에 관계된 것이 아니므로 이는 "대일평화조약" 체결의 준비작업이라 할 수 없다고 본다.

"일본영역참고도"는 "대일평화조약"의 체결 역사와 관계없는 것이므로 조약해석의 보충적 수단인 "조약의 준비작업"이 될 수 없다.

그러므로 "일본영역참고도"는 "대일평화조약"의 체결준비작업이 될 수 없고 따라서 이는 "조약법 협약" 제32조에 규정된 해석의 보충적 수단이 될 수 없으므로 "일본영역참고도"는 "대일평화조약" 제2조 (a)항의 규정을 해석하는 해석의 보충적 수단이 될 수 없다.

3. 일본영역참고도의 통합의 원칙에 의한 해석여부

가. 통합의 원칙에 의한 해석 일반

Manchester University Press, 1984), p.143.

42) Kurt von Schuschnigg, *International Law* (Milwaukee: Bruce, 1959), p.265.

43) Harvard Draft Convention on the Law of Treaties Comment(Marjorie M. Whiteman, *Digest of International Comment* (Marjorie M. Whiteman, *Digest of International Law*, vol.14 (Washington, D.C.: USGPO, 1970), p.287).

(1) 통합론적 해석의 개념

(가) 통합론적 해석의 의의

조약의 해석원칙 중 "통합의 원칙"(principle of integration)은 "조약은 전체로서(treaty as a whole), 그리고 특정의 부, 장, 절 역시 전체로서(particular parts, chapters, sections also as a whole) 해석해야 하는 원칙"을 말한다.[44] 이 "통합의 원칙"이란 "조약의 해석은 조약의 한 단어, 항, 조, 절, 장, 부별로 격리해서가 아니라 전체의 문맥으로 해석해야 하는 원칙"을 말한다.[45] 이 "통합의 원칙"을 더러는 "완전의 원칙"(principle of integrality)이라고도 한다.[46] 그리고 이 원칙에 의한 해석을 "체계해석"(systematic interpretation)이라 한다.[47] 따라서 "체계해석"은 "격리된 단어의 의미(the meaning of words in isolation)보다 항, 조 그리고 전체로서의 조약의 넓은 문맥 속에서의 의미에 우선권을 주는 해석"을 뜻한다.[48]

(나) 통합론적 해석의 구분

"통합의 원칙"에 의한 해석인 "체계해석"은 하나의 동일 조약 내의 문맥에서의 체계해석과 관련된 다른 조약의 문맥, 즉 그 조약의 틀 외의 조약문(text outside the framework of the treaty)의 문맥까지[49] 확장된 체계해석으로 구분된다. 전자를 좁은 의미에서 체계해석(narrow sense systematic interpretation)이라 하고, 후자를 넓은 의미의 체계해석(broader sense of systematic interpretation)이라 한다.[50] 이 "체계해석"에 의해 "문리해석"(literal

44) General Fitzmaurice, "The Law and Procedure of the International Court of Justice, 1951-4: Treaty Interpretation and other Treaty Points", *BYIL*, Vol.33, 1957, p.211.
45) Rudolf Bernhardt, "Interpretation in International Law", in *EPIL*, Vol.7, 1984, p.322.
46) Hugh Trirlway, "The Law and Procedure of the International Court of Justice, 1960-1989", *BYIL*, Vol.62, 1991, p.37.
47) Bernhardt, *supra* n.45, p.322; Georg Schwarzenberger and E. D. Brown, *A Manual of International Law*, 6th ed.(Milton: Professional Books, 1976), p.134.
48) "the meaning in the wider context of the paragraphs, articles, and the treaty as a whole", *ibid.*
49) Bernhartd, *supra* n.45, p.322.
50) *Ibid.*

interpretation)은 대체된다.[51]

(2) 대일평화조약 제2조 (a)항의 통합론적 해석

통합의 원칙에 대한 해석을 위해 최소한 다음 2개의 조약문서 문맥을 보아야 한다.

(가) 대일평화조약 제19조 (d)항

"대일평화조약" 제19조 (d)항은 다음과 같이 규정하고 있다.

> 일본은 점령기간 중에 점령당국의 지령에 의하거나 또는 그 결과로서 행하여진 … 모든 작위 또는 부작위의 효력을 승인하며…
>
> Japan recognizes the validity of all acts and omissions done during the period of occupation under of consequence of directives of the occupation authorities…[52]

위의 규정에 의거 일본은 점령당국인 연합군최고사령부가 행한 지령의 효력을 승인한 것이므로 훈령(instruction)의 이름을 가진 지령(directive)인 ("SCAPIN No.677")[53]의 효력을 승인한 것이다.

"SCAPIN 제677호" 제3항은 독도는 일본의 영토에서 제외한다고 규정하고 있다.

(나) 항복문서

이에 관하여는 전술한 "제4절, Ⅳ, 2"의 기술을 그대로 인용하기로 한다.

---

51) Schwarzenberger and Brown, *supra* n.47, p.134.

52) UN, *UNTS*, Vol.136, p.50.

53) 동 훈령은 동경 중앙연락사무소(Central Liaison Office, Tokyo)를 경유 일본정부에 하달되었으며, 문서번호는 "SCPAIN No.677"이고 이 문서 통제번호는 "AG09(29 Jan. 45)GS"이다(Whiteman, *supra* n.38, n.499). 이 문서의 명칭은 훈령(instruction)이나, 내용에서는 지령(directive)으로 표시되어 있다(제3항, 제5항, 제6항, 제7항).(*ibid.*)

나. 일본영역참고도의 조약의 통합의 원칙에 의한 문맥 여부

전술한 바와 같이 "조약법 협약" 제31조 제2항의 규정에 의거 문맥은 조약문에 추가하여 전문과 부속서를 포함한다.

"일본영역참고도"는 "대일평화조약"의 부속서로 볼 수 있으나 "일본영역참고도"가 첨부된 "대일평화조약" 비준승인안은 일본 국내에서 일방적인 일본국내의 "대일평화조약"이며 결코 일본과 동 조약의 체결당사국과의 국제적 관계에서의 "대일평화조약"이 아니므로 이러한 국내적 "대일평화조약"에 첨부된 "일본영역참고도"에 첨부된 지도는 "조약법 협약" 제31조 제2항에 규정된 부속서라고 볼 수 없다. 그러므로 "일본영역참고도"는 문맥이 될 수 없고 따라서 이는 "대일평화조약" 제2조 (a)항의 해석에 있어서 문맥이 될 수 없다. 따라서 "일본영역참고도"는 "대일평화조약" 제2조 (a)항을 해석함에 있어 독도를 한국영토로 표시한 "일본영역참고도"에 따라 해석할 수 없다고 본다.

4. 일본영역참고도의 묵시적 영토주권승인여부

가. 묵시적 영토승인 일반

승인은 그것이 국가의 승인(recognition of state)이든, 정부의 승인(recognition of government)이든, 교전단체의 승인(recognition of belligerency)이든, 외국 판결의 승인(recognition of foreign judgement)이든, 영토주권의 승인(recognition of territorial sovereignty)이든, 불문하고 승인을 하는 주체의 의도(intention)의 문제이다.[54]

이 승인의 의도는 명시적으로(express) 표시될 수도 있고 묵시적으로(implied)

---

54) Schwazenberger and Brown, *supra*, n.47, p.57; Jennings and Watts, *supra*, n.39, p.169; H. Lauterpact, *Recognition in International Law* (Cambrige: Cambrige Univ. Press, 1948), pp.370-371; US Department of State, G.H. Hackworth Memorandum, December 13, 1940(Whiteman, *Digest of International Law*, Vol. 2, 1963, p.48); Malcolm N. Shaw, *International Law*, 4th. ed.(Cambrige: Cambrige University Press, 1997), p.310.

표시될 수도 있다.[55]

명시적인 표시는 선언(declaration)이나 통고(notification)와 같은 공개된 애매하지 아니한 형태 또는 의사소통의 형태(communication form)에 의할 수도 있다.[56] 묵시적 표시는 어떤 승인으로 이해되는 것으로 해석되는 특별한 조치에 의할 수 있다.[57] 이는 승인으로 수락하는 의도에 대해 합리적인 의문이 없는 모든 경우이다.[58] 이는 승인의 의도를 명시적 승인에 직접적으로 표시하는 것이 아니나 승인으로 추정되는 다른 행위를 통하여 승인의 의도를 간접적으로 표시하는 것이므로 이를 간접적 승인(indirect recognition)이라고도 한다.[59]

묵시적 승인으로 해석되는 행위는 승인의 추정을 창출한다.[60] 즉, 묵시적 승인은 승인의 의도의 추정을 본질로 한다.[61] 추정은 법(rule of law)에 의한 사실의 인정이다.[62] 추정은 간주(regard)와 달리 반증(contrary evidence)이 허용된다. 반증에 의해 추정에 의해 인정된 진실이 전복되게 된다.[63]

---

55) Shaw, *supra* n.54, p.310, Henry Campel Brack, *Brack's Law Dictionary* (St. Paul: West, 1979), p.678; Jennings and Watts, *supra* n.39, p.169; US Department of State, Hackworth Memorandum, Dec. 13, 1940, p.49(Majorie M. Whiteman *supra* n.27, p.48); R. Higgings, *The Development of International Law by the Political Organs of the United Nations* (Oxford: Oxford University Press, 1963), p.140; Jochen Abr. Frowein, "Recognition", *EPIL*, Vol.10, 1987, p.345; J.P. Frand and J.C. Barker, *Encyclopedic Dictionary of International Law*, 3rd ed.(Oxford: Oxford University Press, 2009), pp.507-508; Article 7, Montevideo Convention on Rights and Duties of States 1933.

56) "an open unambiguous form", Shaw, *supra* n.54, p.310.

57) "particular action to be interpreted as comprehending any recognition", *ibid.*

58) "in all cases in which there is no reasonable doubt as to the intention … to grant recogtition", Lauterpact, *supra* n.54, p.378.

59) Shaw, *supra* n.54, p.310.

60) "such act creates a presumption of recognition", Q. Wright, "Recognition, Intervention and Ideologies," *Indian Yearbook of International Affairs*, Vol.7, 1858, p.92(Whitman, *supra* n.37, p.52).

61) Ian Brownlie, *Principles of Public International Law*, 5th ed.(Oxford: Oxford Univ. Press, 1998), p.94; Lauterpact, *supra* n.54, p.369; Jennings and Watts, *supra* n.39, p.94; Lauterpact, *supra* n.54, p.369; Q. Wright, *supra* n.60, p.92.

62) Brack, *supra* n.55, p.1067.

63) *Ibid.*

따라서 승인으로 인지되는 조치를 한 당사자는 승인으로 인정되는 효과를 배재하기 위해서는 승인의 효과를 배제하는 명시적 선언을 할 수 있다.[64]

요컨대, 묵시적 승인은 승인의 의도가 있는 것으로 해석되는 행위를 통해 간접적으로 승인의 의도를 표시하는 간접적 승인이며, 묵시적 승인은 승인으로 해석되는 행위에 의해 법에 의해 승인의 의도가 추정되는 것이다.

추정은 증거에 의해서가 아니라 법(rule of law)에 의한 사실의 인정이다. 추정은 반증이 허용되는 것이므로 묵시적 승인으로 해석되는 행위를 하는 당사자는 법에 의해 인정되는 승인의 효과를 배제하기 위해서는 명시적인 반대의 의사를 표시하여 묵시적 승인으로 추정되는 효과를 배제할 수 있다.

묵시적 승인은 본질적으로 금반언과 같은 범주에 속한다.[65] 따라서 묵시적인 승인을 한 국가는 그 승인 이후 승인과 모순·저촉되는 행위는 금지되게 된다.

또한 승인은 더욱 더 큰 상호이해를 향한 불가피한 추세에 의해 영향을 받는다.[66]

나. 일본영역참고도의 한국독도영유권 묵시적 승인 여부

전술한 바와 같이 영토주권의 승인 방법을 명시적 승인에 의할 수도 있고, 묵시적 승인에 의할 수도 있다.

일본의 국가 기관인 국토교통성 해상보안청 수로국이 독도를 한국의 영토로 표시한 지도를 제작하고 이 지도를 "대일평화조약"의 비준승인을 위해 동 조약에 첨부한다는 것은 승인으로 수락되는 데 대해 합리적인 의문이 없는 것이고[67] 또한 승인으로 이해되는 것으로 해석되는 특별한 조치[68]이

---

64) "may make an express declaration", Shaw, *supra* n.54, p.310.
65) Schwarzenberger and Brown, *supra* n.5, p.56; Lauterpact, *supra* n.54, p.369.
66) "the more and more affected by the inevitable trend towards greater mutual understanding", M. Lachs, "Recognition and International Co-operation," *BYIL*, Vol.35, 1959, p.259.
67) Lauterpact, *supra* n.54, p.378.
68) Shaw, *supra* n.54, p.310.

므로 이는 묵시적으로 한국의 독도영유권을 승인한 것이다.

5. 일본영역참고도의 후속적 관행의 여부

"일본영역참고도"의 제작일은 1951년 8월이므로 "대일평화조약"의 체결일인 1951년 9월보다 앞선 것이므로 이를 "대일평화조약"의 해석에 있어서 추후의 관행으로 고려될 수 없다(조약법 협약 제31조 제3항 참조).

6. 일본영역참고도의 금반언의 효과의 여부

지도가 비록 인증지도가 아닐지라도 정부당국이 제작한 공식지도(official maps)는 금반언의 효과가 인정된다. 따라서 "일본영역참고도"도 일본의 국가기관이 제작한 것이므로 금반언의 효과가 발생한다. 그러므로 일본정부는 한국의 독도 영유권과 모순·저촉되는 주장을 할 수 없는 것이다.

7. 한국의 독도영토주권의 응고의 효과 여부

"일본영역참고도"는 그 지도 자체로는 한국의 독도영토주권의 인정 증거가 되지 아니하나, 일본정부의 한국의 독도영토주권을 묵시적으로 승인하여 한국의 독도영토주권의 보다 강한 상대적 권원의 승인 또는 절대적 권원의 승인에 의해 한국의 독도영토주권의 응고의 효과가 인정된다.

IV. 결언

1. 요약 · 정리

상술한 바를 다음과 같이 요약·정리하기로 한다.

(ⅰ) 1951년 8월 일본 국토교통성 산하기관인 해상보안청 수로부는 "일본영역참고도"를 제작했으며, 동 지도는 독도를 한국의 영토로 공시하고 있다.

(ⅱ) "일본영역참고도"는 "대일평화조약"의 비준승인을 위해 "대일평화조약"에 첨부되어 의회의 승인을 얻었다.

(ⅲ) "일본영역참고도"는 그 자체 지도로서 그것은 인증지도가 아니므로 이는 독도가 한국의 영토라는 사실을 증명하는 제1차적 증명력이 없다.

(ⅳ) "일본영역참고도"는 "조약법 협약"상 "대일평화조약" 해석의 문맥이 될 수 없고, 또 동 조약해석의 참고로 되지 아니한다.

(ⅴ) "일본영역참고도"는 국제적으로 조약의 체결과 무관한 것이므로 이는 조약의 준비 작업이 될 수 없다. 따라서 이는 "대일평화조약" 제2조 (a)항의 해석의 보충적 수단이 될 수 없다.

(ⅵ) "일본영역참고도"는 일본정부의 한국의 독도영토주권을 묵시적으로 승인한 것으로 된다.

2. 정책 제의

위의 결론에 따라 다음과 같은 정책대안을 제의하기로 한다.

(ⅰ) 지금까지 한국정부가 독도는 한국의 영토라고 주장해온 근거에 "일본영역참고도"에 의한 일본정부의 한국의 독도영토주권의 승인을 추가 보완한다.

(ⅱ) 일본정부의 한국이 일본의 영토인 독도를 불법 점거하고 있다는 주장에 대해 지금까지 소극적으로 방어적 항의를 하는 수세적 정책에서 독도는 일본정부가 승인한 한국의 영토라고 적극적으로 주장하는 공세적 정책으로 전환한다.

(ⅲ) 일본정부가 한국의 독도영토주권을 승인하고 이에 반해 독도가 일본의 영토라고 주장하는 것은 국제법상 금반언의 원칙에 반한다는 것을 일본정부 뿐만 아니라 "대일평화조약"의 체결당사자에 외교교섭을 통해

주지시켜 이해와 지지를 획득하는 외교정책을 폭넓게 추진한다.

제11절 한일합방조약의 부존재와 대일평화조약

Ⅰ. 서언

오늘 1910년에 체결된 "한일합방조약"의 무효를 논하는 것은 적어도 국제법상으로는 별 의미가 없다고 본다. 왜냐하면 1965년 한일국교정상화시 국교정상화 기본조약으로 체결된 "한일기본관계에 관한 조약"(이하 "한일기본관계조약"이라 한다) 제2조는 "1910년 8월 22일 및 그 이전에 대한제국과 대일본제국 간에 체결된 조약 및 협정은 이미 무효임을 확인한다"라고 규정하여(제2조) "한일합방조약"이 이미 무효임을 양국이 조약으로 합의하였기 때문이다.

다만, 동 조의 "이미 무효"를 일본정부는 "당초부터 무효"가 아니라 대한민국정부가 수립된 "1948년부터 무효"라고 주장하므로 이 일본정부의 해석을 반박하기 위한 근거 제시의 한도에서 "한일합방조약"의 무효론이 법적 의미를 가질 수 있을 뿐이다. 이 "한일합방조약"의 무효이론에 의해 자동적으로 동 조약은 "1948년부터 무효"라는 즉, 일본정부의 공식적 주장을

"당초부터 무효"라는 주장으로 변경시키는 법적 효과가 발생하는 것이 아니므로 "한일합방조약"의 무효론은 법적으로 별 의미를 가지지 못하고 "한일기본관계조약" 제2조의 "이미 무효"를 "당초부터 무효"로 해석하는 근거로서 법적으로 의미를 갖는 것이다.

그리고 지금까지의 "한일합방조약"의 주된 무효론은 동 조약의 성립을 전제로 한 것이다. 왜냐하면 "조약의 무효"는 "조약의 성립"을 전제로 효력이 없음을 의미하기 때문이다. 이 연구는 동 조약이 "성립요건"을 결하여 "조약의 불성립"으로 법적 효력이 없다는 법리를 정립하려 시도된 것이다. 이를 위해 전권위임장(fall powers)의 불성립과 비준(ratification)의 불성립을 중심으로 논하기로 한다. 그러나 이 연구는 종래의 무효론을 배척하거나 부정하려는 것이 아니라 이를 보완하려 기도된 것이다.

이 연구는 "한일합방조약"의 부존재에 관해서는 *lege lata*의 해석논적 접근이고, "한일기본조약"의 개정에 관해서는 *lege ferenda*의 입법논적 접근이다.

이하 "조약의 무효와 조약의 불성립", "한일합방조약의 체결과 전권위임장", "한일합방조약의 체결과 비준", "한일합방조약의 부존재와 대일평화조약" 순으로 논하고, "결론"에서 몇 가지 대정부 정책대안을 제시하기로 한다.

II. 한일합방조약의 부존재

1. 조약의 무효와 조약의 불성립

국제법상 조약은 다변적 법률행위(plurilateral transaction)로[1] 이는 "성립

---

1) Robert Jennings and Arthur Watts(eds.), *Oppenheim's International Law*, Vol.1, 9th ed. (London: Longman, 1992), p.1181.

요건"(condition for establishment of treaty)과 "효력요건"(condition for validity of treaty)으로 구분하여 논급되어야 할 것이며, 따라서 성립요건을 결한 "조약의 부존재"(non-existence of treaty) 또는 "조약의 불성립"(non-establishment of treaty)과 효력요건을 결한 "조약의 무효"(invalidity of treaty)는 구별되어야 할 것이다.[2] 그러나 조약의 성립요건과 효력요건을 구별하지 아니하고 성립요건에 해당되는 것과 효력요건에 해당되는 것을 모두 포괄하여 성립요건 또는 효력요건으로 설명하는 것이 일반적인 견해이다.[3]

따라서 일반적인 견해에 의하면 성립요건을 결한 조약의 효력은 "조약의 불성립"의 효과를 가져 오는 경우도 있고 "조약의 무효"의 효과를 가져 오는 경우도 있게 된다. 조약이 법적 효력(legal effect)이 없다는 점에서 "조약의 불성립"과 "조약의 무효"는 동일하다.

"조약법에 관한 비엔나 협약"(이하 "조약법 협약"이라 한다)은 제2부 제1절에 "조약의 체결"(conclusion of treaties)에 관해 규정을 두고, 제5부 제2절에 "조약의 무효"(invalidity of treaties)에 관해 규정을 두고 있다.

---

2) 성립요건은 조약의 체결(conclusion)로 구성되어 조약은 존재(existence)하게 되며 (Paul Reuter, *Introduction to the Law of Treaties* (London : Pinter, 1989), p.43), 효력요건은 무효의 원인(grounds of invalidity)의 부존재로 구비되어 조약은 적용 (application) 되게 된다(*ibid.*, pp.127-128, 134).

3) G. G. Wilson은 조약의 효력요건(conditions essential to validity)으로 (i) 당사자의 체결능력, (ii) 전권대표의 권한 내의 행위, (iii) 동의의 자유, (iv) 법에 일치를 열거하고 있다(G. G. Wilson, *International Law*, 9th ed.(New York: Silver, 1935), p.219). (i)과 (ii)는 성립요건이고, (iii)과 (iv)는 효력요건이라 할 수 있다.
　J. G. Starke는 조약의 유효(validity of treaties) 요건으로 (i) 조약체결능력, (ii) 착오, (iii) 기망, (iv) 부패, (v) 강제, (vi) 강행규범위반을 열거하고 있다(J. G. Starke, *Introduction to International Law*, 9th ed.(London : Butterworth, 1984), p.448). (i)은 성립요건이고, (ii) ~ (iv)은 효력요건이라 할 수 있다.
　Meinhard Schroder는 조약의 유효요건(conditions to poduce legal effect)으로 (i) 조약체결능력, (ii) 당사자의 동의, (iii) 조약의 합법성, (iv) 조약의 등록을 열거하고 있다(Meinhard Schroder, "Treaty, Validity", *EPIL*, Vol.7, 1984 p.511). (i)은 성립요건, (ii)와 (iii)은 효력요건, (iv)는 대향요건이라 할 수 있다.
　Isagani A. Cruz도 위와 유사한 입장을 표시하고 있으며(Isagan: A. Cruz, *Iuternational Law* (Quezon: Central Lawbook, 1985), p.170), Gerhard von Glahn도 위와 같다 (*Gerhard von Glahn, Law Among Nations*, 4th ed. (New York : Macmillan, 1984), pp.498-505).

전자는 조약의 성립요건에 관한 규정이고, 후자는 조약의 효력요건에 관한 규정이다. 그러므로 동 협약은 조약의 성립요건과 효력요건을 구분하여 규정하고 있다. 그러나 전자의 요건을 결한 경우의 효과에 관해 "조약의 불성립" 또는 "조약의 부존재"라는 표현을 사용하지 아니하고, "기속적 동의"(consent to be bound)가 발생하지 아니하는 것으로 규정하거나(제11조 – 제15조), "발효"(enter into force)하지 아니한다라고 규정하고(제24조) 있다. 그리고 후자의 요건을 결한 경우의 효과에 관해 "무효"(void)라고만 규정하지 아니하고 "무효"(void)라고 규정하기도 하고(제52조, 제53조), "효력을 가지지 아니한다"(without legal effect)라고 규정하기도 하고(제51조), 그 원인을 "원용할 수 있다"(may invoke)라고 규정하고 있기도 하다(제48조, 제49조, 제50조). 이와 같이 동 협약은 효력요건을 명확히 규정하고 있지 못하다.4) 다수학자들도5) 그러하다.

이 연구에서는 "조약법 협약" 제2부 제1절의 "조약의 체결"요건을 결한 경우를 "조약의 성립요건"을 결한 경우로 보고 이 요건을 결한 효과를 "조약의 불성립" 또는 "조약의 부존재"로 표기하기로 하고, 동 협약 제5부 제2절의 "조약의 무효"의 원인이 되는 경우를 "조약의 효력요건"을 결한 경우

---

4) Schroder, *supra* n.3, p.512.

5) Ian Sinclair도 그 외 저서에서 동의(consent)에 의해 조약은 성립(establish)된다고 표시하고 있으나 성립요건과 효력요건에 관한 논리를 정립하고 있지 아니하고 있으며 (Ian Sinclair, *The Vienna Convention on the Law of Treaties*, 2nd ed.(Manchester : Manchester University Press, 1984), pp.29-44, 159), T. O. Elias도 위와 같다(T. O. Elias, *The Modern Law of Treaties* (Leiden: Sijthoff, 1974), pp.27-36, 135). H. W. A. Thirlway도 위와 같다(H. W. A. Thirlway, *International Cnstomary Law and Codification* (Leiden: Sijthoff, 1972), pp.129-130, 133). Shabtai Rosenne도 위와 같다(Shabta; Rosenne, "Treaties, Conclnsion and Entry into Force," *EPIL*, Vol.7, 1984, pp.464-467).
Clive Parry는 조약의 효력요건(validity)으로 (ⅰ) 당사자의 능력(capacity of parties), (ⅱ) 목적의 합법성(legality of object), (ⅲ) 동의의 진실성(reality of consent)을 열거하고 있다(Clive Parry, "The Law of Treaties," in May Sorensen (ed.), *Manual of Public International Law* (Condon: Macmillan, 1968, p.212). 성립요건으로 당사자, 목적, 동의를 열거하고, 그것들의 각기 효력요건으로 능력, 합법성, 현실성을 열거한 것이다. Jennings와 Watts 또는 동의(consent)가 없으면 조약은 성립(constitute)되지 아니한다고 하여(Jennings and Watls, *supra* n.1, p.1224) 동의를 "효력요건"이 아니라 "성립요건"으로 보고 있다.

로 보고 이 요건을 결한 경우의 효과를 "조약의 무효"로 표기하기로 한다. 후자를 "협의의 무효", 전자와 후자를 합쳐 "광의의 무효"라 할 수 있다.

2. 한일합방조약의 체결과 전권위임장

"한일합방조약"은 한국 측의 내각총리대신 이완용(李完用)과 일본 측의 통감 자작 사내정의(寺內正毅, 데라우치 마사다게) 간에 서명되었다. 한국 측 서명권자 이완용은 "내각총리대신" 이완용으로 현명(顯名)하여 서명했다. 정부수석(Head of Government)인 내각총리대신이 국가원수(Head of State)인 황제의 전권위임장 없이 체결한 동 조약이 국제법상 조약으로 성립된 것인가의 문제가 제기된다.

가. 전권위임장 일반
(1) 전권위임장의 의의
국가가 조약을 체결하려 함에는 먼저 자국의 국내법상 절차에 따른 전권대표(plenipotentiary repesentative)를 임명하고, 전권대표에게 전권위임장(full powers)을 부여한다. "조약법 협약"은 전권위임장은 "조약문을 교섭 · 채택 또는 정본인증을 위한 목적으로 또는 조약에 대한 국가의 기속적 동의를 표시하기 위한 목적으로 또는 조약에 관한 기타의 목적을 달성하기 위한(for negotiating, adopting or authenticating the text of a treaty for expressing the consent of the state to be bound by a treaty or for accomplishing any other act with respect to a treaty) 국가를 대표하기 위하여 국가의 권한 있는 당국이(the compedent state authority) 1명 또는 수명을 지명하는 문서이다"라고 규정하고 있다(제1조 제1항 c).

"전"(full)은 조약에 관한 특정 또는 모든 행위(certain or all acts with respet to a treaty)를 의미한다.[6]

---

6) Jennings and Watts, *supra* n.1, p.1221.

(2) 전권위임장의 관행

교통·통신이 발달되지 아니한 19세기 이전의 전제군주국가에서 군주의 전권위임장은 오늘보다 중요한 것이었다.[7] 국제법상 협정은 "국가간 협정"(inter-state agreements), "정부간 협정"(inter-governmental agreements) 그리고 "정부부처간 협정"(inter-departmental agreements)으로 구분된다.[8] "국가간 협정"의 체결은 국가원수(Head of State)가 직접체결하는 경우에는 전권위임장을 요하지 아니하며 전권대표를 임명하여 체결하는 경우에는 그 전권대표는 국가원수의 전권위임장을 요한다.[9] 이것이 종래에 전통적인 조약체결의 방식이다.[10] 1844~1860년 이후[11] 관행으로 들어 온 "정부간 협정"의 체결은 국가원수의 전권위임장을 요하지 아니하며 해당 정부의 장관 또는 외무부장관의 전권위임장을 요한다.[12] 다만, 정부수석이 직접 체결하는 경우는 1938년 이래 전권위임장을 요하지 아니한다.[13] "정부부처간 협정"의 체결은 일정한 바 없으나 장관이 직접체결하는 경우에는 전권위임장을 요하지 아니하나 전권대표를 임명하여 체결하는 경우에는 해당 장관 또는 외무부장관의 전권위임장이 수여되는 경우도 있다.[14]

어떤 협정이 "국가간 협정"으로 체결되고 또 어떤 협정이 "정부간 협정"으로 체결되느냐의 일반적 기준을 제시하기 어려우나 일반적으로 "국가간 협정"은 "보다 중요한 종류의 조약"(more solem kind of treaties)을 체결하는 형식이고, "정부간 협정"은 기술적 또는 비정치적 협정(technical or non-political agreement)을 체결하는 형식이라 할 수 있다.[15] 잠정협정(modus vivendi)과

---

7) Sinclair, *supra* n.5, p.30; Nascimeto E. Silva, "Full Powers" *EPIL,* Vol.9, 1986, p.140.
8) Mervyn Jones, "International Agreement," *BYIL,* Vol.27, 1944, pp.111-112; Starke, *supra* n.3, p.416; Parry, *supra* n.5, pp.186-187.
9) Jones, *supra* n.8, pp.111-112.
10) *Ibid.*
11) 1944년에 80년에서 100년기간(a period of some eighty to hundred years)(*ibid,* p.111)
12) *Ibid.,* pp.112-113.
13) *Infra.* nn.20-23.
14) Jones, *supra* n.8, pp.114-115.
15) Starke, *supra* n.3, p.416.

미국의 행정협정(excutive agreements)은 "정부간 협정"으로 체결된다.16)

(3) 전권위임장 없이 국가를 대표하는 자

조약을 체결하기 위해 국가를 대표하는 자는 전권위임장을 제시함을 요하나, "조약법 협약"은 다음의 자는 전권위임장 없이 국가를 대표하는 것으로 간주된다고 규정하고 있다.

(ⅰ) 국가원수(Heads of State), 정부수석(Heads of Government) 및 외무부장관(Ministers for Forergn Affaivs)
(ⅱ) 외교사절의 파견국과 접수국 간에 조약의 정문을 채택(adopting the text of treaty)할 경우 접수국에 파견된 외교사절의 장(heads of diplomatic missions)(제7조 제2항)

동 협약은 국제관습법을 성문화한 것이고,17) 특히 제7조 제2항의 규정은 대부분의 다수국가의 관행과 일치되는 것이었음을 다음의 기록에서 확인될 수 있다.

1968년 UN조약법에 관한 비엔나 회의(UN Vienna Conference on the Law of Treaties) 제2차 회의에서 스위스 수석대표는 전권위임장에 관한 제7조의 규정에 관해 이는 대다수 국가의 관행에 일치하는 것이라고 다음과 같이 주장한 바 있다.

이는 대다수 국가의 관행에 일치하며 정확히 국제관습법을 반영한 것이다. 조약체결 권한의 문제에 관해 학술모임에서 상당한 토의가 있어왔다. 그러나 동 회의가 이러한 이론적 토의를 고려 할 필요가 없다.

---

16) Jones, *supra* n.8, p.113.
17) Shabta; Rosenne, "Vienna Convention on the Law of Treaties," *EPIL*, Vol.7, 1984, p.528; Sinclair, *supra* n.5, p.258; Jennings and Watts, *supra* n.1, p.197; Peter Malanczuk(ed.), *Akehuvst's Moden In troduction to International Law*, 7th ed.(London: Routledge, 1987), p.40.

text was in conformity with the practice of the vast majority of states and accurately reflected customary international law. There had been considerable discussion in academic circles on the question of the authority to conclude treaties, but there was no need for the conference to take those theoretical discussion into account.[18]

그리고 전술한 바와 같이 전권위임장은 군주국가 시대에 오늘보다 더 중요한 의미를 가진 것이었으므로,[19] 동 제7조 제2항의 규정 내용은 19세기 국제관습법을 형성하고 있었다.

그러나 정부수석(Head of Gorernment)이 전권위임장 없이 조약을 체결할 수 있는 관행이 성립한 것은 1934년 이후의 일이다. 그 근거는 다음과 같다.

첫째로, 1934년에 개정된 "국제연맹총회 절차규칙"(the League of Nations Rules of Procedure for the Assembly) 제5조는 "대표의 전권위임장은 가능하면 회기 개회일로 정해진 날자 1주 전에 사무총장에게 제출하여야 한다. 국가원수(Head of state) 또는 외무부장관(Minister for Forergn Affairs)에 의해 발부된 것이여야 한다"라고 규정하여[20] 동 규정에 정부수석(Head of Government)은 열거되어 있지 않다. 이로 미루어 보아도 "정부수석"은 1934년까지도 전권위임장을 발부할 권한 자로 인정되어 있지 아니했음을 알 수 있다.

둘째로, 정부수석이 전권위임장 없이 조약을 체결한 실례는 다음과 같이 1938년 이후에 발견된다.

(i) 1938년 9월 9일의 "뮤니히 합의서"(Munich Agreement)는 독일 · 영국 · 프랑스 · 이탈리아의 정부수석이 서명했다.[21]

(ii) 1941년 8월 14일의 "대서양헌장"(Atlantic Charter)은 영국 수상과 미

---

18) Elias, *supra* n.5, p.20.
19) *Supra* n.7.
20) League of Nations, Official Journal, Supp. No. 126, pp.49-55; Majorie M. Whiteman, *Digest of International Law*, Vol.14(Washington, D. C.: USGPO, 1970), p.38.
21) Jones, *supra* n.8, p.121.

국 대통령이 서명했다.[22]

(iii) 1941년 3월 27일의 "해군과 공군의 기지의 사용과 작전에 관한 영
　　미합의서"(Agreement for the Use and Operation of Naval and Air
　　Bases)는 양국 정부수석이 서명했다.[23]

이로 미루어 보아 "정부수석"이 전권위임장 없이 조약을 체결하는 관행
은 1938년 이후 성립된 것이다.

(4) 전권위임장의 형식과 제시
(가) 전권위임장의 형식

전권위임장은 공식적 문서(formal instrument)이나,[24] 국제법 규칙상 조
약체결에 일정한 형식을 요하는 것이 아니므로 전권위임장에 일정한 형식
을 요하는 것이 아니다.[25] 그러나 전권위임장에는 교섭(negotiation)과 서
명(signature)의 권한부여, 전권대표의 성명과 임명권자의 서명이 포함된
다.[26]

(나) 전권위임장의 제시

전권위임장은 교섭자에 의해 상호검토 된다.[27] 그 검토(심사) 방법은 2
변적 조약의 경우 상호교환하거나 또는 상대방에게 제시한다.[28] "조약법

---

22) *Ibid.*

23) *Ibid.*

24) Jennings and Watts, *supra* n.1, p.1221.

25) G. Schwarzenherger and E. D. Brown, *A Manual of International Law* 6th ed.(Milton;
　　Protecsonal Books, 1976), p.124; U. S. Department of the Army, International Law,
　　Vol.1.(Washington, D. C.: USGPO, 1964), p.51.

26) U. S. Department of State, *Foreign Attairs Manual* Vol.1(Washington D. C.: USGPO,
　　1964) para. 73.1; Whitman, *supra* n.20, p.40.

27) Ian Brownlie, *Principles of Public International Law*, 5th ed.(Oxford: Oxford University
　　Pross, 1998), p.610.

28) Starke, *supra* n.3, p.425; Schwavzenberger and Brown, *supra* n.25, p.124; US
　　Department of State, *supra* n.26, para. 73. 1; Rosenne, *supra* n.5, p.464; Wilson, *supra*
　　n.3, p.40.

협약회의"에서 전권위임장을 요구할 권리(right to require full powers)가 있다는 규정이 삭제되었다.[29]

(5) 전권위임장 없이 체결한 조약의 효력

전권위임장 없는 자, 즉 국가로부터 정당한 권한의 부여를 받지 아니한 자가 체결한 조약의 효력에 관해 국제협약, 학설, 선례에 의하면 그 국가의 사후적 추인이 없는 한 법적 효력이 없는 것이다.

(가) 국제협약

"조약법 협약"은 정당한 권한의 부여를 받지 아니한 자의 행위는 그 국가의 사후적 추인이 없는 한 법적 효력이 없다고 다음과 같이 규정하고 있다.

> 제7조에 따라 조약의 체결목적으로 국가를 대표하기 위하여 권한을 부여받은 것으로 인정 받을 수 없는 자가 수행한 조약의 체결에 관련된 행위는 그 국가에 의하여 사후적으로 추인되지 아니하는 한 법적 효력을 가지지 아니한다(제8조).
> An act relating to the conclusion of a treaty performed by a person who cannot be considered under article 7 as authorized to represent a State for that purpose is without legal effect unless afterwards confirmed by that State.

"법적 효력을 가지지 아니한다"는 의미는 "조약의 무효"를 뜻하는 것이 아니라 "조약의 불성립"을 뜻하는 것이다.[30]

"사후적 추인"은 그 국가의 의무가 아니며,[31] 그 국가는 사후적 추인을 거부하는 권리(right to disavow)가 있다.[32] 그리고 추인의 방법은 명시적

---

29) U. N. Conterence on the Law of Treaties, Doc. ALCONF 39/27, May 23, 1969; Whiteman, *supra* n.20, p.37.

30) *Supra* Ⅱ.

31) Rosenne, *supra* n.5, p.466.

32) Sinclair, *supra* n.5, p.33.

추인에 한한다는 견해,[33] 묵시적 추인을 포함한다는 견해,[34] 그리고 문제
는 해결된 것이 아니라는 견해[35]의 대립이 있다.

(나) 학설

오늘의 학설은 19세기의 학설은 아니지만 국제관습법을 성문화 한[36]
"조약법 협약" 제8조를 인용하여 정당한 권한이 부여되지 아니한 자의 조
약 체결에 관한 행위는 그 국가의 사후적 추인이 없는 한 법적 효력이 없
다는 것이 일반적인 통설이다.[37] 다만, "사후적 추인"에 관해 추인은 명시
적 추인에 한한다는 견해와, 명시적 추인과 묵시적 추인을 포함한다는 견
해, 그리고 문제가 해결된 것이 아니라는 견해로 나누어져 있다는 점은 전
술한 바와 같다.[38]

(다) 선례

국가로부터 정당한 권한을 부여 받지 아니한 자의 조약체결에 관한 행
위에 관해 그 국가의 사후적 추인이 있은 선례는 극히 희소하나[39] 다음의
선례가 있다.

1908년 루마니아 주재 미국공사는 협약에 서명할 아무런 권한 없이 두
개의 협약에 서명했다. 그 중 하나에 대해서는 본국 정부로부터 아무런
권한을 받는 바 없고 다른 하나에 대해서는 그와 완전히 다른 협약의 전

---

33) UN 조약법 협약 제1차 회기에서 베네스엘라대표의 주장(Silva, *supra* n.7, p.142).

34) Sinclair, *supra* n.5, p.33.

35) Silva, *supra* n.7, p.142.

36) *Supra* n.7.

37) Malanczuk, *supra* n.17, p.139; Werner Levi, *Contemporary Internationa Law*(Boulder; Westriew, 1979), p.219; Jennings and Watts, *supra* n.1, p.1222; Starke, *supra* n.3, p.426; Malcolm N. Shaw, *International Law*, 4th ed.(Cambredge: Cambridge University Press, 1997), p.637; Elias, *supra* n.5, p.20; Sinclair, *supra* n.5, p.33; David H. Ott, *Public Internationa Law in the Modern World*(London; Pitman, 1987), p.191; Silva, *supra* n.7, p.142.

38) *Supra* nn.33-35.

39) Elias, *supra* n.5, pp.20-34.

권위임장을 부여 받았었다. 이들 협약은 비준의 대상이었고 실제로 비준
이 행하여 졌다. 이 비준은 사후적 추인의 의미를 갖는다.[40]

이상에서 고찰해 본 바와 같이 국가로부터 조약체결의 전권위임장을 부
여 받지 아니한 자의 조약체결에 관한 행위는 그 국가에 의한 사후적 추
인이 없는 한 법적 효력이 없다는 것이 적어도 1908년 이전에 성립된 국제
관습법이라 할 수 있다.

나. 한일합방조약의 체결과 전권위임장의 검토

(1) 내각총리대신의 조약체결권 유무

전술한 바와 같이 "한일합방조약"의 대한제국 측 서명은 "내각총리대신"
으로 현명(顯名)하여 이완용이 서명(날인)했다. 정부수석(Head of Government)
이 국가를 대표하여 "정부간 협정"(inter - gorernmental agreement)을 체결
할 수 있는 관행은 1938년 이후의 성립된 관행이므로[41] "한일합방조약"을
체결할 당시인 1910년에는 "정부수석"이 조약을 체결함에는 국가원수(Head
of State)의 전권위임장을 요했다.[42] 따라서 정부수석인 "내각총리대신"이
동 조약을 체결함에는 대한제국의 국가원수인 황제(순종)의 전권위임장을
요하는 것이었다.

(2) 조칙의 전권위임장 여부

국제법상 전권위임장은 일정한 형식을 요하는 것이 아니므로[43] 황제(순
종)가 동 조약의 체결에 관한 전권을 내각총리대신에게 위임한 "통치권 양
여에 관한 조칙(詔勅)"은 전권위임장으로 볼 수 있다. 다만, 양자 조약체결
의 경우는 전권위임장을 상호 교환하거나 최소한 상대방대표에게 제시하
는 것이 국제관행이므로,[44] (i) 동 위임장을 일본 측 대표의 전권위임장

---

40) *Ibid.*
41) *Supra* nn. 20-23.
42) *Supra* nn. 20-23.
43) *Supra* n. 25.
44) *Supra* nn. 27-29.

과 상호 교환하거나 일본 측 대표에게 제시하지 아니했으면 동 위임장은
국제법상 전권위임장으로 볼 수 없고 국내법상 대한제국의 내부문서에 불
과한 것이다. 그러나 (ⅱ) 동 위임장을 일본 측 대표의 전권위임장과 상호
교환하거나 제시했다면 이는 국제법상 전권위임장으로 볼 수도 있다.

동 조칙은 일본 전권대표의 전권위임장과 상호교환 한바 없다.

물론 동 위임장(조칙)은 일본 측의 강박 또는 기망행위에 의해 작성(서
명)된 것이므로[45] 동 위임장은 무효인 것이다. 이는 동 위임장의 무효를
뜻하는 것이며 동 조약 자체의 무효를 의미하는 것은 아니다.

(3) 전권위임장 없이 내각총리대신이 서명한 한일합방조약의 효력

전술한 바와 같이 전권위임장을 부여받지 아니한 자의 조약체결에 관한
행위는 그 국가의 사후적 추인이 없는 한 법적 효력이 없다.[46]

(ⅰ) 내각총리대신에게 수여된 전기 조칙을 국제법상 전권위임장으로
보아도 그것이 강박 또는 기망행위로 작성되어 무효로 볼 경우 내
각총리대신의 동 조약의 체결에 관한 행위, 특히 서명은 그 후 대
한제국의 추후의 확인이 없는 한 법적 효력이 없는 것이다. 한국이
이를 추인한 바 없으므로 동 조약은 법적 효력(legal effect)이 없는
것이다. 법적 효력이 없다는 뜻은 동 조약이 성립요건을 결하여 성
립되지 아니했다는 의미, 즉 동 조약은 "부존재"라는 뜻이며 성립
된 조약이 "무효"라는 뜻이 아닌 것이다.

(ⅱ) 내각총리대신에게 수여된 전기 조칙(위임장)을 국제법상 전권위임
장으로 볼 경우, 그리고 동 위임장이 일본 측의 강박 또는 기망행
위에 의해 작성된 것이 아닌 것으로 볼 경우 내각총리대신의 동 조
약체결에 관해 행위, 특히 서명은 법적 효력이 있는 것이다. 이 경

---

45) 이는 일본의 강박에 의해 행하여 졌다. 이태진, "근대일본 소수 번벌의 한국침략,"
   동북아역사재단, 『일본의 한국병합과정』 한일강제병합 100년 재조명 국제학술회의
   2010년 8월 23-24일, p.911.
46) *Supra* Ⅲ. 1. 마.

우 비준의 문제가 문제로 남는다.

요컨대, "통치권 양여에 관한 조칙"을 전권위임장으로 본다 할지라도 이는 일본의 강박에 의해 작성된 것이므로 무효이고, 설사 그것이 일본의 강박에 의해 작성된 것이 아니라할지라도 일본 대표는 전권위임장을 휴대하지 아니했고, 한국 대표는 전권위임장을 제시했으나 일본 대표는 전권위임장을 제시하지 못했다. 전권위임장을 휴대하지 못한 일본 대표는 조약을 체결할 권한이 없는 자이므로 그의 서명은 무자격자의 서명이다. 그러므로 "한일합방조약"은 전권위임장에 의해 정당한 권한이 부여된 자에 의해 서명된 것이 아니므로 동 조약은 조약으로 성립되지 못한 것으로 "조약의 불성립" 즉 "조약의 부존재"로 법적 효력이 없는 것이다.

3. 한일합방조약의 체결과 비준

가. 비준일반
(1) 비준의 의의

"조약법 협약"은 "비준(ratification)이란 국가가 국제적 측면에서 조약에 대한 국가의 기속적 동의를 확정하는 국제적 행위(international act … a state establishes on the international plane its consent to be bound by a treaty)를 의미한다"라고 규정하고 있다(제2조 제1항 b). 비준은 "정식으로 임명된 전권대표에 의한 조약에 대한 부과된 서명에 대한 국가원수 또는 그 정부에 의한 승인이다(the approval by the head of state or the government of the signature appended to the treaty by the duly appointed plenipotentiaries)"라고[47] 할 수 있다. 또는 "비준은 정식으로 임명된 전권대표가 서명한 조약의 내용을 조약체결권자가 최종적으로 확인·수락하는(final acceptance) 국제적 행위"라고[48] 할 수도 있다.

---

47) Starke, *supra* n.3, p.431.

비준은 서명의 확인이 아니라 성문조약문의 확인이며,[49] 조약의 전체적 이익의 확인으로,[50] 조약체결의 한 절차이다.[51]

(2) 비준의 구분

비준은 "국제적 의미(international sense)의 비준"과 "국내적 의미(national sense)의 비준", 즉 "헌법적 의미(constitutional sense)의 비준"으로 구분된다.[52] 전자는 조약체결권 자가 비준서에 서명하며 조약문을 최종적으로 확인하는 국제법상 법률행위이며, 후자는 순수하게 국내적 헌법적(purely domestic constitutional) 행위로 이는 국제법상 조약의 효력발생과 무관하므로 엄격한 의미의 비준이 아니다.[53]

비준서의 교환·기탁도 비준이 아니다.[54]

(3) 비준의 절차

(가) 비준권자

비준권자는 서명국의 헌법으로 규정하며, 그것은 조약체결권을 행사하는 국가의 기관으로 국가원수인 것이 보통이며 의회는 이에 대한 동의를 주는 것이 일반적이다.[55] 조약 체결권자(organ of treaty making power)가 누구냐는 각각의 기본조직법(국가의 경우 헌법)에 의해 결정되도록 일반 국제법은 일임하고 있다.[56]

---

48) Gerald Fitzmaurice, "Do Treaties Need Ratification?," *BYIL*, Vol.15, 1934, p.114.
49) Starke, *supra* n.3, p.431.
50) U. S. Department of the Army, *supra* n.25, p.52; C. C. Hyde, *International Law*, Vol.2, 2nd ed.(Boston: Litlle Brown, 1947), p.125.
51) Jennings and Watts, *supra* n.1, pp.112-127.
52) Fitzmaurice, *supra* n.48, p.114; G. G. Fitzmaurice, "The Law and Procedure of the International Court of Justice," *BYIL*, Vol.33, 1957, p.267.
53) *Ibid.*
54) Jennings and Watts, *supra* n.1, pp.126-127.
55) Starke, *supra* n.3, p.433.
56) *Ibid.*, pp.432-433.

(나) 비준방법

① 명시적 비준

비준의 형식에 관한 국제법상 규칙이 없다. 따라서 비준은 명시적으로
할 수도 있고 묵시적으로 할 수도 있다.57) 명시적 비준은 조약체결권자가
조약을 확인한다는 의사를 문서에 표시하고 서명하는 것이 일반적이며,
이 문서를 비준서(instrument of ratification)라 하며 비준서의 형식은 일정
한 바 없다.58) 묵시적 비준은 비준서에 서명함이 없이 조약을 시행하는
방법으로 행하여진다.59)

② 무조건 비준

조약의 내용은 조약문의 서명에 의해 확정되므로 비준시 그 내용을 변
경할 수 없다. 그러므로 조건부 비준이나 부분비준에 대해 타방 당사자는
이를 수락하거나 아니할 자유가 있다.60) 따라서 조건부비준 또는 부분비
준에 대해 상대방이 이를 수락하면 새로운 조약이 체결될 수 있으며 본래
의 조약은 무효로 되게 된다.

③ 비준기간

조약문에 일정한 비준기간이 정하여져 있는 경우에는 그 기간 내에 비
준하지 아니하면 비준의 거절로 되며, 조약문에 비준기간이 정하여져 있
지 아니한 경우는 상당기간 내에 비준하지 아니하면 비준의 거절로 추정
된다.61)

---

57) Jennings and Watts, *supra* n.1, p.1231.
58) Starke, *supra* n.3, p.433; Jennings and Watts, *supra* n.1, p.1231. 비준서에는 조약의
    명칭, 서명일자, 서명장소, 서명된 조약물을 최종적으로 승인한다는 뜻을 표시하고
    서명하는 것이 일반적이다(*ibid.*).
59) Sinclair, *supra* n.5, p.41.
60) *Ibid.*; Jennings and Watts, *supra* n.1, pp.1232-1234.
61) *Ibid.*, p.1230; *Hans Kelsen, Principles of International Law*, 2nd ed.(New York: Holt,
    1967), p.468.

(다) 비준서의 교환·기탁

두 당사자 간의 조약은 비준서를 상호교환하고 다수당사자 간의 조약은 비준서를 일정한 장소에 기탁한다. 기탁의 장소는 조약이 체결된 장소의 외무부당국인 것이 일반적이다.[62]

(4) 비준의 효력

(가) 비준서의 교환·기탁에 의한 효력 발생

비준서의 작성에 의해 조약의 구속력이 발생하는 것이 아니라 비준서의 교환·기탁에 의해 조약은 효력을 발생하게 된다.[63]

(나) 비소급적 효력

비준은 비준서의 교환·기탁에 의해 효력을 발생한다. 그 효력 발생 시기는 그 조약의 서명시로 소급된다는 주장이 있으나,[64] 서명시로 소급되지 아니하고 비준서의 교환·기탁시라는 주장이 통설[65]이고 판례[66]이다. 그리고 "조약법 협약"은 비준의 소급효에 관해서는 아무런 규정을 두고 있지 아니하다.

(다) 비준을 요하는 조약

모든 조약이 다 비준을 요하는 것은 아니다. (ⅰ) 비준을 요한다고 조약

---

62) Fitzmaurice, *supra* n.48, p.115; Jennings and Watts, *supra* n.1, p.1230; Shabta: Rosenne, "Treaties, conctusion and Entry into Force," *EPIL*, Vol.7, 1984, p.466.

63) U. S. Department of the Army, *supra* n.25, p.52; Rosenne, *supra* n.62, p.466.

64) H. Lauterpacht(ed.), *Oppenheim's International Law*, Vol.1, 8th ed.(London: Longmans, 1955), p.917.

65) Jennings and Watts, *supra* n.1, pp.1234-1235; Starke, *supra* n.3, p.431; Lord McNair, *The Law of Theaties*(Oxford: Clarendon, 1961), pp.193-98; Mervyn Jones, "The Retroactive Effect of the Ratification of Treaties," *AJIL*, Vol.29, 1935, p.65.

66) *Iloilo* Case(1925) : *RLAA*, Vol.6, p.158; *Certain German Interests in Polish Upper Silesia* Case(1926) : PCIJ, *Series A*, No.7, 1926, p.39; *Arbitral Awards made by the King of Spain* (1960) : ICJ, *Reports*, 1960, pp.207-209; *Crime of Genocide*(Advisory Opinion) (1951) : ICJ, *Reports*, 1951, p.28.

문 또는 전권위임장에 명시적 규정이 있는 경우 비준을 요함은 물론이다. (ⅱ) 비준을 요하지 아니한다고 조약문 또는 전권위임장에 명시적 규정이 있는 경우 비준을 요하지 아니함은 물론이다. (ⅲ) 문제는 조약문 또는 전권위임장에 비준을 요한다는 규정도 비준을 요하지 아니한다는 규정도 없는 경우 비준을 요하느냐이다.

오늘의 학설과 관행은 일치되어 있지 아니하며 "조약법 협약"도 위 (ⅲ)의 경우 비준을 요하느냐에 관해 중립적 입장에서 어떠한 규정도 두고 있지 아니하다.[67]

이 연구에서 검토를 요하는 것은 시제법의 원칙상 오늘의 국제관습의 규칙이 아니라 "한일합방조약"이 체결된 1910년 당시의 그것이다. 이하 1910년 이전에 위 (ⅲ)의 경우에 관한 학설과 판결에 표시된 규칙을 고찰하기로 한다.

① 학설
가) H. W. Halleck
Halleck는 조약 자체에 명시적으로 유보되어 있지 아니해도 비준이 요구되는 것이 관행이라고 다음과 같이 기를 기술하고 있다.

조약 자체의 명시적 구절에 의해 이 선제조건이 유보되어 있지 아니하다 할지라도 그러한 비준이 요구되는 것이 이제 정착된 관행이다.
it is now the settled usage to require such ratifi cation, even where this pre-requisite is not reserved by the express terms of the treaty itself.[68]

나) S. B. Crandall
Crandall 조약이나 전권위임장에 명시적으로 유보되어 있지 아니한 경우라도 비준권은 일반적으로 수락되어 있다고 다음과 같이 기술하고 있다.

---

67) Jennings and Watts, *supra* n.1, pp.1230-1231.
68) H. W. Halleck, *Elaments of International Law*, 4th ed.(G. Sh Baker)(London: Paul Trench, 1908), Ⅱ, ch. ⅷ, § 12; Fitzmaurice, *supra* n.48, p.122.

조약이나 전권위임장내에 명시적인 유보가 되어 있지 아니하다 할지라도 신뢰의 중요성은 최근의 학자들이 비준의 권리를 완전히 일반적으로 수락하도록 유도했다.

　　this importance of the trust, have led recent writers quit generally to admit the right of ratification, even if no express reservation be made in the treaty or full powers.[69]

다) W. E. Hall

Hall은 반대의 특별합의가 없는 경우 비준은 관행에 의해 필수요건이 되었다고 다음과 같이 기술하고 있다.

　　반대의 특별한 합의가 없는 경우 비준은 관행에 의해 필수요건으로 되어 왔다. … 비준의 필요성은 실정국제법에 의해 승인되었다.

　　ratitication, in the absence of special agreemcnt to the contrary, has become requisite by usage … the necessity of ratification is recognized by the positive law of nations.[70]

라) L. Oppenheim

Oppenheim은 비준이 명시적으로 규정되어 있지 아니한 경우에도 요구되는 것이 보편적으로 승인된 국제법의 관습규칙으로 승인되어 있다고 다음과 같이 기술하고 있다.

　　비록 비준이 명시적으로 규정되어 있지 아니한다 할지라도 조약은 정상적으로 비준을 요한다는 것이 오늘 국제법의 관습규칙으로 보편적으로 승인되어 있다.

　　it is now a universally recognized customary rule of international law that treaties regularly ratification, even it this is not expressly stipulated.[71]

---

69) S. B. Crandal, *Treaties, Their Making and Entorcement* 2nd ed. (916), § 3; Fitzmaurice, *supra* n.48, p.123.

70) W. E. Hall, *International Law*, 8th ed.(Higgins)(Oxford: Clarendon, 1890), § 110; Fitzmaurice, *supra* n.48, p.123.

71) L. Oppenheim, *International Law*, 4th ed. (London : Longmans, 1905), I, §§ 511-12, Fitzmaurice, *supra* n.48, p.123.

② 판례

Eliza Ann Case(1813)에서 재판관 Stowell은 후속적인 비준은 필수적으로 요구된다고 다음과 같이 판시한 바 있다.

> 지금 지배적인 관행에 따르면 추후의 비준은 필수적으로 요구된다. 그리고 이 입장의 실제의 확고한 확인은 그와 같은 명시적 규정을 하지 아니하는 현재 조약이 거의 없다는 것이다. 따라서 전권대표의 권한이 추후의 비준의 조건에 의해 제한된다고 추정된다.
> according to the practice now prevailing, a subsequient ratitication is essentially necessary, and a strong conformation of the truth of this position is that there is hardly a modern treaty in which it is not expressly so stipulated ; and therefore it is now to be presumed that the powors of plenipotentiaries are limited by the condition of a subsequient ratification.72)

이 판결은 H. Blix는 "소위 비준의 필요의 증거(evidence of the so-called necessity of ratification)"라고,73) Hans Kelsen은 "조약이 반대의 규정을 포함하지 아니하는 경우 비준은 필요하다"라고,74) J. G. Starke는 "비준은 필요한 것으로 간주되었기 때문에 비준없이 조약은 무효력으로 인정되었다"라고,75) Robert Jennings와 Arthur Watts는 "비준전까지 국가는 그 조약에 의해 구속되는 동의를 했다고 말할 수 없다"라고76) 하여 각각 인용하고 있다.

요컨대, 동 판결은 Kelsen이 기술한 바와 같이 조약은 반대의 규정이 없는 한 비준을 요한다는 판결인 것이다.

이상에서 고찰한 바와 같이 1910년 그 이전 당시에 다수 학설과 판결은

---

72) *Dodson's Admiralty Reports*, Vol.1, 1813, p.248; Fitzmaurice, *supra* n.48, p.125.
73) H. Blix, "The Requirement of Ratification," *BYIL*, Vol.30, 1953, p.360.
74) if a troaty does not contain a provision of law of ratification Kelsen, *supra* n.61, p.469.
75) ratification was reged as so necessary that without it a treaty should be deemed ineffective: Starke *supra* n.3, p.431.
76) until ratification, a state cannot be said to have consented to be bound by a treaty: Jennings and Watts, *supra* n.1, p.1234, n.2.

반대의 규정이 없는 한 비준을 요한다는 것이 국제관습의 규칙이었다.

(라) 비준을 요하는 조약의 예외

여기서 또 하나 검토를 요하는 것은 조약문이나 전권위임장에 조약은 비준을 요한다는 명시적 규정도 비준을 요하지 아니한다는 명시적 규정도 없는 경우 조약은 비준을 요한다는 1910년 이전 당시의 국제관행의 규칙에 대해 두 개의 예외가 인정된다는 점이다. 이 예외는 일반국제관습법의 규칙(rule of general customary international law)에 의해 인정된 것이다.[77]

이는 Case *relating to the Territorial Jurisdiction of the International Commission of the River Oder*(1929)에서 상설중재재판소의 판결에 의해 확인되었다.[78] 그 예외는 다음과 같다.

① 국가원수가 직접 체결하는 조약

조약의 체결권자인 국가원수가 직접 체결하는 조약은 비준을 요하지 아니한다.[79] 예컨대, (i) 1812년의 영국과 스웨덴 평화조약(Treaty of Peace between Great Britain and Sweden)은 영국과 스웨덴의 국왕이 직접 서명하고 비준서의 교환이 없었다.[80] (ii) 1815년 9월 26일에 서명된 신성동맹조약(Holly alliance Final Act of the Congress of Vienna)은 오스트리아 황제, 러시아 황제, 페르시아 왕이 직접 서명했고 비준서의 교환이 없었다.[81]

② 의정서, 교환공문 등 중요하지 아니한 조약

의정서, 교환공문 등 정치적 성격보다 기술적 경제적 문제를 규정한 조약은 비준을 요하지 아니한다.[82]

---

77) Kelsen, *supra* n.61, p.470.
78) PCIJ, *Series A*, No.23, 1929, p.20.
79) Jennings and Watts, *supra* n.1, p.1229; Fitzmaurice, *supra* n.48, p.127.
80) Parry, *supra* n.5, p.191.
81) Stephan Verosta, "Holly Alliance," *EPIL*, Vol.7, 1984, p.273.
82) Fitzmaurice, *supra* n.48, p.127; Jennings and Watts, *supra* n.1, p.1229, n.5, Blix, *supra*

예컨대,

(i) 1931년 11월 20일의 전쟁배상에 관한 벨기에와 프랑스간의 합의서
(Aqreement between Belglum and France regarding the Reparation for
War Damage)[83]

(ii) 1935년 1월 28일의 학생고용자의 입학허가에 관한 덴마크와 프랑스
간의 합의서(Agreement between Denmark and France for Facilitating
the Admission of Student Employees)[84]

(iii) 1934년 4월 24일의 1923년 9월 8일의 협약을 위해 수립된 일반청구
위원회에 관한 미국과 멕시코 간의 의정서(Protocol between the
United States of America and Merico Relative to the General Claims
Commission Established by the Convention of September 1923).[85]

나. 한일합방조약과 비준

(1) 한일합방조약의 비준을 요하는 조약 여부

전술한 바와 같이 19세기에 있어서 조약은 그 조약문 또는 전권위임장
에 비준을 요한다는 명시적 규정이 없이도 비준을 요한다는 것이 당시의
국제관습법상 규칙이었다.[86] 따라서 "한일합방조약"의 조약문에 동 조약
은 비준을 요한다는 명시적 규정이 없어도 동 조약은 비준을 요하는 조약
이다.

또한 전술한 바와 같이 국가원수가 직접 체결한 조약이나 의정서 등 비
교적 중요하지 아니한 비정치적 기술적 행정적 조약은 예외적으로 비준을
요하지 아니한다.[87] "한일합방조약"은 내각총리대신 이완용이 서명했고 국
가를 병합하는 중요한 조약이므로 동 조약은 예외적으로 비준을 요하지

---

n.73, pp.366-367.

83) *Ibid.*, p.367 Blix, *supra* n.73, p.367.

84) *Ibid.*

85) *Ibid.*

86) *Supra* nn.68-73; Blix, *supra* n.73, p.373.

87) *Supra* nn.77-85.

아니하는 조약이 아니므로 동 조약은 비준을 요하는 조약이다.

(2) 재가의 비준 여부

"한일합방조약" 제8조는 동 조약은 황제의 "재가"를 받았다고 규정하고
있는 바, 동 "재가"를 비준으로 볼 수 있느냐의 검토가 요구된다. 다음과
같은 이유에서 동 "재가"는 비준으로 볼 수 없다.

(i) 동 조약 제8조의 규정에 의하면 동 "재가"는 동 조약의 서명일(1910년
8월 22일) 이전에 있었으므로 비준은 서명 이후 서명된 조약문을
최종적으로 승인하는 것이므로[88] 서명 전의 재가는 비준의 본질적
성질에 반하므로 이는 비준서로 볼 수 없다.

(ii) 재가서(재가)가 작성되었다. 할지라도 비준서는 상호교환됨을 요하
는 바,[89] 재가서는 한일 간에 상호교환된 바 없으므로 이는 비준서
로 볼 수 없다.

(iii) "재가"가 있었다는 어떠한 증거도 없다.

(3) 칙유의 비준여부

1910년 8월 29일 서명일에 작성된 "칙유(勅諭)"는 다음과 같은 이유로 비
준서로 볼 수 없다.

(i) 비준서는 일정한 형식을 요한다는 국제법상 규칙이 정하여져 있는
것이 아니나, 최소한 조약의 명칭, 서명일시, 서명장소, 그리고 서
명된 조약문을 승인한다는 내용이 포함됨을 요하는 바,[90] 동 "칙유"
에는 이러한 내용이 포함되어 있지 아니하고 대국민 공포의 내용
만이 포함되어 있다.

(ii) 비준서는 상호교환됨을 요하는 바,[91] 동 "칙유"는 한일 간에 상호교

---

88) *Supra* nn.50-51.
89) *Supra* n.62.
90) *Supra* n.58.
91) *Supra* n.62.

환된 바 없다.

(iii) 동 칙유에는 황제의 친필 서명이 없고 대한국새(大韓國璽)가 날인
되지 아니하고 칙명지보(勅命之宝)라 새겨진 어새(御璽)가 날인되
었다.[92] 따라서 이 칙유는 비준서라 할지라도 법적으로 "불성립"
즉 "부존재"인 것이다.

요컨대, "한일합방조약"은 동 조약문에 비준을 요한다는 명시적 규정이
없어도 1910년 당시의 국제관습법의 규칙에 따라 비준을 요하는 조약이
다. 그러나 비준서의 작성도 상호교환도 없었으므로 동 조약은 조약체결
의 최종 단계인 비준이 없었으므로 동 조약은 조약으로 "불성립"이고 따라
서 조약으로 "부존재"인 것이므로 동 조약은 법적 효력이 없는 것이다.

III. 한일합방조약의 부존재와 대일평화조약

1. 대일평화조약 제2조 (a)항의 규정

전술한 바와 같이 "한일합방조약"은 부존재이다. 그러나 "대일평화조약"
은 "한일합방조약"의 존재·유효를 전제로 한 것이다. "대일평화조약 제2
조 (a)항은 한일합방조약의 성립·유효를 전제로 다음과 같이 규정하고 있
다.

> 일본은 한국의 독립을 승인하고 제주도·거문고 및 울릉도를 포함하는 한
> 국에 대한 권리·권원 및 청구권을 포기한다.

위의 규정 중 "일본은 한국의 독립을 승인하고"는 동 조약이 효력을 발
생하기 직전까지 한국은 독립국가가 아니었다는 것을 전제로 한 것이며

---

92) 이태진, 전주 45, p.91.

독립국가가 아니었다는 것을 전제로 한 것은 "한일합방조약"이 성립·유효했다는 것을 전제로 한 것으로 해석된다.

또한 위의 규정 중 "일본은 … 한국에 대한 권리·권원 및 청구권을 포기한다"는 동 조약이 효력을 발생하기 직전까지 일본이 한국에 대한 권리·권원 및 청구권을 갖고 있었음을 전제로 한 것이며 일본의 한국에 대한 권리·권원 및 청구권을 갖고 있었음을 전제로 한 것은 "한일합방조약"이 성립·유효함을 전제로 한 것으로 해석된다.

상술한 "대일평화조약" 제2조 (a)항은 동 조약 제21조의 규정에 의해 한국이 이 일을 권리가 있는 조항이다.

2. 조약법 협약 제36조 제1항의 규정

"조약법 협약" 제36조 제1항은 제3국에게 권리를 부여하는 조항은 제3국이 동의하는 경우에는 제3국에 대해 효력이 발생하며 제3국이 반대의 의사표시가 없는 동안 동의가 있는 것으로 추정된다고 다음과 같이 규정하고 있다.

> 제36조 (제3국에 대하여 권리를 규정하는 조약)
> ① 조약의 당사국이 제3국 또는 제3국이 속하는 국가의 그룹 또는 모든 국가에 대하여 권리를 부여하는 조약규정을 의도하며 또한 그 제3국이 이에 동의하는 경우에는, 그 조약의 규정으로부터 그 제3국에 대하여 권리가 발생한다. 조약이 달리 규정하지 아니하는 한 제3국의 동의는 반대의 표시가 없는 동안 있는 것으로 추정된다.

> Article 36. Treaties providing for rights for third States
> 1. A right arises for a third State from a provision of a treaty if the parties to the treaty intend the provision to accord that right either to the third State, or to a group of States to which it belongs, or to all States, and the third State assents thereto. Its assent shall be presumed so long as the contrary is not indicated, unless the treaty otherwise provides.

위의 규정에 의거 제3국의 반대의 의사표시가 없는 동안 동의의 의사표시가 있는 것으로 추정된다.

한국정부는 "대일평화조약"이 서명된 1951년 9월 8일에는 물론 동 조약이 효력을 발생한 1952년 4월 28일에도, 그리고 "조약법 협약"이 1969년 5월 23일 채택될 때는 물론 한국이 동 협약에 가입하며 동 협약이 한국에 대해 효력이 발생한 1986년 1월 27일에도 "대일평화조역" 제2조 (a)항의 규정에 대해 반대의 의사표시를 한 바 없으므로 "조약법 협약" 제36조 제1항의 규정에 의거 "대일평화조약" 제2조(a)항의 권리부여 규정에 한국의 동의는 있는 것으로 추정된다.

"한일합병조약"이 성립·유효한 것으로 추정되는 "대일평화조약" 제2조 (a)항에 한국이 동의한 것으로 추정되어 있는 것이 오늘의 상황이다.

Ⅳ. 결언

1910년의 "한일합방조약"은 무효가 아니라 부존재인 것이다.

"대일평화조약" 제21조의 규정에 의해 한국에 대해 효력이 있는 동 조약 제2조 (a)항의 독립승인조항과 권리포기조항은 모두 "한일합방조약"의 유효를 전제로 한 것이며, 이들 조항은 "조약법 협약" 제36조 제1항의 규정에 의거 한국이 동의한 것으로 추정된다.

한국정부는 위의 추정의 효과를 배제하기 위한 어떠한 조치도 취한 바 없다.

"한일기본관계조약" 제2조에서 1910년 8월 22일 및 그 이전에 대한제국과 대일본제국이 체결한 조약과 협약은 "이미 무효임을 확인한다"고 규정하고 있다. 그러나 "이미 무효"의 의미에 관해 우리 정부는 원초적으로 무효라고 해석하고 일본정부는 1945년부터 무효라고 해석한다.

상기 "대일평화조약"제2조 (a)항의 추정되는 효과는 "한일기본조약" 제2조에 대한 한국의 해석에 반한다.

우리 정부 당국은 조속히 "대일평화조약" 제2조 (a)항의 규정을 추정하는 것으로 해석되는 효과를 배재하기 위해 특별한 조치를 취하여야 할 것이다. 그러한 특별한 조치의 하나로 "대일평화조약의 어떠한 규정도 한일합방조약의 유효한 것으로 해석되지 아니한다"는 내용의 "해석선언"을 하여야 할 것이다.

"한일합방조약"은 부존재이므로 동 조약과 "대일평화조약"의 저촉의 문제는 제기되지 아니한다.

제12절 대일평화조약 제21조와 제25조의 저촉의 해결

Ⅰ. 서언

1951년 9월 8일의 "대일평화조약" 제21조는 한국은 제2조 등의 이익을 향유할 권리가 있다고 규정하고 있다. 동 제21조의 규정에 의거 한국이 이익을 향유할 권리가 있는 조항 중 제2조(a)항의 "일본은 한국의 독립을 승인하고 제주도·거문도 및 울릉도를 포함하는 한국에 대한 권리·권원 및 청구권을 포기한다"라고 규정하고 있다. 동조에 규정된 울릉도에는 그의 속도인 독도가 포함되므로 독도는 일본이 포기한 한국의 영토라는 것이 우리정부의 입장이다. 그러나 "대일평화조약" 제25조는 동 조약의 규정에 의해 이익을 향유할 주체는 동 조약에 서명한 연합국에 한한다고 규정하고 있다. 따라 제21조의 규정에 의하면 한국은 동 조약 제2조의 이익을 받을 권리가 인정되나 동 조약 제25조의 규정에 의하면 한국은 연합국이 아니므로 제2조의 이익을 받을 권리를 향유할 수 없다. 동 조약 제21조와 제25조는 상호 충돌된다.

이 연구는 동 조약 제21조와 동 조약 제25조의 저촉을 해결하여 한국에는 제25조의 규정에도 불구하고 제21조의 규정에 의거하며 동 조약 제2조의 이익을 향유할 권리가 있다는 법리를 제시하기 위해 시도된 것이다. 이하 "조약의 저촉에 관한 일반적 고찰", "조약의 저촉을 해결하는 원칙", "대일평화조약 제21조와 제25조의 저촉의 해결" 순으로 논술하고 "결론"에서 몇 가지 정책 대안을 제시하기로 한다. 이 연구는 "법실증주의"를 법사상의 기초로 하고 "법해석론"을 연구의 방법으로 채택한 것임을 여기 밝혀 두기로 한다.

II. 조약의 저촉에 관한 일반적 고찰

1. 개념

가. 의의

국제법의 저촉(conflict of international)이란 한 국제법의 법원의 내용이 다른 국제법의 법원의 내용과 서로 충돌하는 상태를 말한다.[1] 일반국제법상 국제법의 법원은 조약과 관습법이므로 결국 국제법의 저촉은 조약과 조약, 조약과 관습법, 관습법과 관습법 간에 일어나게 된다.[2] 물론 조약과 국제관습법에 의해 "국제사법재판소규정" 제38조 제1항에 규정된 "법의 일반원칙"의 저촉문제도 제기되나 이는 조약과 관습법의 하위 규범이므로

---

1) Hans Kelsen, *Principles of Internal Law*, Robert W. Tucker(ed.) 2nd ed.(New York: Holt, 1967) p.502; Georg Schwarzenberger and E.D. Brown, *A Manual of International Law*, 6th ed.(Milton: Professional Books, 1976), p.131; Wolfram Karl, "Conflicts between Treaties," in *EPIL*, Vol.7, 1984, pp.467-468. Jorg Kanmerthofer, *Uncertainly in International Law* (London: Routledge, 2011), p.139.

2) Karl, *supra* n.1, p.468.

여기서는 이를 논외로 하기로 한다.

나. 요소
국제법의 저촉은 다음과 같은 특성을 본질적 요소로 한다.

(1) 불가양립성
국제법의 저촉은 저촉되는 두 국제법이 동시에 성립할 수 없는 불가양립성(incompatibility)을 본질적 요소로 한다.[3]

(2) 불가능성
국제법의 저촉은 저촉되는 두 국제법이 사실상 동시에 적용할 수 없는 불가능성(impossibility)을 본질적 요소로 한다.[4]

다. 구별
(1) 국제법과 국내법의 저촉
국제법의 저촉은 국제법과 국내법의 저촉과 구별된다. 국제법의 내용이 국내법의 내용과 상호충돌하는 경우는 국제법과 국내법은 상호 별개의 법체계를 이루고 있으므로 저촉의 문제가 발생하지 아니한다는 "이원론"과 국제법과 국내법은 동일한 법체계를 이루고 있으므로 저촉의 문제가 발생한다는 "일원론"이 대립되어 있으며, 일원론은 국제법이 상위의 법이라는 "국제법 우위론"과 국내법이 상위의 법이라는 "국내법 우위론"으로 구분된다.[5]
국제법의 저촉의 경우는 이원론은 주장의 여지가 없다.

(2) 국내법과 국내법의 저촉
국제법의 저촉은 국내법의 저촉과 구별된다. 국내법의 저촉은 동일 국

---

3) *Ibid.*, p.142.
4) *Ibid.*, p.143.
5) Kelsen, *supra* n.1, pp.565-566.

가 내의 국내법 상호 간의 저촉과 일국가의 국내법과 타국가의 국내법 상
호간의 저촉이 있으나 일반적으로 국제법상 국내법의 저촉이란 후자의 경
우만을 말한다. 이 저촉을 해결하는 법을 "법의 저촉의 법"(law of conflict
of laws)이라 한다.6)

라. 발생원인

국제법의 저촉의 발생원인은 국제사회에 중앙적 입법기관의 결여에 있
다. 즉 국제법상 국제법을 정립하는 중앙적 입법기관이 없으므로 분권적
국제법의 입법에 의해 개별적으로 정립되는 국제법은 그 내용이 상호충돌
될 수밖에 없는 것이다.7)

2. 유형

가. 법원 표준

국제법의 저촉은 국제법의 법원을 표준으로 다음과 같은 유형으로 구분
된다.

(i) 조약과 조약의 저촉

(ii) 조약과 관습법의 저촉

(iii) 관습법과 관습법의 저촉8)

나. 당사자 표준

국제법의 저촉은 국제법의 적용당사자를 표준으로 다음과 같은 유형으

---

6) Idid., pp.378-381; K. Lipstein, *Principals of Conflict of Laws National and International*
   (Hague: Martinus, 1981), pp.1, 13.

7) Karl, *supra* n.1, p.468; C. Wilfred Jenks, "The Conflict of Law-Making Treaties," *BYIL.*,
   Vol.30, 1953, pp.402-403.

8) "법의 일반원칙"의 법원성을 인정해도 이는 조약과 관습법을 보충하는 효력밖에 없
   으므로 여기서 국제법의 법원의 충돌로 고려할 실익이 없다. "법의 일반원칙"의 법
   원성은 부인된다(Michael Akehurst, "The Hierachy of the Sources of International
   Law," *BYIL*, Vol.47, 1977, p.278).

로 구분된다.

(ⅰ) 당사자가 동일한 국제법의 저촉

(ⅱ) 상사자가 상이한 국제법의 저촉

다. 체계 표준

국제법의 저촉은 국제법의 체계를 표준으로 다음과 같은 유형으로 구분
된다.

(ⅰ) 구국제법과 신국제법의 저촉

(ⅱ) 일반국제법과 특별국제법의 저촉

(ⅲ) 강행국제법과 임의국제법의 저촉

(ⅳ) 상위국제법과 하위국제법의 저촉

3. 해결방법

국제법의 저촉을 해결하는 방법은 용이하지 않다.[9] 그 해결방법은 국제
법의 저촉을 해결하기 위해 어떤 저촉유형을 택하느냐에 따라 달라질 것
이다. 여기서는 당사자를 표준으로 한 저촉유형에 따라[10] 해결의 원칙과
예외를 보기로 한다.

가. 원칙

(1) 당사자가 동일한 국제법의 저촉

(가) 의의

당사자가 동일한 국제법의 저촉이란 조약이든 관습법이든 대인적 적용
범위가 동일한 국제법의 저촉을 말한다.

---

9) Karl, *supra* n.1, p.468.

10) Kelsen, *supra* n.1, p.502; Schwarzenberger and Brown, *supra* n.1, p.131.

(나) 유형

당사자가 동일한 국제법의 저촉에는 다음과 같은 3개의 유형이 있다.

① 조약과 조약의 저촉

예컨대, A · B를 적용당사자로 하는 X조약(제1조약)과 A · B를 적용당사자로 하는 Y조약(제2조약)이 저촉되는 경우

② 조약과 관습법의 저촉

예컨대, A · B를 적용당사자로 하는 X조약(제1조약)과 A · B를 적용당사자로 하는 Y관습법(제2관습법)이 저촉되는 경우

③ 관습법과 관습법의 저촉

예컨대, A · B를 적용당사자로 하는 X관습법(제1관습법)과 A · B를 적용당사자로 하는 Y관습법(제2관습법)이 저촉되는 경우

(다) 적용원칙

① 조약과 조약의 저촉

모든 조약은 그 명칭에 따라 법적 효력에 차이가 있는 것이 아니므로[11] 조약과 조약의 관계는 상위법 · 하위법의 구별이 없는 동위법의 관계에 있다. 동위법 간의 저촉은 "후법 우선의 원칙"(rule lex posterior derogat priori, rule of the subsequent law abrogates the proceeding law)의 적용으로 해결된다.[12] 따라서 위 예의 X조약(제1조약)과 Y조약(제2조약)이 저촉될 경우

---

11) D.P. O'Connell, *International Law*, 2nd ed. Vol.1(London: stevens, 1970), p.195; Karl, *supra* n.1, p.455; T.O. Elias, *The Modern Law of Treaties*(Leyden: Sijthoff, 1974), pp.13-14; Rebecca M.M. Wallace, *International Law*(London; Sweet, 1986), p.197; P.C.I.J., *Ser.B*, No.1, 1922, p.20; P.C.I.J., *Ser.B*, No.1, 1923, p.21; I.C.J., *Reports*, 1950, p.139.

12) Karl, *supra* n.1 p.469; Kelsen, *supra* n.1 p.502; Schwarzenberger and Brown, *supra* n.1 p.131.

후법인 Y조약이 구법인 X조약에 우선하여 적용되게 된다.

② 조약과 관습법의 저촉

조약과 관습법의 관계는 조약이 상위법이라는 주장과[13] 관습법이 상위법이라는 주장이[14] 있으나 조약과 관습법은 동위법이라는 주장이 일반적인 견해이다.[15] 이 일반적인 견해에 따라 조약과 관습법의 저촉의 경우도 조약과 조약의 저촉의 경우와 같이 "후법 우선의 원칙"이 적용되게 된다. 따라서 위 예에서 후법인 Y관습법이 구법인 X조약에 우선하여 적용되게 된다. 물론 관습법은 일반법이고 조약은 특별법으로 볼 경우 특별법 우선의 원칙에 따라 조약이 관습법에 우선한다는 견해가 없지 않다.

③ 관습법과 관습법의 저촉

관습법과 관습법의 관계도 조약과 조약의 관계와 같이 상위법·하위법의 구별이 없는 동위법의 관계에 있다. 그러므로 관습법과 관습법의 저촉도 "후법 우선의 원칙"의 적용으로 해결된다. 따라서 위 예에서 X관습법(제1관습법)과 Y관습법(제2관습법)이 저촉될 경우 후법인 Y관습법이 구법인 X관습법에 우선하여 적용되게 된다.

(2) 당사자가 상이한 국제법의 저촉

(가) 의의

당사자가 상이한 국제법의 저촉이란 조약이든 관습법이든 대인적 적용

---

13) G.I. Tunkin, *International Law* (Moscow: Progress, 1986), pp.63-64; Gerhard von Glahn, *Law Among Nations*, 4th ed.(New York; Macmillan, 1981), pp.17, 20.

14) O'Connell, *supra* n.11, pp.21-22; Robert Jennings and Arthur Watts(ed.), *Oppenheim's International Law*, 9th ed., Vol.1(London: Longman, 1993), pp.25-26; Charles G. Fenwick, *International Law*, 4th ed.(New York: Appleton-Century, 1965), pp.88, 94; David H. Ott, *Public International Law in the Modern World*(London: Pitman, 1987), p.13; J.G. Starke, "Treaties as a Source of International Law," *BYIL*, Vol.23, 1946, p.346.

15) Michael Akehurst, *A Modern Introduction to International Law*, 4th ed.(London: George Allen, 1984), pp.39-40; Akehurst, *supra* n.8, pp.274-75.

범위가 동일하지 아니한 국제법의 저촉을 말한다.

(나) 유형
당사자가 상이한 국제법의 저촉에는 다음과 같은 3개의 유형이 있다.

① 제1유형저촉
제1유형은 2개의 저촉되는 조약·관습법에 공통된 1개의 적용당사자가 있는 저촉유형이다. 예컨대, A·B를 적용당사자로 하는 X조약·관습법(제1조약·관습법)과 A·C를 적용당사자로 하는 Y조약·관습법(제2조약·관습법)이 저촉되는 경우이다. 즉 X조약·관습법과 Y조약·관습법에 적용당사자 A는 공통이나 B와 C는 공통이 아닌 경우이다.16)

② 제2유형저촉
제2유형은 2개의 저촉되는 조약·관습법에 공통된 2개 이상의 전부의 적용당사자와 공동되지 않은 일부의 적용당사자가 있는 저촉류이다. 예컨대, A·B를 적용당사자로 하는 X조약·관습법(제1조약·관습법)과 A·B·C를 적용당사자로 하는 Y조약·관습법(제2조약·관습법)이 저촉하는 경우이다. 즉 X조약·관습법의 적용당사자인 A·B 전부가 Y조약·관습법의 적용당사자 일부인 A·B와 일치하고, 그렇지 않는 적용당사자 일부인 C가 Y조약·관습법에 있는 경우이다.17)

③ 제3유형저촉
제3유형은 2개의 저촉되는 조약·관습법에 공통되는 적용당사자가 하나도 없는 저촉유형이다. 예컨대, A·B를 적용당사자로 하는 X조약·관습법(제1조약·관습법)과 C·D를 적용당사자로 하는 Y조약·관습법(제2조약·관습법)이 저촉하는 유형이다. 즉 X조약·관습법과 Y조약·관습법에

---

16) Schwarzenberger and Brown, *supra* n.1, pp.131-132.
17) Karl, *supra* n.1, p.468.

공통된 적용당사자가 하나도 없는 경우이다.[18]

(다) 적용원칙

① 제1유형저촉

가) 학설

(i) 제2조약·관습법 무효설

기존 국제법의 권위를 높이고 법체계의 단일성을 보장하기 위해 제2조약·관습법은 무효라고 한다.[19]

(ii) 제2조약·관습법 위법설

제2조약·관습법은 제1조약·관습법에 저촉되어 무효인 것이 아니라 위법한 것이라고 한다.[20]

(iii) 제2조약·관습법 유효설

제1조약·관습법과 제2조약·관습법은 어느 하나도 무효인 것이 아니라 모두 유효하며, 제1조약·관습법과 제2조약·관습법의 공통된 적용당사자가 아닌 제2조약·관습법의 적용당사자(C)가 제1조약·관습법과 제2조약·관습법이 저촉되는 것에 관해 악의인 경우는 공통된 적용당사자(A)에게 손해배상을 청구할 수 없으나 선의인 경우에는 이를 청구할 수 있을 뿐이라고 한다.[21]

나) 판례

상설국제사법재판소는 *Austro-German Customs Regime* Case(1931)에서

---

18) Kelsen, *supra* n.1, p.502.
19) Hersch Lauterpacht, "The Convention as High Law," *BYIL*, Vol.17, 1936, pp.64-65; H. Lauterpacht(ed.), *International Law*(Cambridge University Press, 1970), p.361; Fischer William, *Grotius Society*, Vol.18, 1933, p.122.
20) Wesley L. Gould, *An Introduction to International Law*(New York: Harper and Brothers, 1957), p.326.
21) Lord McNair, *Law of Treaties*(Oxford: Clarendon, 1961), pp.221-222.

1992년 10월 4일 오스트리아와 수개국간에 체결된 의정서와 1931년 3월 19
일 오스트리아와 독일 간에 체결된 의정서는 상호 저촉되며, 후자는 무효
이거나 위법한 것이라는 권고적 의견을[22] 표시한 바 있다. 이는 전술한
무효설·위헌설과 일치하는 것이다.

다) 조약법 협약

1969년의 "조약에 관한 비엔나 협약"은 이 점에 관해 명확한 규정을 두
지 못하고 제30조 제2항에 다음과 같이 규정하고 있을 뿐이다.

> 조약이 그보다 전조약 또는 후조약에 따를 것을 조건으로 하거나 또는 그
> 보다 전조약 또는 후조약과 양립되지 아니하는 것으로 간주되지 아니한다는
> 것이 동 조약에 명시되어 있을 때에는 다른 조약(전조약 또는 후조약)의 규정
> 이 우선한다.

이는 "양립조항"(compatibility clause)이 있는 경우에 이에 따른다는 규정
이며, "양립조항"이 없는 경우에 전조약 또는 후조약 중 어느 것이 무효로
되는가 또는 모두 유효인가에 관해 아무런 해결을 못하는 것이다.[23] 전술
한 학설을 따르기로 한다.[24]

② 제2유형저촉

제2유형의 경우는 공통된 적용당사자 상호 간의 관계와 공통된 적용당
사자와 공통되지 않은 적용당사자 간의 관계로 구분하여 저촉의 해결원칙
을 찾아야 한다.

가) 공통된 적용당사자 간의 관계

공통된 적용당사자간에 있어서 A·B를 적용당사자로 하는 X조약·관습

---

22) P.C.I.J., *Series. A/B*, No.41, 1931, p.37.
23) O'Connell, *supra* n.11, p.273.
24) Glahn, *supra* n.13, pp.502-503; Kelsen, *supra* n.1, pp.503-504.

법과 A·B·C를 적용당사자로 하는 Y조약·관습법의 관계는 전자가 "특별
법"이고 후자가 "일반법"의 관계에 있다. 따라서 X조약·관습법의 적용당
사자인 A·B와 Y조약·관습법의 적용당사자인 A·B간에 "특별법 우선의
원칙"(rule lex specidlis derogant lege generali)이 적용되어 X조약·관습법이
Y조약·관습법에 우선하여 적용되게 된다.[25]

나) 공통된 적용당사자와 비공통적용당사자 간의 관계

공통된 적용당사자 간에는 "특별법 우선의 원칙"이 적용되나, X조약·관
습법의 공통된 적용당사자 A·B와 Y조약·관습법의 공통되지 아니한 적
용당사자 C 간의 관계에서는 "특별법 우선의 원칙"이 적용되지 아니한다.
이 경우는 상술한 제1유형 저촉의 경우와 동일하다.[26]

③ 제3유형저촉

제3유형저촉의 경우는 2개의 저촉되는 조약·관습법의 적용당사자와
제2조약·관습법의 적용당사자는 상호조약·관습법의 제3가에 불과하다.
따라서 제3유형저촉의 경우는 "조약은 제3자에게 해롭게도 이롭게도 아니
한다는 원칙"(rule pacta teriis nec nocent nec prosunt)이 적용되게 되어 위의
예에서 X조약·관습법과 Y조약·관습법은 각각 유효하며 상호 아무런 영
향을 주지 못한다.[27]

나. 예외

국제법의 저촉의 경우 이를 해결하기 위한 상술한 원칙에는 다음과 같
은 예외가 인정되어 있다.

---

25) G.G Fitzmaure, "The Law and Procedure of International Court of Justice," *BYIL.*, Vol.33, 1957, pp.236-238; McNair, *supra* n.21, p.219; Schwarzenberger and Brown, *supra* n.1, p.131.

26) *Ibid.*

27) *Ibid.*

(1) 강행법

강행법은 임의법에 우선한다. 이는 "상위법 우선의 원칙"이라 한다. 임의법의 저촉이 상술한 바와 같이 "후법 우선의 원칙" 또는 "특별법 우선의 원칙"의 적용에 의해 해결되나 이들 원칙에 우선하여 "상위법 우선의 원칙"이 적용되게 된다.[28] 따라서 구법인 강행법이 후법인 임의법에 우선하여 적용되게 되며 일반법인 강행법이 임의법인 특별법에 우선하여 적용되게 된다.

강행법 상호 간의 저촉은 일반원칙에 따라 해결해야 할 것이다. 즉 적용당사자가 동일한 경우 "후법 우선의 원칙"에 따르고 적용당사자가 상이한 경우 "특별법 우선의 원칙" 등에 의해 따라야 할 것이다.

(2) 국제조직의 기본법

국제사회의 기본구조를 결정하는 중요한 일반조약에서 그 자체의 규정 속에 그 일반조약의 규정은 그와 저촉되는 조약에 우선한다는 규정을 두는 경우가 있다. 예컨대, "국제연맹규약" 제20조는 "규약의 조항과 양립되지 않는 일체의 조약을 체결하지 않을 것을 약속하고" 또 "연맹국이 되기 이전에 규약과 양립되지 않는 의무를 부담한 연맹국은 즉시 그 의무의 해제를 위한 조치를 취하지 않으면 안된다"라고 규정하고 있었으며, "국제연합헌장" 제103조는 "국제연합가맹국의 이 헌장에 의거한 의무와 타의 어떠한 국제협정에 의거한 의무가 서로 저촉하는 경우에는 이 헌장에 의거한 의무가 우선한다"고 규정하고 있다. 동조의 "국제협정"에는 국제연합가맹국 상호 간의 협정, 국제연합가맹국과 비가맹국 간의 협정은 물론,[29] 가맹국과 국제연합과의 협정도[30] 포함된다.

---

28) Ott, *supra* n.14, pp.200-201; Jennings and Watts, *supra* n.14, pp.1292-1293; Karl, *supra* n.1, pp.468-470.
29) Glahn, *supra* n.13, p.502, n.49; McNair, *supra* n.21, p.218.
30) *Ibid.*, p.216.

(i) "국제연합헌장"의 당사자와 동일한 당사자가 ①"국제연합헌장"의
당사자가 되기 이전에 체결한 조약에 대해서는 동 제103조 규정에
의해서가 아니라 "후법 우선의 원칙"에 따라 "국제연합헌장"의 우
선적 효력이 인정되며, ②"국제연합헌장"의 당사자가 된 이후에 체
결한 조약에 대해서는 동 제103조의 규정에 따라 "후법 우선의 원
칙"이 배제되어 "국제연합헌장"의 우선적 효력이 인정된다.

(ii) "국제연합헌장"의 당사자와 상이한 당사자가 체결한 조약의 경우
①"국제연합헌장"의 당사자 중 일부 당사자가 체결한 조약에 대해
서는 동 제103조의 규정에 따라 "특별법 우선의 원칙"의 적용이 배
제되어 "국제연합헌장"의 우선적 효력이 인정되며, ②"국제연합헌
장"의 당사자의 일부와 타당사자가 체결한 조약에 대해서는 "국제
연합헌장"의 당사자간에서는 동 제103조의 규정에 따라 "특별법 우
선의 원칙"의 적용이 배제되어 "국제연합헌장"의 우선적 효력이 인
정되며, "국제연합헌장"의 당사자와 그 이외의 당사자간에는 동 제
103조의 규정에 따라[31] 동 조약의 유효성이 배제되어 "국제연합헌
장"의 우선적 효력이 인정된다. ③"국제연합헌장"의 모든 당사자와
그 이외의 당사자를 포함한 당사자가 체결한 조약에 대해서도 상
기 ②의 경우와 같다.

"국제연합"이 강행법과 저촉되는 경우는 상술한 일반원칙에[32] 의한다고
본다.[33]

---

31) 일반적 원칙에 의하면 양자는 모두 유효라는 주장이 있으나, 이러한 주장을 배제하
는 의미가 있다.

32) Ⅳ.1.

33) "국제연합헌장"이 기타의 국제협정에 대해 상위법이라는 견해(Karl, *supra* n.1, p.470)
와 상위법이 아니라는 견해(Schwarzenberger and Brown, *supra* n.1, p.132)의 대립이
있다. 후자의 견해를 따른다면 항상 강행법이 "국제연합헌장"에 우선하여 적용하게
된다.

(3) 시행조약

상술한 바와 같이 조약은 그 명칭을 불문하고 법적으로 동일한 효력이 있으며 조약 간에 효력의 우열이 없는 것이 원칙이다. 따라서 기본적인 조약을 체결하고 그의 시행을 위한 시행조약(executive treaty)을 체결할 경우 양자가 저촉되어도 "후법 우선의 원칙"에 따라 시행조약이 기본조약에 우선하여 적용되게 된다. 그러나 그 시행조약에 기본조약의 효력을 위한 것이라는 명시적 규정을 둔 경우는 "후법 우선의 원칙"이 배제되어 구법인 기본조약의 우선적 효력이 인정된다.

시행조약의 그러한 명시적 규정 그 자체를 후법으로 보면 "후법 우선의 원칙"의 배제가 아니라 그의 적용에 의해, 즉 기본조약은 "후법 우선의 원칙"에 의해서가 아니라 그 원칙의 적용에 의해 우선적 효력이 인정된다고 할 수 있다.[34]

보충적 성격(supplementary character) 또는 부수적 성격(aneillary chardcter)의 합의는 당사자들 그들을 자율적인 것으로 의도하지 아니하는한 기본적 합의에 대해 하위적인 것으로 된[35] 보충조약(supplemcutary treaty)은 구조약인 경우 합의된 조건에 따라 전법인 기본적 조약에 우선한다. 그러나 합의된 조건이 없는 후법인 보충조약에 따라 전법인 기본조약이 우선한다.[36]

(4) 양립조항

"양립조항"(comparative clause)이란 특정조약의 당사자가 타당사자와 그 특정조약을 체결하기 전에 각기 체결한 다른 조약의 효력이 특정조약에

---

34) ICL, *Yearbook*, Vol. Ⅱ, 1957, p.16, 52, 67-68; M. M. Whiteman, *Digest of International Law*, Vol. 14,(Washinton: USGPO, 1968), pp.410, 418.

35) are subordinated to the basic agreement unless parties intend them to be awtonomoas: US Department of State, Assistant Lesal Advisor for Treaty (Bevans) to Rochard C.Allen, Letter I May, 1964 : M. M. Whiteman, *Digest of Interndtianal Law*, Vol.14 (Washinton, D.C.: USGPO, 1970), p.410.

36) Paul Reuter, *Introductiun to the Law of Treaties* (London: Pointer, 1989), p.100.

의하여 어떤 영향을 받지 아니한다는 내용의 규정을 둔 조항을 말한다.[37]
예컨대, A·B 당사자가 X조약을 체결하면서 X조약을 체결하기 전후에
A·C 당사자가 체결하거나 체결할 Y조약 또는 B·D 당사자가 체결하거나
체결할 Z조약의 효력이 X조약에 의하여 어떠한 영향을 받지 아니한다는
규정을 X조약 중에 둘 경우 그러한 X조약의 조항을 말한다.

위의 예는 전술한 제1유형조촉의 경우로, X조약에 저촉되는 Y조약과 Z
조약의 효력에 관해 무효설·위법설·유효설 등이 있으나 "양립조항"이 있
는 경우는 무효설을 배제하고 X조약과 Y조약과 Z조약은 모두 유효한 것
이 된다.[38]

(5) 제3자에게 권리를 설정한 조약

일반조약·관습법이 인정하는 제3국의 권리를 제한·부인하거나 일반
조약·관습법에 의해 부과하지 아니하는 의무를 부과하는 특별조약·관습
법은 무효이다.[39] 이는 "특별법 우선의 원칙"에 대한 예외이다.

4. 효력

가. 우선적 효력

두 개의 국제법의 법원 간에 저촉이 있는 경우 상술한 해결방법에 따라
그 중 어느 하나를 우선적으로 적용하게 된다. 그 결과 적용이 배제되는
것은 조약·관습법 전체가 아니라 그중 저촉되는 부분에 한한다.

나. 비폐기적 효력

국제법의 저촉의 경우 그의 해결방법에 따라 우선적 효력이 있는 조

---

37) J.A Frowein, "Legal Problems of the Geman Ostpolitik," *ICIQ*, Vol.23, 1974, p.120.
38) '조약법에 관한 비엔나 협약' 제30조 제2항 참조.
39) Gould, *supra* n.20, pp.325-326; Glahn, *supra* n.13, pp.501-502; Jennings and Watts, *supra* n.14, pp.1212-1213.

약·관습법이 적용되게 되는 것은 그에 저촉되는 조약·관습법의 적용을 배제하는 데 그치며 그 조약·관습법 자체를 폐기하는 것이 아니라 강행법에 저촉되는 경우를 제외하고는[40] 그 조약·관습법은 그대로 효력을 존속해 갖는다.[41]

5. 국제규범 저촉의 해결원칙

가. 후법 우선의 원칙

후법 우선의 원칙(principle of lex poster or legi prlori derogat)은 동일당사자간에 체결된 전조약(earlier tra treaty)과 후조약(later treaty)이 저촉될 경우 후조약이 전조약에 우선하는 원칙이다.[42] 즉 어떤 후법이 전법을 폐기할 수 있다는 원칙(any later norm can overrule on earlier one)이다.[43] 이는 시간적 간격을 두고 체결된 조약이 상호 저촉되는 경우 후조약이 신조약에 우선하는 원칙이다. 조약이 순차적으로 수개가 체결된 경우는 최후의 후조약이 최우선적인 것으로 됨은 물론이다. 문제는 전조약이 상위의 효력이 인정되는 조약이고 후조약이 하위의 효력이 인정되는 조약인 경우도 후조약이 우선적 효력이 인정되느냐 인데 이 경우는 예외적으로 전조약의 우선적 효력이 인정된다. 즉, "후법 우선의 원칙"과 "상위법 우선의 원칙"이 충돌하는 경우 "상위법 우선의 원칙"이 "후법 우선의 원칙"에 우선한다.[44] 이는 "후법 우선의 원칙"에 예외인 것이다.[45] "조약법 협약"은 이점에 관해 어떠한 규정도 두지 아니하고 있다.[46] "상위법 우선의 원칙"이 "후법 우선의 원칙"에 우선한다는 것은 후법(후법)으로 상위법을 배제할

---

40) "조약법에 관한 비엔나 협약" 제53조 참조.
41) *Ibid.*, pp.1212-1215; Glahn *supra* n.13, pp.502-503; "조약법에 관한 비엔나 협약" 제30조 참조.
42) Karl, *supra* n.1, p.472.
43) Kanmerthofer, *supra* n.1, p.157.
44) Karl, *supra* n.1, p.410.
45) *Ibid.*
46) *Ibid.*

수 없다는 의미이다. 문제는 "특별법 우선의 원칙"과 "후법 우선의 원칙"의 저촉문제 인데, 즉 일반법인 후법과 특별법인 전법에 우선하느냐 인데 특별법이 체결 뒤에 일반법이 체결되는 경우는 사실상 없는 것이므로 "특별법 우선의 원칙"과 "후법 우선의 원칙"의 충돌 문제는 사실상 없는 것이므로 문제는 성립의 여지가 없다고 할 것이다.

나. 특별법 우선의 원칙

특별법 우선의 원칙(principle of *lex specialis lex generalis derogat*)은 일반법의 적용범위(spheres of application of lex generalis)와 특별법의 적용범위(spheres of application of lex specialis)가 충돌할 경우 특별법이 우선하는 원칙을 뜻한다.[47] 즉, 시간적, 장소적, 대인적 또는 실질적으로 일반법에 저촉되는 시간적, 장소적, 대인적 또는 실질적으로 특별법이 일반법에 우선하는 원칙이다. 특별법이 일반법의 예외(special norm is an execption from general norm)를 인정하는 원칙이다.[48] 조약에 따라 특별법 우선의 조항, 즉, 특별조약조항(special treaty clause)을 드는 경우도 있다.[49] 예컨대, "미주 간 상호원조에 관한 Rio de Janeiro 조약"(Inter-American Treaty of Reciprocal Assistance of Rio de Janeiro)(1947) 제10조, "영사관계에 관한 비엔나 협약"(Vienna Convention on Consular Relations)(1963) 제73조 제1항 등을 들 수 있다.

이에 관해 "조약법 협약" 제30조 제2항은 특별법이 우선한다고 다음과 같이 규정하고 있다.

　조약이전조약 또는 후조약에 따를 것을 명시하고 있거나, 또는 전조약 또는 후조약과 양립하지 아니하는 것으로 간주되지 아니함을 명시하고 있는 경우에는 그 다른 조약의 규정이 우선한다.
　When a treaty specifies that it is subject to, or that It is not to be considered

---

47) Woltram Karl, "Treaties, Conflict Between" *EPIL*. Vol.7, 1984, pp.471-472.
48) *Ibid.*, p.471.
49) Jorg Kanmerthofer, *supra* n.1, p.146.

as incompatible with, an earlier or later treaty, the provisions of that other treaty prevail.

그러나 위의 규정은 언제 한 규범이 다른 규범에 더 이상 일반규범이 아니냐50)의 의문, 특별한 경우에 일반규범이 요구하는 것이 무엇인가51) 이는 상위법 우선의 원칙과 어떻게 구별되느냐52)의 문제 등이 제기된다.

그러나 이 원칙은 "법의 일반원칙"(general principle of law)으로 인정되고 있다.53)

상설국제재판소는 관습법에 저촉되는 조약을 적용했다.54) 이는 관습법을 일반법으로 보고 조약을 특별법으로 본 것이다.55) 그러나 후속적 관행, 즉, 관습법에 의해 조약이 개정될 수 있다는 것을 조약이 관습법의 특별법이 아니라 이들 간의 상위의 권위(higher authority)를 인정한 것으로 이들 간의 상위법 우선의 원칙이 적용되는 것이라고 볼 수 있다.56)

이와 같이 "특별법 우선의 원칙"과 "상위법 우선의 원칙"은 그 구별이 난해한 것이다.

다. 상위법 우선의 원칙

상위규범 우선의 원칙은 상위규범과 하위 규범이 저촉되는 경우 상위규범이 하위규범에 우선하는 원칙이다.

상위규범의 대표적인 예로 강행규범(*ius cogen*)을 들 수 있다. 그리고 국제연맹규약 제20조 와 국제연합헌장 제103조를 들 수 있다. 학자에 따라

---

50) when a norm is more general than other: *ibid.*, p.146.

51) what a general rule reguires in particular case: *ibid.*, p.148.

52) *Ibid.*

53) *Ibid.*, p.157; Gideon Boas, *Public International Law* (Chaltenham: Edward, 2012), p.46.

54) *Acquisition of Polish Nationality* Case(1923): PCIJ, *Series B*, No.7, 1923, p.16; *Treatment of Polish Nationals* Case(1932): PCIJ, *Series A/B*, No.44, 1932, pp.23-24.

55) M. Akehurst, "The hisrachy of Sources of International law", *BYIL*, Vol.47, 1974-1975, p.275.

56) *Ibid.*, p.277.

상위규범의 예로 강행규범만을 들고 국제연맹규약 제20조와 국제연합헌장 제103조는 별개의 법체계로 파악하기도 한다. 상위법의 근거는 Grundnorm에 두고 있다.[57]

III. 대일평화조약 제21조와 제25조의 규정

1. 제21조의 규정

"대일평화조약" 제21조는 제25조의 규정에 불구하고 한국은 동조약 제21조 등의 이익을 향유할 권리가 있다고 다음과 같이 규정하고 있다.

> 본 조약 제25조의 규정에 관계없이, 중국은 제10조 및 제14조(a)2의 이익을 받을 권리를 가지며, 한국은 본 조약의 제2조, 제4조, 제9조 및 제12조의 이익을 받을 권리를 가진다.
>
> Notwithstanding the provisions of Article 25 of the present Treaty, China shall be entitled to the benefits of Articles 10 and 14(a)2; and Korea to the benefits of Articles 2, 4, 9 and 12 of the present Treaty.

2. 제25조의 규정

"대일평화조약" 제25조는 동 조약상 이익을 받을 권리는 연합국에 대해서만 인정된다고 다음과 같이 규정하고 있다.

> 본 조약의 적용상, 연합국이란 일본과 전쟁하고 있던 나라들이나, 이전 제23조에 명명된 나라의 영토의 일부를 이루고 있었던 어떤 나라를 말한다. 다만, 각 경우 관련된 나라가 본 조약에 서명하여, 본 조약을 비준하는 것으로 조건으로 한다. 본 조약은 제21조의 규정에 따라 여기에 정의된 연합국이 아닌 나라에 대해서는 어떠한 권리나, 소유권 또는 이익도 주지 않는다. 아울러

---

57) Kanmerthofer, *supra* n.1, p.178.

본 조약의 어떠한 규정에 의해 앞에서 정의된 연합국이 아닌 나라를 위해 일본의 어떠한 권리나, 소유권 또는 이익이 제한되건, 훼손되지 않는다.

For the purposes of the present Treaty the Allied Powers shall be the States at war with Japan, or any State which previously formed a part of the territory of a State named in Article 23, provided that in each case the State concerned has signed and ratified the Treaty. Subject to the provisions of Article 21, the present Treaty shall not confer any rights, titles or benefits on any State which is not an Allied Power as herein defined; nor shall any right, title or interest of Japan be deemed to be diminished or prejudiced by any provision of the Treaty in favour of a State which is not an Allied Power as so defined.

3. 제21조와 제25조의 저촉

제21조는 중국과 한국에 대해 특정 조항을 열거하여 그 특정조항의 이익을 받을 권리가 있다고 규정하고 있으나 제25조는 제21조를 적시하여 연합국이 아닌 국가에 대해서는 그러한 이익을 받을 권리가 없다고 규정하고 있다. 특히 제21조는 "제25조의 규정에 관계없이"라고 규정하고 있다. 제21조의 규정에 의하면 한국과 중국은 각각 열거된 조항의 규정에 의해 이익을 받을 권리가 인정되지만, 제25조의 규정에 의하면 한국과 중국은 각각 열거된 조항의 규정에 의한 이익을 받을 권리가 부인된다.

IV. 대일평화조약 제21조와 제25조의 저촉의 해결

1. 해결 원칙

가. 후법 우선의 원칙

후법 우선의 원칙의 적용여부에 관해서 보건대, 제21조의 규정과 제25조의 규정은 시간적인 선후관계에 있지 아니하다. 양 조가 모두 1951년 9월 8일에 서명된 "대일평화조약"에 규정된 것으로 어느 조도 다른 조와 선후 관계에 있지 아니하고 동 조약 어느 조항에도 제21조와 제25조의 효력 발생시기에 관해 어느 조항이 우선 정립·발효·적용된다는 특별규정이 없으므로 제21조와 제25조는 시간적인 전후관계에 있지 아니하므로 양 조 간에 후법 우선의 원칙의 적용이 없음은 검토의 여지가 없다.

따라서 제21조와 제25조는 어느 것도 다른 조에 우선하여 적용되는 관계에 있지 아니하다.

나. 특별법 우선의 원칙

특별법 우선의 원칙에 관해서 보건대, 제25조는 일반법이고 제21조는 특별법이라고 볼 수 있다. 그 근거는 다음과 같다.

첫째로, 제25조는 "… 여기에 정의된 연합국이 아닌 나라에 대해서는 어떠한 권리나 소유권 또는 이익을 주지 아니한다"라고 규정하고 "여기에 정의된 연합국"은 "일본과 전쟁하고 있던 나라들이나 이전 제23조에 명명된 나라의 영토의 일부를 이루고 있던 나라를 말한다"라고 규정하고 있으며, 제23조는 "호주, 캐나다, 실론, 프랑스, 인도네시아, 네덜란드, 뉴질랜드, 필리핀, 영국과 북아일랜드, 미국"을 명명하고 있다. 따라서 제25조는 위에 열거된 "연합국이 아닌 모든 나라"에 대해서 적용된다. 그러므로 "연합국이 아닌 모든 나라"에 적용되는 제25조는 중국과 한국에 관해서만 적용되도록 규정한 제21조에 대해 일반법이며 제21조로는 특별법이다.

둘째로, 제21조는 명문으로 "본 조약 제25조의 규정과 관계 없이"라고 규정하여 제21조는 제25조를 예외로 명문으로 규정하여 제25조는 원칙이 적용되는 일반법이고 제21조는 그 예외인 특별법으로 동 조약이 명시적으로 규정하고 있다.

셋째로, 제25조는 제23조에 규정된 모든 연합국에 적용되나 제21조는 한국과 중국에 한해 적용된다.

따라서 "특별법 우선의 원칙"에 따라 특별법인 제21조는 일반법인 제25조에 우선하게 된다.

다. 상위법 우선의 원칙

상위법 우선의 원칙에 관해 보건대, 제21조는 본 조약의 실체조항인 상위법이고 제25조는 본 조약의 시행조항인 하위법이라고 볼 수 있다. 그 근거는 다음과 같다.

첫째로, 제21조는 본 조약의 실체조항(substance clause)으로 제5장 청구권과 재산(clams and property)에 규정되어 있고 제25조는 본 조약이 시행조항(executive clause)으로 제7장 최종규정(final clause)에 규정되어 있다.

둘째로, 제25조는 그 서두에 "본 조약의 적용상"이라고 규정하여 제25조인 시행조항일을 명시하고 있으나 제21조에는 그러한 규정이 없다.

셋째로, 제25조는 "… 본 조약에 서명하여, 본 조약을 비준하는 …"이라는 조약의 실체와 관계 없는 절차에 관한 규정이 있으나 제21조에는 그러한 조약의 실체와 관계없는 절차에 관한 규정이 없다.

실체조항은 보충적 합의 또는 부수적합의인 시행조항에 우선하므로58) 실체조항인 제21조는 시행조항인 제25조에 우선한다.

2. 해결원칙의 적용 결과

이상에서 검토해본 바와 같이 제21조와 제25조의 저촉은 "특별법 우선의 원칙"에 의하든 "상위법 우선의 원칙"에 의하든 제21조가 제25조에 우선한다. 다만 문제가 되는 것은 제21조와 제25조의 저촉을 "특별법 우선의 원칙"에 의해 제21조가 제25조에 우선하는 것으로 볼 것인가 또는 "상위법 우선의 원칙"에 의해 제21조가 제25조에 우선하는 것으로 볼 것인가이다. 물론 "상위법 우선의 원칙"과 "특별법 우선의 원칙"이 경합되는 경우 "상위법 우선의 원칙"이 "특별법 우선의 원칙"에 우선한다는 주장이 있으나 이는 "상위법 우선의 원칙"에 의한 결과와 "특별법 우선의 원칙"에 의한 결과가 상이한 경우에 주장되는 것이고 양 원칙의 결과가 동일한 경우에는 이

---

58) Paul Reuter, *Introductiun to the Law of Treaties* (London: Pointer, 1989), p.100.

주장이 성립될 수 없다고 본다.

V. 결언

첫째로 다음과 같은 결론에 이르고자 한다.

"대일평화조약"은 한편 제21조에 "제25조의 규정에 관계없이 … 한국에 대해 동 조약 제2조, 제4조, 제9조 및 제12조의 이익을 받을 권리를 가진다"라고 규정하고, 다른 한편 제25조는 일본과 전쟁을 하고 있었던 나라들이 본 조약에 서명하고 비준할 것을 조건으로 본 조약상 소유권과 이익을 주며 연합국이 아닌 나라에 대해서는 본 조약 상 이익을 받을 권리가 없다고 규정하고 있다. 그러므로 동 조약 제21조와 제25조는 저촉된다.

조약의 저촉을 해결하는 원칙으로 "후법우선의 원칙", "특별법 우선의 원칙" 그리고 "당위법 우선의 원칙"이 있다.

(ⅰ) "후법 우선의 원칙"에 의할 때 제21조와 제25조는 1951년 9월 8일에 체결된 "대일평화조약"의 규정이므로 제21조와 제25조는 선법과 후법의 관계에 있지 아니하다. 그러므로 "후법우선의 원칙"을 제21조와 제25조에 적용할 수 없다. 따라서 "후법우선의 원칙"에 의해 제21조와 제25조의 우열을 정할 수 없다.

(ⅱ) "특별법 우선의 원칙"에 의할 때, 제25조는 모든 연합국에 적용되고 제21조는 한국과 중국에 대해서만 적용되므로 제25조는 일반법이고 제21조는 특별법이라 할 수 있으므로, "특별법 우선의 원칙"에 따라 특별법인 제21조가 일반법인 제25조에 우선한다.

(ⅲ) "상위법 우선의 원칙"에 의할 때, 제21조는 실질조항(substance clause)이고 제25조는 시행조항(executive clause, supplymentary clause)이므로 "상위법 우선의 원칙"에 의한 때 실질조항인 제21조가 시행조항인 제25조에 우선하게 된다.

(ⅳ) "특별법 우선의 원칙"과 "상위법 우선의 원칙"에 저촉되는 경우, "상

위법 우선의 원칙"·"특별법 우선의 원칙"에 우선하나, 여기서는 "상위법 우선의 원칙"에 의하든 "특별법 우선의 원칙"에 의하든 동일하게 제21조가 제25조에 우선하는 것으로 되므로 제21조가 "상위법 우선의 원칙"에 의해 또는 "특별법 우선의 원칙"에 의해 제25조에 우선한다고 판별할 실익이 없다. 양 원칙은 제21조가 제25조에 우선한다는 효과를 인정하는데 상호배척관계에 있는 것이 아니라 상호보완관계에 있다고 본다.

둘째로, 정부의 정책당국에 대해 다음과 같은 정책대안을 제의하기로 한다.

동 제12조의 규정에 의해 한국에 이익을 받을 권리가 인정되는 제2조 (a)는 "일본은 한국의 독립을 승인하고 제주도·거문도 및 울릉도를 포함하는 한국에 대한 권리·권원 및 청구권을 포기한다"라고 규정하고 있다. 독립을 승인한다는 것은 승인 이전에는 한국은 비독립국가였고, 한국이 비독립국가였다는 것은 "한일합방조약"이 유효했다는 것을 의미하므로 또한 "권리를 포기한다"는 것은 일본이 권리를 포기하기 전까지는 권리를 갖고 있었다는 의미이고 권리를 갖고 있었다는 것은 "한일합방조약"이 유효했다는 것을 의미하므로 한국이 "대일평화조약" 제21조의 규정에 의해 동 조약 제2조의 이익을 받을 권리가 있다는 것은 한국이 "한일합방조약"이 유효했음을 승인하는 것으로 되므로 이 효과를 배제하기 위해서는 한국정부는 "한국은 대일평화조약의 어떤 규정도 한일합방조약이 유효했다고 해석하지 아니한다"는 내용의 해석선언을 함을 요한다는 정책대안을 제의하기로 한다.

제4장

결론

결론

상술한 바와 같이 1951년의 "대일평화조약"에는 1910년의 "한일합방조약"이 원천적 무효가 아닌 것으로 해석될 수 있는 제규정이 있으므로 이러한 규정들이 "조약별 협약" 제36조의 규정에 의해 한국이 동의한 것으로 추정되므로 "대일평화조약"이 체결, 효력이 발생할 때는 물론이고 한국이 "조약법 협약"에 가입한 경우에도 어떠한 유보나 해석선언 등을 하지 아니하며 결국 한국이 "한일합방조약"이 원천적 무효가 아니라는 것을 묵시적으로 승인한 효과가 발생하게 된다. 그러므로 "대일평화조약"의 어떠한 규정도 "한일합방조약"이 원천적 무효가 아닌 것으로 해석되지 아니한다는 해석선언(interpretive declaration)을 할 필요가 있다.

만일 이러한 해석선언을 하지 아니하고 현재의 상태를 그대로 방치하면, 즉 "조약법 협약" 제36조의 규정에 의해 동의한 것으로 추정되는 상태를 그대로 방치하면 일본정부는 "한일기본관계조약" 제2조에 규정된 "이미 무효"의 의미를 한국정부에 의해서도 원천적 무효가 아닌 것으로 승인되었다고 주장할 수 있게 된다. 그 결과 1910년 "한일합방조약" 이후 일본정

부도 한국에 대한 식민통치는 합법적인 것으로 되고 정신대 피해자, 강제
징용 피해자 그리고 원폭 피해자 등이 입은 피해에 대해 배상 등을 청구
할 수 없게 되고 만다.

미국은 한국전쟁을 거치면서 한국의 우방이 된 것이며 그 이전에는 친
일적 외교정책에 의해 한국을 국가로도 정부로도 승인하지 아니하여 "한
일합방조약"을 원천적 무효로 보지 아니하는 비우방의 지위에 있었다.

한국정부가 임시대한민국정부시절부터 "대일평화조약"의 체결·서명에
한국이 참가할 수 있도록 미 국무부에 요청했으나 이는 거절되어 한국은
"대일평화조약"의 제3자의 지위에 있게 되었고, 동 조약에 독도가 한국의
영토라는 규정도 Sebald의 기망행위와 이에 대한 미 국무부의 오판으로
두지 아니한 것은 이를 실증하는 것이다.

이제 우리 한국은 과거의 미국의 비우호적 대한정책에 대해 비난할 것
이 아니라 비우호적 결실인 "대일평화조약"을 슬기롭게 해석하는 국제법
적 대책을 강구하여야 한다고 본다. 그러기 위해 무엇보다도 "대일평화조
약"의 어떠한 규정도 독도를 한국의 영토가 아닌 것으로 해석되지 아니하
며 또한 "한일합방조약"의 원천적 무효를 부인하는 것으로 해석되지 아니
한다는 내용의 해석선언을 할 필요가 시급히 요청된다. 이는 정책당국에
부여된 민족적 소명이고 국가적 당위이다.

참고문헌

〈국내문헌〉

김명기, 국제법원론 상, 서울: 박영사, 1969.

_____, 『독도의 영유권과 대일평화조약』, 서울: 우리영토, 2007.

_____, 『독도강의』, 서울: 독도조사연구학회, 2007.

김명기 · 이동원, 『일본외무성 다케시마 문제의 개요』, 서울: 책과 사람들, 2010.

김병렬, 『독도』, 서울: 다다미디어, 1997.

대한민국정부, 『한일 회담 백서』, 서울: 대한민국정부, 1964.

_____, 『대한민국과 일본국 간의 조약 및 협정 해설』, 서울: 대한민국정부, 1965.

_____, 『한일회담백서』, 서울: 광명인쇄공사, 1965.

신용하, 『독도의 민족영토사연구』, 서울: 지식산업사, 1996.

_____, 『독도영유권 자료의 탐구』 제3권, 서울: 독도연구보전협회, 2000.

_____, 『신용하 저작집 제38집: 독도영유권에 대한 일본주장 비판』, 서울: 서울대
        학교 출판부, 2001.

이석우, 『일본의 영토분쟁과 샌프란시스코 평화조약』, 인천: 인하대학출판부, 2003.

일본 외무성, 『다케시마 문제의 개요』, 2009.

임영정 · 김호동, "김인우", 『독도사전』, 서울: 한국해양수산개발원, 2011.

임영정 · 허영란, "심흥택보고서", 『독도사전』, 서울: 한국해양수산개발원, 2011.

자승구, "일본법령 28개 독도를 외국 또는 일본 부속섬이라 명시", 『월간조선』,
        2015.5.

정병준, "윌리암 시볼드(William J. Sebald)와 '독도분쟁'의 시발", 『역사비평』 2005
        여름.

정태만, "일본영역참고도와 연합국의 대일평화조약", 독도보전협회 2015년 학술대
        회, 『일본 아베 정권의 독도 침략 정책 강화 추세와 한국의 독도 영유권의
        명중』, 2015.10.8, 서울역사박물관.

한국해양수산개발원, 『독도사전』, 서울: 한국해양수산개발원, 2011.

〈국외문헌〉

Ackworth, G. H., *Digest of International Law*, Vol. Ⅴ, Washington D.C.: U.S. GPO, 1943.

Aduard, L. V., *Japan: From Surrender to Peace*, New York: Praegar, 1954.

AJIL, Vol.11, 1917.

AJIL, Vol.22, 1928.

AJIL, Vol.29, Suppl, 1935.

AJIL, Vol.50, 1956.

Akehurst, M, "The Hierarchy of the Sources of International Law". *BYIL*, Vol.47, 1947~1948.

Allen, Stephen, *International Law*. London: Pearson, 2013.

American Law Institute, Restatement of Law, 2nd, Foreign Relations Law of the United States, 1965.

Arechaga, Eduardo Jimener, "International Responsibility," in Max Sorensen(ed.), *Mannual of Public International Law*, London: Macmillan, 1968.

Aust, Antony, *Handbook of International Law*, Cambridge: CUP, 2010.

Bagge, Algot, "Intervention on the Ground of Damage caused to Nationals with Particular Reference to Exhaustion of Local Remedies and the Rights of Shareholders," *BYIL*, Vol.34, 1958.

Balkin, M., Deconstructive Practice and legal Treaty; *Yale Law Jounal*, Vol.96, 1987.

Bernardez, Santiago Tores, "Territory Acquisition," *EPIL*, Vol.10, 1987.

Bernhardt Rudolf, "Interpretation in International Law", *EPIL*, Vol.7, 1984.

Bishop, W. W., *International Law, Cases and Materials*, Boston, Little Brown, 1953.

Borton H., "Japan under the Allied Occupation", in F.C. Jones, H. Borton, and B.R. Pearn, *Surrey of International Affairs, 1939-1946: The Far East*, London: Oxford University Press, 1955.

Brack, Henry Campel, *Brack's Law Dictionary*, St. Paul: West, 1979.

Brownlie, Ian, *Principles of Public International Law*, 5th ed., Oxford: Oxford University Press, 1998.

British MOFA, *British and Foreign State Paper*, Vol.99, 1904.

BYIL, Vol.16, 1935.

BYIL, Vol.17, 1936.

BYIL, Vol.30, 1953.

Cruz Isagani A., *International Law*, Quezon: Central Lawbook, 1992.

Cukwurah, A. O., *The Settlement of Boundary Disputes in International Law*, Manchester: Manchester University Press, 1967.

Dixon, Martin, *International Law*, Oxford: Oxford University Press, 2013.

Elias T.O., *The Modern Law of Treaties*, Leiden: Sijthoff, 1974.

Epps, Valeire, *Internatinal Law*, 4th ed. Druham: Caronid Accademic Press, 2009.

Fiedler, Wilfried, "Surrender", *EPIL.*, Vol.4, 1982.

Fitzmaurice Gerald G., "The Law and Procedure of the International Court of Justice, Treaty Interpretation and Certain other Treaty Points", *BYIL*, Vol.28, 1951.

Fitzmaurice Gerald, "The Law and Procedure of the International Court of Justice, 1951-4: Treaty Interpretation and other Treaty Points", *BYIL*, Vol.33, 1957.

_____, Third Report on the Law of Treaties, A/CN.4/115, 1958.

_____, "The Law and Procedure of the International Court of Justice", *BYIL*, Vol.28, 1985.

Folliot, D., *Documents on International Affairs*, 1951, London, Oxford Univ. Press, 1954.

Frand, J.P. and J.C. Barker, *Encyclopedic Dictionary of International Law*, 3rd ed., Oxford: Oxford University Press, 2009.

Frowein, Jochen Abr., "Recognition", *EPIL*, Vol.10, 1987.

Gillian D. Triggs, *International Law*, Australia: Butlerworth, 2006.

Glahn, Gehard von, *Law Among Nations*, 4th ed. New York: Macmillan, 1987.

Gould W, *An Introduction to International Law*, New York, Harper and Brothers, 1957.

Hall, William Edward, *A Treaties on International Law*, Oxford: Clarendon, 1909.

Higgings, R., *The Development of International Law by the Political Organs of the United Nations*, Oxford: Oxford University Press, 1963.

Hollis, Duncan A., *Oxford Guide to Treaties*. Oxford: Oxford University Press, 2012.

Howard Schonberger, "The Japan Lobby in American Diplomacy, 1947~1952", *Pacific Historical Review*, Vol.46, no.3, August 1977.

Hyde, Charles Cheney, "Maps as Evidence in International Boundary Disputes," *AJIL*, Vol.27, 1933.

Hyden, Charles Cheney, *International Law*, Vol.2, 2nd ed. Boston: Little Brown, 1947.

ICJ, *Reports*, 1949.

___, *Reports*, 1950.

___, *Reports*, 1952.

___, *Reports*, 1953.

___, *Reports*, 1957.

___, *Reports*, 1962.

___, *Reports*. 1966.

___, *Reports*, 1971.

___, *Reports*, 1986

___, *Reports*, 1992.

___, *Reports*, 1994.

___, *Reports*, 1995.

___, *Reports*, 2002.

___, *Reports*, 2008.

___, *Judgement*, 23 May 2008.

ILC, *Yearbook of the International Law Commission*, 1966, Vol. Ⅱ.

ILR, Vol.59.

The Japanese Government, Japanese Government's Views Concerning Takeshima((1)) dated July 13, 1953.

_____, View of the Japanese Government in Rufutation of the Position taken by the Korean Government in the Note Verbale of the Korean Mission in Japan September 9, 1953, concerning Territoriality over Takeshima((2))(February 10, 1954).

_____, Japanese Government's Views on the Korean Government's Version of Problem of Takeshima, dated September 25, 1954((3))(September 20, 1956).

The Japanese Ministry of Foreign Affairs, Note Verbale, July 13, 1953.

_____, "Note Verbale," dated July 13, 1962.

Jenks, C.W., "the Conflict of Law-Making Treaties". *BYIL*, Vol.30, 1953.

Jennings Robert and Arthur Watts(eds.), *Oppenheim's International Law*, Vol.1, 9th ed. London: Longman, 1992.

John G. Roberts, "The 'Japan Crowd' and the Zaibatsu Restoration", *Japan Interpreter*, Vol.12, Summer 1979.

Jones, F. C., H. Borton and B. R. Pearn, U. S Department of State, *In Quest of Peace and Security, Selected Documents on American Foreign Policy, 1941-1951*, Washington, D. C.: U. S. Government Printing Office, 1951.

_____, *Survey of International Affairs, The Far East, 1924-1946*, London: Oxford University Press, 1955.

Kammerhofer, Jorg, *Uncertainity in International Law*, London: Routledge, 2011.

Karl, Wolfram, Conflicts between Treaties; *EPIL*, Vol.7, 1984.

Kaiser, Joseph H., "Timor Island Arbitration," *EPIL*, Vol.2, 1981.

Kelsen Hans, *Principles of International Law*, 2nd ed, New York: Holt, 1967.

Kim, Myung-Ki, *Territorial Sovereignty over Dokdo and International Law*, Claremont, CA: Paige Press, 2000.

_____, *The Korean War and International Law*, Claremont, CA: Paige Press, 1991.

Koczorowska, Alina, *Public International Law*, 4th ed., London iRoutledge, 2010.

Korean Embassy in Washington D.C, A Letter to Dean Acheson(Secretary of State from John M. Chang(Korean Ambassador), dated January 4, 1951.

The Korean Ministry of Foreign Affairs, The Korean Goverment's Refutation of the Japanese Goverment's Views concerning Dokdo("Takeshima") dated July 13 1953. (September 9. 1953)

_____, The Korean Goverment's View Refuting the Japanese Goverment's View of the Territorial Ownership of Dokdo. (Takeshima), an Taken in the Note Verbale No.15/A2 of the Japanese Ministry of Foreign Affairs Dated February 10, 1954 refuting the Japanese view contained in th attachment to the Ministry's Note Verbale No. 102/A1 dated September 20, 1956.(Tokyo, January 7, 1959)

The Korean Government, Korean Government's View Rufuting the Japanese Government's View of the International Ownership of Dokdo(Takeshima) dated February 10, 1954, September 25, 1954.

_____, The Korean Government's Rufutation of the Japanese Government's Views Concerning Dokdo("Takeshima") dated July 13, 1953((1)) (September 9, 1953).

_____, The Korean Government's View Refuting the Japanese Government's View of the Territorial Ownership of Dokdo(Takeshima) taken in the Note Verbale No. 15/A2 of the Japanese Ministry of Foreign Affairs dated February 10, 1954((2)) (September 25, 1954).

_____, The Korean Government's Views Refuting the Japanese Government's Version of the Ownership of Dokdo dated September 20, 1956((3))(January 7, 1950).

Lachs, M., "Recognition and International Co-operation," *BYIL*, Vol.35, 1959.

Langsam Walter L., Historic Document of World War Ⅱ, Westpoint: Greenwood, 1958.

Lauterpacht, H., *Recognition in International Law*, Cambrige: Cambrige University Press, 1948.

Lauterpacht, H., "Restrictive Interpretation of Treaties", *BYIL*, Vol.26, 1949.

Lauterpacht H.(ed.) L. *Oppenheim, International Law*, Vol 8th ed. London: Longmans, 1955.

_____, *Recognition in International Law*, Cambridge : Cambridge University Press, 1948.

_____, "Soveveignt over Submarine Area," *BYIL*, Vol.27, 1950.

_____, "The Covenant as High Law" *BYIL*, Vol.17, 1936.

Levi Werner, *Contemporary International Law: A Concise Introduction Boulder*: Westview Press, 1979.

Lowe, Vaughan, *International Law*, Oxford: Oxford University Press, 2007.

Malanczuk Peter(ed.), *Akehavst's Modern Introduction to International Law*, 7th ed., London: Routledge, 1987.

Marjoreie M. Whiteman, *Digest of International Law*, Vol.3, Washington, D. C.: USGPO, 1964.

McNair, L., *Law of Treaties*, Oxford :Clarendon, 1961.

McDougal, M. S., Lasswell, H. D., and Miller J. C., *The Interpretation of Agreements and world Public Order*, New Haven: Yale Univ. Press, 1967.

Meron, Theodor, "International Responsibility of States for Unauthorized Acts of Their Officials," *BYIL.*, Vol.33, 1959.

Moore, John Bassett, *International Arbitration*, Vol.2, Washington, D. C.: USGPO, 1898.

Morvay Werner, "Peace Treaty with Japan(1951)", *EPIL*, Vol.4, 1982.

O'Brien John, *International Law*, 4th ed., London: Routeldge, 2010.

O'Connell D. P., *International Law*, Vol.1, 2nd ed. 1970.

_____, "Legal Aspects of the Peace Treaty with Japan", *BYIL*, Vol.29, 1952.

_____, "the States of Formosa and the Chinese Recognition", *AJIL*, Vol.50, 1956.

Oda, S., "The Normalization of Relations between Japan and the Republic of Korea", *AJIL*, Vol.61, 1967.

Opinion and Award of Guatemala-Honduras Special Boundary Tribunal, January 23, 1933.

Oppenheim, L., *International Law*, Vol.1, 4th ed., London: Longmans, 1926.

Orakheashivili Alexander and Sarah Williams(eds.), *40 Year of VCLOT*, London: British Institute of International Law and Comparative Law, 2010.

Ott, David H., *Public International Law in the Modern World*, London: Pitman, 1987.

Oxford University. *Digest of United States Practice in International Law* 2009.

Parry, Clive "the Law of Treaties," in Max Sorensen(ed.), *Manual of Public International Law*, New York: MacMillan, 1968.

PCIJ, *Series B*, No.6, 1923.

____, *Series B*, No.8, 1923.

____, *Series A*, No.2, 1924.

____, *Series B*, No.9, 1924.

____, *Series A*, No.7, 1926.

____, *Series A/B*, No.11, 1925.

_____, *Series B*, No.13.

_____, *Series B*, No.14, 1927.

_____, *Series A/B*, No.63, 1934.

_____, *Series A/B*, No.24, 1938.

_____, *Series A/B*, No.50.

_____, *Series A/B*, No.53, 1933.

Pearn B. R, *Survey of International Affairs, 1939-1946: The Far East*, London: Oxford University Press, 1955.

Reuter Paul, *Introduction to the Law of Treaties*, London: Pointer, 1989.

Rosenne Shabtai, "The Effect of Soverrignty upon Municipal Law", *BYIL* Vol.27, 1950.

_____, "Vienna Convention on the Law of Treaties", *EPIL*, Vol.7, 1984.

Rudolf Bernhardt, "Interpretation in International Law," *EPIL*, Vol.7, 1984.

Sandifer, D.V., *Evidence before International Tribunals*, revised ed., Chicago: Chicago Univ. Press, 1975.

Schuschnigg, Kurt von, *International Law*, Milwaukee: Bruce, 1959.

Schwarzenberger, Georg, *International Law*, Vol.1, 3rd ed., London: Stevens, 1957.

Schwarzenberger Georg, *International Law: The Law of Armed Conflict*, Vol.2, London: Stevens, 1968.

Schwarzenberger Georg and E.D. Brown, *A Manual of International Law*, 6th ed. Milton: Professional Books, 1976.

Sebald William J., *With MacArthur in Japan: a Personal History of the Occupation*, New York : W.W. Norton, 1965.

Shaw Malcolm N., *International Law*, 4th ed., Cambridge: Cambridge University Press, 1997.

Sinclair Ian, *The Vienna Convention on the Law of Treaties*, 2nd ed. Mauchester: Mauchester University Press, 1984.

Schuschnigg, K. V., *International Law*, Milnaukee: Bruce, 1959.

Starke, J. G., *Introduction to International Law*, 9th ed., London: Butterworth, 1984.

_____, "Imputability in International Delinquencies," *BYIL.*, Vol.19, 1938.

Thirlway Hugh, *International Customary Law and Codification*, Lediden : Sijhoff, 1972.

_____, "The Law and Procedure of the International Court of Justice, 1960-1989", *BYIL*, Vol.62, 1991.

Tunkin, G. I., *International Law*, Moscow: Progress, 1986.

UN, *UNTS*, Vol.136.

___, *RIAA*, Vol.2, 1949.

US Department of State, Office memorandum : Japanese Peace Settlement and States of War with Japan, June 20, 1949, (I .3.; letter form Dr. Syngman Rhee to the secretary of State dated March 1, 1945.)

_____, *Bulletin* Vol. XI, Washington, D. C.: USGPO, 1943.

_____, G.H. Hackworth Memorandum, December 13, 1940.

_____, Hackworth Memorandum, Dec. 13, 1940.

_____, *In Quest of Peace and Security, Selected Documents in American Foreign Policy, 1941-1951*, Washington, D. C,: USGPO, 1951.

_____, Official Memorandum, March 1, 1945.

_____, Division of Research Far East, Participation of the Republic of Korea in U. S., Senate Committee on Foreign Relations, *A Decade of American Policy; Basic Documents, 1941-1949*, Washington, D. C.: USGPO, 1950.

_____, Division of Regearch for Far East, Participation of The Republic of Korea in the Japanese Peace Settlement, 12 December 1949.

_____, "Commentary on Treaty of Peace with Japan", November 2, 1949.

_____, "Draft Treaty of Peace with Japan on December 29, 1949", December 29, 1949.

_____, *Foreign Relations of the United States, 1949,* Vol.7, Washington D.C.: USGPO, 1949.

_____, "Incoming Telegram by William J. Sebald to Secretary of Sate", November 4, 1949.

_____, Office of US Political Adviser for Japan, Tokyo, "Comment on Draft Treaty of Peace with Japan", November 19, 1949.

_____, Memorandum of Conversation : Japanese Peace Treaty, dated July 9, 1951.

_____, "Commentary on Draft Treaty with Japan", December 12, 1949.

_____, Office of Public Affairs, Register of the Department of State, April 1, 1950.

_____, The Biographic Register 1956, Revised as of May 1, 1956, New York, W. W. Norton, 1965.

U. S., Senate Committee on Foreign Relations, *A Decade of American Policy; Basic Documents, 1941-1949*, Washington, D. C.: U. S. Government Printing Office, 1950.

Vattle E.de, *Droit des gens*, Book Ⅱ, ch.12, §165.

Vicheiling Monika, "Customs Regine between Germany and Austria", *EPIL*, Vol.2, 1984.

Vinally Michel, "Law of Treaties", in Max Sorensen(ed.), *Manual of Public International Law*, London: Macmillan, 1968.

Waldock, C. H. M., "Disputed Sovereignty in the Falkland Islands Dependencies," *BYIL*, Vol.25, 1948.

Wallace Rebecca M. M., *International Law*, 5th ed., London: Sweet and Maxwell, 2005.

Warburg J. P., *The United States in the Postwar World*, New York: Atheneum, 1966.

Weissberg, Guenter, "Maps as Evidence in International Boundary Disputes: A

Reappraisal," *AJIL,* Vol.57, 1963.

Whiteman Marjorie M., *Digest of International Law*, Vol.2 Washington, D.C: USGPO, 1963.

_____, *Digest of International Law*, Vol.3 Washington, D.C: USGPO, 1964.

_____, *Digest of International Law*, Vol.14, Washington, D.C.: USGPO, 1970.

Whiting A. S., *China Crosses the Yalu: The Decision to Enter the Korean War*, New York: Macmillan, 1960.

Wilson, G.G., *International Law*, 9th ed., New York: Silver, 1935.

Wright, Q., "Recognition, Intervention and Ideologies," *Indian Yearbook of International Affairs*, Vol.7, 1858.

Zemanek, Karl, "Responsibility of State", *EPIL*, Vol.10, 1987.

저자의 독도연구 목록

I. 독도연구 저서목록

1. 『독도와 국제법』, 서울: 화학사, 1987.
2. 『독도연구』(편), 서울: 법률출판사, 1997.
3. 『독도의용수비대와 국제법』, 서울: 다물, 1998.
4. 『독도의 영유권과 국제법』, 안산: 투어웨이사, 1999.
5. Territorial Sovereignty over Dokdo, Claremont, California: Paige Press, 2000.
6. 『독도특수연구』(편), 서울: 법서출판사, 2001.
7. 『독도의 영유권과 신한일어업협정』, 서울: 우리영토, 2007.
8. 『독도의 영유권과 실효적 지배』, 서울: 우리영토, 2007.
9. 『독도의 영유권과 대일평화조약』, 서울: 우리영토, 2007.
10. 『독도강의』, 서울: 독도조사연구학회 / 책과사람들, 2009.
11. 『독도 100문 100답집』, 서울: 우리영토, 2008.
12. 『독도영유권의 역사적 · 국제법적근거』, 서울: 우리영토, 2009.
13. 『일본외무성 다케시마문제의 개요 비판』(공저), 서울: 독도조사연구학회 / 책과사람들, 2010.
14. 『안용복의 도일활동과 국제법』, 서울: 독도조사연구학회 / 책과사람들, 2011.
15. 『독도의 영유권과 국제재판』, 서울: 한국학술정보, 2012.
16. 『독도의 영유권과 권원의 변천』, 서울: 독도조사연구학회 / 책과사람들, 2012.
17. 『독도 객관식문제연습』, 서울: 한국학술정보, 2013.
18. 『간도의 영유권과 국제법』, 서울: 한국학술정보, 2013.
19. 『독도영유권 확립을 위한 연구 V』(공저)(영남대 독도연구소 독도연구총서9), 서울: 선인, 2014.
20. 『독도총람』, 서울: 선인, 2014.
21. 『독도의 영유권과 국제해양법』, 서울: 선인, 2015.

22. 『독도의 영유권 확립을 위한 연구Ⅵ』(공저)(영남대 독도연구소 독도연구총서 10), 서울: 선인, 2015.
23. 『독도의 영유권 확립을 위한 연구Ⅶ』(공저)(영남대 독도연구소 독도연구총서 11), 서울: 선인, 2016.

Ⅱ. 독도연구 논문목록

1. "독도의 영유권 귀속", 육군사관학교, 『육사신보』 제185호, 1978.6.30.
2. "국제법상 독도의 영유권", 국가고시학회, 『고시계上』 제23권 제9호, 1978.9.
3. "The Minquiers and Ecrehos Case의 분석과 독도문제", 지학사, 『월간고시』 제6권 제3호, 1979.3.
4. "독도의 영유권문제에 관한국제사법재판소의 관할권"(상), 국가고시학회, 『고시계』 제6권 제3호, 1979.3.
5. "독도영유권문제에 관한 국제사법재판소의 관할권"(하), 국가고시학회, 『고시계』 제24권 제11호, 1979.11.
6. "독도 문제에 관한 국제사법재판소의 관할권에 관한 연구", 대한국제법학회, 『국제법학회논총』 제27권 제2호, 1982.12.
7. "독도에 대한 일본의 선점 주장과 통고 의무", 국가고시학회, 『고시계』 제28권 제8호, 1983.8.
8. "국제법상도근현고시 제40호의 법적 성격", 법지사, 『월간고시』 제10권 제11호, 1983.11.
9. "독도의 영유권과 제2차 대전의 종료", 대한국제법학회, 『국제법학회논총』 제30권 제1호, 1985.6.
10. "국제법상 일본으로부터 한국의 분리에 관한 연구", 대한국제법학회, 『국제법학회논총』 제33권 제1호, 1988.6.
11. "한일 간 영토분쟁(독도): 독도의 영유권에 관한 일본정부 주방에 대한 법적 비판", 광복 50주년 기념사업회, 『청산하지 못한 일제시기의 문제』, 서울: 광복 50주년기념사업회, 1995.6.30.
12. "한일 간 영토분쟁", 광복50주년기념사업회·학술진흥재단, 『일제식민정책 연구논문』, 서울: 학술진흥재단, 1995.8.

13. "자존의 땅-독도는 우리의 것", 경인일보사, 『메트로포리스탄』 제26호, 1996.2.

14. "한일 배타적 경제수역 설정과 독도 영유권", 자유총연맹, 『자유 공론』 제348 호, 1996.3.

15. "국제법상독도영유권과 한일 경제수역", 국제문제연구소, 『국제문제』 제27권 제4호, 1996.4.

16. "독도의 영유권에 관한 한국과 일본의 주장 근거", 독도학회, 『독도의 영유권과 독도 정책』, 독도학회 창립기념 학술심포지움, 1996.4.

17. "독도에 대한 일본의 영유권 주장의 부당성", 도서출판 소화, 『지성의 현장』 제 6권, 제7호, 1996.7.

18. "독도에 대한 일본의 무력행사시 제기되는 국제법상 제 문제", 한국군사학회, 『군사논단』 제7호, 1996.7.

19. "한국의 독도 영유권 주장 이론", 한국군사문제연구소, 『한국군사』 제3호, 1996.8.

20. "독도의 영유권 문제와 민족의식", 한국독립운동사연구소 · 독도학회, 제10회 독립운동사 학술심포지움, 1996.8.8.

21. "국제법 측면에서 본독도문제", 국제교과서연구소, 국제역사교과서 학술회의, 프레스센타, 1996.10.23-24.

22. "국제법으로 본 독도영유권", 한국독립운동연구소, 『한국독립운동사연구』 제10 집, 1996.

23. "독도의 영유권과 한일합방 조약의 무효", 한국외교협회, 『외교』 제38호, 1996.

24. "독도와 대일 강화조약 제2조", 김명기 편, 『독도연구』, 서울: 법률출판사, 1996.

25. "대일 강화조약 제2조에 관한 연구", 대한국제법학회, 『국제법학회논총』 제41권 제2호, 1996.12.

26. "독도와 조어도의 비교 고찰", 국제문제연구소, 『국제문제』 제28권 제1호, 1997.1.

27. "독도에 대한 일본의 영유권 주장에 대한 소고", 명지대학교, 『명대신문』 제652 호, 1997.11.7.

28. "A Study on Legal of Japa's Claim to Dokdo", The Institute of Korean Studies, *Korea Observer*, Vol.28, No.3, 1997.

29. "독도의 영유권에 관한 연구: 독도에 대한 일본의 무력행사의 위법성", 대한국 제법학회, 『국제법학회논총上』 제42권 제2호, 1997.6.

30. "독도에 대한 일본의 무력행사시 국제연합의 제재", 아세아 사회과학연구원 연구논총 『한일간의 국제법 현안문제』 제7권, 1998.4.

31. "*The Island of Palmas* Case(1928)의 판결요지의 독도문제에의 적용", 판례월보사, 『판례월보』 제336호, 1998.9.

32. "독도문제 해결을 위한 새 제언", 한국외교협회, 『외교』 제47호, 1998.10.

33. "독도문제와 조어도 문제의 비교고찰", 강원대학교 비교법학연구소, 『강원법학』 제10권(김정후교수 회갑기념 논문집), 1998.10.

34. "*The Clipperton Island* Case(1931) 판결요지의 독도문제에의 적용", 판례월보사, 『판례월보』 제346호, 1999.7.

35. "독도에 대한 일본정부의 주장과 국제사법재판소의 관할권에 관한 연구", 명지대학교 사회과학연구소, 『사회과학논총』 제15집, 1999.12.

36. "독도영유권과신 한일어업협정", 독도학회, 한일어업협정의 재개정준비와 독도 EEZ 기선문제 세미나, 2000.9.

37. "한일 간 독도영유권 시비의 문제점과 대책", 한국군사학회, 『한국의 해양안보와 당면 과제』(국방 · 군사세미나논문집), 2000.10.

38. "독도의 영유권과 신 한일어업협정 개정의 필요성", 독도학회, 『독도영유권연구논집』, 서울: 독도연구보전협회, 2002.

39. "A Study an Territioral Sovereignty over Dokdo in International Law-Refutation to the Japanese Gerenment's "Assertions of the Occupied Territory", 독도학회, 『독도영유권 연구논집』, 서울: 독도연구보전협회, 2002.

40. "헌법재판소의 신 한일어업협정의 위헌확인 청구에 대한 기각 이유 비판", 판례월보사, 『쥬리스트』, 2002.3.

41. "독도영유권에 관한 일본정부 주장에 대한 법적 비판", 독도학회, 『한국의 독도영유권 연구사』, 서울: 독도연구보전협회, 2003.

42. "독도개발 특별법에 관한 공청회를 위한 의견서", 국회농림해양수산위원회, 『독도개발특별법안에 관한공청회』 2004.2.2. 국회의원회관.

43. "한일어업협정 폐기의 법리", 『한겨레신문』, 2005.5.13.

44. "독도의 실효적 지배 강화와신 한일어업협정의 폐기", 국제문제연구소, 『국제문제』 제36권 제6호, 2005.6.

45. "한일어업협정과 독도영유권 수호정책", 한국영토학회, 『독도 영유권수호의 정책방안』, 한국영토학회주최학술토론회, 국회헌정기념관별관 대회의실, 2005.11.

46. "독도문제와 국제재판/국제재판소의 기능과 영향력", 자유총연맹, 『자유공론』 제464호, 2005.11.

47. "독도의 실효적 지배 강화와 역사적 응고 취득의 법리", 국제문제연구소,『국제문제』제36권 제11호, 2005.11.

48. "독도의 영유권문제에 대한국제사법재판소의 관할권", 국제문제연구소,『국제문제』제37권 제1호, 2006.1.

49. "독도와 연합군 최고사령부 훈령 제677호에 관한 연구", 한국 외교협회,『외교』제76호, 2006.1.

50. "신 한일어업협정과 금반언의 효과", 독도조사 연구학회,『독도논총』제1권 제1호, 2006.4.

51. "제2차 대전 이후 한국의 독도에 대한 실효적 지배의 증거", 독도조사 연구학회,『독도논총』제1권 제1호, 2006.4.

52. "맥아더 라인과 독도", 국제문제연구소,『국제문제』제37권 제5호, 2006.5.

53. "대일 평화조약 제2조 (a)항과 한국의 독도 영유권에 관한 연구", 한국외교협회,『외교』제78호, 2006.7.

54. "독도 영유권에 관한 대일 평화조약 제2조에 대한 일본정부의 해석 비판", 국제문제연구소,『국제문제』제37권 제7호, 2006.7.

55. "Sovereignty over Dokdo Island and Interpretation of Article 2 of the Peace Treaty with Japan", The Institute for East Asian Studies, *East Asian Review*, Vol.18, No.2, 2006.

56. "독도를 기점으로 하지 아니한 신 한일어업협정 비판", 독도조사연구학회,『독도논총』제1권 제2호, 2006.9.

57. "대일 평화조약 제2조의 해석과 Critical Date", 독도조사연구학회,『독도논총』제1권 제2호, 2006.9.

58. "독도의 실효적 지배 강화와 Critical Date", 법조협회,『법조』, 통권 제602호, 2006.11.

59. "국제연합에 의한 한국의 독도영유권승인", 한국외교협회,『외교』제81호, 2007.4.

60. "한일어업협정 제9조 제2항과 합의 의사록의 위법성. 유효성", 독도본부, 제15회 학술토론회(토론), 2007.1.16.

61. "한일공동관리수역의 추적권 배제는 독도영유권 침해행위", 독도본부, 제16회 학술토론회, 2007.2.24.

62. "한일어업협정 폐기해도 금반언의 원칙에 의한 일본의 권리는 그대로 남는다", 독도본부, 제17회 학술토론회, 2007.3.31.

63. "한일어업협정은 어업협정인가?", 독도본부, 제18회 학술토론회, 2007.4.18.

64. "대일평화조약상 독도의 영유권과 uti possidetis 원칙", 한국외교협회, 『외교』 제81호, 2007.5.

65. "국제법학자 41인의 '독도영유권과 신한일어업협정에 대한 우리의 견해'(2005. 4.5)에 대한 의견", 독도본부, 제19회 학술토론회, 2007.5.23.

66. "한일어업협정 폐기 후 이에 국제법상 대책방안 모색", 독도본부, 제20회 학술 토론회, 2007.6.20.

67. "한일어업협정 폐기 후 대안 협정 초안 주석", 독도본부, 제21회 학술토론회, 2007.7.18.

68. "한일어업협정 폐기 후 대안 협정 초안 주석(I)", 독도본부, 제22회 학술토론회, 2007.8.21.

69. "국제연합과 독도영유권", 국제문제연구원, 『국제문제』 제38권 제10호, 2007.10.

70. "독도연구의 회고와 전망", 동북아역사재단주최, 주제강연(2007.11.7, 아카데미 하우스).

71. "국제연합에 의한 한국독도영유권의 승인에 관한 연구", 외교협회, 『외교』 제85 호, 2005.4.

72. "대한민국국가지도집중 영토와 해양의 동측 경계의 오류", 독도조사연구학회, 2008년도 정기학술세미나(2008.6.28, 독도본부 강당).

73. "The Territorial Sovereignty over Dokdo in The Peace Treaty with Japan and the Principle of uti possidetis", *Korean Observation of Foreign Relations*, Vol.10, No. 1, August 2008.

74. 『독도 100문 100답집』, 서울: 우리영토, 2008.8.

75. "독도 연구의 회고와 전망", 동북아역사재단, 『독도시민사회백서 2006-2007』, 2008.4.

76. "국제법상 일본의 독도영유권 주장에 대한 대일항의에 관한 연구", 영남대학교 독도연구소, 『독도연구』 제5호, 2008.12.

77. "일본의 기망행위에 의해 대일평화조약 제2조에서 누락된 독도의 영유권", 외 교통상부, 『국제법 동향과 실무』 제7권 제3.4호, 2008.12.

78. "패드라 브랑카 사건(2008) 판결과 독도영유권", 법률신문사, 『법률신문』 제 3714호, 2009.1.15.

79. "페드라 브랑카 사건과 중간수역 내의 독도"(상), 한국국제문화연구원, 『국제문

제』 제40권 제3호, 2009.3.

80. "독도영유권문제와 국제법상묵인의 법적 효과", 한국외교협회, 『외교』 제89호, 2009.4.

81. "페드라 브랑카 사건과 중간수역 내의 독도"(하), 한국 국제문화연구원, 『국제문제』 제40권 제4호, 2009.4.

82. 『독도영유권의 역사적 · 국제법적 근거』, 서울: 우리영토, 2009.6.

83. "독도의 실효적 지배강화 입법정책 검토", 동북아역사재단발표, 2009.6.5.

84. "독도의 실효적 지배강화 입법정책의 국제법상 검토", 법률신문사, 『법률신문』 제3757호, 2009.6.25.

85. "페드라 브랑카 사건(2008)의 판결취지와 독도영유권문제에 주는 시사점", 영남대학교 독도연구소, 『독도연구』 제6호, 2009.6.

86. "한일 해양수색 및 구조훈련과 독도영유권", 법률신문사, 『법률신문』 제3778호, 2009.9.17.

87. "정부의 독도시책과 학자의 독도연구 성찰", 동북아역사재단 독도연구소 콜로키움, 제천, 2009.10.15.

88. "다케시마 10포인트 대일평화조약 관련조항 제3항 비판", 한국해양수산개발원, 『독도연구저널』 제17권, 2009.가을.

89. "국제법상지도의 증명력", 독도보전협회, 서울역사박물관, 토론발표, 2009.10.11.

90. "간도영유권회복, 대책 시급", 자유총연맹, 『자유공론』 제7호, 2008.8.

91. "조중국경조약과 간도", 북한연구소, 『북한』 제441호, 2008.9.

92. "간도영유권 100년 시효실의 긍정적 수용제의"(상), 천지일보사, 『천지일보』 제11호, 2009.11.18.

93. "안용복의 도일활동의 국제법싱; 효과에 관한 연구" 동북아역사재단 위촉연구, 2009.12.20.

94. "안용복의 도일활동과 국제법", 『독도저널』, (08-09) 2009.9.

95. "국제법상대한제국칙령 제41호에 의한 역사적 권원의 대체", 한국해양수산개발원, 『독도연구저널』 제9권, 2010.3.

96. "독도영유권과 porum progatum", 외교협회, 『외교』 제94호, 2010.7.

97. "독도를 일본영토가 아닌 것으로 규정한 일본법령 연구", 동북아역사재단 독도연구소, 『제6회 독도연구 골로키움』, 2010.7.6-8.

98. "한국의 대응전략은 어떻게 세울 것인가?", 한국독도연구원, 『한국독도 어떻게

지킬 것인가?』, 2010.6.17. 전쟁기념관.

99. "한일합방조약의 부존재와 독도영유권", 독도조사연구학회, 2010년 정기학술토론회의,『독도영유권의 새로운 논리개발』, 2010.10.28, 서울역사박물관.

100. "한일기본조약 제2조의 해석", 법률신문 제3863호, 2010.8.12.

101. "일본총리부령 제24호와 대장성령 제4호에 의한 한국의 독도영토주권의 승인", 영남대 독도연구소,『독도연구』제9호, 2010.12.

102. "국제법상 한국의 독도영유권의 근거", 독도문화 심기운동본부,『한민족의 구심점』, 서울: 독도문화심기운동본부, 2010.12.

103. "국제법상 신라이사부의 우산국 정복의 합법성에 관한 연구", 이사부학회,『이사부와 동해』제2호, 2010.12.

104. "국제법상독도영유권의 법적 근거",『법률신문』제3899호, 2010.12.28.

105. "한일합방조약 체결 100년, 성찰의 해",『천지 일보』제99호, 2010.12.29.

106. "국제법상 신라 이사부의 우산국 정복의 합법성에 관한 연구", 강원일보 · 강원도 · 삼척시,『이사부총서』(Ⅲ), 2010.12.

107. "대한제국칙령 제41호에 의한 역사적 권원의 대체에 관한 연구", 독도조사연구학회,『독도논총』제5권 제1-2 통합호, 2010.12.

108. "한일합방조약의 부존재에 관한 연구", 법조협회,『법조』통권 제655호, 2011.4.

109. "대일민족소송 기각결정의 국제법상효과에 관한 연구", 대한변호사협회,『인권과 정의』제417호, 2011.5.

110. "국제법상 쇄환정책에 의한 독도영토주권의 포기여부 검토", 영남대학교 독도연구소,『독도연구』제10호, 2011.6.

111. "이사부의 우산국 부속에 의한 독도의 고유영토론 검토", 한국이사부학회,『2011년 전국해양문화 학자대회』주제발표, 2011.8.4.

112. "페드라 브랑카 사건판결과 중간수역 내에 위치한 독도의 법적 지위", 동북아역사재단 독도연구소,『제17회 정기 독도연구 콜로키움』, 2011.8.4.

113. "통일 이후 한국의 국경문제와 조중국경조약의 처리문제", 법제처,『2011년 남북법제연구 보고서』, 2011.8.

114. "독도영유권 강화사업의 필요성 검토", 법률신문사,『법률신문』제3639호, 2011. 8.29.

115. "일본 자위대의 독도 상륙의 국제법상 문제점과 법적 대처방안", 한국독도연구원, 국회 독도 지킴이,『한국독도 어떻게 지킬 것인가』, 국회도서관 회의실,

2011.10.4.

116. "독도의 역사적 연구의 기본방향", 세계국제법협회 한국본부 독도 조사연구학회, 『독도의 영유권과 해양주권에 관한 심포리 임』, 코리아나 호텔, 2001.12.13.

117. "일본 자위대 독도 상륙시 국제법상 문제점과 법적 대처 방안", 해병대 전략연구소, 『전략논단』 제14호, 2011.가을.

118. "국제법상 독도의용수비대의 법적 지위에 관한 연구", 대한적십자사인도법연구소, 『인도법논총』 제31호, 2011.

119. "국제법상 지리적 접근성의 원칙과독도" 영남대 독도연구소, 『독도연구』 제11호, 2011.12.

120. "대마도 영유권 주장의 국제법적 근거는 무엇인가?", 독도연구원, 『대마도를 어떻게 찾을 것인가?』, 2012.9.18, 국회의원회관.

121. "국제법상 이어도의 법적 지위에 관한 기초적연구", 해양문화연구원, 『제3회 전국 해양문화학과 대회』, 2012.8.2~4, 여수세계박물관회의장.

122. "독도영유권의 중단권원의 회복에 관한 연구", 독도조사연구학회, 『독도논총』 제6권 제1호, 2012.

123. "사법적 판결의 사실상 법원성과 독도영유권의 역사적 권원의 대체", 영남대 독도연구소, 『독도연구』 제12호, 2012.6.

124. "독도의 배타적 경제수역", 해양문화연구언, 『제4회 전국해양문화학자대회』, 2013.8.22~24, 여수 리져트.

125. "대일평화조약 제2조의 해석과 Critical Date", 이사부학회, 『이사부와 동해』 제6호, 2013.

126. "독도영유권 문제/분쟁에 대한 국제사법재판소의 강제적 관할권", 독도시민연대, 『국제사법재판소의 강제적 관할권 어떻게 대항할 것인가?』, 독도시민연대, 2013.10. 국회의원회관.

127. "시마네현 고시 제40호의 무효확인소송의 국제법상 효과에 관한 연구", 독도연, 『소위 시마네현고시 제40호에 의한 독도편입의 허구성 검토 학술대회』, 독도연, 2013.12.01, 서울역사박물관.

128. "국제법상 독도의 영유권 강화사업의 법적 타당성 검토", 독도조사연구학회, 『독도논총』 제7권 제1호, 2013.11.

129. "맥아더라인의 독도영토주권에 미치는 법적 효과, 영남대 독도연구소, 『독도연구』 제15호, 2013.12.

130. "국제법에서 본 한국의 독도영유권", 이사부학회,『동해와 이사부』제7호, 2014.
131. "한일어업협정 폐기 후 이에 대한 국제법상 대책방안 모색",『동해와 이사부』
     제8권, 2014.8.
132. "국제법상 국군에 대한 작전지휘권 환수에 따라 제기되는 법적 문제에 관한
     연구",『인도법논총』제34호, 2014.12.
133. "일본자위대의 독도상륙작전의 전쟁법상 위법성과 한국의 독도방위능력의 강
     화방안",『군사논단』제82호, 2015.여름.
134. "국제법상 국제연합에 의한 한국의 독도영토주권 승인의 효과",『국제법학회
     논총』제60권 제1호, 2015.3.
135. "대일평화조약 제23조 (a)항에 규정된 울릉도에 독도의 포함여부 검토",『독도
     연구』제18호, 2015.6.
136. "대일평화조약 제19조 (b)항과 일본정부에 대한 한국의 독도영토주권의 승
     인", 독도조사연구학회, 2015.
137. 정기 학술토론회,『국제법상 독도연구의 정책 및 연구의 당면 과제』,
     2015.9.19, 동북아역사재단 대강당.
138. "콜프해협사건과 안보리에 의한 독도영유권분쟁의 평화적 해결",『독도논총』
     제8권 제1·2호, 2015.8.
139. "밴프리트 귀국보고서의 조약의 준비작업여부 및 후속적 관행여부 검토",『독
     도연구』제19호, 2015.12.
140. "국제법상작전통제권 환수에 따라 제기되는 법적제문제와 그에 대한 대책방
     안",『입법과 정책』제9권 제2호, 2015.12.
141. "대일평화조약 제21조와 제25조의 저촉의 해결", 독도조사연구학회, 2016년 학
     술회의, 동북아역사재단회의실, 2016.6.16.
142. "대일평화조약의 독립승인조항과 권리포기조항에 의한 한일합방조약의 유효
     승인",『독도연구』제20호, 2016.6.
143. "국제법상 태정관지령문의 법적 효력에 관한 연구",『영토와 해양연구』제11
     호, 2016.여름.

부 록

1. 대일평화조약(1951.9.8)
2. 국제연합헌장(1945.10.24)
3. 조약법에 관한 비엔나 협약(1969.05.23)
4. 한일기본관계조약(1965.6.22)
5. 국가 간의 우호관계와 협력에 관한 국제법 원칙의 선언
   (1970. 결의 제2625호)

1. 대일평화조약(1951.9.8.)
TREATY OF PEACE WITH JAPAN

WHEREAS the Allied Powers and Japan are resolved that henceforth their relations shall be those of nations which, as sovereign equals, cooperate in friendly association to promote their common welfare and to maintain international peace and security, and are therefore desirous of concluding a Treaty of Peace which will settle questions still outstanding as a result of the existence of a state of war between them;

WHEREAS Japan for its part declares its intention to apply for membership in the United Nations and in all circumstances to conform to the principles of the Charter of the United Nations; to strive to realize the objectives of the Universal Declaration of Human Rights; to seek to create within Japan conditions of stability and well-being as defined in Articles 55 and 56 of the Charter of the United Nations and already initiated by post-surrender Japanese legislation; and in public and private trade and commerce to conform to internationally accepted fair practices;

WHEREAS the Allied Powers welcome the intentions of Japan set out in the foregoing paragraph;

THE ALLIED POWERS AND JAPAN have therefore determined to conclude the present Treaty of Peace, and have accordingly appointed the undersigned Plenipotentiaries, who, after presentation of their full powers, found in good and due form, have agreed on the following provisions:

CHAPTER I. PEACE

Article 1

(a) The state of war between Japan and each of the Allied Powers is terminated as from the date on which the present Treaty comes into force between Japan and the Allied Power concerned as provided for in Article 23.

(b) The Allied Powers recognize the full sovereignty of the Japanese people over Japan and its territorial waters.

CHAPTER II. TERRITORY

Article 2

(a) Japan recognizing the independence of Korea, renounces all right, title and claim to Korea, including the islands of Quelpart, Port Hamilton and Dagelet.

(b) Japan renounces all right, title and claim to Formosa and the Pescadores.

(c) Japan renounces all right, title and claim to the Kurile Islands, and to that portion of Sakhalin and the islands adjacent to it over which Japan acquired sovereignty as a consequence of the Treaty of Portsmouth of 5 September 1905.

(d) Japan renounces all right, title and claim in connection with the League of Nations Mandate System, and accepts the action of the United Nations Security Council of 2 April 1947, extending the trusteeship system to the Pacific Islands formerly under mandate to Japan.

(e) Japan renounces all claim to any right or title to or interest in connection with any part of the Antarctic area, whether deriving from the activities of Japanese nationals or otherwise.

(f) Japan renounces all right, title and claim to the Spratly Islands and to the Paracel Islands.

Article 3

Japan will concur in any proposal of the United States to the United Nations to place under its trusteeship system, with the United States as the sole administering authority, Nansei Shoto south of 29deg. north latitude (including the Ryukyu Islands and the Daito Islands), Nanpo Shoto south of Sofu Gan (including the Bonin Islands, Rosario Island and the Volcano Islands) and Parece Vela and Marcus Island. Pending the making of such a proposal and affirmative action thereon, the United States will have the right to exercise all and any powers of administration, legislation and jurisdiction over the territory and inhabitants of these islands, including their territorial waters.

Article 4

(a) Subject to the provisions of paragraph (b) of this Article, the disposition of property of Japan and of its nationals in the areas referred to in Article 2, and their claims, including debts, against the authorities presently administering such areas and the residents (including juridical persons) thereof, and the disposition in Japan of property of such authorities and residents, and of claims, including debts, of such authorities and residents against Japan and its nationals, shall be the subject of special arrangements between Japan and such authorities. The property of any of the Allied Powers or its nationals in the areas referred to in Article 2 shall, insofar as this has not already been done, be returned by the administering authority in the condition in which it now exists. (The term nationals whenever used in the present Treaty includes juridical persons.)

(b) Japan recognizes the validity of dispositions of property of Japan and Japanese nationals made by or pursuant to directives of the United States Military Government in any of the areas referred to in Articles 2 and 3.

(c) Japanese owned submarine cables connection Japan with territory removed from Japanese control pursuant to the present Treaty shall be equally divided, Japan retaining the Japanese terminal and adjoining half of the cable, and the detached territory the remainder of the cable and connecting terminal facilities.

CHAPTER III. SECURITY

Article 5

(a) Japan accepts the obligations set forth in Article 2 of the Charter of the United Nations, and in particular the obligations

(i) to settle its international disputes by peaceful means in such a manner that international peace and security, and justice, are not endangered;

(ii) to refrain in its international relations from the threat or use of force against the territorial integrity or political independence of any State or in any other manner inconsistent with the Purposes of the United Nations;

(iii) to give the United Nations every assistance in any action it takes in accordance with the Charter and to refrain from giving assistance to any State against which the United Nations may take preventive or enforcement action.

(b) The Allied Powers confirm that they will be guided by the principles of Article 2 of the Charter of the United Nations in their relations with Japan.

(c) The Allied Powers for their part recognize that Japan as a sovereign nation possesses the inherent right of individual or collective self-defense referred to in Article 51 of the Charter of the United Nations and that Japan may voluntarily enter into collective security arrangements.

Article 6

(a) All occupation forces of the Allied Powers shall be withdrawn from Japan as soon as possible after the coming into force of the present Treaty, and in any case not later than 90 days thereafter. Nothing in this provision shall, however, prevent the stationing or retention of foreign armed forces in Japanese territory under or in consequence of any bilateral or multilateral agreements which have been or may be made between one or more of the Allied Powers, on the one hand, and Japan on the other.

(b) The provisions of Article 9 of the Potsdam Proclamation of 26 July 1945, dealing with the return of Japanese military forces to their homes, to the extent not already completed, will be carried out.

(c) All Japanese property for which compensation has not already been paid, which was supplied for the use of the occupation forces and which remains in the possession of those forces at the time of the coming into force of the present Treaty, shall be returned to the Japanese Government within the same 90 days unless other arrangements are made by mutual agreement.

CHAPTER IV. POLITICAL AND ECONOMIC CLAUSES

Article 7

(a) Each of the Allied Powers, within one year after the present Treaty has come into force between it and Japan, will notify Japan which of its prewar bilateral treaties or conventions with Japan it wishes to continue in force or revive, and any treaties or conventions so notified shall continue in force or by revived subject only to such amendments as may be necessary to ensure conformity with the present Treaty. The treaties and conventions so notified shall be considered as having been continued in force or revived three months after the date of notification and shall be registered with the Secretariat of the United Nations. All such treaties and conventions as to which Japan is not so notified shall be regarded as abrogated.

(b) Any notification made under paragraph (a) of this Article may except from the operation or revival of a treaty or convention any territory for the international relations of which the notifying Power is responsible, until three months after the date on which notice is given to Japan that such exception shall cease to apply.

Article 8

(a) Japan will recognize the full force of all treaties now or hereafter concluded by the Allied Powers for terminating the state of war initiated on 1 September 1939, as well as any other arrangements by the Allied Powers for or in connection with the restoration of peace. Japan also accepts the arrangements made for terminating the former League of Nations and Permanent Court of International Justice.

(b) Japan renounces all such rights and interests as it may derive from being a signatory power of the Conventions of St. Germain-en-Laye of 10 September 1919, and the Straits Agreement of Montreux of 20 July 1936, and from Article 16 of the Treaty of Peace with Turkey signed at Lausanne on 24 July 1923.

(c) Japan renounces all rights, title and interests acquired under, and is discharged from all obligations resulting from, the Agreement between Germany and the Creditor Powers of 20 January 1930 and its Annexes, including the Trust Agreement, dated 17 May 1930, the Convention of 20 January 1930, respecting the Bank for International Settlements; and the Statutes of the Bank for International Settlements. Japan will notify to the Ministry of Foreign Affairs in Paris within six months of the first coming into force of the present Treaty its renunciation of the rights, title and interests referred to in this paragraph.

Article 9

Japan will enter promptly into negotiations with the Allied Powers so desiring for the conclusion of bilateral and multilateral agreements providing for the regulation or limitation of fishing and the conservation and development of fisheries on the high seas.

Article 10

Japan renounces all special rights and interests in China, including all benefits and privileges resulting from the provisions of the final Protocol signed at Peking on 7 September 1901, and all annexes, notes and documents supplementary thereto, and agrees to the abrogation in respect to Japan of the said protocol, annexes, notes and documents.

Article 11

Japan accepts the judgments of the International Military Tribunal for the Far East and of other Allied War Crimes Courts both within and outside Japan, and will carry out the sentences imposed thereby upon Japanese nationals imprisoned in Japan. The power to grant clemency, to reduce sentences and to parole with respect to such prisoners may not be exercised except on the decision of the Government or Governments which imposed the sentence in each instance, and on recommendation of Japan. In the case of persons sentenced by the International Military Tribunal for the Far East, such power may not be exercised except on the decision of a majority of the Governments represented on the Tribunal, and on the recommendation of Japan.

Article 12

(a) Japan declares its readiness promptly to enter into negotiations for the conclusion with each of the Allied Powers of treaties or agreements to place their trading, maritime and other commercial relations on a stable and friendly basis.

(b) Pending the conclusion of the relevant treaty or agreement, Japan will, during a period of four years from the first coming into force of the present Treaty

 (1) accord to each of the Allied Powers, its nationals, products and vessels

  (i) most-favoured-nation treatment with respect to customs duties, charges, restrictions and other regulations on or in connection with the importation and exportation of goods;

  (ii) national treatment with respect to shipping, navigation and imported goods, and with respect to natural and juridical persons and their interests - such treatment to include all matters pertaining to the levying and collection of taxes, access to the courts, the making and performance of contracts, rights to property (tangible and intangible), participating in juridical entities constituted under Japanese law, and generally the conduct of all kinds of business and professional activities;

 (2) ensure that external purchases and sales of Japanese state trading enterprises

shall be based solely on commercial considerations.

(c) In respect to any matter, however, Japan shall be obliged to accord to an Allied Power national treatment, or most-favored-nation treatment, only to the extent that the Allied Power concerned accords Japan national treatment or most-favored-nation treatment, as the case may be, in respect of the same matter. The reciprocity envisaged in the foregoing sentence shall be determined, in the case of products, vessels and juridical entities of, and persons domiciled in, any non-metropolitan territory of an Allied Power, and in the case of juridical entities of, and persons domiciled in, any state or province of an Allied Power having a federal government, by reference to the treatment accorded to Japan in such territory, state or province.

(d) In the application of this Article, a discriminatory measure shall not be considered to derogate from the grant of national or most-favored-nation treatment, as the case may be, if such measure is based on an exception customarily provided for in the commercial treaties of the party applying it, or on the need to safeguard that party's external financial position or balance of payments (except in respect to shiping and navigation), or on the need to maintain its essential security interests, and provided such measure is proportionate to the circumstances and not applied in an arbitrary or unreasonable manner.

(e) Japan's obligations under this Article shall not be affected by the exercise of any Allied rights under Article 14 of the present Treaty; nor shall the provisions of this Article be understood as limiting the undertakings assumed by Japan by virtue of Article 15 of the Treaty.

Article 13

(a) Japan will enter into negotiations with any of the Allied Powers, promptly upon the request of such Power or Powers, for the conclusion of bilateral or multilateral agreements relating to international civil air transport.

(b) Pending the conclusion of such agreement or agreements, Japan will, during a period of four years from the first coming into force of the present Treaty, extend to such Power treatment not less favorable with respect to air-traffic rights and privileges than those exercised by any such Powers at the date of such coming into force, and will accord complete equality of opportunity in respect to the operation and development of air services.

(c) Pending its becoming a party to the Convention on International Civil Aviation in accordance with Article 93 thereof, Japan will give effect to the provisions of that Convention applicable to the international navigation of aircraft, and will give effect to the standards, practices and procedures adopted as annexes to the Convention in accordance with the terms of the Convention.

CHAPTER V. CLAIMS AND PROPERTY

Article 14

(a) It is recognized that Japan should pay reparations to the Allied Powers for the damage and suffering caused by it during the war. Nevertheless it is also recognized that the resources of Japan are not presently sufficient, if it is to maintain a viable economy, to make complete reparation for all such damage and suffering and at the same time meet its other obligations.

Therefore,

1. Japan will promptly enter into negotiations with Allied Powers so desiring, whose present territories were occupied by Japanese forces and damaged by Japan, with a view to assisting to compensate those countries for the cost of repairing the damage done, by making available the services of the Japanese people in production, salvaging and other work for the Allied Powers in question. Such arrangements shall avoid the imposition of additional liabilities on other Allied Powers, and, where the manufacturing of raw materials is called for, they shall be supplied by the Allied Powers in question, so as not to throw any foreign exchange burden upon Japan.

2. (I) Subject to the provisions of subparagraph (II) below, each of the Allied

Powers shall have the right to seize, retain, liquidate or otherwise dispose of all property, rights and interests of

(a) Japan and Japanese nationals,

(b) persons acting for or on behalf of Japan or Japanese nationals, and

(c) entities owned or controlled by Japan or Japanese nationals,

which on the first coming into force of the present Treaty were subject to its jurisdiction. The property, rights and interests specified in this subparagraph shall include those now blocked, vested or in the possession or under the control of enemy property authorities of Allied Powers, which belong to, or were held or managed on behalf of, any of the persons or entities mentioned in (a), (b) or (c) above at the time such assets came under the controls of such authorities.

(II) The following shall be excepted from the right specified in subparagraph
(I) above:

(i) property of Japanese natural persons who during the war resided with the permission of the Government concerned in the territory of one of the Allied Powers, other than territory occupied by Japan, except property subjected to restrictions during the war and not released from such restrictions as of the date of the first coming into force of the present Treaty;

(ii) all real property, furniture and fixtures owned by the Government of Japan and used for diplomatic or consular purposes, and all personal furniture and furnishings and other private property not of an investment nature which was normally necessary for the carrying out of diplomatic and consular functions, owned by Japanese diplomatic and consular personnel;

(iii) property belonging to religious bodies or private charitable institutions and used exclusively for religious or charitable purposes;

(iv) property, rights and interests which have come within its jurisdiction in consequence of the resumption of trade and financial relations subsequent to 2 September 1945, between the country concerned and Japan, except such as have resulted from transactions contrary to the laws of the Allied

Power concerned;

(v) obligations of Japan or Japanese nationals, any right, title or interest in tangible property located in Japan, interests in enterprises organized under the laws of Japan, or any paper evidence thereof; provided that this exception shall only apply to obligations of Japan and its nationals expressed in Japanese currency.

(Ⅲ) Property referred to in exceptions (i) through (v) above shall be returned subject to reasonable expenses for its preservation and administration. If any such property has been liquidated the proceeds shall be returned instead.

(Ⅳ) The right to seize, retain, liquidate or otherwise dispose of property as provided in subparagraph (I) above shall be exercised in accordance with the laws of the Allied Power concerned, and the owner shall have only such rights as may be given him by those laws.

(Ⅴ) The Allied Powers agree to deal with Japanese trademarks and literary and artistic property rights on a basis as favorable to Japan as circumstances ruling in each country will permit.

(b) Except as otherwise provided in the present Treaty, the Allied Powers waive all reparations claims of the Allied Powers, other claims of the Allied Powers and their nationals arising out of any actions taken by Japan and its nationals in the course of the prosecution of the war, and claims of the Allied Powers for direct military costs of occupation.

Article 15

(a) Upon application made within nine months of the coming into force of the present Treaty between Japan and the Allied Power concerned, Japan will, within six months of the date of such application, return the property, tangible and intangible, and all rights or interests of any kind in Japan of each Allied Power and its nationals which was within Japan at any time between 7 December 1941 and 2 September 1945, unless the owner has freely disposed thereof without duress or fraud. Such property shall be returned free of all encumbrances and charges to which it may have become subject because of the war, and without any charges for its return. Property whose return is not applied for by or on behalf of the owner or by his Government within the prescribed period may be disposed of by the Japanese Government as it may determine. In cases where such property was within Japan on 7 December 1941, and cannot be returned or has suffered injury or damage as a result of the war, compensation will be made on terms not less favorable than the terms provided in the draft Allied Powers Property Compensation Law approved by the Japanese Cabinet on 13 July 1951.

(b) With respect to industrial property rights impaired during the war, Japan will continue to accord to the Allied Powers and their nationals benefits no less than those heretofore accorded by Cabinet Orders No. 309 effective 1 September 1949, No. 12 effective 28 January 1950, and No. 9 effective 1 February 1950, all as now amended, provided such nationals have applied for such benefits within the time limits prescribed therein.

(c) (i) Japan acknowledges that the literary and artistic property rights which existed in Japan on 6 December 1941, in respect to the published and unpublished works of the Allied Powers and their nationals have continued in force since that date, and recognizes those rights which have arisen, or but for the war would have arisen, in Japan since that date, by the operation of any conventions and agreements to which Japan was a party on that date, irrespective of whether or not such conventions or agreements were abrogated or suspended upon or since the outbreak of war by the domestic law of Japan or of the Allied Power concerned.

(ii) Without the need for application by the proprietor of the right and without the payment of any fee or compliance with any other formality, the period from 7 December 1941 until the coming into force of the present Treaty between Japan and the Allied Power concerned shall be excluded from the running of the normal term of such rights; and such period, with an additional period of six months, shall be excluded from the time within which a literary work must be translated into Japanese in order to obtain translating rights in Japan.

Article 16

As an expression of its desire to indemnify those members of the armed forces of the Allied Powers who suffered undue hardships while prisoners of war of Japan, Japan will transfer its assets and those of its nationals in countries which were neutral during the war, or which were at war with any of the Allied Powers, or, at its option, the equivalent of such assets, to the International Committee of the Red Cross which shall liquidate such assets and distribute the resultant fund to appropriate national agencies, for the benefit of former prisoners of war and their families on such basis as it may determine to be equitable. The categories of assets described in Article 14(a)2(II)(ii) through (v) of the present Treaty shall be excepted from transfer, as well as assets of Japanese natural persons not residents of Japan on the first coming into force of the Treaty. It is equally understood that the transfer provision of this Article has no application to the 19,770 shares in the Bank for International Settlements presently owned by Japanese financial institutions.

Article 17

(a) Upon the request of any of the Allied Powers, the Japanese Government shall review and revise in conformity with international law any decision or order of the Japanese Prize Courts in cases involving ownership rights of nationals of that Allied Power and shall supply copies of all documents comprising the records of these cases, including the decisions taken and orders issued. In any case in which such review or revision shows that restoration is due, the provisions of Article 15 shall apply to the property concerned.

(b) The Japanese Government shall take the necessary measures to enable nationals of any of the Allied Powers at any time within one year from the coming into force of the present Treaty between Japan and the Allied Power concerned to submit to the appropriate Japanese authorities for review any judgment given by a Japanese court between 7 December 1941 and such coming into force, in any proceedings in which any such national was unable to make adequate presentation of his case either as plaintiff or defendant. The Japanese Government shall provide that, where the national has suffered injury by reason of any such judgment, he shall be restored in the position in which he was before the judgment was given or shall be afforded such relief as may be just and equitable in the circumstances.

Article 18

(a) It is recognized that the intervention of the state of war has not affected the obligation to pay pecuniary debts arising out of obligations and contracts (including those in respect of bonds) which existed and rights which were acquired before the existence of a state of war, and which are due by the Government or nationals of Japan to the Government or nationals of one of the Allied Powers, or are due by the Government or nationals of one of the Allied Powers to the Government or nationals of Japan. The intervention of a state of war shall equally not be regarded as affecting the obligation to consider on their merits claims for loss or damage to property or for personal injury or death which arose before the existence of a state of war, and which may be presented or re-presented by the Government of one of the Allied Powers to the Government of Japan, or by the Government of Japan to any of the Governments of the Allied Powers. The provisions of this paragraph are without prejudice to the rights conferred by Article 14.

(b) Japan affirms its liability for the prewar external debt of the Japanese State and for debts of corporate bodies subsequently declared to be liabilities of the Japanese State, and expresses its intention to enter into negotiations at an early date with its creditors with respect to the resumption of payments on those debts; to encourage negotiations in respect to other prewar claims and obligations; and to facilitate the transfer of sums accordingly.

Article 19

(a) Japan waives all claims of Japan and its nationals against the Allied Powers and their nationals arising out of the war or out of actions taken because of the existence of a state of war, and waives all claims arising from the presence, operations or actions of forces or authorities of any of the Allied Powers in Japanese territory prior to the coming into force of the present Treaty.

(b) The foregoing waiver includes any claims arising out of actions taken by any of the Allied Powers with respect to Japanese ships between 1 September 1939 and the coming into force of the present Treaty, as well as any claims and debts arising in respect to Japanese prisoners of war and civilian internees in the hands of the Allied Powers, but does not include Japanese claims specifically recognized in the laws of any Allied Power enacted since 2 September 1945.

(c) Subject to reciprocal renunciation, the Japanese Government also renounces all claims (including debts) against Germany and German nationals on behalf of the Japanese Government and Japanese nationals, including intergovernmental claims and claims for loss or damage sustained during the war, but excepting (a) claims in respect of contracts entered into and rights acquired before 1 September 1939, and (b) claims arising out of trade and financial relations between Japan and Germany after 2 September 1945. Such renunciation shall not prejudice actions taken in accordance with Articles 16 and 20 of the present Treaty.

(d) Japan recognizes the validity of all acts and omissions done during the period of occupation under or in consequence of directives of the occupation authorities or authorized by Japanese law at that time, and will take no action subjecting Allied nationals to civil or criminal liability arising out of such acts or omissions.

Article 20

Japan will take all necessary measures to ensure such disposition of German assets in Japan as has been or may be determined by those powers entitled under the Protocol of the proceedings of the Berlin Conference of 1945 to dispose of those assets, and pending the final disposition of such assets will be responsible for the conservation and administration thereof.

Article 21

Notwithstanding the provisions of Article 25 of the present Treaty, China shall be entitled to the benefits of Articles 10 and 14(a)2; and Korea to the benefits of Articles 2, 4, 9 and 12 of the present Treaty.

CHAPTER VI. SETTLEMENT OF DISPUTES

Article 22

If in the opinion of any Party to the present Treaty there has arisen a dispute concerning the interpretation or execution of the Treaty, which is not settled by reference to a special claims tribunal or by other agreed means, the dispute shall, at the request of any party thereto, be referred for decision to the International Court of Justice. Japan and those Allied Powers which are not already parties to the Statute of the International Court of Justice will deposit with the Registrar of the Court, at the time of their respective ratifications of the present Treaty, and in conformity with the resolution of the United Nations Security Council, dated 15 October 1946, a general declaration accepting the jurisdiction, without special agreement, of the Court generally in respect to all disputes of the character referred to in this Article.

CHAPTER VII. FINAL CLAUSES

Article 23

(a) The present Treaty shall be ratified by the States which sign it, including Japan, and will come into force for all the States which have then ratified it, when instruments of ratification have been deposited by Japan and by a majority, including the United States of America as the principal occupying Power, of the following States, namely Australia, Canada, Ceylon, France, Indonesia, the Kingdom of the Netherlands, New Zealand, Pakistan, the Republic of the Philippines, the United Kingdom of Great Britain and Northern Ireland, and the United States of America. The present Treaty shall come into force of each State which subsequently ratifies it, on the date of the deposit of its instrument of ratification.

(b) If the Treaty has not come into force within nine months after the date of the deposit of Japan's ratification, any State which has ratified it may bring the Treaty into force between itself and Japan by a notification to that effect given to the Governments of Japan and the United States of America not later than three years after the date of deposit of Japan's ratification.

Article 24

All instruments of ratification shall be deposited with the Government of the United States of America which will notify all the signatory States of each such deposit, of the date of the coming into force of the Treaty under paragraph (a) of Article 23, and of any notifications made under paragraph (b) of Article 23.

Article 25

For the purposes of the present Treaty the Allied Powers shall be the States at war with Japan, or any State which previously formed a part of the territory of a State named in Article 23, provided that in each case the State concerned has signed and ratified the Treaty. Subject to the provisions of Article 21, the present Treaty shall not confer any rights, titles or benefits on any State which is not an Allied Power as herein defined; nor shall any right, title or interest of Japan be deemed to be diminished or prejudiced by any provision of the Treaty in favour of a State which is not an Allied Power as so defined.

Article 26

Japan will be prepared to conclude with any State which signed or adhered to the

United Nations Declaration of 1 January 1942, and which is at war with Japan, or with any State which previously formed a part of the territory of a State named in Article 23, which is not a signatory of the present Treaty, a bilateral Treaty of Peace on the same or substantially the same terms as are provided for in the present Treaty, but this obligation on the part of Japan will expire three years after the first coming into force of the present Treaty. Should Japan make a peace settlement or war claims settlement with any State granting that State greater advantages than those provided by the present Treaty, those same advantages shall be extended to the parties to the present Treaty.

Article 27

The present Treaty shall be deposited in the archives of the Government of the United States of America which shall furnish each signatory State with a certified copy thereof.

IN FAITH WHEREOF the undersigned Plenipotentiaries have signed the present Treaty.

DONE at the city of San Francisco this eighth day of September 1951, in the English, French, and Spanish languages, all being equally authentic, and in the Japanese language.

For Argentina: Hipólito J. PAZ
For Australia: Percy C. SPENDER
For Belgium: Paul VAN ZEELAND SILVERCRUYS
For Bolivia: Luis GUACHALLA
For Brazil: Carlos MARTINS
            A. DE MELLO-FRANCO
For Cambodia: PHLENG
For Canada: Lester B. PEARSON

R.W. MAYHEW

For Ceylon: J.R. JAYEWARDENE

G.C.S. COREA

R.G. SENANAYAKE

For Chile: F. NIETO DEL RÍO

For Colombia: Cipríano RESTREPO JARAMILLO

Sebastián OSPINA

For Costa Rica: J. Rafael OREAMUNO

V. VARGAS

Luis DOBLES SÁNCHEZ

For Cuba: O. GANS

L. MACHADO

Joaquín MEYER

For the Dominican Republic: V. ORDÓÑEZ

Luis F. THOMEN

For Ecuador: A. QUEVEDO

R.G. VALENZUELA

For Egypt: Kamil A. RAHIM

For El Salvador: Héctor DAVID CASTRO

Luis RIVAS PALACIOS

For Ethiopia: Men YAYEJIJRAD

For France: SCHUMANN

H. BONNET

Paul-Émile NAGGIAR

For Greece: A.G. POLITIS

For Guatemala: E. CASTILLO A.

A.M. ORELLANA

J. MENDOZA

For Haiti: Jacques N. LÉGER

Gust. LARAQUE

For Honduras: J.E. VALENZUELA

              Roberto GÁLVEZ B.

              Raúl ALVARADO T.

For Indonesia: Ahmad SUBARDJO

For Iran: A.G. ARDALAN

For Iraq: A.I. BAKR

For Laos: SAVANG

For Lebanon: Charles MALIK

For Liberia: Gabriel L. DENNIS

           James ANDERSON

           Raymond HORACE

           J. Rudolf GRIMES

For the Grand Duchy of Luxembourg: Hugues LE GALLAIS

For Mexico: Rafael DE LA COLINA

           Gustavo DÍAZ ORDAZ

           A.P. GASGA

For the Netherlands: D.U. STIKKER

              J.H. VAN ROIJEN

For New Zealand: C. BERENDSEN

For Nicaragua: G. SEVILLA SACASA

           Gustavo MANZANARES

For Norway: Wilhelm Munthe MORGENSTERNE

For Pakistan: ZAFRULLAH KHAN

For Panama: Ignacio MOLINO

           José A. REMON

           Alfredo ALEMÁN

           J. CORDOVEZ

For Peru: Luis Oscar BOETTNER

For the Republic of the Philippines: Carlos P. RÓMULO

              J.M. ELIZALDE

       Vicente FRANCISCO

       Diosdado MACAPAGAL

       Emiliano T. TIRONA

       V.G. SINCO

For Saudi Arabia: Asad AL-FAQIH

For Syria: F. EL-KHOURI

For Turkey: Feridun C. ERKIN

For the Union of South Africa: G.P. JOOSTE

For the United Kingdom of Great Britain and Northern Ireland:

       Herbert MORRISON

       Kenneth YOUNGER

       Oliver FRANKS

For the United States of America: Dean ACHESON

       John Foster DULLES

       Alexander WILEY

       John J. SPARKMAN

For Uruguay: José A. MORA

For Venezuela: Antonio M. ARAUJO

       R. GALLEGOS M.

For Viet-Nam: T.V. HUU

       T. VINH

       D. THANH

       BUU KINH

For Japan: Shigeru YOSHIDA

       Hayato IKEDA

       Gizo TOMABECHI

       Niro HOSHIJIMA

       Muneyoshi TOKUGAWA

       Hisato ICHIMADA

대일평화조약

　　연합국과 일본은 앞으로의 관계는 동등한 주권국가로서 그들의 공동 복지를 증진시키고, 국제 평화 및 안보를 유지하기 위해 우호적으로 협력하는 관계가 될 것이라고 결의하거니와, 그들 간에 전쟁 상태가 지속됨으로써 여전히 미해결 중인 여러 문제들을 해결할 평화조약을 체결하기를 바라는 까닭에 일본은 유엔에 가입하여, 어떤 상황하에서도 유엔 헌장의 원칙들을 준수하고, 세계인권선언의 취지를 실현하기 위해 힘을 쓰고, 일본 내에서 유엔 헌장 55조 및 56조에 규정된, 그리고 일본이 항복한 이후 이미 일본의 입법에 의해 시작된 안정과 복지에 관한 조건들을 조성하기 위해 노력하며, 공적 및 사적 무역 및 통상에서 국제적으로 인정된 공정한 관행들을 준수할 의향이 있으므로, 연합국들이 위에서 언급된 일본의 의향을 환영하므로, 연합국들과 일본은 현재 평화조약을 체결하기로 결정하며, 그에 따라 서명자인 전권대사들을 임명했다. 그들은 자신들의 전권 위임장을 제시하여, 그것이 적절하고 타당하다는 것이 확인된 후 다음 조항들에 동의했다.

제1장 평화

제1조

(a) 일본과 각 연합국들과의 전쟁 상태는 제23조에 규정된 바와 같이, 일본과 관련된 연합국 사이에서 현 조약이 시행되는 날부터 중지된다.

(b) 연합국들은 일본과 그 영해에 대한 일본 국민들의 완전한 주권을 인정한다.

제2장 영토

제2조

(a) 일본은 한국의 독립을 인정하고, 제주도, 거문도 및 울릉도를 비롯한 한국에

대한 모든 권리와 소유권 및 청구권을 포기한다.

(b) 일본은 타이완과 펑후제도에 대한 모든 권리와 소유권 및 청구권을 포기한다.

(c) 일본은 쿠릴 열도에 대한, 그리고 일본이 1905년 9월 5일의 포츠머스 조약에 의해 주권을 획득한 사할린의 일부와 그것에 인접한 도서에 대한 모든 권리와 소유권 및 청구권을 포기한다.

(d) 일본은 국제연맹의 위임통치제도와 관련된 모든 권리와 소유권 및 청구권을 포기하고, 신탁통치를 이전에 일본의 위임통치권하에 있었던 태평양 제도에 이르기까지 확대하는 1947년 4월 2일의 유엔안전보장이사회의 조치를 수용한다.

(e) 일본은 일본 국민의 활동으로부터 비롯된 건이건, 아니면 그 밖의 활동으로부터 비롯된 건이건 간에, 남극 지역의 어떤 부분과 관련된 어떤 권리나, 소유권 또는 이익에 대한 모든 권리를 포기한다.

(f) 일본은 남사군도와 서사군도에 대한 모든 권리와 소유권 및 청구권을 포기한다.

제3조

일본은 [남서제도와 대동제도를 비롯한] 북위 29도 남쪽의 남서제도와 (보닌제도, Rosario섬 및 화산열도를 비롯한) 소후칸 남쪽의 남방제도, 그리고 오키노토리 섬과 미나미토리 섬을 유일한 통치 당국인 미국의 신탁통치 하에 두려는 미국이 유엔에 제시한 어떤 제안도 동의한다. 그러한 제안과 그에 대한 긍정적인 조치가 있을 때까지 미국은 그 영해를 포함한 그 섬들의 영토와 주민들에 대한 모든 행정, 입법, 사법권을 행사할 권리를 가지게 될 것이다.

제4조

(a) 이 조항의 (b)의 규정에 따라, 일본의 부동산 및 제2조에 언급된 지역의 일본 국민들의 부동산의 처분 문제와, 현재 그 지역들을 통치하고 있는 당국자들과 그곳의 (법인을 비롯한) 주민들에 대한 (채무를 비롯한) 그들의 청구권들, 그리고 그러한 당국자들과 주민들의 부동산의 처분과 일본과 그 국민들에 대한 그러한 당국자들과 주민들의 채무를 비롯한 청구권들의 처분

은 이본과 그 당국자들 간에 특별한 협의의 대상이 된다. 그리고 일본에 있
는, 그 당국이나 거류민의 재산의 처분과, 일본과 일본국민을 상대로 하는
그 당국과 거류민의 청구권(부채를 포함한)의 처분은 일본과 그 당국 간의
별도 협정의 주제가 될 것이다. 제2조에서 언급된 지역에서의 어떤 연합국
이나 그 국민의 재산은, 현재까지 반환되지 않았다면, 현존하는 그 상태로
행정당국에 의해 반환될 것이다.

(b) 일본은 제2조와 제3조에 언급된 지역에 있는 일본과 일본국민 재산에 대해,
미군정청 지침이나 이에 준해서 제정된 처분권의 적법성을 인정한다.

(c) 본 조약에 의해서 일본의 지배에서 벗어난 지역과 일본을 연결하는, 일본소
유의 해저 케이블은 균등하게 분할될 것이다. 일본은 일본 측 터미널과 그
에 접하는 절반의 케이블을 갖고, 분리된 지역은 나머지 케이블과 터미널
시설을 갖는다.

제3장 보장

제5조

(a) 일본은 유엔헌장 제2조에서 설명한 의무를 수락한다. 특별히 다음과 같은
의무이다.

(i) 국제평화와 안전, 정의가 위협받지 않는 평화적인 방법으로 국제적 논쟁
을 해결해야 할 의무

(ii) 일본의 국제적인 관계에서, 어떤 나라의 영토보전이나 정치적인 독립을
해하건, 어떤 식으로든 유엔의 목적에 상반되는 위협이나 군사력의 행사
를 금하는(자제하는) 의무

(iii) 유엔이 헌장에 따라 하는 활동이라면 어떤 것이든 유엔을 지원하고, 유
엔이 예방적이거나 제재하는 활동을 하는 어떤 나라도 지원하지 말아야
할 의무

(b) 연합국은, 그들과 일본과의 관계는 유엔헌장 제2조의 원칙에 의거해서 정
해질 것임을 확인한다.

(c) 일본은 주권국가로서, 유엔헌장 제51조에 언급된 개별적 혹은 집단적 고유

자위권을 소유하며 자발적으로 집단안보 조약에 가입할 수 있음을 연합국 입장에서 인정한다.

제6조

(a) 본 조약이 시행되고 난 후 가능한 빠른 시일 내에, 그리고 어떤 경우라도 시행 후 90일 이전에, 연합국의 모든 점령군은 일본에서 철수할 것이다. 그러나 이 조항의 어떤 내용도, 1개 혹은 그 이상의 연합국을 일방으로 하고 일본을 다른 일방으로 해서 체결되었거나 체결될 상호간, 혹은 다자간협정에 의해서 외국군을 일본영토 내에 주둔시키거나 유지하는 것을 막을 수는 없다.

(b) 일본군의 귀환과 관련한, 1945년 7월 26일 포츠담 선언 제9조의 조항은, 아직 (귀환이) 완료되지 않은 범위에서는, 실행될 것이다.

(c) 그 보상비가 아직 지급되지 않았으며, 점령군의 사용을 위해 제공되어, 본 조약이 시행되는 시점까지 점령군이 소유하고 있는 일본의 모든 부동산은 상호 합의에 의해 다른 약정이 만들어지지 않는 한, 90일 이내에 일본정부에 반환된다.

제4장 정치적 및 경제적 조항들

제7조

(a) 각 연합국은 본 조약이 시행된 지 1년 안에 이본에게 전쟁 전에 체결된 일본과의 양자간 조약이나, 협약에 대해, 그것을 계속 유지 또는 부활시킬 의사가 있는지를 통지한다. 그와 같이 통지된 어떤 조약이나 협약은 본 조약의 이행에 필요할 수 있는 것과 같은 그러한 변경사항들을 준수하기만 한다면, 계속 유지되거나, 부활된다. 그와 같이 통지된 조약 및 협약은 통지된 지 3개월 후에 계속 효력을 발생하거나, 재개되며, 국제연합 사무국에 등록된다. 일본에게 그와 같이 통지되지 않은 모든 조약들과 협약들은 폐기된 것으로 간주된다.

(b) 이 조의 (a)항에 의해 실시되는 모든 통지는 어떤 조약이나 협약을 실행하

거나, 재개하면서 통지하는 나라가 책임이 있는 국제관계를 위해 어떤 영토를 제외시킬 수 있다. 일본에게 그러한 통지를 한 날로부터 3개월 뒤에는 그러한 예외는 중단될 것이다.

제8조

(a) 일본은 연합국에 의한 또는 평화 회복과 관련한 다른 협정들 뿐 아니라, 1939년 9월 1일에 시작된 전쟁 상태를 종료하기 위해 현재 또는 앞으로 연합국에 의해 체결되는 모든 조약들의 완전한 효력을 인정한다. 일본은 또한 종전의 국제연맹과 상설 국제사법재판소를 폐지하기 위해 행해진 협약들을 수용한다.

(b) 일본은 1919년 9월 10일의 생 제르메넹 라이 협약과 1936년 7월 20일의 몽트뢰 조약의 서명국 신분으로부터 유래될 수 있는, 그리고 1923년 7월 24일 로잔에서 터키와 체결한 평화조약 제16조에 의해 발생될 수 있는 모든 권리와 이익들을 포기한다.

(c) 일본은 1930년 1월 20일에 독일과 채권국들 간에 체결한 협정과, 1930년 5월 17일자 신탁협정을 비롯한 그 부속 협정들인 1930년 1월 20일의 국제결재은행에 관한 조약 및 국제결재은행의 정관들에 의해 획득한 모든 권리와 소유권 및 이익들을 포기하는 동시에, 그러한 협정 등으로부터 비롯되는 모든 의무로부터 해방된다. 일본은 본 조약이 최초로 효력을 발생한 뒤 6개월 이내에 이 항과 관련된 권리와 소유권 및 이익들의 포기를 프랑스 외무성에 통지한다.

제9조

일본은 공해상의 어업의 규제나 제한, 그리고 어업의 보존 및 발전을 규정하는 양자 간 및 다자 간 협정을 체결하기를 바라는 연합국들과 즉각 협상을 시작한다.

제10조

일본은 1901년 9월 7일에 베이징에서 서명된 최종 의정서의 규정들로부터 발생되는 모든 이익과 특권을 비롯하여, 중국에 대한 모든 특별한 권리와 이익을 포기한다. 그리고 모든 조항들과 문안 그리고 보충 서류들은 이로써, 이른바 요령, 조항, 문구, 서류들을 폐기하기로 일본과 합의한다.

제11조

일본은 일본 안팎의 극동 및 기타국가 연합의 전범 재판소의 국제 군사재판 판결을 수용하고 이로써 일본 내 일본인에게 선고된 형량을 수행한다. 형량감경이나 가석방 같은 관용은 정부로부터 또는 사안별로 형량을 선고한 연합정부의 결정이 있을 경우 또는 일본심사결과가 있을 경우 이외에는 적용하지 않는다. 극동지역에 대한 국제 군사재판에서 선고받은 피고인 경우 재판소를 대표하는 정부 구성원이나 이본심사결과상 과반수의 결정이 있을 경우 이외에는 적용하지 않는다.

제12조

(a) 일본은 안정적이고 호혜적 관계를 바탕으로 한 거래와 해상무역을 위하여 연합국과 조약을 맺거나 협상결과를 이끌어 내기 위하여 신속한 협정에 임할 준비가 되어있음을 선언한다.

(b) 관련 조약이나 협정상 합의사항 보류 시 현행 협정사항이 효력을 얻는 초년도부터 4년 기간 동안 일본은,

  (1) 연합군의 권력과 구성국가들, 생산물자와 선박들을 수용한다.

    (i) 최혜국 협정을 수용하여 관세율 적용과 부과, 제한사항 그리고 기타 물자수출입과 연관해서는 관련규정을 따른다.

    (ii) 해운, 항해 및 수입상품에 대한 내국민 대우와, 자연인, 법인 및 그들의 이익에 대한 내국민 대우. 다시 말해 그러한 대우는 세금의 부과 및 징수, 재판을 받는 것, 계약의 체결 및 이행, (유,무형) 재산권, 일본법에 따라 구성된 자치단체에의 참여 및 일반적으로 모든 종류의 사업활동 및 직업활동의 수행에 관한 모든 사항들을 포함한다.

  (2) 일본 공기업들의 대외적인 매매는 오로지 상업적 고려만을 기준으로 하고 있다는 것을 보장한다.

(c) 하지만, 어떤 문제에 대해 일본은 관련된 연합국이 같은 문제에 대해 일본에게 경우에 따라 내국민 대우나, 최혜국 대우를 주는 범위 내에서만, 그 연합국에게 내국민 대우나, 최혜국 대우를 주어야 한다.

앞에서 말한 상호주의는 연합국의 어떤 비수도권 지역의 생산품, 선박 및 자치단체, 그리고 그 지역에 거주하는 사람들의 경우에, 그리고 연방정부를

가지고 있는 어떤 연합국의 준, 지방의 자치단체와 그 주나 지방에 거주하는 사람들의 경우에, 그러한 지역이나, 주 또는 지방에서 일본에게 제공하는 대우를 참조하여 결정된다.

(d) 이 조를 적용함에 있어서, 차별적 조치는 그것을 적용하는 당사국의 통상조약에서 통상적으로 규정하고 있는 예외에 근거를 둔 것이라면, 또는 그 당사국의 대외적 재정 상태나, (해운 및 항해에 관한 부분을 제외한) 국제수지를 보호해야 할 필ㄹ요에 근거를 둔 것이라면, 또는 긴요한 안보상의 이익을 유지해야할 필요성에 건거를 둔 것이라면, 그리고 그러한 조치가 주변 상황과 조화를 이루면서, 자의적이거나, 비합리적으로 적용되지 않는다면, 경우에 따라서 내국민 대우나 최혜국 대우를 허용하는 것과 상충하는 것으로 간주되지는 않는다.

(e) 이 조에 의한 일본의 의무는 본 조약의 제14조에 의한 연합국의 어떤 권리 행사에 의해서도 영향을 받지 않는다. 아울러 이 조의 규정들은 본 조약의 제15조에 따라 일본이 감수해야 할 약속들을 제한하는 것으로 해석되어서는 안 된다.

제13조

(a) 일본은 국제 민간항공운송에 관한 양자간, 또는 다자간 협정을 체결하자는 어떤 연합국의 요구가 있을 때에는 즉시 해당 연합국들과 협상을 시작한다.

(b) 일본은 그러한 협정들이 체결될 때까지, 본 조약이 최초로 발효된 때부터 4년간, 항공 교통권에 대해 그 효력이 발생하는 날에 어떤 해당 연합국이 행사하는 것에 못지않은 대우를 해당 연합국에 제공하는 한편, 항공업무의 운영 및 개발에 관한 완전한 기회균등을 제공한다.

(c) 일본은 국제민간항공조약 제93조에 따라 동 조약의 당사국이 될 때까지, 항공기의 국제 운항에 적용할 수 있는 동 조약의 규정들을 준수하는 동시에, 동 조약의 규정에 따라 동 조약의 부속서로 채택된 표준과 관행 및 절차들을 준수한다.

제5장 청구권과 재산

제14조

(a) 일본이 전쟁 중 일본에 의해 발생된 피해와 고통에 대해 연합국에 배상을 해야 한다는 것은 주지의 사실이다. 그럼에도 불구하고, 일본이 생존 가능한 경제를 유지하면서, 그러한 모든 피해와 고통에 대한 완전한 배상을 하는 동시에, 다른 의무들을 이행하기에는 일본의 자원이 현재 충분하지 않다는 것 또한 익히 알고 있는 사실이다.

따라서,

1. 일본은 즉각 현재의 영토가 일본군에 의해 점령당한, 그리고 일본에 의해 피해를 입은 연합국들에게 그들의 생산, 복구 및 다른 작업에 일본의 역무를 제공하는 등, 피해 복구 비용의 보상을 지원하기 위한 협상을 시작한다. 그러한 협상은 다른 연합국들에게 추가적인 부담을 부과하지 않아야 한다. 그리고 원자재의 제조가 필요하게 되는 경우, 일본에게 어떤 외환 부담이 돌아가지 않도록 원자재는 해당 연합국들이 공급한다.

2. (Ⅰ), 아래 (Ⅱ)호의 규정에 따라, 각 연합국은 본 조약의 최초의 효력 발생 시에 각 연합국의 관할 하에 있는 다음의 모든 재산과 권리 및 이익을 압수하거나, 보유하건, 또는 처분할 권리를 가진다.

(a) 일본 및 일본 국민,

(b) 일본 또는 일본 국민의 대리자 또는 대행자,

(c) 일본 또는 일본 국민이 소유하건, 지배하는 단체,

이 (Ⅰ)호에서 명시하는 재산, 권리 및 이익은 현재 동결되었거나, 귀속되었거나, 연합국 적산관리 당국이 소유하건, 관리하고 있는 것들을 포함하는데, 그것들은 앞의 (a)나, (b) 또는 (c)에 언급된 사람이나, 단체에 속하거나, 그들을 대신해서 보유했거나, 관리했던 것들인 동시에 그러한 당국의 관리하에 있던 것들이었다.

(Ⅱ) 다음은 위의 (Ⅰ)호에 명기된 권리로부터 제외된다.

(ⅰ) 전쟁 중, 일본이 점령한 영토가 아닌, 어떤 연합국의 영토에 해당 정부의 허가를 얻어 거주한 일본의 자연인 재산. 다만, 전쟁 중에 제한 조치를 받고서, 본 조약이 최초로 효력을 방생하는 날에 그러한 제한

조치로부터 해제되지 않은 재산은 제외한다.

(ⅱ) 일본정부 소유로 외교 및 영사 목적으로 사용한 모든 부동산과 가구 및 비품, 그리고 일본의 대사관 및 영사관 직원들이 소유한 것으로 통상적으로 대사관 및 영사관 업무를 수행하는데 필요한 모든 개인용 가구와 용구 및 투자 목적이 아닌 다른 개인 재산

(ⅲ) 종교단체나, 민간 자선단체에 속하는 재산으로 종교적 또는 자선적 목적으로만 사용한 재산

(ⅳ) 관련 국가와 일본 간에 1945년 9월 2일 이후에 재개된 무역 및 금융 관계에 의해 일본이 관할하게 된 재산과 권리 및 이익. 다만 관련 연합국의 법에 위반되는 거래로부터 발생한 것은 제외된다.

(ⅴ) 일본 또는 일본 국민의 채무, 일본에 소재하는 유형 재산에 관한 권리나, 소유권 또는 이익, 일본의 법률에 따라 조직된 기업에 과난 이익 또는 그것들에 대한 증서, 다만, 이 예외는, 일본의 통화로 표시된 일본 및 일본 국민의 채무에게만 적용한다.

(Ⅲ) 앞에서 언급된 예외 (ⅰ)로부터 (ⅴ)까지의 재산은 그 보존 및 관리를 위한 합리적인 비용의 지불을 조건으로 반환된다. 그러한 재산이 청산되었다면, 그 재산을 반환하는 대신에 그 매각대금을 반환한다.

(Ⅳ) 앞에 나온 (Ⅰ)호에 규정된 일본 재산을 압류하고, 유치하고, 청산하거나, 그 외 어떠한 방법으로 처분할 권리는 해당 연합국의 법률에 따라 행사되며, 그 소유자는 그러한 법률에 의해 본인에게 주어질 권리만을 가진다.

(Ⅴ) 연합국은 일본의 상표권과 문학 및 예술 재산권을 각국의 일반적 사정이 허용하는 한, 일본에 유리하게 취급하는 것에 동의한다.

(b) 연합국은 본 조약에 특별한 규정이 있는 경우를 제외하고, 연합국의 모든 배상 청구권과 전쟁 수행과정에서 일본 및 그 국민이 자행한 어떤 행동으로부터 발생된 연합국 및 그 국민의 다른 청구권, 그리고 점령에 따른 직접적인 군사적 비용에 관한 연합국의 청구권을 포기한다.

제15조

(a) 본 조약이 일본과 해당 연합국 간에 효력이 발생된지 9개월 이내에 신청이

있을 경우, 일본은 그 신청일로부터 6개월 이내에, 1941년 12월 7일부터 1945년 9월 2일까지 일본에 있던 각 연합국과 그 국민의 유형 및 무형 재산과, 종류의 여하를 불문한 모든 권리 또는 이익을 반환한다. 다만, 그 소유주가 강박이나, 사기를 당하지 않고 자유로이 처분한 것은 제외한다. 그러한 재산은 전쟁으로 말미암아 부과될 수 있는 모든 부담금 및 과금을 지불하지 않는 동시에, 그 반환을 위한 어떤 과금도 지불하지 않고서 반환된다. 소유자나 그 소유자를 대신하여, 또는 그 소유자의 정부가 소장기간 내에 반환을 신청하지 않는 재산은 일본정부가 임의로 처분할 수 있다. 그러한 재산이 1941년 12월 7일에 일본 내에 존재하고 있었으나, 반환될 수 없거나, 전쟁의 결과로 손상이나 피해를 입은 경우, 1951년 7월 13일에 일본 내각에서 승인된 연합국 재산보상법안이 정하는 조건보다 불리하지 않는 조건으로 보상된다.

(b) 전쟁 중에 침해된 공업 재산권에 대해서, 일본은 현재 모두 수정되었지만, 1949년 9월 1일 시행 각령 제309호, 1950년 1월 28일 시행 각령 제12호 및 1950년 2월 1일 시행 각령 제9호에 의해 지금까지 주어진 것보다 불리하지 않는 이익을 계속해서 연합국 및 그 국민에게 제공한다. 다만, 그 연합국의 국민들이 각령에 정해진 기한까지 그러한 이익을 제공해주도록 신청한 경우에만 그러하다.

(c) (ⅰ) 1941년 12월 6일에 일본에 존재했던, 출판여부를 불문하고, 연합국과 그 국민들의 작품들에 대해서, 문학과 예술의 지적재산권이 그 날짜 이후로 계속해서 유효했음을 인정하고, 전쟁의 발발로 인해서 일본 국내법이나 관련 연합국의 법률에 의해서 어떤 회의나 협정이 폐기 혹은 중지 되었거나 상관없이, 그 날짜에 일본이 한 쪽 당사자였던 그런 회의나 협정의 시행으로, 그 날짜 이후로 일본에서 발생했거나, 전쟁이 없었다면 발생했을 권리를 승인한다.

(ⅱ) 그 권리의 소유자 신청할 필요도 없이, 또 어떤 수수료의 지불이나 다른 어떤 형식에 구애됨이 없이, 1941년 12월 7일부터, 일본과 관련 연합국 간의 본 협정이 시행되는 날까지의 기간은 그런 권리의 정상적인 사용 기간에서 제외될 것이다. 그리고 그 기간은, 추가 6개월의 기간을 더해서, 일본에서 번역판권을 얻기 위해서 일본어로 번역되어야 한다고 정

해진 시간에서 제외될 것이다.

제16조

일본의 전쟁포로로서 부당하게 고통을 겪은 연합국 군인들을 배상하는 한 가지 방식으로, 일본은 전쟁기간 동안 중립국이었던 나라나, 연합국과 같이 참전했던 나라에 있는 연합국과 그 국민의 재산, 혹은 선택사항으로 그것과 동등한 가치를, 국제적십자 위원회에 이전해 줄 것이고, 국제적십자위원회는 그 재산을 청산해서 적절한 국재 기관에 협력기금을 분배하게 될 것이다. 공정하다고 판단될 수 있는 논리로, 과거 전쟁포로와 그 가족들의 권익을 위해서. (앞문장의 일부분)본 협정의 제14조(a)2(Ⅱ)(ⅱ)부터 (Ⅴ)까지에 규정된 범위의 재산은, 본 협정이 시행되는 첫 날, 일본에 거주하지 않는 일본국민들의 재산과 마찬가지로 이전대상에서 제외될 것이다. 이 항의 이전조항은 현재 일본 재정기관이 보유한 국제결재은행의 주식 19,770주에 대해서는 적용되지 않는다는 것도 동시에 양해한다.

제17조

(a) 어떤 연합국이든지 요청하면, 연합국 국민의 소유권과 관련된 사건에서, 일본정부는 국제법에 따라서 일본 상벌위원회의 결정이나 명령을 재검토하거나 수정해야 하고, 결정이나 명령을 포함해서, 이런 사건들의 기록을 포함한 모든 문서의 사본을 제공해야 한다. 원상복구가 옳다는 재검토나 수정이 나온 사건에서는, 제15조의 조항이 관련 소유권에 적용되어야 할 것이다.

(b) 일본정부는 필요한 조치를 취해서, 일본과 관련 연합국 간의 본 협정이 시행되는 첫날로부터 일년 이내에 언제라도, 어떤 연합국 국민이든지 1941년 12월 7일과 시행되는 날 사이에 일본법정으로부터 받은 어떤 판결에 대해서도, 일본 관계당국에 재심을 신청할 수 있도록 해야 하며, 이것은 그 국민이 원고나 피고로서 적절한 제청을 할 수 있는 어떤 소추에서라도 적용되어야 한다. 일본정부는 해당 국민이 그러한 어떤 재판에 의해 손해를 입었을 경우에는, 그 사람을 그 재판을 하기 전의 상태로 원상복구시켜 주도록 하거나, 그 사람이 공정하고 정당한 구제를 받을 수 있도록 조치해야 한다.

제18조

(a) 전쟁상태의 개입은, (채권에 관한 것을 포함한)기존의 의무 및 계약으로부터 금전상의 채무를 상환할 의무, 그리고 전쟁상태 이전에 취득된 권리로서, 일본정부나 그 국민들이 연합국의 한 나라의 정부나 그 국민들에게 또는 연합국의 한 나라의 정부나 그 국민들이 일본정부나 그 국민들에게 주어야 하는 권리에 영향을 미치지 않는다는 것을 인정한다. 그와 마찬가지로 전쟁상태의 개입은 전쟁상태 이전에 발생한 것으로, 연합국의 한 나라의 정부가 일본정부에 대해, 또는 일본정부가 연합국의 한나라의 정부에 대해 제개하건, 재제기할 수 있는 재산의 멸실이나, 손해 또는 개인적 상해나, 사망으로 인한 청구권을 검토할 의무에 영향을 미치는 것으로 간주되지 않는다. 이 항의 규정은 제41조에 의해 부여되는 권리를 침해하지 않는다.

(b) 일본은 일본의 전쟁 전의 대외채무에 관한 책임과, 뒤에 일본의 책임이라고 선언된 단체들의 채무에 관한 책임을 질 것을 천명하면서, 빠른 시일 내에 그러한 채무의 지불 재개에 대해 채권자들과 협상을 시작하고, 전쟁 전의 다른 청구권들과 의무들에 대한 협상을 촉진하며, 그에 따라 상환을 용이하게 하겠다는 의향을 표명한다.

제19조

(a) 일본은 전쟁으로부터 발생했건, 전쟁상태의 존재로 말미암아 취해진 조치들로부터 발생한 연합국들과 그 국민들에 대한 일본 및 일본 국민들의 모든 청구권을 포기하는 한편, 본 조약이 발효되기 전에 일본영토 내에서 연합국 군대나 당국의 존재, 직무수행 또는 행동들로부터 생긴 모든 청구권을 포기한다.

(b) 앞에서 언급한 포기에는 1939년 9월 1일부터 본 조약의 효력발생시까지의 사이에 일본의 선박에 관해서 연합국이 취한 조치로부터 생긴 청구권은 물론 연합국의 수중에 있는 일본전쟁포로와 민간인 피억류자에 관해서 생긴 모든 청구권 및 채권이 포함된다. 다만, 1945년 9월 2일 이후 어떤 연합국이 제정한 법률로 특별히 인정된 일본인의 청구권은 포함되지 않는다.

(c) 일본정부는 또한 상호포기를 조건으로 정부 간의 청구권 및 전쟁 중에 입은 멸실 또는 손해에 관한 청구권을 포함한 독일과 독일 국민에 대한 (채권을

포함한) 모든 청구권을 일본정부와 일본국민을 위해서 포기한다. 다만, (a)1939년 9월 1일 이전에 체결된 계약 및 취득된 권리에 관한 청구권과, (b)1945년 9월 2일 후에 일본과 독일 간의 무역 및 금융의 관계로부터 생긴 청구권은 제외한다. 그러한 포기는 본 조약 제16조 및 제20조에 따라 취해진 조치들에 저촉되지 않는다.

(d) 일본은 점령기간 동안, 점령당국의 지시에 따라 또는 그 지시의 결과로 행해졌거나 당시의 일본법에 의해 인정된 모든 작위 또는 부작위 행위의 효력을 인정하며, 연합국 국민들에게 그러한 작위 또는 부작위 행위로부터 발생하는 민사 또는 형사책임을 묻는 어떤 조치도 취하지 않는다.

제20조

일본은 1945년 베를린 회의의 협약의정서에 따라 일본 내의 독일재산을 처분할 권리를 가지게 되는 제국이 그러한 재산의 처분을 결정하거나 결정할 수 있도록 보장하기 위한 필요한 모든 조치를 취한다. 그리고 그러한 재산이 최종적으로 처분될 때까지 그 보존 및 관리에 대한 책임을 진다.

제21조

중국은 본 조약 제25조의 규정에 관계없이, 제10조 및 제14조 (a)2의 이익을 받을 권리를 가지며, 한국은 본 조약의 제2조, 제4조, 제9조 및 제12조의 이익을 받을 권리를 가진다.

제6장 분쟁의 해결

제22조

본 조약의 어떤 당사국이 볼 때, 특별청구권재판소나 다른 합의된 방법으로 해결되지 않는 본 조약의 해석 또는 실행에 관한 분쟁이 발생한 경우, 그러한 분쟁은 어떤 분쟁 당사국의 요청에 의해 그러한 분쟁에 대한 결정을 얻기 위해 국제사법재판소로 회부된다. 일본과, 아직 구제사법재판소 규정상의 당사국이 아닌 연합국은 각각 본 조약을 비준할 때, 그리고 1946년 10월 15일의 국제연합 안전보장이사회의 결의에 따라, 특별한 합의 없이, 이 조항에서 말하는 모든 분쟁에 대한 국제사법재판소의 전반적인 관할권을 수락하는 일반선언서를 동 재판소 서기에 기탁한다.

제7장 최종조항

제23조

(a) 본 조약은 일본을 포함하여 본 조약에 서명하는 나라에 의해 비준된다. 본 조약은 비준서가 일본에 의해, 그리고 호주, 캐나다, 실론, 프랑스, 인도네시아, 네더란드, 뉴질랜드, 필리핀, 영국과 북아일랜드, 미국 중, 가장 중요한 점령국인 미국을 포함한 과반수에 의해 기탁되었을 대, 그것을 비준한 모든 나라들에게 효력을 발한다.

(b) 일본이 비준서를 기탁한 후 9개월 이내에 본 조약이 발효되지 않는다면, 본 조약을 비준한 나라는 모두 일본이 비준서를 기탁한 후 3년 이내에 일본정부 및 미국정부에 그러한 취지를 통고함으로써 자국과 일본 사이에 본 조약을 발효시키게 할 수 있다.

제24조

모든 비준서는 미국정부에 기탁해야 한다. 미국정부는 제23조 (a)에 의거한 본 조약의 효력발생일과 제23조 (b)에 따라 행해지는 어떤 통고를 모든 서명국에 통지한다.

제25조

본 조약의 적용상, 연합국이란 일본과 전쟁하고 있던 나라들이나, 이전 제23조에 명명된 나라의 영토의 일부를 이루고 있었던 어떤 나라를 말한다. 다만, 각 경우 관련된 나라가 본 조약에 서명하여, 본 조약을 비준하는 것으로 조건으로 한다. 본 조약은 제21조의 규정에 따라 여기에 정의된 연합국이 아닌 나라에 대해서는 어떠한 권리나, 소유권 또는 이익도 주지 않는다. 아울러 본 조약의 어떠한 규정에 의해 앞에서 정의된 연합국이 아닌 나라를 위해 일본의 어떠한 권리나, 소유권 또는 이익이 제한되건, 훼손되지 않는다.

제26조

일본은 1942년 1월 1일 국제연합선언문에 서명하건, 동의하는 어떤 국가와, 일본과 전쟁상태에 있는 어떤 국가, 또는 이전에 본 조약의 서명국이 아닌 제23조에 명명된 어떤 국가의 영토의 일부를 이루고 있던 어떤 나라와 본 조약에 규정된 것과 동일하거나, 실질적으로 동일한 조건으로 양자 간의 평화조약을 체결할 준비를 해야 한다. 다만, 이러한 일본의 의무는 본 조약이 최초로 발효된 지 3년 뒤에 소멸된다. 일본이 조약이 체결할 준비를 해야 한다. 다만, 이러한 의무는 본 조약이 최초로 발효된 지 3년 뒤에 소멸된다. 일본이 본 조약이 제공하는 것보다 더 많은 이익을 주는 어떤 국가와 평화적인 해결을 하건, 전쟁청구권을 처리할 경우, 그러한 이익은 본 조약의 당사국들에게도 적용되어야 한다.

제27조

본 조약은 미국정부의 기록보관소에 저장된다. 미국정부는 인증된 등본을 각 서명국에 교부한다.

이상으로 서명의 전권대표는 본 조약에 서명했다.

1951년 9월 8일, 샌프란시스코시에서 동일한 자격의 정문인 영어, 프랑스어 및 스페인어로, 그리고 일본어로 작성되었다.

2. 국제연합헌장(1945.10.24)
Charter of the United Nations

WE THE PEOPLES OF THE UNITED NATIONS DETERMINED

- to save succeeding generations from the scourge of war, which twice in our lifetime has brought untold sorrow to mankind, and
- to reaffirm faith in fundamental human rights, in the dignity and worth of the human person, in the equal rights of men and women and of nations large and small, and
- to establish conditions under which justice and respect for the obligations arising from treaties and other sources of international law can be maintained, and
- to promote social progress and better standards of life in larger freedom,

AND FOR THESE ENDS

- to practice tolerance and live together in peace with one another as good neighbours, and
- to unite our strength to maintain international peace and security, and
- to ensure, by the acceptance of principles and the institution of methods, that armed force shall not be used, save in the common interest, and
- to employ international machinery for the promotion of the economic and social advancement of all peoples,

HAVE RESOLVED TO COMBINE OUR EFFORTS TO ACCOMPLISH THESE AIMS

Accordingly, our respective Governments, through representatives assembled in the city of San Francisco, who have exhibited their full powers found to be in good and due form, have agreed to the present Charter of the United Nations and do hereby establish an international organization to be known as the United Nations.

CHAPTER I - PURPOSES AND PRINCIPLES

Article 1 The Purposes of the United Nations are:

1. To maintain international peace and security, and to that end: to take effective collective measures for the prevention and removal of threats to the peace, and for the suppression of acts of aggression or other breaches of the peace, and to bring about by peaceful means, and in conformity with the principles of justice and international law, adjustment or settlement of international disputes or situations which might lead to a breach of the peace;

2. To develop friendly relations among nations based on respect for the principle of equal rights and self-determination of peoples, and to take other appropriate measures to strengthen universal peace;

3. To achieve international co-operation in solving international problems of an economic, social, cultural, or humanitarian character, and in promoting and encouraging respect for human rights and for fundamental freedoms for all without distinction as to race, sex, language, or religion; and

4. To be a centre for harmonizing the actions of nations in the attainment of these common ends.

Article 2

The Organization and its Members, in pursuit of the Purposes stated in Article 1, shall act in accordance with the following Principles.

1. The Organization is based on the principle of the sovereign equality of all its Members.

2. All Members, in order to ensure to all of them the rights and benefits resulting from membership, shall fulfill in good faith the obligations assumed by them in accordance with the present Charter.

3. All Members shall settle their international disputes by peaceful means in such a manner that international peace and security, and justice, are not endangered.

4. All Members shall refrain in their international relations from the threat or use

of force against the territorial integrity or political independence of any state, or in any other manner inconsistent with the Purposes of the United Nations.

5. All Members shall give the United Nations every assistance in any action it takes in accordance with the present Charter, and shall refrain from giving assistance to any state against which the United Nations is taking preventive or enforcement action.

6. The Organization shall ensure that states which are not Members of the United Nations act in accordance with these Principles so far as may be necessary for the maintenance of international peace and security.

7. Nothing contained in the present Charter shall authorize the United Nations to intervene in matters which are essentially within the domestic jurisdiction of any state or shall require the Members to submit such matters to settlement under the present Charter; but this principle shall not prejudice the application of enforcement measures under Chapter Vll.

CHAPTER II - MEMBERSHIP

Article 3

The original Members of the United Nations shall be the states which, having participated in the United Nations Conference on International Organization at San Francisco, or having previously signed the Declaration by United Nations of 1 January 1942, sign the present Charter and ratify it in accordance with Article 110.

Article 4

1. Membership in the United Nations is open to all other peace-loving states which accept the obligations contained in the present Charter and, in the judgment of the Organization, are able and willing to carry out these obligations.

2. The admission of any such state to membership in the United Nations will be effected by a decision of the General Assembly upon the recommendation of

the Security Council.

Article 5

A Member of the United Nations against which preventive or enforcement action has been taken by the Security Council may be suspended from the exercise of the rights and privileges of membership by the General Assembly upon the recommendation of the Security Council. The exercise of these rights and privileges may be restored by the Security Council.

Article 6

A Member of the United Nations which has persistently violated the Principles contained in the present Charter may be expelled from the Organization by the General Assembly upon the recommendation of the Security Council.

CHAPTER III - ORGANS

Article 7

1. There are established as the principal organs of the United Nations: a General Assembly, a Security Council, an Economic and Social Council, a Trusteeship Council, an International Court of Justice and a Secretariat.
2. Such subsidiary organs as may be found necessary may be established in accordance with the present Charter.

Article 8

The United Nations shall place no restrictions on the eligibility of men and women to participate in any capacity and under conditions of equality in its principal and subsidiary organs.

CHAPTER IV - THE GENERAL ASSEMBLY

〈composition〉

Article 9

1. The General Assembly shall consist of all the Members of the United Nations.
2. Each Member shall have not more than five representatives in the General Assembly.

〈functions and powers〉

Article 10

The General Assembly may discuss any questions or any matters within the scope of the present Charter or relating to the powers and functions of any organs provided for in the present Charter, and, except as provided in Article 12, may make recommendations to the Members of the United Nations or to the Security Council or to both on any such questions or matters.

Article 11

1. The General Assembly may consider the general principles of co-operation in the maintenance of international peace and security, including the principles governing disarmament and the regulation of armaments, and may make recommendations with regard to such principles to the Members or to the Security Council or to both.
2. The General Assembly may discuss any questions relating to the maintenance of international peace and security brought before it by any Member of the United Nations, or by the Security Council, or by a state which is not a Member of the United Nations in accordance with Article 35, paragraph 2, and, except as provided in Article 12, may make recommendations with regard to any such questions to the state or states concerned or to the Security Council or to both.

Any such question on which action is necessary shall be referred to the Security Council by the General Assembly either before or after discussion.

3. The General Assembly may call the attention of the Security Council to situations which are likely to endanger international peace and security.

4. The powers of the General Assembly set forth in this Article shall not limit the general scope of Article 10.

Article 12

1. While the Security Council is exercising in respect of any dispute or situation the functions assigned to it in the present Charter, the General Assembly shall not make any recommendation with regard to that dispute or situation unless the Security Council so requests.

2. The Secretary-General, with the consent of the Security Council, shall notify the General Assembly at each session of any matters relative to the maintenance of international peace and security which are being dealt with by the Security Council and shall similarly notify the General Assembly, or the Members of the United Nations if the General Assembly is not in session, immediately the Security Council ceases to deal with such matters.

Article 13

1. The General Assembly shall initiate studies and make recommendations for the purpose of:

   a. promoting international co-operation in the political field and encouraging the progressive development of international law and its codification;

   b. promoting international co-operation in the economic, social, cultural, educational and health fields, and assisting in the realization of human rights and fundamental freedoms for all without distinction as to race, sex, language, or religion.

2. The further responsibilities, functions and powers of the General Assembly with respect to matters mentioned in paragraph 1 (b) above are set forth in Chapters

IX and X.

Article 14

Subject to the provisions of Article 12, the General Assembly may recommend measures for the peaceful adjustment of any situation, regardless of origin, which it deems likely to impair the general welfare or friendly relations among nations, including situations resulting from a violation of the provisions of the present Charter setting forth the Purposes and Principles of the United Nations.

Article 15

1. The General Assembly shall receive and consider annual and special reports from the Security Council; these reports shall include an account of the measures that the Security Council has decided upon or taken to maintain international peace and security.
2. The General Assembly shall receive and consider reports from the other organs of the United Nations.

Article 16

The General Assembly shall perform such functions with respect to the international trusteeship system as are assigned to it under Chapters XII and XIII, including the approval of the trusteeship agreements for areas not designated as strategic.

Article 17

1. The General Assembly shall consider and approve the budget of the Organization.
2. The expenses of the Organization shall be borne by the Members as apportioned by the General Assembly.
3. The General Assembly shall consider and approve any financial and budgetary arrangements with specialized agencies referred to in Article 57 and shall examine the administrative budgets of such specialized agencies with a view to making recommendations to the agencies concerned.

⟨voting⟩

Article 18

1. Each member of the General Assembly shall have one vote.

2. Decisions of the General Assembly on important questions shall be made by a two-thirds majority of the members present and voting. These questions shall include: recommendations with respect to the maintenance of international peace and security, the election of the non-permanent members of the Security Council, the election of the members of the Economic and Social Council, the election of members of the Trusteeship Council in accordance with paragraph 1 (c) of Article 86, the admission of new Members to the United Nations, the suspension of the rights and privileges of membership, the expulsion of Members, questions relating to the operation of the trusteeship system, and budgetary questions.

3. Decisions on other questions, including the determination of additional categories of questions to be decided by a two-thirds majority, shall be made by a majority of the members present and voting.

Article 19

A Member of the United Nations which is in arrears in the payment of its financial contributions to the Organization shall have no vote in the General Assembly if the amount of its arrears equals or exceeds the amount of the contributions due from it for the preceding two full years. The General Assembly may, nevertheless, permit such a Member to vote if it is satisfied that the failure to pay is due to conditions beyond the control of the Member.

⟨procedure⟩

Article 20

The General Assembly shall meet in regular annual sessions and in such special sessions as occasion may require. Special sessions shall be convoked by the

Secretary-General at the request of the Security Council or of a majority of the Members of the United Nations.

Article 21

The General Assembly shall adopt its own rules of procedure. It shall elect its President for each session.

Article 22

The General Assembly may establish such subsidiary organs as it deems necessary for the performance of its functions.

CHAPTER V - THE SECURITY COUNCIL

〈composition〉

Article 23

1. The Security Council shall consist of fifteen Members of the United Nations. The Republic of China, France, the Union of Soviet Socialist Republics, the United Kingdom of Great Britain and Northern Ireland, and the United States of America shall be permanent members of the Security Council. The General Assembly shall elect ten other Members of the United Nations to be non-permanent members of the Security Council, due regard being specially paid, in the first instance to the contribution of Members of the United Nations to the maintenance of international peace and security and to the other purposes of the Organization, and also to equitable geographical distribution.

2. The non-permanent members of the Security Council shall be elected for a term of two years. In the first election of the non-permanent members after the increase of the membership of the Security Council from eleven to fifteen, two of the four additional members shall be chosen for a term of one year. A retiring member

shall not be eligible for immediate re-election.

3. Each member of the Security Council shall have one representative.

⟨functions and powers⟩

Article 24

1. In order to ensure prompt and effective action by the United Nations, its Members confer on the Security Council primary responsibility for the maintenance of international peace and security, and agree that in carrying out its duties under this responsibility the Security Council acts on their behalf.

2. In discharging these duties the Security Council shall act in accordance with the Purposes and Principles of the United Nations. The specific powers granted to the Security Council for the discharge of these duties are laid down in Chapters VI, VII, VIII, and XII.

3. The Security Council shall submit annual and, when necessary, special reports to the General Assembly for its consideration.

Article 25

The Members of the United Nations agree to accept and carry out the decisions of the Security Council in accordance with the present Charter.

Article 26

In order to promote the establishment and maintenance of international peace and security with the least diversion for armaments of the world's human and economic resources, the Security Council shall be responsible for formulating, with the assistance of the Military Staff Committee referred to in Article 47, plans to be submitted to the Members of the United Nations for the establishment of a system for the regulation of armaments.

⟨voting⟩

Article 27

1. Each member of the Security Council shall have one vote.
2. Decisions of the Security Council on procedural matters shall be made by an affirmative vote of nine members.
3. Decisions of the Security Council on all other matters shall be made by an affirmative vote of nine members including the concurring votes of the permanent members; provided that, in decisions under Chapter VI, and under paragraph 3 of Article 52, a party to a dispute shall abstain from voting.

⟨procedure⟩

Article 28

1. The Security Council shall be so organized as to be able to function continuously. Each member of the Security Council shall for this purpose be represented at all times at the seat of the Organization.
2. The Security Council shall hold periodic meetings at which each of its members may, if it so desires, be represented by a member of the government or by some other specially designated representative.
3. The Security Council may hold meetings at such places other than the seat of the Organization as in its judgment will best facilitate its work.

Article 29

The Security Council may establish such subsidiary organs as it deems necessary for the performance of its functions.

Article 30

The Security Council shall adopt its own rules of procedure, including the method of selecting its President.

Article 31

Any Member of the United Nations which is not a member of the Security Council may participate, without vote, in the discussion of any question brought before the Security Council whenever the latter considers that the interests of that Member are specially affected.

Article 32

Any Member of the United Nations which is not a member of the Security Council or any state which is not a Member of the United Nations, if it is a party to a dispute under consideration by the Security Council, shall be invited to participate, without vote, in the discussion relating to the dispute. The Security Council shall lay down such conditions as it deems just for the participation of a state which is not a Member of the United Nations.

CHAPTER VI - PACIFIC SETTLEMENT OF DISPUTES

Article 33

1. The parties to any dispute, the continuance of which is likely to endanger the maintenance of international peace and security, shall, first of all, seek a solution by negotiation, enquiry, mediation, conciliation, arbitration, judicial settlement, resort to regional agencies or arrangements, or other peaceful means of their own choice.
2. The Security Council shall, when it deems necessary, call upon the parties to settle their dispute by such means.

Article 34

The Security Council may investigate any dispute, or any situation which might lead to international friction or give rise to a dispute, in order to determine whether the continuance of the dispute or situation is likely to endanger the maintenance of international peace and security.

Article 35

1. Any Member of the United Nations may bring any dispute, or any situation of the nature referred to in Article 34, to the attention of the Security Council or of the General Assembly.

2. A state which is not a Member of the United Nations may bring to the attention of the Security Council or of the General Assembly any dispute to which it is a party if it accepts in advance, for the purposes of the dispute, the obligations of pacific settlement provided in the present Charter.

3. The proceedings of the General Assembly in respect of matters brought to its attention under this Article will be subject to the provisions of Articles 11 and 12.

Article 36

1. The Security Council may, at any stage of a dispute of the nature referred to in Article 33 or of a situation of like nature, recommend appropriate procedures or methods of adjustment.

2. The Security Council should take into consideration any procedures for the settlement of the dispute which have already been adopted by the parties.

3. In making recommendations under this Article the Security Council should also take into consideration that legal disputes should as a general rule be referred by the parties to the International Court of Justice in accordance with the provisions of the Statute of the Court.

Article 37

1. Should the parties to a dispute of the nature referred to in Article 33 fail to settle it by the means indicated in that Article, they shall refer it to the Security Council.

2. If the Security Council deems that the continuance of the dispute is in fact likely to endanger the maintenance of international peace and security, it shall decide whether to take action under Article 36 or to recommend such terms of settlement

as it may consider appropriate.

Article 38

Without prejudice to the provisions of Articles 33 to 37, the Security Council may, if all the parties to any dispute so request, make recommendations to the parties with a view to a pacific settlement of the dispute.

CHAPTER VII - ACTION WITH RESPECT TO THREATS TO THE PEACE, BREACHES OF THE PEACE, AND ACTS OF AGGRESSION

Article 39

The Security Council shall determine the existence of any threat to the peace, breach of the peace, or act of aggression and shall make recommendations, or decide what measures shall be taken in accordance with Articles 41 and 42, to maintain or restore international peace and security.

Article 40

In order to prevent an aggravation of the situation, the Security Council may, before making the recommendations or deciding upon the measures provided for in Article 39, call upon the parties concerned to comply with such provisional measures as it deems necessary or desirable. Such provisional measures shall be without prejudice to the rights, claims, or position of the parties concerned. The Security Council shall duly take account of failure to comply with such provisional measures.

Article 41

The Security Council may decide what measures not involving the use of armed force are to be employed to give effect to its decisions, and it may call upon the Members of the United Nations to apply such measures. These may include complete or partial interruption of economic relations and of rail, sea, air, postal, telegraphic, radio, and other means of communication, and the severance of diplomatic relations.

Article 42

Should the Security Council consider that measures provided for in Article 41 would be inadequate or have proved to be inadequate, it may take such action by air, sea, or land forces as may be necessary to maintain or restore international peace and security. Such action may include demonstrations, blockade, and other operations by air, sea, or land forces of Members of the United Nations.

Article 43

1. All Members of the United Nations, in order to contribute to the maintenance of international peace and security, undertake to make available to the Security Council, on its call and in accordance with a special agreement or agreements, armed forces, assistance, and facilities, including rights of passage, necessary for the purpose of maintaining international peace and security.

2. Such agreement or agreements shall govern the numbers and types of forces, their degree of readiness and general location, and the nature of the facilities and assistance to be provided.

3. The agreement or agreements shall be negotiated as soon as possible on the initiative of the Security Council. They shall be concluded between the Security Council and Members or between the Security Council and groups of Members and shall be subject to ratification by the signatory states in accordance with their respective constitutional processes.

Article 44

When the Security Council has decided to use force it shall, before calling upon a Member not represented on it to provide armed forces in fulfillment of the obligations assumed under Article 43, invite that Member, if the Member so desires, to participate in the decisions of the Security Council concerning the employment of contingents of that Member's armed forces.

Article 45

In order to enable the United Nations to take urgent military measures, Members shall hold immediately available national air-force contingents for combined international enforcement action. The strength and degree of readiness of these contingents and plans for their combined action shall be determined within the limits laid down in the special agreement or agreements referred to in Article 43, by the Security Council with the assistance of the Military Staff Committee.

Article 46

Plans for the application of armed force shall be made by the Security Council with the assistance of the Military Staff Committee.

Article 47

1. There shall be established a Military Staff Committee to advise and assist the Security Council on all questions relating to the Security Council's military requirements for the maintenance of international peace and security, the employment and command of forces placed at its disposal, the regulation of armaments, and possible disarmament.

2. The Military Staff Committee shall consist of the Chiefs of Staff of the permanent members of the Security Council or their representatives. Any Member of the United Nations not permanently represented on the Committee shall be invited by the Committee to be associated with it when the efficient discharge of the Committee's responsibilities requires the participation of that Member in its work.

3. The Military Staff Committee shall be responsible under the Security Council for the strategic direction of any armed forces placed at the disposal of the Security Council. Questions relating to the command of such forces shall be worked out subsequently.

4. The Military Staff Committee, with the authorization of the Security Council and after consultation with appropriate regional agencies, may establish regional sub-committees.

Article 48

1. The action required to carry out the decisions of the Security Council for the maintenance of international peace and security shall be taken by all the Members of the United Nations or by some of them, as the Security Council may determine.

2. Such decisions shall be carried out by the Members of the United Nations directly and through their action in the appropriate international agencies of which they remembers.

Article 49

The Members of the United Nations shall join in affording mutual assistance in carrying out the measures decided upon by the Security Council.

Article 50

If preventive or enforcement measures against any state are taken by the Security Council, any other state, whether a Member of the United Nations or not, which finds itself confronted with special economic problems arising from the carrying out of those measures shall have the right to consult the Security Council with regard to a solution of those problems.

Article 51

Nothing in the present Charter shall impair the inherent right of individual or collective self-defence if an armed attack occurs against a Member of the United Nations, until the Security Council has taken measures necessary to maintain international peace and security. Measures taken by Members in the exercise of this right of self-defence shall be immediately reported to the Security Council and shall not in any way affect the authority and responsibility of the Security Council under the present Charter to take at any time such action as it deems necessary in order to maintain or restore international peace and security.

CHAPTER VIII - REGIONAL ARRANGEMENTS

Article 52

1. Nothing in the present Charter precludes the existence of regional arrangements or agencies for dealing with such matters relating to the maintenance of international peace and security as are appropriate for regional action provided that such arrangements or agencies and their activities are consistent with the Purposes and Principles of the United Nations.

2. The Members of the United Nations entering into such arrangements or constituting such agencies shall make every effort to achieve pacific settlement of local disputes through such regional arrangements or by such regional agencies before referring them to the Security Council.

3. The Security Council shall encourage the development of pacific settlement of local disputes through such regional arrangements or by such regional agencies either on the initiative of the states concerned or by reference from the Security Council.

4. This Article in no way impairs the application of Articles 34 and 35.

Article 53

1. The Security Council shall, where appropriate, utilize such regional arrangements or agencies for enforcement action under its authority. But no enforcement action shall be taken under regional arrangements or by regional agencies without the authorization of the Security Council, with the exception of measures against any enemy state, as defined in paragraph 2 of this Article, provided for pursuant to Article 107 or in regional arrangements directed against renewal of aggressive policy on the part of any such state, until such time as the Organization may, on request of the Governments concerned, be charged with the responsibility for preventing further aggression by such a state.

2. The term enemy state as used in paragraph 1 of this Article applies to any state which during the Second World War has been an enemy of any signatory of

the present Charter.

Article 54

The Security Council shall at all times be kept fully informed of activities undertaken or in contemplation under regional arrangements or by regional agencies for the maintenance of international peace and security.

CHAPTER IX - INTERNATIONAL ECONOMIC AND SOCIAL CO-OPERATION

Article 55

With a view to the creation of conditions of stability and well-being which are necessary for peaceful and friendly relations among nations based on respect for the principle of equal rights and self-determination of peoples, the United Nations shall promote:

a. higher standards of living, full employment, and conditions of economic and social progress and development;

b. solutions of international economic, social, health, and related problems; and international cultural and educational cooperation; and

c. universal respect for, and observance of, human rights and fundamental freedoms for all without distinction as to race, sex, language, or religion.

Article 56

All Members pledge themselves to take joint and separate action in co-operation with the Organization for the achievement of the purposes set forth in Article 55.

Article 57

1. The various specialized agencies, established by intergovernmental agreement and having wide international responsibilities, as defined in their basic instruments,

in economic, social, cultural, educational, health, and related fields, shall be brought into relationship with the United Nations in accordance with the provisions of Article 63.

2. Such agencies thus brought into relationship with the United Nations are hereinafter referred to as specialized agencies.

Article 58

The Organization shall make recommendations for the co-ordination of the policies and activities of the specialized agencies.

Article 59

The Organization shall, where appropriate, initiate negotiations among the states concerned for the creation of any new specialized agencies required for the accomplishment of the purposes set forth in Article 55.

Article 60

Responsibility for the discharge of the functions of the Organization set forth in this Chapter shall be vested in the General Assembly and, under the authority of the General Assembly, in the Economic and Social Council, which shall have for this purpose the powers set forth in Chapter X.

CHAPTER X - THE ECONOMIC AND SOCIAL COUNCIL

〈composition〉

Article 61

1. The Economic and Social Council shall consist of fifty-four Members of the United Nations elected by the General Assembly.

2. Subject to the provisions of paragraph 3, eighteen members of the Economic

and Social Council shall be elected each year for a term of three years. A retiring member shall be eligible for immediate re-election.

3. At the first election after the increase in the membership of the Economic and Social Council from twenty-seven to fifty-four members, in addition to the members elected in place of the nine members whose term of office expires at the end of that year, twenty-seven additional members shall be elected. Of these twenty-seven additional members, the term of office of nine members so elected shall expire at the end of one year, and of nine other members at the end of two years, in accordance with arrangements made by the General Assembly.

4. Each member of the Economic and Social Council shall have one representative.

⟨fuctions and powers⟩

Article 62

1. The Economic and Social Council may make or initiate studies and reports with respect to international economic, social, cultural, educational, health, and related matters and may make recommendations with respect to any such matters to the General Assembly to the Members of the United Nations, and to the specialized agencies concerned.

2. It may make recommendations for the purpose of promoting respect for, and observance of, human rights and fundamental freedoms for all.

3. It may prepare draft conventions for submission to the General Assembly, with respect to matters falling within its competence.

4. It may call, in accordance with the rules prescribed by the United Nations, international conferences on matters falling within its competence.

Article 63

1. The Economic and Social Council may enter into agreements with any of the agencies referred to in Article 57, defining the terms on which the agency concerned shall be brought into relationship with the United Nations. Such

agreements shall be subject to approval by the General Assembly.

2. It may co-ordinate the activities of the specialized agencies through consultation with and recommendations to such agencies and through recommendations to the General Assembly and to the Members of the United Nations.

Article 64

1. The Economic and Social Council may take appropriate steps to obtain regular reports from the specialized agencies. It may make arrangements with the Members of the United Nations and with the specialized agencies to obtain reports on the steps taken to give effect to its own recommendations and to recommendations on matters falling within its competence made by the General Assembly.

2. It may communicate its observations on these reports to the General Assembly.

Article 65

The Economic and Social Council may furnish information to the Security Council and shall assist the Security Council upon its request.

Article 66

1. The Economic and Social Council shall perform such functions as fall within its competence in connexion with the carrying out of the recommendations of the General Assembly.

2. It may, with the approval of the General Assembly, perform services at the request of Members of the United Nations and at the request of specialized agencies.

3. It shall perform such other functions as are specified elsewhere in the present Charter or as may be assigned to it by the General Assembly.

⟨voting⟩

Article 67

1. Each member of the Economic and Social Council shall have one vote.

2. Decisions of the Economic and Social Council shall be made by a majority of the members present and voting.

⟨procedure⟩

Article 68

The Economic and Social Council shall set up commissions in economic and social fields and for the promotion of human rights, and such other commissions as may be required for the performance of its functions.

Article 69

The Economic and Social Council shall invite any Member of the United Nations to participate, without vote, in its deliberations on any matter of particular concern to that Member.

Article 70

The Economic and Social Council may make arrangements for representatives of the specialized agencies to participate, without vote, in its deliberations and in those of the commissions established by it, and for its representatives to participate in the deliberations of the specialized agencies.

Article 71

The Economic and Social Council may make suitable arrangements for consultation with non-governmental organizations which are concerned with matters within its competence. Such arrangements may be made with international organizations and, where appropriate, with national organizations after consultation with the Member of the United Nations concerned.

Article 72

1. The Economic and Social Council shall adopt its own rules of procedure, including

the method of selecting its President.

2. The Economic and Social Council shall meet as required in accordance with its rules, which shall include provision for the convening of meetings on the request of a majority of its members.

CHAPTER XI - DECLARATION REGARDING NON-SELF-GOVERNING TERRITORIES

Article 73

Members of the United Nations which have or assume responsibilities for the administration of territories whose peoples have not yet attained a full measure of self-government recognize the principle that the interests of the inhabitants of these territories are paramount, and accept as a sacred trust the obligation to promote to the utmost, within the system of international peace and security established by the present Charter, the well-being of the inhabitants of these territories, and, to this end:

a. to ensure, with due respect for the culture of the peoples concerned, their political, economic, social, and educational advancement, their just treatment, and their protection against abuses;

b. to develop self-government, to take due account of the political aspirations of the peoples, and to assist them in the progressive development of their free political institutions, according to the particular circumstances of each territory and its peoples and their varying stages of advancement;

c. to further international peace and security;

d. to promote constructive measures of development, to encourage research, and to co-operate with one another and, when and where appropriate, with specialized international bodies with a view to the practical achievement of the social, economic, and scientific purposes set forth in this Article; and

e. to transmit regularly to the Secretary-General for information purposes, subject to such limitation as security and constitutional considerations may require, statistical and other information of a technical nature relating to economic, social, and educational conditions in the territories for which they are respectively responsible other than those territories to which Chapters XII and XIII apply.

Article 74

Members of the United Nations also agree that their policy in respect of the territories to which this Chapter applies, no less than in respect of their metropolitan areas, must be based on the general principle of good-neighbourliness, due account being taken of the interests and well-being of the rest of the world, in social, economic, and commercial matters.

CHAPTER XII - INTERNATIONAL TRUSTEESHIP SYSTEM

Article 75

The United Nations shall establish under its authority an international trusteeship system for the administration and supervision of such territories as may be placed thereunder by subsequent individual agreements. These territories are hereinafter referred to as trust territories.

Article 76

The basic objectives of the trusteeship system, in accordance with the Purposes of the United Nations laid down in Article 1 of the present Charter, shall be:

a. to further international peace and security;

b. to promote the political, economic, social, and educational advancement of the inhabitants of the trust territories, and their progressive development towards self-government or independence as may be appropriate to the particular circumstances of each territory and its peoples and the freely expressed wishes of the peoples concerned, and as may be provided by the terms of each trusteeship agreement;

c. to encourage respect for human rights and for fundamental freedoms for all without distinction as to race, sex, language, or religion, and to encourage recognition of the interdependence of the peoples of the world; and

d. to ensure equal treatment in social, economic, and commercial matters for all Members of the United Nations and their nationals, and also equal treatment for the latter in the administration of justice, without prejudice to the attainment of the foregoing objectives and subject to the provisions of Article 80.

Article 77

1. The trusteeship system shall apply to such territories in the following categories as may be placed thereunder by means of trusteeship agreements:

a. territories now held under mandate;

b. territories which may be detached from enemy states as a result of the Second World War; and

c. territories voluntarily placed under the system by states responsible for their administration.

2. t will be a matter for subsequent agreement as to which territories in the foregoing categories will be brought under the trusteeship system and upon what terms.

Article 78

The trusteeship system shall not apply to territories which have become Members of the United Nations, relationship among which shall be based on respect for the principle of sovereign equality.

Article 79

The terms of trusteeship for each territory to be placed under the trusteeship system, including any alteration or amendment, shall be agreed upon by the states directly concerned, including the mandatory power in the case of territories held under mandate by a Member of the United Nations, and shall be approved as provided for in Articles 83 and 85.

Article 80

1. Except as may be agreed upon in individual trusteeship agreements, made under Articles 77, 79, and 81, placing each territory under the trusteeship system, and until such agreements have been concluded, nothing in this Chapter shall be construed in or of itself to alter in any manner the rights whatsoever of any states or any peoples or the terms of existing international instruments to which Members of the United Nations may respectively be parties.

2. Paragraph 1 of this Article shall not be interpreted as giving grounds for delay or postponement of the negotiation and conclusion of agreements for placing mandated and other territories under the trusteeship system as provided for in Article 77.

Article 81

The trusteeship agreement shall in each case include the terms under which the trust territory will be administered and designate the authority which will exercise the administration of the trust territory. Such authority, hereinafter called the administering authority, may be one or more states or the Organization itself.

Article 82

There may be designated, in any trusteeship agreement, a strategic area or areas which may include part or all of the trust territory to which the agreement applies, without prejudice to any special agreement or agreements made under Article 43.

Article 83

1. All functions of the United Nations relating to strategic areas, including the approval of the terms of the trusteeship agreements and of their alteration or amendment shall be exercised by the Security Council.

2. The basic objectives set forth in Article 76 shall be applicable to the people of

each strategic area.

3. The Security Council shall, subject to the provisions of the trusteeship agreements and without prejudice to security considerations, avail itself of the assistance of the Trusteeship Council to perform those functions of the United Nations under the trusteeship system relating to political, economic, social, and educational matters in the strategic areas.

Article 84

It shall be the duty of the administering authority to ensure that the trust territory shall play its part in the maintenance of international peace and security. To this end the administering authority may make use of volunteer forces, facilities, and assistance from the trust territory in carrying out the obligations towards the Security Council undertaken in this regard by the administering authority, as well as for local defence and the maintenance of law and order within the trust territory.

Article 85

1. The functions of the United Nations with regard to trusteeship agreements for all areas not designated as strategic, including the approval of the terms of the trusteeship agreements and of their alteration or amendment, shall be exercised by the General Assembly.

2. The Trusteeship Council, operating under the authority of the General Assembly shall assist the General Assembly in carrying out these functions.

CHAPTER XIII - THE TRUSTEESHIP COUNCIL

〈composition〉

Article 86

1. The Trusteeship Council shall consist of the following Members of the United

Nations:

a. those Members administering trust territories;

b. such of those Members mentioned by name in Article 23 as are not administering trust territories; and

c. as many other Members elected for three-year terms by the General Assembly as may be necessary to ensure that the total number of members of the Trusteeship Council is equally divided between those Members of the United Nations which administer trust territories and those which do not.

2. Each member of the Trusteeship Council shall designate one specially qualified person to represent it therein.

〈fuctions and powerds〉

Article 87

The General Assembly and, under its authority, the Trusteeship Council, in carrying out their functions, may:

a. consider reports submitted by the administering authority;

b. accept petitions and examine them in consultation with the administering authority;

c. provide for periodic visits to the respective trust territories at times agreed upon with the administering authority; and

d. take these and other actions in conformity with the terms of the trusteeship agreements.

Article 88

The Trusteeship Council shall formulate a questionnaire on the political, economic, social, and educational advancement of the inhabitants of each trust territory, and the administering authority for each trust territory within the competence of the General Assembly shall make an annual report to the General Assembly upon the basis of such questionnaire.

〈voting〉

Article 89

1. Each member of the Trusteeship Council shall have one vote.
2. Decisions of the Trusteeship Council shall be made by a majority of the members present and voting.

〈procedure〉

Article 90

1. The Trusteeship Council shall adopt its own rules of procedure, including the method of selecting its President.
2. The Trusteeship Council shall meet as required in accordance with its rules, which shall include provision for the convening of meetings on the request of a majority of its members.

Article 91

The Trusteeship Council shall, when appropriate, avail itself of the assistance of the Economic and Social Council and of the specialized agencies in regard to matters with which they are respectively concerned.

CHAPTER XIV - THE INTERNATIONAL COURT OF JUSTICE

Article 92

The International Court of Justice shall be the principal judicial organ of the United Nations. It shall function in accordance with the annexed Statute, which is based upon the Statute of the Permanent Court of International Justice and forms an integral part of the present Charter.

Article 93

1. All Members of the United Nations are ipso facto parties to the Statute of the International Court of Justice.

2. A state which is not a Member of the United Nations may become a party to the Statute of the International Court of Justice on conditions to be determined in each case by the General Assembly upon the recommendation of the Security Council.

Article 94

1. Each Member of the United Nations undertakes to comply with the decision of the International Court of Justice in any case to which it is a party.

2. If any party to a case fails to perform the obligations incumbent upon it under a judgment rendered by the Court, the other party may have recourse to the Security Council, which may, if it deems necessary, make recommendations or decide upon measures to be taken to give effect to the judgment.

Article 95

Nothing in the present Charter shall prevent Members of the United Nations from entrusting the solution of their differences to other tribunals by virtue of agreements already in existence or which may be concluded in the future.

Article 96

1. The General Assembly or the Security Council may request the International Court of Justice to give an advisory opinion on any legal question.

2. Other organs of the United Nations and specialized agencies, which may at any time be so authorized by the General Assembly, may also request advisory opinions of the Court on legal questions arising within the scope of their activities.

CHAPTER XV - THE SECRETARIAT

Article 97

The Secretariat shall comprise a Secretary-General and such staff as the Organization may require. The Secretary-General shall be appointed by the General Assembly upon the recommendation of the Security Council. He shall be the chief administrative officer of the Organization.

Article 98

The Secretary-General shall act in that capacity in all meetings of the General Assembly, of the Security Council, of the Economic and Social Council, and of the Trusteeship Council, and shall perform such other functions as are entrusted to him by these organs. The Secretary-General shall make an annual report to the General Assembly on the work of the Organization.

Article 99

The Secretary-General may bring to the attention of the Security Council any matter which in his opinion may threaten the maintenance of international peace and security.

Article 100

1. In the performance of their duties the Secretary- General and the staff shall not seek or receive instructions from any government or from any other authority external to the Organization. They shall refrain from any action which might reflect on their position as international officials responsible only to the Organization.

2. Each Member of the United Nations undertakes to respect the exclusively international character of the responsibilities of the Secretary-General and the staff and not to seek to influence them in the discharge of their responsibilities.

Article 101

1. The staff shall be appointed by the Secretary-General under regulations established

by the General Assembly.

2. Appropriate staffs shall be permanently assigned to the Economic and Social Council, the Trusteeship Council, and, as required, to other organs of the United Nations. These staffs shall form a part of the Secretariat.

3. The paramount consideration in the employment of the staff and in the determination of the conditions of service shall be the necessity of securing the highest standards of efficiency, competence, and integrity. Due regard shall be paid to the importance of recruiting the staff on as wide a geographical basis as possible.

CHAPTER XVI - MISCELLANEOUS PROVISIONS

Article 102

1. Every treaty and every international agreement entered into by any Member of the United Nations after the present Charter comes into force shall as soon as possible be registered with the Secretariat and published by it.

2. No party to any such treaty or international agreement which has not been registered in accordance with the provisions of paragraph 1 of this Article may invoke that treaty or agreement before any organ of the United Nations.

Article 103

In the event of a conflict between the obligations of the Members of the United Nations under the present Charter and their obligations under any other international agreement, their obligations under the present Charter shall prevail.

Article 104

The Organization shall enjoy in the territory of each of its Members such legal capacity as may be necessary for the exercise of its functions and the fulfilment of its purposes.

Article 105

1. The Organization shall enjoy in the territory of each of its Members such privileges and immunities as are necessary for the fulfilment of its purposes.

2. Representatives of the Members of the United Nations and officials of the Organization shall similarly enjoy such privileges and immunities as are necessary for the independent exercise of their functions in connexion with the Organization.

3. The General Assembly may make recommendations with a view to determining the details of the application of paragraphs 1 and 2 of this Article or may propose conventions to the Members of the United Nations for this purpose.

CHAPTER XVII - TRANSITIONAL SECURITY ARRANGEMENTS

Article 106

Pending the coming into force of such special agreements referred to in Article 43 as in the opinion of the Security Council enable it to begin the exercise of its responsibilities under Article 42, the parties to the Four-Nation Declaration, signed at Moscow, 30 October 1943, and France, shall, in accordance with the provisions of paragraph 5 of that Declaration, consult with one another and as occasion requires with other Members of the United Nations with a view to such joint action on behalf of the Organization as may be necessary for the purpose of maintaining international peace and security.

Article 107

Nothing in the present Charter shall invalidate or preclude action, in relation to any state which during the Second World War has been an enemy of any signatory to the present Charter, taken or authorized as a result of that war by the Governments having responsibility for such action.

CHAPTER XVIII - AMENDMENTS

Article 108

Amendments to the present Charter shall come into force for all Members of the United Nations when they have been adopted by a vote of two thirds of the members of the General Assembly and ratified in accordance with their respective constitutional processes by two thirds of the Members of the United Nations, including all the permanent members of the Security Council.

Article 109

1. A General Conference of the Members of the United Nations for the purpose of reviewing the present Charter may be held at a date and place to be fixed by a two-thirds vote of the members of the General Assembly and by a vote of any nine members of the Security Council. Each Member of the United Nations shall have one vote in the conference.

2. Any alteration of the present Charter recommended by a two-thirds vote of the conference shall take effect when ratified in accordance with their respective constitutional processes by two thirds of the Members of the United Nations including all the permanent members of the Security Council.

3. If such a conference has not been held before the tenth annual session of the General Assembly following the coming into force of the present Charter, the proposal to call such a conference shall be placed on the agenda of that session of the General Assembly, and the conference shall be held if so decided by a majority vote of the members of the General Assembly and by a vote of any seven members of the Security Council.

CHAPTER XIX - RATIFICATION AND SIGNATURE

Article 110

1. The present Charter shall be ratified by the signatory states in accordance with their respective constitutional processes.

2. The ratifications shall be deposited with the Government of the United States of America, which shall notify all the signatory states of each deposit as well as the Secretary-General of the Organization when he has been appointed.

3. The present Charter shall come into force upon the deposit of ratifications by the Republic of China, France, the Union of Soviet Socialist Republics, the United Kingdom of Great Britain and Northern Ireland, and the United States of America, and by a majority of the other signatory states. A protocol of the ratifications deposited shall thereupon be drawn up by the Government of the United States of America which shall communicate copies thereof to all the signatory states.

4. The states signatory to the present Charter which ratify it after it has come into force will become original Members of the United Nations on the date of the deposit of their respective ratifications.

Article 111

The present Charter, of which the Chinese, French, Russian, English, and Spanish texts are equally authentic, shall remain deposited in the archives of the Government of the United States of America. Duly certified copies thereof shall be transmitted by that Government to the Governments of the other signatory states.

IN FAITH WHEREOF the representatives of the Governments of the United Nations have signed the present Charter. DONE at the city of San Francisco the twenty-sixth day of June, one thousand nine hundred and forty-five.

국제연합헌장

전문

우리 연합국 국민들은

· 우리 일생 중에 두 번이나 말할 수 없는 슬픔을 인류에 가져온 전쟁의 불행에서 다음 세대를 구하고,

· 기본적 인권, 인간의 존엄 및 가치, 남녀 및 대소 각국의 평등권에 대한 신념을 재확인하며,

· 정의와 조약 및 기타 국제법의 연원으로부터 발생하는 의무에 대한 존중이 계속 유지될 수 있는 조건을 확립하며,

· 더 많은 자유속에서 사회적 진보와 생활수준의 향상을 촉진할 것을 결의하였다.

그리고 이러한 목적을 위하여

· 관용을 실천하고 선량한 이웃으로서 상호간 평화롭게 같이 생활하며,

· 국제평화와 안전을 유지하기 위하여 우리들의 힘을 합하며,

· 공동이익을 위한 경우 이외에는 무력을 사용하지 아니한다는 것을, 원칙의 수락과 방법의 설정에 의하여, 보장하고,

· 모든 국민의 경제적 및 사회적 발전을 촉진하기 위하여 국제기관을 이용한다는 것을 결의하면서,

이러한 목적을 달성하기 위하여 우리의 노력을 결집할 것을 결정하였다.

따라서 우리 각자의 정부는, 샌프란시스코에 모인, 유효하고 타당한 것으로 인정된 전권위임장을 제시한 대표를 통하여, 이 국제연합헌장에 동의하고, 국제연합이라는 국제기구를 이에 설립한다.

제1장 목적과 원칙

제1조 국제연합의 목적은 다음과 같다.

1. 국제평화와 안전을 유지하고, 이를 위하여 평화에 대한 위협의 방지, 제거 그리고 침략행위 또는 기타 평화의 파괴를 진압하기 위한 유효한 집단적 조치를 취하고 평화의 파괴로 이를 우려가 있는 국제적 분쟁이나 사태의 조정·해결을 평화적 수단에 의하여 또한 정의와 국제법의 원칙에 따라 실현한다.
2. 사람들의 평등권 및 자결의 원칙의 존중에 기초하여 국가 간의 우호관계를 발전시키며, 세계평화를 강화하기 위한 기타 적절한 조치를 취한다.
3. 경제적·사회적·문화적 또는 인도적 성격의 국제문제를 해결하고 또한 인종·성별·언어 또는 종교에 따른 차별 없이 모든 사람의 인권 및 기본적 자유에 대한 존중을 촉진하고 장려함에 있어 국제적 협력을 달성한다.
4. 이러한 공동의 목적을 달성함에 있어서 각국의 활동을 조화시키는 중심이 된다.

제2조 [편집] 이 기구 및 그 회원국은 제1조에 명시한 목적을 추구함에 있어서 다음의 원칙에 따라 행동한다.

1. 기구는 모든 회원국의 주권평등 원칙에 기초한다.
2. 모든 회원국은 회원국의 지위에서 발생하는 권리와 이익을 그들 모두에 보장하기 위하여, 이 헌장에 따라 부과되는 의무를 성실히 이행한다.
3. 모든 회원국은 그들의 국제분쟁을 국제평화와 안전 그리고 정의를 위태롭게 하지 아니하는 방식으로 평화적 수단에 의하여 해결한다.
4. 모든 회원국은 그 국제관계에 있어서 다른 국가의 영토보전이나 정치적 독립에 대하여 또는 국제연합의 목적과 양립하지 아니하는 어떠한 기타 방식으로도 무력의 위협이나 무력행사를 삼간다.
5. 모든 회원국은 국제연합이 이 헌장에 따라 취하는 어떠한 조치에 있어서도 모든 원조를 다하며, 국제연합이 방지조치 또는 강제조치를 취하는 대상이 되는 어떠한 국가에 대하여도 원조를 삼간다.
6. 기구는 국제연합의 회원국이 아닌 국가가, 국제평화와 안전을 유지하는데 필요한 한, 이러한 원칙에 따라 행동하도록 확보한다.
7. 이 헌장의 어떠한 규정도 본질상 어떤 국가의 국내 관할권안에 있는 사항에 간섭할 권한을 국제연합에 부여하지 아니하며, 또는 그러한 사항을 이 헌장에 의한 해결에 맡기도록 회원국에 요구하지 아니한다. 다만, 이 원칙

은 제7장에 의한 강제조치의 적용을 해하지 아니한다.

제2장 회원국의 지위

제3조 국제연합의 원회원국은, 샌프란시스코에서 국제기구에 관한 연합국 회의에 참가한 국가 또는 1942년 1월 1일의 연합국 선언에 서명한 국가로서, 이 헌장에 서명하고 제110조에 따라 이를 비준한 국가이다.

제4조 1. 국제연합의 회원국 지위는 이 헌장에 규정된 의무를 수락하고, 이러한 의무를 이행할 능력과 의사가 있다고 기구가 판단하는 그밖의 평화애호국 모두에 개방된다.

2. 그러한 국가의 국제연합회원국으로의 승인은 안전보장이사회의 권고에 따라 총회의 결정에 의하여 이루어진다.

제5조 안전보장이사회에 의하여 취하여지는 방지조치 또는 강제조치의 대상이 되는 국제연합회원국에 대하여는 총회가 안전보장이사회의 권고에 따라 회원국으로서의 권리와 특권의 행사를 정지시킬 수 있다. 이러한 권리와 특권의 행사는 안전보장이사회에 의하여 회복될 수 있다.

제6조 이 헌장에 규정된 원칙을 끈질기게 위반하는 국제연합회원국은 총회가 안전보장이사회의 권고에 따라 기구로부터 제명할 수 있다.

제3장 기관

제7조 1. 국제연합의 주요기관으로서 총회·안전보장이사회·경제사회 이사회·신탁통치이사회·국제사법재판소 및 사무국을 설치한다.

2. 필요하다고 인정되는 보조기관은 이 헌장에 따라 설치될 수 있다.

제8조 국제연합은 남녀가 어떠한 능력으로서든 그리고 평등의 조건으로 그 주요기관 및 보조기관에 참가할 자격이 있음에 대하여 어떠한 제한도 두어서는 아니된다.

제4장 총회

구 성

제9조 1. 총회는 모든 국제연합회원국으로 구성된다.

2. 각 회원국은 총회에 5인 이하의 대표를 가진다.

임무 및 권한

제10조 총회는 이 헌장의 범위 안에 있거나 또는 이 헌장에 규정된 어떠한 기관의 권한 및 임무에 관한 어떠한 문제 또는 어떠한 사항도 토의할 수 있으며, 그리고 제12조에 규정된 경우를 제외하고는, 그러한 문제 또는 사항에 관하여 국제연합회원국 또는 안전보장이사회 또는 이 양자에 대하여 권고할 수 있다.

제11조 1. 총회는 국제평화와 안전의 유지에 있어서의 협력의 일반원칙을, 군비축소 및 군비규제를 규율하는 원칙을 포함하여 심의하고, 그러한 원칙과 관련하여 회원국이나 안전보장이사회 또는 이 양자에 대하여 권고할 수 있다.

2. 총회는 국제연합회원국이나 안전보장이사회 또는 제35조 제2항에 따라 국제연합회원국이 아닌 국가에 의하여 총회에 회부된 국제평화와 안전의 유지에 관한 어떠한 문제도 토의할 수 있으며, 제12조에 규정된 경우를 제외하고는 그러한 문제와 관련하여 1 또는 그 이상의 관계국이나 안전보장이사회 또는 이 양자에 대하여 권고할 수 있다. 그러한 문제로서 조치를 필요로 하는 것은 토의의 전 또는 후에 총회에 의하여 안전보장 이사회에 회부된다.

3. 총회는 국제평화와 안전을 위태롭게 할 우려가 있는 사태에 대하여 안전보장이사회의 주의를 환기할 수 있다.

4. 이 조에 규정된 총회의 권한은 제10조의 일반적 범위를 제한하지 아니한다.

제12조 1. 안전보장이사회가 어떠한 분쟁 또는 사태와 관련하여 이 헌장에서 부여된 임무를 수행하고 있는 동안에는 총회는 이 분쟁 또는 사태에 관하여 안전보장이사회가 요청하지 아니하는 한 어떠한 권고도 하지 아니한다.

2. 사무총장은 안전보장이사회가 다루고 있는 국제평화와 안전의 유지에 관한 어떠한 사항도 안전보장이사회의 동의를 얻어 매 회기중 총회에 통고하며, 또한 사무총장은, 안전보장이사회가 그러한 사항을 다루는 것을 중지한 경우, 즉시 총회 또는 총회가 회기중이 아닐 경우에는 국제연합회원국에 마찬가지로 통고한다.

제13조 1. 총회는 다음의 목적을 위하여 연구를 발의하고 권고한다.

　　가. 정치적 분야에 있어서 국제협력을 촉진하고, 국제법의 점진적 발달 및 그 법전화를 장려하는 것.

　　나. 경제, 사회, 문화, 교육 및 보건분야에 있어서 국제협력을 촉진하며 그리고 인종, 성별, 언어 또는 종교에 관한 차별없이 모든 사람을 위하여 인권 및 기본적 자유를 실현하는데 있어 원조하는 것.

2. 전기 제1항 나호에 규정된 사항에 관한 총회의 추가적 책임, 임무 및 권한은 제9장과 제10장에 규정된다.

제14조 제12조 규정에 따를 것을 조건으로 총회는 그 원인에 관계없이 일반적 복지 또는 국가 간의 우호관계를 해할 우려가 있다고 인정되는 어떠한 사태도 이의 평화적 조정을 위한 조치를 권고할 수 있다. 이 사태는 국제연합의 목적 및 원칙을 정한 이 헌장규정의 위반으로부터 발생하는 사태를 포함한다.

제15조 1. 총회는 안전보장이사회로부터 연례보고와 특별보고를 받아 심의한다. 이 보고는 안전보장이사회가 국제평화와 안전을 유지하기 위하여 결정하거나 또는 취한 조치의 설명을 포함한다.

2. 총회는 국제연합의 다른 기관으로부터 보고를 받아 심의한다.

제16조 총회는 제12장과 제13장에 의하여 부과된 국제신탁통치제도에 관한 임무를 수행한다. 이 임무는 전략지역으로 지정되지 아니한 지역에 관한 신탁통치협정의 승인을 포함한다.

제17조 1. 총회는 기구의 예산을 심의하고 승인한다.

2. 기구의 경비는 총회에서 배정한 바에 따라 회원국이 부담한다.

3. 총회는 제57조에 규정된 전문기구와의 어떠한 재정약정 및 예산약정도 심의하고 승인하며, 당해 전문기구에 권고할 목적으로 그러한 전문기구의 행정적 예산을 검사한다.

표 결

제18조 1. 총회의 각 구성국은 1개의 투표권을 가진다.

  2. 중요문제에 관한 총회의 결정은 출석하여 투표하는 구성국의 3분의 2의 다수로 한다. 이러한 문제는 국제평화와 안전의 유지에 관한 권고, 안전보장이사회의 비상임이사국의 선출, 경제사회이사회의 이사국의 선출, 제86조 제1항 다호에 의한 신탁통치이사회의 이사국의 선출, 신회원국의 국제연합 가입의 승인, 회원국으로서의 권리 및 특권의 정지, 회원국의 제명, 신탁통치제도의 운영에 관한 문제 및 예산문제를 포함한다.

  3. 기타 문제에 관한 결정은 3분의 2의 다수로 결정될 문제의 추가적 부문의 결정을 포함하여 출석하여 투표하는 구성국의 과반수로 한다.

제19조 기구에 대한 재정적 분담금의 지불을 연체한 국제연합회원국은 그 연체금액이 그때까지의 만 2년간 그 나라가 지불하였어야 할 분담금의 금액과 같거나 또는 초과하는 경우 총회에서 투표권을 가지지 못한다. 그럼에도 총회는 지불의 불이행이 그 회원국이 제어할 수 없는 사정에 의한 것임이 인정되는 경우 그 회원국의 투표를 허용할 수 있다.

절 차

제20조 총회는 연례정기회기 및 필요한 경우에는 특별회기로서 모인다. 특별회기는 안전보장이사회의 요청 또는 국제연합회원국의 과반수의 요청에 따라 사무총장이 소집한다.

제21조 총회는 그 자체의 의사규칙을 채택한다. 총회는 매회기마다 의장을 선출한다.

제22조 총회는 그 임무의 수행에 필요하다고 인정되는 보조기관을 설치할 수 있다.

제5장 안전보장이사회[편집]

구 성[편집]

제23조[편집] 1. 안전보장이사회는 15개 국제연합회원국으로 구성된다. 중화민

국, 불란서, 소비에트사회주의공화국연방, 영국 및 미합중국은 안전보장
이사회의 상임이사국이다. 총회는 먼저 국제평화와 안전의 유지 및 기구
의 기타 목적에 대한 국제연합회원국의 공헌과 또한 공평한 지리적 배분
을 특별히 고려하여 그 외 10개의 국제연합회원국을 안전보장이사회의 비
상임이사국으로 선출한다.

2. 안전보장이사회의 비상임이사국은 2년의 임기로 선출된다. 안전보장이사
   회의 이사국이 11개국에서 15개국으로 증가된 후 최초의 비상임이사국 선
   출에서는, 추가된 4개이사국중 2개이사국은 1년의 임기로 선출된다. 퇴임
   이사국은 연이어 재선될 자격을 가지지 아니한다.

3. 안전보장이사회의 각 이사국은 1인의 대표를 가진다.

임무와 권한

제24조 1. 국제연합의 신속하고 효과적인 조치를 확보하기 위하여, 국제연합회
원국은 국제평화와 안전의 유지를 위한 일차적 책임을 안전보장이사회에
부여하며, 또한 안전보장이사회가 그 책임하에 의무를 이행함에 있어 회
원국을 대신하여 활동하는 것에 동의한다.

2. 이러한 의무를 이행함에 있어 안전보장이사회는 국제연합의 목적과 원칙
   에 따라 활동한다. 이러한 의무를 이행하기 위하여 안전보장이사회에 부
   여된 특정한 권한은 제6장, 제7장, 제8장 및 제12장에 규정된다.

3. 안전보장이사회는 연례보고 및 필요한 경우 특별보고를 총회에 심의하도
   록 제출한다.

제25조 국제연합회원국은 안전보장이사회의 결정을 이 헌장에 따라 수락하고
이행할 것을 동의한다.

제26조 세계의 인적 및 경제적 자원을 군비를 위하여 최소한으로 전용함으로
써 국제평화와 안전의 확립 및 유지를 촉진하기 위하여, 안전보장이사회는
군비규제체제의 확립을 위하여 국제연합회원국에 제출되는 계획을 제47조
에 규정된 군사참모위원회의 원조를 받아 작성할 책임을 진다.

표 결

제27조 1. 안전보장이사회의 각 이사국은 1개의 투표권을 가진다.

2. 절차사항에 관한 안전보장이사회의 결정은 9개 이사국의 찬성투표로써 한다.

3. 그 외 모든 사항에 관한 안전보장이사회의 결정은 상임이사국의 동의 투표를 포함한 9개 이사국의 찬성투표로써 한다. 다만, 제6장 및 제52조 제3항에 의한 결정에 있어서는 분쟁당사국은 투표를 기권한다.

절 차

제28조 1. 안전보장이사회는 계속적으로 임무를 수행할 수 있도록 조직된다. 이를 위하여 안전보장이사회의 각 이사국은 기구의 소재지에 항상 대표를 둔다.

2. 안전보장이사회는 정기회의를 개최한다. 이 회의에 각 이사국은 희망하는 경우, 각료 또는 특별히 지명된 다른 대표에 의하여 대표될 수 있다.

3. 안전보장이사회는 그 사업을 가장 쉽게 할 수 있다고 판단되는 기구의 소재지외의 장소에서 회의를 개최할 수 있다.

제29조 안전보장이사회는 그 임무의 수행에 필요하다고 인정되는 보조기관을 설치할 수 있다.

제30조 안전보장이사회는 의장선출방식을 포함한 그 자체의 의사규칙을 채택한다.

제31조 안전보장이사회의 이사국이 아닌 어떠한 국제연합회원국도 안전보장이사회가 그 회원국의 이해에 특히 영향이 있다고 인정하는 때에는 언제든지 안전보장이사회에 회부된 어떠한 문제의 토의에도 투표권없이 참가할 수 있다.

제32조 안전보장이사회의 이사국이 아닌 국제연합회원국 또는 국제연합 회원국이 아닌 어떠한 국가도 안전보장이사회에서 심의중인 분쟁의 당사자인 경우에는 이 분쟁에 관한 토의에 투표권없이 참가하도록 초청된다. 안전보장이사회는 국제연합회원국이 아닌 국가의 참가에 공정하다고 인정되는 조건을 정한다.

제6장 분쟁의 평화적 해결

제33조 1. 어떠한 분쟁도 그의 계속이 국제평화와 안전의 유지를 위태롭게 할 우려가 있는 것일 경우, 그 분쟁의 당사자는 우선 교섭, 심사, 중개, 조정, 중재재판, 사법적 해결, 지역적 기관 또는 지역적 약정의 이용 또는 당사자가 선택하는 다른 평화적 수단에 의한 해결을 구한다.

2. 안전보장이사회는 필요하다고 인정하는 경우 당사자에 대하여 그 분쟁을 그러한 수단에 의하여 해결하도록 요청한다.

제34조 안전보장이사회는 어떠한 분쟁에 관하여도, 또는 국제적 마찰이 되거나 분쟁을 발생하게 할 우려가 있는 어떠한 사태에 관하여도, 그 분쟁 또는 사태의 계속이 국제평화와 안전의 유지를 위태롭게 할 우려가 있는지 여부를 결정하기 위하여 조사할 수 있다.

제35조 1. 국제연합회원국은 어떠한 분쟁에 관하여도, 또는 제34조에 규정된 성격의 어떠한 사태에 관하여도, 안전보장이사회 또는 총회의 주의를 환기할 수 있다.

2. 국제연합회원국이 아닌 국가는 자국이 당사자인 어떠한 분쟁에 관하여도, 이 헌장에 규정된 평화적 해결의 의무를 그 분쟁에 관하여 미리 수락하는 경우에는 안전보장이사회 또는 총회의 주의를 환기할 수 있다.

3. 이 조에 의하여 주의가 환기된 사항에 관한 총회의 절차는 제11조 및 제12조의 규정에 따른다.

제36조 1. 안전보장이사회는 제33조에 규정된 성격의 분쟁 또는 유사한 성격의 사태의 어떠한 단계에 있어서도 적절한 조정절차 또는 조정방법을 권고할 수 있다.

2. 안전보장이사회는 당사자가 이미 채택한 분쟁해결절차를 고려하여야 한다.

3. 안전보장이사회는, 이 조에 의하여 권고를 함에 있어서, 일반적으로 법률적 분쟁이 국제사법재판소규정의 규정에 따라 당사자에 의하여 동 재판소에 회부되어야 한다는 점도 또한 고려하여야 한다.

제37조 1. 제33조에 규정된 성격의 분쟁당사자는, 동조에 규정된 수단에 의하여 분쟁을 해결하지 못하는 경우, 이를 안전보장이사회에 회부한다.

2. 안전보장이사회는 분쟁의 계속이 국제평화와 안전의 유지를 위태롭게 할 우려가 실제로 있다고 인정하는 경우 제36조에 의하여 조치를 취할 것인지 또는 적절하다고 인정되는 해결조건을 권고할 것인지를 결정한다.

제38조 제33조 내지 제37조의 규정을 해하지 아니하고, 안전보장이사회는 어떠한 분쟁에 관하여도 모든 당사자가 요청하는 경우 그 분쟁의 평화적 해결을 위하여 그 당사자에게 권고할 수 있다.

제7장 평화에 대한 위협, 평화의 파괴 및 침략행위에 관한 조치

제39조 안전보장이사회는 평화에 대한 위협, 평화의 파괴 또는 침략행위의 존재를 결정하고, 국제평화와 안전을 유지하거나 이를 회복하기 위하여 권고하거나 또는 제41조 및 제42조에 따라 어떠한 조치를 취할 것인지를 결정한다.

제40조 사태의 악화를 방지하기 위하여 안전보장이사회는 제39조에 규정된 권고를 하거나 조치를 결정하기 전에 필요하거나 바람직하다고 인정되는 잠정조치에 따르도록 관계당사자에게 요청할 수 있다. 이 잠정조치는 관계당사자의 권리, 청구권 또는 지위를 해하지 아니한다. 안전보장 이사회는 그러한 잠정조치의 불이행을 적절히 고려한다.

제41조 안전보장이사회는 그의 결정을 집행하기 위하여 병력의 사용을 수반하지 아니하는 어떠한 조치를 취하여야 할 것인지를 결정할 수 있으며, 또한 국제연합회원국에 대하여 그러한 조치를 적용하도록 요청할 수 있다. 이 조치는 경제관계 및 철도, 항해, 항공, 우편, 전신, 무선통신 및 다른 교통통신 수단의 전부 또는 일부의 중단과 외교관계의 단절을 포함할 수 있다.

제42조 안전보장이사회는 제41조에 규정된 조치가 불충분할 것으로 인정하거나 또는 불충분한 것으로 판명되었다고 인정하는 경우에는, 국제평화와 안전의 유지 또는 회복에 필요한 공군, 해군 또는 육군에 의한 조치를 취할 수 있다. 그러한 조치는 국제연합회원국의 공군, 해군 또는 육군에 의한 시위, 봉쇄 및 다른 작전을 포함할 수 있다.

제43조 1. 국제평화와 안전의 유지에 공헌하기 위하여 모든 국제연합회원국은 안전보장이사회의 요청에 의하여 그리고 1 또는 그 이상의 특별협정에 따

라, 국제평화와 안전의 유지 목적상 필요한 병력, 원조 및 통과권을 포함
한 편의를 안전보장이사회에 이용하게 할 것을 약속한다.

2. 그러한 협정은 병력의 수 및 종류, 그 준비정도 및 일반적 배치와 제공될
편의 및 원조의 성격을 규율한다.

3. 그 협정은 안전보장이사회의 발의에 의하여 가능한 한 신속히 교섭되어야
한다. 이 협정은 안전보장이사회와 회원국간에 또는 안전보장이사회와 회
원국집단간에 체결되며, 서명국 각자의 헌법상의 절차에 따라 동 서명국
에 의하여 비준되어야 한다.

제44조 안전보장이사회는 무력을 사용하기로 결정한 경우 이사회에서 대표되
지 아니하는 회원국에게 제43조에 따라 부과된 의무의 이행으로서 병력의
제공을 요청하기 전에 그 회원국이 희망한다면 그 회원국 병력중 파견부대의
사용에 관한 안전보장이사회의 결정에 참여하도록 그 회원국을 초청한다.

제45조 국제연합이 긴급한 군사조치를 취할 수 있도록 하기 위하여, 회원국은
합동의 국제적 강제조치를 위하여 자국의 공군파견부대를 즉시 이용할 수
있도록 유지한다. 이러한 파견부대의 전력과 준비정도 및 합동조치를 위한
계획은 제43조에 규정된 1 또는 그 이상의 특별협정에 규정된 범위 안에서
군사참모위원회의 도움을 얻어 안전보장이사회가 결정한다.

제46조 병력사용계획은 군사참모위원회의 도움을 얻어 안전보장이사회가 작성
한다.

제47조 1. 국제평화와 안전의 유지를 위한 안전보장이사회의 군사적 필요, 안
전보장이사회의 재량에 맡기어진 병력의 사용 및 지휘, 군비규제 그리고
가능한 군비축소에 관한 모든 문제에 관하여 안전보장이사회에 조언하고
도움을 주기 위하여 군사참모위원회를 설치한다.

2. 군사참모위원회는 안전보장이사회 상임이사국의 참모총장 또는 그의 대
표로 구성된다. 이 위원회에 상임위원으로서 대표되지 아니하는 국제연
합회원국은 위원회의 책임의 효과적인 수행을 위하여 위원회의 사업에
동 회원국의 참여가 필요한 경우에는 위원회에 의하여 그와 제휴하도록
초청된다.

3. 군사참모위원회는 안전보장이사회하에 안전보장이사회의 재량에 맡기어
진 병력의 전략적 지도에 대하여 책임을 진다. 그러한 병력의 지휘에 관

한 문제는 추후에 해결한다.

4. 군사참모위원회는 안전보장이사회의 허가를 얻어 그리고 적절한 지역기구와 협의한 후 지역소위원회를 설치할 수 있다.

제48조 1. 국제평화와 안전의 유지를 위한 안전보장이사회의 결정을 이행 하는데 필요한 조치는 안전보장이사회가 정하는 바에 따라 국제연합 회원국의 전부 또는 일부에 의하여 취하여진다.

2. 그러한 결정은 국제연합회원국에 의하여 직접적으로 또한 국제연합 회원국이 그 구성국인 적절한 국제기관에 있어서의 이들 회원국의 조치를 통하여 이행된다.

제49조 국제연합회원국은 안전보장이사회가 결정한 조치를 이행함에 있어 상호원조를 제공하는 데에 참여한다.

제50조 안전보장이사회가 어느 국가에 대하여 방지조치 또는 강제조치를 취하는 경우, 국제연합회원국인지 아닌지를 불문하고 어떠한 다른 국가도 자국이 이 조치의 이행으로부터 발생하는 특별한 경제문제에 직면한 것으로 인정하는 경우, 동 문제의 해결에 관하여 안전보장이사회와 협의할 권리를 가진다.

제51조 이 헌장의 어떠한 규정도 국제연합회원국에 대하여 무력공격이 발생한 경우, 안전보장이사회가 국제평화와 안전을 유지하기 위하여 필요한 조치를 취할 때까지 개별적 또는 집단적 지위의 고유한 권리를 침해하지 아니한다. 자위권을 행사함에 있어 회원국이 취한 조치는 즉시 안전보장이사회에 보고된다. 또한 이 조치는, 안전보장이사회가 국제평화와 안전의 유지 또는 회복을 위하여 필요하다고 인정하는 조치를 언제든지 취한다는, 이 헌장에 의한 안전보장 이사회의 권한과 책임에 어떠한 영향도 미치지 아니한다.

제8장 지역적 약정

제52조 1. 이 헌장의 어떠한 규정도, 국제평화와 안전의 유지에 관한 사항으로서 지역적 조치에 적합한 사항을 처리하기 위하여 지역적 약정 또는 지역적 기관이 존재하는 것을 배제하지 아니한다. 다만, 이 약정 또는 기관 및

그 활동이 국제연합의 목적과 원칙에 일치하는 것을 조건으로 한다.

2. 그러한 약정을 체결하거나 그러한 기관을 구성하는 국제연합 회원국은 지역적 분쟁을 안전보장이사회에 회부하기 전에 이 지역적 약정 또는 지역적 기관에 의하여 그 분쟁의 평화적 해결을 성취하기 위하여 모든 노력을 다한다.

3. 안전보장이사회는 관계국의 발의에 의하거나 안전보장이사회의 회부에 의하여 그러한 지역적 약정 또는 지역적 기관에 의한 지역적 분쟁의 평화적 해결의 발달을 장려한다.

4. 이 조는 제34조 및 제35조의 적용을 결코 해하지 아니한다.

제53조 1. 안전보장이사회는 그 권위하에 취하여지는 강제조치를 위하여 적절한 경우에는 그러한 지역적 약정 또는 지역적 기관을 이용한다. 다만, 안전보장이사회의 허가없이는 어떠한 강제조치도 지역적 약정 또는 지역적 기관에 의하여 취하여져서는 아니된다. 그러나 이 조 제2항에 규정된 어떠한 적국에 대한 조치이든지 제107조에 따라 규정된 것 또는 적국에 의한 침략 정책의 재현에 대비한 지역적 약정에 규정된 것은, 관계정부의 요청에 따라 기구가 그 적국에 의한 새로운 침략을 방지할 책임을 질 때까지는 예외로 한다.

2. 이 조 제1항에서 사용된 적국이라는 용어는 제2차 세계대전 중에 이 헌장 서명국의 적국이었던 어떠한 국가에도 적용된다.

제54조 안전보장이사회는 국제평화와 안전의 유지를 위하여 지역적 약정 또는 지역적 기관에 의하여 착수되었거나 또는 계획되고 있는 활동에 대하여 항상 충분히 통보받는다.

제9장 경제적 및 사회적 국제협력

제55조 사람의 평등권 및 자결원칙의 존중에 기초한 국가 간의 평화롭고 우호적인 관계에 필요한 안정과 복지의 조건을 창조하기 위하여, 국제연합은 다음을 촉진한다.

가. 보다 높은 생활수준, 완전고용 그리고 경제적 및 사회적 진보와 발전의

조건

나. 경제, 사회, 보건 및 관련국제문제의 해결 그리고 문화 및 교육상의 국제
협력

다. 인종, 성별, 언어 또는 종교에 관한 차별이 없는 모든 사람을 위한 인권
및 기본적 자유의 보편적 존중과 준수

제56조 모든 회원국은 제55조에 규정된 목적의 달성을 위하여 기구와 협력하
여 공동의 조치 및 개별적 조치를 취할 것을 약속한다.

제57조 1. 정부 간 협정에 의하여 설치되고 경제, 사회, 문화, 교육, 보건분야
및 관련분야에 있어서 기본적 문서에 정한대로 광범위한 국제적 책임을
지는 각종 전문기구는 제63조의 규정에 따라 국제연합과 제휴관계를 설정
한다.

2. 이와 같이 국제연합과 제휴관계를 설정한 기구는 이하 전문기구라 한다.

제58조 기구는 전문기구의 정책과 활동을 조정하기 위하여 권고한다.

제59조 기구는 적절한 경우 제55조에 규정된 목적의 달성에 필요한 새로운 전
문기구를 창설하기 위하여 관계국간의 교섭을 발의한다.

제60조 이 장에서 규정된 기구의 임무를 수행할 책임은 총회와 총회의 권위 하
에 경제사회이사회에 부과된다. 경제사회이사회는 이 목적을 위하여 제10장
에 규정된 권한을 가진다.

제10장 경제사회이사회

구 성

제61조 1. 경제사회이사회는 총회에 의하여 선출된 54개 국제연합회원국으로
구성된다.

2. 제3항의 규정에 따를 것을 조건으로, 경제사회이사회의 18개 이사국은 3년
의 임기로 매년 선출된다. 퇴임이사국은 연이어 재선될 자격이 있다.

3. 경제사회이사회의 이사국이 27개국에서 54개국으로 증가된 후 최초의 선
거에서는, 그 해 말에 임기가 종료되는 9개 이사국을 대신하여 선출되는
이사국에 더하여, 27개 이사국이 추가로 선출된다. 총회가 정한 약정에 따

라, 이러한 추가의 27개 이사국 중 그렇게 선출된 9개 이사국의 임기는 1년의 말에 종료되고, 다른 9개 이사국의 임기는 2년의 말에 종료된다.

4. 경제사회이사회의 각 이사국은 1인의 대표를 가진다.

임무와 권한

제62조 1. 경제사회이사회는 경제, 사회, 문화, 교육, 보건 및 관련국제사항에 관한 연구 및 보고를 하거나 또는 발의할 수 있으며, 아울러 그러한 사항에 관하여 총회, 국제연합회원국 및 관계전문기구에 권고할 수 있다.

　2. 이사회는 모든 사람을 위한 인권 및 기본적 자유의 존중과 준수를 촉진하기 위하여 권고할 수 있다.

　3. 이사회는 그 권한에 속하는 사항에 관하여 총회에 제출하기 위한 협약안을 작성할 수 있다.

　4. 이사회는 국제연합이 정한 규칙에 따라 그 권한에 속하는 사항에 관하여 국제회의를 소집할 수 있다.

제63조 1. 경제사회이사회는 제57조에 규정된 어떠한 기구와도, 동 기구가 국제연합과 제휴관계를 설정하는 조건을 규정하는 협정을 체결할 수 있다. 그러한 협정은 총회의 승인을 받아야 한다.

2. 이사회는 전문기구와의 협의, 전문기구에 대한 권고 및 총회와 국제연합회원국에 대한 권고를 통하여 전문기구의 활동을 조정할 수 있다.

제64조 1. 경제사회이사회는 전문기구로부터 정기보고를 받기 위한 적절한 조치를 취할 수 있다. 이사회는, 이사회의 권고와 이사회의 권한에 속하는 사항에 관한 총회의 권고를 실시하기 위하여 취하여진 조치에 관하여 보고를 받기 위하여, 국제연합회원국 및 전문기구와 약정을 체결할 수 있다.

　2. 이사회는 이러한 보고에 관한 의견을 총회에 통보할 수 있다.

제65조 경제사회이사회는 안전보장이사회에 정보를 제공할 수 있으며, 안전보장이사회의 요청이 있을 때에는 이를 원조한다.

제66조 1. 경제사회이사회는 총회의 권고의 이행과 관련하여 그 권한에 속하는 임무를 수행한다.

　2. 이사회는 국제연합회원국의 요청이 있을 때와 전문기구의 요청이 있을 때에는 총회의 승인을 얻어 용역을 제공할 수 있다.

3. 이사회는 이 헌장의 다른 곳에 규정되거나 총회에 의하여 이사회에 부과
된 다른 임무를 수행한다.

표 결
제67조 1. 경제사회이사회의 각 이사국은 1개의 투표권을 가진다.
2. 경제사회이사회의 결정은 출석하여 투표하는 이사국의 과반수에 의한다.

절 차
제68조 경제사회이사회는 경제적 및 사회적 분야의 위원회, 인권의 신장을 위
한 위원회 및 이사회의 임무수행에 필요한 다른 위원회를 설치한다.
제69조 경제사회이사회는 어떠한 국제연합회원국에 대하여도, 그 회원국과 특
히 관계가 있는 사항에 관한 심의에 투표권 없이 참가하도록 초청한다.
제70조 경제사회이사회는 전문기구의 대표가 이사회의 심의 및 이사회가 설치
한 위원회의 심의에 투표권없이 참가하기 위한 약정과 이사회의 대표가 전
문기구의 심의에 참가하기 위한 약정을 체결할 수 있다.
제71조 경제사회이사회는 그 권한 내에 있는 사항과 관련이 있는 비정부간 기
구와의 협의를 위하여 적절한 약정을 체결할 수 있다. 그러한 약정은 국제
기구와 체결할 수 있으며 적절한 경우에는 관련 국제연합회원국과의 협의
후에 국내기구와도 체결할 수 있다.
제72조 1. 경제사회이사회는 의장의 선정방법을 포함한 그 자체의 의사규칙을
채택한다.
2. 경제사회이사회는 그 규칙에 따라 필요한 때에 회합하며, 동 규칙은 이사
국 과반수의 요청에 의한 회의소집의 규정을 포함한다.

제11장 비자치지역에 관한 선언

제73조 주민이 아직 완전한 자치를 행할 수 있는 상태에 이르지 못한 지역의
시정(施政)의 책임을 지거나 또는 그 책임을 맡는 국제연합회원국은, 그 지
역 주민의 이익이 가장 중요하다는 원칙을 승인하고, 그 지역주민의 복지를

이 헌장에 의하여 확립된 국제평화와 안전의 체제안에서 최고도로 증진시킬 의무와 이를 위하여 다음을 행할 의무를 신성한 신탁으로서 수락한다.

가. 관계주민의 문화를 적절히 존중함과 아울러 그들의 정치적, 경제적, 사회적 및 교육적 발전, 공정한 대우, 그리고 학대로부터의 보호를 확보한다.

나. 각 지역 및 그 주민의 특수사정과 그들의 서로 다른 발전단계에 따라 자치를 발달시키고, 주민의 정치적 소망을 적절히 고려하며, 또한 주민의 자유로운 정치제도의 점진적 발달을 위하여 지원한다.

다. 국제평화와 안전을 증진한다.

라. 이 조에 규정된 사회적, 경제적 및 과학적 목적을 실제적으로 달성하기 위하여 건설적인 발전조치를 촉진하고 연구를 장려하며 상호간 및 적절한 경우에는 전문적 국제단체와 협력한다.

마. 제12장과 제13장이 적용되는 지역외의 위의 회원국이 각각 책임을 지는 지역에서의 경제적, 사회적 및 교육적 조건에 관한 기술적 성격의 통계 및 다른 정보를, 안전보장과 헌법상의 고려에 따라 필요한 제한을 조건으로 하여, 정보용으로 사무총장에 정기적으로 송부한다.

제74조 국제연합회원국은 이 장이 적용되는 지역에 관한 정책이, 그 본국 지역에 관한 정책과 마찬가지로 세계의 다른 지역의 이익과 복지가 적절히 고려되는 가운데에, 사회적, 경제적 및 상업적 사항에 관하여 선린주의의 일반원칙에 기초하여야 한다는 점에 또한 동의한다.

제12장 국제신탁통치제도

제75조 국제연합은 금후의 개별적 협정에 의하여 이 제도하에 두게 될 수 있는 지역의 시정 및 감독을 위하여 그 권위하에 국제신탁통치제도를 확립한다. 이 지역은 이하 신탁통치지역이라 한다.

제76조 신탁통치제도의 기본적 목적은 이 헌장 제1조에 규정된 국제연합의 목적에 따라 다음과 같다.

가. 국제평화와 안전을 증진하는 것.

나. 신탁통치지역 주민의 정치적, 경제적, 사회적 및 교육적 발전을 촉진하

고, 각 지역 및 그 주민의 특수사정과 관계주민이 자유롭게 표명한 소망에 적합하도록, 그리고 각 신탁통치협정의 조항이 규정하는 바에 따라 자치 또는 독립을 향한 주민의 점진적 발달을 촉진하는 것.

다. 인종, 성별, 언어 또는 종교에 관한 차별 없이 모든 사람을 위한 인권과 기본적 자유에 대한 존중을 장려하고, 전 세계 사람들의 상호의존의 인식을 장려하는 것.

라. 위의 목적의 달성에 영향을 미치지 아니하고 제80조의 규정에 따를 것을 조건으로, 모든 국제연합회원국 및 그 국민을 위하여 사회적, 경제적 및 상업적 사항에 대한 평등한 대우 그리고 또한 그 국민을 위한 사법상의 평등한 대우를 확보하는 것.

제77조 1. 신탁통치제도는 신탁통치협정에 의하여 이 제도하에 두게 될 수 있는 다음과 같은 범주의 지역에 적용된다.

가. 현재 위임통치하에 있는 지역

나. 제2차 세계대전의 결과로서 적국으로부터 분리될 수 있는 지역

다. 시정에 책임을 지는 국가가 자발적으로 그 제도하에 두는 지역

2. 위의 범주안의 어떠한 지역을 어떠한 조건으로 신탁통치제도하에 두게 될 것인가에 관하여는 금후의 협정에서 정한다.

제78조 국제연합회원국간의 관계는 주권평등원칙의 존중에 기초하므로 신탁통치제도는 국제연합회원국이 된 지역에 대하여는 적용하지 아니한다.

제79조 신탁통치제도하에 두게 되는 각 지역에 관한 신탁통치의 조항은, 어떤 변경 또는 개정을 포함하여 직접 관계국에 의하여 합의되며, 제83조 및 제85조에 규정된 바에 따라 승인된다. 이 직접 관계국은 국제연합회원국의 위임통치하에 있는 지역의 경우, 수임국을 포함한다.

제80조 1. 제77조, 제79조 및 제81조에 의하여 체결되고, 각 지역을 신탁통치제도하에 두는 개별적인 신탁통치협정에서 합의되는 경우를 제외하고 그리고 그러한 협정이 체결될 때까지, 이 헌장의 어떠한 규정도 어느 국가 또는 국민의 어떠한 권리, 또는 국제연합회원국이 각기 당사국으로 되는 기존의 국제문서의 조항도 어떠한 방법으로도 변경하는 것으로 직접 또는 간접으로 해석되지 아니한다.

2. 이 조 제1항은 제77조에 규정한 바에 따라 위임통치지역 및 기타지역을

신탁통치제도하에 두기 위한 협정의 교섭 및 체결의 지체 또는 연기를 위한 근거를 부여하는 것으로 해석되지 아니한다.

제81조 신탁통치협정은 각 경우에 있어 신탁통치지역을 시정하는 조건을 포함하며, 신탁통치지역의 시정을 행할 당국을 지정한다. 그러한 당국은 이하 시정권자라 하며 1 또는 그 이상의 국가, 또는 기구 자체일 수 있다.

제82조 어떠한 신탁통치협정에 있어서도 제43조에 의하여 체결되는 특별 협정을 해하지 아니하고 협정이 적용되는 신탁통치지역의 일부 또는 전부를 포함하는 1 또는 그 이상의 전략지역을 지정할 수 있다.

제83조 1. 전략지역에 관한 국제연합의 모든 임무는 신탁통치협정의 조항과 그 변경 또는 개정의 승인을 포함하여 안전보장이사회가 행한다.

2. 제76조에 규정된 기본목적은 각 전략지역의 주민에 적용된다.

3. 안전보장이사회는, 신탁통치협정의 규정에 따를 것을 조건으로 또한 안전보장에 대한 고려에 영향을 미치지 아니하고, 전략지역에서의 정치적, 경제적, 사회적 및 교육적 사항에 관한 신탁통치제도하의 국제연합의 임무를 수행하기 위하여 신탁통치이사회의 원조를 이용한다.

제84조 신탁통치지역이 국제평화와 안전유지에 있어 그 역할을 하는 것을 보장하는 것이 시정권자의 의무이다. 이 목적을 위하여, 시정권자는 이점에 관하여 시정권자가 안전보장이사회에 대하여 부담하는 의무를 이행함에 있어서 또한 지역적 방위 및 신탁통치지역 안에서의 법과 질서의 유지를 위하여 신탁통치지역의 의용군, 편의 및 원조를 이용할 수 있다.

제85조 1. 전략지역으로 지정되지 아니한 모든 지역에 대한 신탁통치협정과 관련하여 국제연합의 임무는, 신탁통치협정의 조항과 그 변경 또는 개정의 승인을 포함하여, 총회가 수행한다.

2. 총회의 권위하에 운영되는 신탁통치이사회는 이러한 임무의 수행에 있어 총회를 원조한다.

제13장 신탁통치이사회

구 성

제86조 1. 신탁통치이사회는 다음의 국제연합회원국으로 구성한다.

　가. 신탁통치지역을 시정하는 회원국

　나. 신탁통치지역을 시정하지 아니하나 제23조에 국명이 언급된 회원국

　다. 총회에 의하여 3년의 임기로 선출된 다른 회원국. 그 수는 신탁통치이사회의 이사국의 총수를 신탁통치지역을 시정하는 국제연합회원국과 시정하지 아니하는 회원국간에 균분하도록 확보하는 데 필요한 수로 한다.

　2. 신탁통치이사회의 각 이사국은 이사회에서 자국을 대표하도록 특별한 자격을 가지는 1인을 지명한다.

　임무와 권한 제87조 총회와, 그 권위하의 신탁통치이사회는 그 임무를 수행함에 있어 다음을 할 수 있다.

　가. 시정권자가 제출하는 보고서를 심의하는 것

　나. 청원의 수리 및 시정권자와 협의하여 이를 심사하는 것

　다. 시정권자와 합의한 때에 각 신탁통치지역을 정기적으로 방문하는 것

　라. 신탁통치협정의 조항에 따라 이러한 조치 및 다른 조치를 취하는 것

제88조 신탁통치이사회는 각 신탁통치지역 주민의 정치적, 경제적, 사회적 및 교육적 발전에 질문서를 작성하며, 또한 총회의 권능안에 있는 각 신탁통치지역의 시정권자는 그러한 질문서에 기초하여 총회에 연례보고를 행한다.

표 결

제89조 1. 신탁통치이사회의 각 이사국은 1개의 투표권을 가진다.

　2. 신탁통치이사회의 결정은 출석하여 투표하는 이사국의 과반수로 한다.

절 차

제90조 1. 신탁통치이사회는 의장 선출방식을 포함한 그 자체의 의사규칙을 채택한다.

　2. 신탁통치이사회는 그 규칙에 따라 필요한 경우 회합하며, 그 규칙은 이사

국 과반수의 요청에 의한 회의의 소집에 관한 규정을 포함한다.

제91조 신탁통치이사회는 적절한 경우 경제사회이사회 그리고 전문기구가 각각 관련된 사항에 관하여 전문기구의 원조를 이용한다.

제14장 국제사법재판소

제92조 국제사법재판소는 국제연합의 주요한 사법기관이다. 재판소는 부속된 규정에 따라 임무를 수행한다. 이 규정은 상설국제사법재판소 규정에 기초하며, 이 헌장의 불가분의 일부를 이룬다.

제93조 1. 모든 국제연합회원국은 국제사법재판소 규정의 당연 당사국이다.

2. 국제연합회원국이 아닌 국가는 안전보장이사회의 권고에 의하여 총회가 각 경우에 결정하는 조건으로 국제사법재판소 규정의 당사국이 될 수 있다.

제94조 1. 국제연합의 각 회원국은 자국이 당사자가 되는 어떤 사건에 있어서도 국제사법재판소의 결정에 따를 것을 약속한다.

2. 사건의 당사자가 재판소가 내린 판결에 따라 자국이 부담하는 의무를 이행하지 아니하는 경우에는 타방의 당사자는 안전보장이사회에 제소할 수 있다. 안전보장이사회는 필요하다고 인정하는 경우 판결을 집행하기 위하여 권고하거나 취하여야 할 조치를 결정할 수 있다.

제95조 이 헌장의 어떠한 규정도 국제연합회원국이 그들 간의 분쟁의 해결을 이미 존재하거나 장래에 체결될 협정에 의하여 다른 법원에 의뢰하는 것을 방해하지 아니한다.

제96조 1. 총회 또는 안전보장이사회는 어떠한 법적 문제에 관하여도 권고적 의견을 줄 것을 국제사법재판소에 요청할 수 있다.

2. 총회에 의하여 그러한 권한이 부여될 수 있는 국제연합의 다른 기관 및 전문기구도 언제든지 그 활동범위 안에서 발생하는 법적 문제에 관하여 재판소의 권고적 의견을 또한 요청할 수 있다.

제15장 사무국

제97조 사무국은 1인의 사무총장과 기구가 필요로 하는 직원으로 구성한다. 사
무총장은 안전보장이사회의 권고로 총회가 임명한다. 사무총장은 기구의 수
석행정직원이다.

제98조 사무총장은 총회, 안전보장이사회, 경제사회이사회 및 신탁통치 이사회
의 모든 회의에 사무총장의 자격으로 활동하며, 이러한 기관에 의하여 그에
게 위임된 다른 임무를 수행한다. 사무총장은 기구의 사업에 관하여 총회에
연례보고를 한다.

제99조 사무총장은 국제평화와 안전의 유지를 위협한다고 그 자신이 인정하는
어떠한 사항에도 안전보장이사회의 주의를 환기할 수 있다.

제100조 1. 사무총장과 직원은 그들의 임무수행에 있어서 어떠한 정부 또는 기
구외의 어떠한 다른 당국으로부터도 지시를 구하거나 받지 아니한다. 사
무총장과 직원은 기구에 대하여만 책임을 지는 국제공무원으로서의 지위
를 손상할 우려가 있는 어떠한 행동도 삼간다.

2. 각 국제연합회원국은 사무총장 및 직원의 책임의 전적으로 국제적인 성격
을 존중할 것과 그들의 책임수행에 있어서 그들에게 영향을 행사하려 하
지 아니할 것을 약속한다.

제101조 1. 직원은 총회가 정한 규칙에 따라 사무총장에 의하여 임명된다.

2. 경제사회이사회, 신탁통치이사회 그리고 필요한 경우에는 국제연합의 다
른 기관에 적절한 직원이 상임으로 배속된다. 이 직원은 사무국의 일부를
구성한다.

3. 직원의 고용과 근무조건의 결정에 있어서 가장 중요한 고려사항은 최고수
준의 능률, 능력 및 성실성을 확보할 필요성이다. 가능한 한 광범위한 지
리적 기초에 근거하여 직원을 채용하는 것의 중요성에 관하여 적절히 고
려한다.

제16장 잡칙

제102조 1. 이 헌장이 발효한 후 국제연합회원국이 체결하는 모든 조약과 모든
　　　국제협정은 가능한 한 신속히 사무국에 등록되고 사무국에 의하여 공표된
　　　다.

　　2. 이 조 제1항의 규정에 따라 등록되지 아니한 조약 또는 국제협정의 당사
　　　국은 국제연합의 어떠한 기관에 대하여도 그 조약 또는 협정을 원용할 수
　　　없다.

제103조 국제연합회원국의 헌장상의 의무와 다른 국제협정상의 의무가 상충되
　　　는 경우에는 이 헌장상의 의무가 우선한다.

제104조 기구는 그 임무의 수행과 그 목적의 달성을 위하여 필요한 법적 능력
　　　을 각 회원국의 영역 안에서 향유한다.

제105조 1. 기구는 그 목적의 달성에 필요한 특권 및 면제를 각 회원국의 영역
　　　안에서 향유한다.

　　2. 국제연합회원국의 대표 및 기구의 직원은 기구와 관련된 그들의 임무를
　　　독립적으로 수행하기 위하여 필요한 특권과 면제를 마찬가지로 향유한다.

　　3. 총회는 이 조 제1항 및 제2항의 적용세칙을 결정하기 위하여 권고하거나
　　　이 목적을 위하여 국제연합회원국에게 협약을 제안할 수 있다.

제17장 과도적 안전보장조치

제106조 안전보장이사회가 제42조상의 책임의 수행을 개시할 수 있다고 인정
　　　하는 제43조에 규정된 특별협정이 발효할 때까지, 1943년 10월 30일에 모스
　　　크바에서 서명된 4개국 선언의 당사국 및 불란서는 그 선언 제5항의 규정에
　　　따라 국제평화와 안전의 유지를 위하여 필요한 공동조치를 기구를 대신하여
　　　취하기 위하여 상호간 및 필요한 경우 다른 국제연합회원국과 협의한다.

제107조 이 헌장의 어떠한 규정도 제2차 세계대전중 이 헌장 서명국의 적이었
　　　던 국가에 관한 조치로서, 그러한 조치에 대하여 책임을 지는 정부가 그 전
　　　쟁의 결과로서 취하였거나 허가한 것을 무효로 하거나 배제하지 아니한다.

제18장 개정

제108조 이 헌장의 개정은 총회 구성국의 3분의 2의 투표에 의하여 채택되고, 안전보장이사회의 모든 상임이사국을 포함한 국제연합회원국의 3분의 2에 의하여 각자의 헌법상 절차에 따라 비준되었을 때, 모든 국제연합회원국에 대하여 발효한다.

제109조 1. 이 헌장을 재심의하기 위한 국제연합회원국 전체회의는 총회 구성국의 3분의 2의 투표와 안전보장이사회의 9개 이사국의 투표에 의하여 결정되는 일자 및 장소에서 개최될 수 있다. 각 국제연합회원국은 이 회의에서 1개의 투표권을 가진다.

2. 이 회의의 3분의 2의 투표에 의하여 권고된 이 헌장의 어떠한 변경도, 안전보장이사회의 모든 상임이사국을 포함한 국제연합회원국의 3분의 2에 의하여 그들 각자의 헌법상 절차에 따라 비준되었을 때 발효한다.

3. 그러한 회의가 이 헌장의 발효 후 총회의 제10차 연례회기까지 개최되지 아니하는 경우에는 그러한 회의를 소집하는 제안이 총회의 동 회기의 의제에 포함되어야 하며, 회의는 총회 구성국의 과반수의 투표와 안전보장이사회의 7개 이사국의 투표에 의하여 결정되는 경우에 개최된다.

제19장 비준 및 서명

제110조 1. 이 헌장은 서명국에 의하여 그들 각자의 헌법상 절차에 따라 비준된다.

2. 비준서는 미합중국 정부에 기탁되며, 동 정부는 모든 서명국과 기구의 사무총장이 임명된 경우에는 사무총장에게 각 기탁을 통고한다.

3. 이 헌장은 중화민국, 불란서, 소비에트사회주의공화국연방, 영국과 미합중국 및 다른 서명국의 과반수가 비준서를 기탁한 때에 발효한다. 비준서 기탁 의정서는 발효시 미합중국 정부가 작성하여 그 등본을 모든 서명국에 송부한다.

4. 이 헌장이 발효한 후에 이를 비준하는 이 헌장의 서명국은 각자의 비준서

기탁일에 국제연합의 원회원국이 된다.

제111조 중국어, 불어, 러시아어, 영어 및 스페인어본이 동등하게 정본인 이 헌장은 미합중국 정부의 문서보관소에 기탁된다. 이 헌장의 인증등본은 동 정부가 다른 서명국 정부에 송부한다.

이상의 증거로서, 연합국 정부의 대표들은 이 헌장에 서명하였다.

1945년 6월 26일 샌프란시스코시에서 작성하였다.

3. 조약법에 관한 비엔나 협약(1969.05.23)
VIENNA CONVENTION ON THE LAW OF TREATIES SIGNED AT VIENNA 23 May 1969

ENTRY INTO FORCE: 27 January 1980

The States Parties to the present Convention Considering the fundamental role of treaties in the history of international relations, Recognizing the ever-increasing importance of treaties as a source of international law and as a means of developing peaceful co-operation among nations, whatever their constitutional and social systems, Noting that the principles of free consent and of good faith and the pacta sunt servanda rule are universally recognized, Affirming that disputes concerning treaties, like other international disputes, should be settled by peaceful means and in conformity with the principles of justice and international law, Recalling the determination of the peoples of the United Nations to establish conditions under which justice and respect for the obligations arising from treaties can be maintained, Having in mind the principles of international law embodied in the Charter of the United Nations, such as the principles of the equal rights and self-determination of peoples, of the sovereign equality and independence of all States, of non-interference in the domestic affairs of States, of the prohibition of the threat or use of force and of universal respect for, and observance of, human rights and fundamental freedoms for all, Believing that the codification and progressive development of the law of treaties achieved in the present Convention will promote the purposes of the United Nations set forth in the Charter, namely, the maintenance of international peace and security, the development of friendly relations and the achievement of co-operation among nations, Affirming that the rules of customary international law will continue to govern questions not regulated by the provisions of the present Convention, Have agreed as follows:

PART I. INTRODUCTION

Article 1. Scope of the present Convention
The present Convention applies to treaties between States.

Article 2. Use of terms
1. For the purposes of the present Convention:
   (a) 'treaty' means an international agreement concluded between States in written form and governed by international law, whether embodied in a single instrument or in two or more related instruments and whatever its particular designation;
   (b) 'ratification', 'acceptance', 'approval' and 'accession' mean in each case the international act so named whereby a State establishes on the international plane its consent to be bound by a treaty;
   (c) 'full powers' means a document emanating from the competent authority of a State designating a person or persons to represent the State for negotiating, adopting or authenticating the text of a treaty, for expressing the consent of the State to be bound by a treaty, or for accomplishing any other act with respect to a treaty;
   (d) 'reservation' means a unilateral statement, however phrased or named, made by a State, when signing, ratifying, accepting, approving or acceding to a treaty, whereby it purports to exclude or to modify the legal effect of certain provisions of the treaty in their application to that State;
   (e) 'negotiating State' means a State which took part in the drawing up and adoption of the text of the treaty;

(f) 'contracting State' means a State which has consented to be bound by the treaty, whether or not the treaty has entered into force;

(g) 'party' means a State which has consented to be bound by the treaty and for which the treaty is in force;

(h) 'third State' means a State not a party to the treaty;

(i) 'international organization' means an intergovernmental organization.

2. The provisions of paragraph 1 regarding the use of terms in the present Convention are without prejudice to the use of those terms or to the meanings which may be given to them in the internal law of any State.

Article 3. International agreements not within the scope of the present Convention

The fact that the present Convention does not apply to international agreements concluded between States and other subjects of international law or between such other subjects of international law, or to international agreements not in written form, shall not affect:

(a) the legal force of such agreements;

(b) the application to them of any of the rules set forth in the present Convention to which they would be subject under international law independently of the Convention;

(c) the application of the Convention to the relations of States as between themselves under international agreements to which other subjects of international law are also parties.

Article 4. Non-retroactivity of the present Convention

Without prejudice to the application of any rules set forth in the present Convention to which treaties would be subject under international law independently of the Convention, the Convention applies only to treaties which are concluded by States after the entry into force of the present Convention with regard to such States.

Article 5. Treaties constituting international organizations and treaties adopted within an international organization

The present Convention applies to any treaty which is the constituent instrument of an international organization and to any treaty adopted within an international organization without prejudice to any relevant rules of the organization.

PART II. CONCLUSION AND ENTRY INTO FORCE OF TREATIES

SECTION 1. CONCLUSION OF TREATIES

Article 6. Capacity of States to conclude treaties

Every State possesses capacity to conclude treaties.

Article 7. Full powers

1. A person is considered as representing a State for the purpose of adopting or authenticating the text of a treaty or for the purpose of expressing the consent of the State to be bound by a treaty if:

   (a) he produces appropriate full powers; or

   (b) it appears from the practice of the States concerned or from other circumstances that their intention was to consider that person as representing the State for such purposes and to dispense with full powers.

2. In virtue of their functions and without having to produce full powers, the following are considered as representing their State:

   (a) Heads of State, Heads of Government and Ministers for Foreign Affairs, for the purpose of performing all acts relating to the conclusion of a treaty;

   (b) heads of diplomatic missions, for the purpose of adopting the text of a treaty between the accrediting State and the State to which they are accredited;

   (c) representatives accredited by States to an international conference or to an international organization or one of its organs, for the purpose of adopting the text of a treaty in that conference, organization or organ.

Article 8. Subsequent confirmation of an act performed without authorization

An act relating to the conclusion of a treaty performed by a person who cannot be considered under article 7 as authorized to represent a State for that purpose is without legal effect unless afterwards confirmed by that State.

Article 9. Adoption of the text

1. The adoption of the text of a treaty takes place by the consent of all the States participating in its drawing up except as provided in paragraph 2.
2. The adoption of the text of a treaty at an international conference takes place by the vote of two-thirds of the States present and voting, unless by the same majority they shall decide to apply a different rule.

Article 10. Authentication of the text

The text of a treaty is established as authentic and definitive:

(a) by such procedure as may be provided for in the text or agreed upon by the States participating in its drawing up; or
(b) failing such procedure, by the signature, signature ad referendum or initialling by the representatives of those States of the text of the treaty or of the Final Act of a conference incorporating the text.

Article 11. Means of expressing consent to be bound by a treaty

The consent of a State to be bound by a treaty may be expressed by signature, exchange of instruments constituting a treaty, ratification, acceptance, approval or accession, or by any other means if so agreed.

Article 12. Consent to be bound by a treaty expressed by signature

1. The consent of a State to be bound by a treaty is expressed by the signature of its representative when:

(a) the treaty provides that signature shall have that effect;

(b) it is otherwise established that the negotiating States were agreed that signature should have that effect; or

(c) the intention of the State to give that effect to the signature appears from the full powers of its representative or was expressed during the negotiation.

2. For the purposes of paragraph 1:

(a) the initialling of a text constitutes a signature of the treaty when it is established that the negotiating States so agreed;

(b) the signature ad referendum of a treaty by a representative, if confirmed by his State, constitutes a full signature of the treaty.

Article 13. Consent to be bound by a treaty expressed by an exchange of instruments constituting a treaty

The consent of States to be bound by a treaty constituted by instruments exchanged between them is expressed by that exchange when:

(a) the instruments provide that their exchange shall have that effect; or

(b) it is otherwise established that those States were agreed that the exchange of instruments should have that effect

Article 14. Consent to be bound by a treaty expressed by ratification, acceptance or approval

1. The consent of a State to be bound by a treaty is expressed by ratification when:

(a) the treaty provides for such consent to be expressed by means of ratification;

(b) it is otherwise established that the negotiating States were agreed that ratification should be required;

(c) the representative of the State has signed the treaty subject to ratification; or

(d) the intention of the State to sign the treaty subject to ratification appears from the full powers of its representative or was expressed during the negotiation.

2. The consent of a State to be bound by a treaty is expressed by acceptance or approval under conditions similar to those which apply to ratification.

Article 15. Consent to be bound by a treaty expressed by accession
The consent of a State to be bound by a treaty is expressed by accession when:
   (a) the treaty provides that such consent may be expressed by that State by means of accession;
   (b) it is otherwise established that the negotiating States were agreed that such consent may be expressed by that State by means of accession; or
   (c) all the parties have subsequently agreed that such consent may be expressed by that State by means of accession.

Article 16. Exchange or deposit of instruments of ratification, acceptance, approval or accession
Unless the treaty otherwise provides, instruments of ratification, acceptance, approval or accession establish the consent of a State to be bound by a treaty upon:
   (a) their exchange between the contracting States;
   (b) their deposit with the depositary; or
   (c) their notification to the contracting States or to the depositary, if 50 agreed.

Article 17. Consent to be bound by part of a treaty and choice of differing provisions
1. Without prejudice to articles 19 to 23, the consent of a State to be bound by part of a treaty is effective only if the treaty so permits or the other contracting States so agree.
2. The consent of a State to be bound by a treaty which permits a choice between differing provisions is effective only if it is made clear to which of the provisions the consent relates.

Article 18. Obligation not to defeat the object and purpose of a treaty prior to its entry into force
A State is obliged to refrain from acts which would defeat the object and purpose of a treaty when:
   (a) it has signed the treaty or has exchanged instruments constituting the treaty

subject to ratification, acceptance or approval, until it shall have made its intention clear not to become a party to the treaty; or

(b) it has expressed its consent to be bound by the treaty, pending the entry into force of the treaty and provided that such entry into force is not unduly delayed.

SECTION 2. RESERVATIONS

Article 19. Formulation of reservations

A State may, when signing, ratifying, accepting, approving or acceding to a treaty, formulate a reservation unless:

(a) the reservation is prohibited by the treaty;

(b) the treaty provides that only specified reservations, which do not include the reservation in question, may be made; or

(c) in cases not falling under sub-paragraphs (a) and (b), the reservation is incompatible with the object and purpose of the treaty.

Article 20. Acceptance of and objection to reservations

1. A reservation expressly authorized by a treaty does not require any subsequent acceptance by the other contracting States unless the treaty so provides.

2. When it appears from the limited number of the negotiating States and the object and purpose of a treaty that the application of the treaty in its entirety between all the parties is an essential condition of the consent of each one to be bound by the treaty, a reservation requires acceptance by all the parties.

3. When a treaty is a constituent instrument of an international organization and unless it otherwise provides, a reservation requires the acceptance of the competent organ of that organization.

4. In cases not falling under the preceding paragraphs and unless the treaty otherwise provides:

(a) acceptance by another contracting State of a reservation constitutes the reserving

State a party to the treaty in relation to that other State if or when the treaty is in force for those States;

(b) an objection by another contracting State to a reservation does not preclude the entry into force of the treaty as between the objecting and reserving States unless a contrary intention is definitely expressed by the objecting State;

(c) an act expressing a State's consent to be bound by the treaty and containing a reservation is effective as soon as at least one other contracting State has accepted the reservation.

5. For the purposes of paragraphs 2 and 4 and unless the treaty otherwise provides, a reservation is considered to have been accepted by a State if it shall have raised no objection to the reservation by the end of a period of twelve months after it was notified of the reservation or by the date on which it expressed its consent to be bound by the treaty, whichever is later.

Article 21. Legal effects of reservations and of objections to reservations

1. A reservation established with regard to another party in accordance with articles 19, 20 and 23:

(a) modifies for the reserving State in its relations with that other party the provisions of the treaty to which the reservation relates to the extent of the reservation; and

(b) modifies those provisions to the same extent for that other party in its relations with the reserving State.

2. The reservation does not modify the provisions of the treaty for the other parties to the treaty inter se.

3. When a State objecting to a reservation has not opposed the entry into force of the treaty between itself and the reserving State, the provisions to which the reservation relates do not apply as between the two States to the extent of the reservation.

Article 22. Withdrawal of reservations and of objections to reservations

1. Unless the treaty otherwise provides, a reservation may be withdrawn at any time and the consent of a State which has accepted the reservation is not required for its withdrawal.

2. Unless the treaty otherwise provides, an objection to a reservation may be withdrawn at any time.

3. Unless the treaty otherwise provides, or it is otherwise agreed:

   (a) the withdrawal of a reservation becomes operative in relation to another contracting State only when notice of it has been received by that State;

   (b) the withdrawal of an objection to a reservation becomes operative only when notice of it has been received by the State which formulated the reservation.

Article 23. Procedure regarding reservations

1. A reservation, an express acceptance of a reservation and an objection to a reservation must be formulated in writing and communicated to the contracting States and other States entitled to become parties to the treaty.

2. If formulated when signing the treaty subject to ratification, acceptance or approval, a reservation must be formally confirmed by the reserving State when expressing its consent to be bound by the treaty. In such a case the reservation shall be considered as having been made on the date of its confirmation.

3. An express acceptance of, or an objection to, a reservation made previously to confirmation of the reservation does not itself require confirmation.

4. The withdrawal of a reservation or of an objection to a reservation must be formulated in writing.

SECTION 3. ENTRY INTO FORCE AND PROVISIONAL APPLICATION OF TREATIES

Article 24. Entry into force

1. A treaty enters into force in such manner and upon such date as it may provide or as the negotiating States may agree.

2. Failing any such provision or agreement, a treaty enters into force as soon as consent to be bound by the treaty has been established for all the negotiating States.

3. When the consent of a State to be bound by a treaty is established on a date after the treaty has come into force, the treaty enters into force for that State on that date, unless the treaty otherwise provides.

4. The provisions of a treaty regulating the authentication of its text, the establishment of the consent of States to be bound by the treaty, the manner or date of its entry into force, reservations, the functions of the depositary and other matters arising necessarily before the entry into force of the treaty apply from the time of the adoption of its text.

Article 25. Provisional application

1. A treaty or a part of a treaty is applied provisionally pending its entry into force if:
   (a) the treaty itself so provides; or
   (b) the negotiating States have in some other manner so agreed.

2. Unless the treaty otherwise provides or the negotiating States have otherwise agreed, the provisional application of a treaty or a part of a treaty with respect to a State shall be terminated if that State notifies the other States between which the treaty is being applied provisionally of its intention not to become a party to the treaty.

PART III. OBSERVANCE, APPLICATION AND INTERPRETATION OF TREATIES

SECTION 1. OBSERVANCE OF TREATIES

Article 26. Pacta sunt servanda

Every treaty in force is binding upon the parties to it and must be performed by them in good faith.

Article 27. Internal law and observance of treaties

A party may not invoke the provisions of its internal law as justification for its failure to perform a treaty. This rule is without prejudice to article 46.

SECTION 2. APPLICATION OF TREATIES

Article 28. Non-retroactivity of treaties

Unless a different intention appears from the treaty or is otherwise established, its provisions do not bind a party in relation to any act or fact which took place or any situation which ceased to exist before the date of the entry into force of the treaty with respect to that party.

Article 29. Territorial scope of treaties

Unless a different intention appears from the treaty or is otherwise established, a treaty is binding upon each party in respect of its entire territory.

Article 30. Application of successive treaties relating to the same subject-matter

1. Subject to Article 103 of the Charter of the United Nations, the rights and obligations of States parties to successive treaties relating to the same subject-matter shall be determined in accordance with the following paragraphs.

2. When a treaty specifies that it is subject to, or that it is not to be considered as incompatible with, an earlier or later treaty, the provisions of that other treaty prevail.

3. When all the parties to the earlier treaty are parties also to the later treaty but the earlier treaty is not terminated or suspended in operation under article 59, the earlier treaty applies only to the extent that its provisions are compatible with those of the latter treaty.

4. When the parties to the later treaty do not include all the parties to the earlier one:

(a) as between States parties to both treaties the same rule applies as in paragraph 3;

(b) as between a State party to both treaties and a State party to only one of the treaties, the treaty to which both States are parties governs their mutual rights and obligations.

5. Paragraph 4 is without prejudice to article 41, or to any question of the termination or suspension of the operation of a treaty under article 60 or to any question of responsibility which may arise for a State from the conclusion or application of a treaty, the provisions of which are incompatible with its obligations towards another State under another treaty.

SECTION 3. INTERPRETATION OF TREATIES

Article 31. General rule of interpretation

1. A treaty shall be interpreted in good faith in accordance with the ordinary meaning to be given to the terms of the treaty in their context and in the light of its object and purpose.

2. The context for the purpose of the interpretation of a treaty shall comprise, in addition to the text, including its preamble and annexes:

(a) any agreement relating to the treaty which was made between all the parties in connexion with the conclusion of the treaty;

(b) any instrument which was made by one or more parties in connexion with the conclusion of the treaty and accepted by the other parties as an instrument related to the treaty.

3. There shall be taken into account, together with the context:

(a) any subsequent agreement between the parties regarding the interpretation of the treaty or the application of its provisions;

(b) any subsequent practice in the application of the treaty which establishes the agreement of the parties regarding its interpretation;

(c) any relevant rules of international law applicable in the relations between the parties.

4. A special meaning shall be given to a term if it is established that the parties so intended.

Article 32. Supplementary means of interpretation

Recourse may be had to supplementary means of interpretation, including the preparatory work of the treaty and the circumstances of its conclusion, in order to confirm the meaning resulting from the application of article 31, or to determine the meaning when the interpretation according to article 31:

   (a) leaves the meaning ambiguous or obscure; or

   (b) leads to a result which is manifestly absurd or unreasonable.

Article 33. Interpretation of treaties authenticated in two or more languages

1. When a treaty has been authenticated in two or more languages, the text is equally authoritative in each language, unless the treaty provides or the parties agree that, in case of divergence, a particular text shall prevail.

2. A version of the treaty in a language other than one of those in which the text was authenticated shall be considered an authentic text only if the treaty so provides or the parties so agree.

3. The terms of the treaty are presumed to have the same meaning in each authentic text.

4. Except where a particular text prevails in accordance with paragraph 1, when a comparison of the authentic texts discloses a difference of meaning which the application of articles 31 and 32 does not remove, the meaning which best reconciles the texts, having regard to the object and purpose of the treaty, shall be adopted.

SECTION 4. TREATIES AND THIRD STATES

Article 34. General rule regarding third States

A treaty does not create either obligations or rights for a third State without its consent.

Article 35. Treaties providing for obligations for third States

An obligation arises for a third State from a provision of a treaty if the parties to the treaty intend the provision to be the means of establishing the obligation and the third State expressly accepts that obligation in writing.

Article 36. Treaties providing for rights for third States

1. A right arises for a third State from a provision of a treaty if the parties to the treaty intend the provision to accord that right either to the third State, or to a group of States to which it belongs, or to all States, and the third State assents thereto. Its assent shall be presumed so long as the contrary is not indicated, unless the treaty otherwise provides.
2. A State exercising a right in accordance with paragraph 1 shall comply with the conditions for its exercise provided for in the treaty or established in conformity with the treaty.

Article 37. Revocation or modification of obligations or rights of third States

1. When an obligation has arisen for a third State in conformity with article 35, the obligation may be revoked or modified only with the consent of the parties to the treaty and of the third State, unless it is established that they had otherwise agreed.
2. When a right has arisen for a third State in conformity with article 36, the right may not be revoked or modified by the parties if it is established that the right was intended not to be revocable or subject to modification without the consent of the third State.

Article 38. Rules in a treaty becoming binding on third States through international custom

Nothing in articles 34 to 37 precludes a rule set forth in a treaty from becoming binding upon a third State as a customary rule of international law, recognized as such.

PART IV. AMENDMENT AND MODIFICATION OF TREATIES

Article 39. General rule regarding the amendment of treaties
A treaty may be amended by agreement between the parties. The rules laid down in Part II apply to such an agreement except in so far as the treaty may otherwise provide.

Article 40. Amendment of multilateral treaties
1. Unless the treaty otherwise provides, the amendment of multilateral treaties shall be governed by the following paragraphs.
2. Any proposal to amend a multilateral treaty as between all the parties must be notified to all the contracting States, each one of which shall have the right to take part in:
   (a) the decision as to the action to be taken in regard to such proposal;
   (b) the negotiation and conclusion of any agreement for the amendment of the treaty.
3. Every State entitled to become a party to the treaty shall also be entitled to become a party to the treaty as amended.
4. The amending agreement does not bind any State already a party to the treaty which does not become a party to the amending agreement; article 30, paragraph 4(b), applies in relation to such State.
5. Any State which becomes a party to the treaty after the entry into force of the amending agreement shall, failing an expression of a different intention by that State:
   (a) be considered as a party to the treaty as amended; and
   (b) be considered as a party to the unamended treaty in relation to any party to the treaty not bound by the amending agreement.

Article 41. Agreements to modify multilateral treaties between certain of the parties only
1. Two or more of the parties to a multilateral treaty may conclude an agreement

to modify the treaty as between themselves alone if:

(a) the possibility of such a modification is provided for by the treaty; or

(b) the modification in question is not prohibited by the treaty and:

(i) does not affect the enjoyment by the other parties of their rights under the treaty or the performance of their obligations;

(ii) does not relate to a provision, derogation from which is incompatible with the effective execution of the object and purpose of the treaty as a whole.

2. Unless in a case falling under paragraph 1(a) the treaty otherwise provides, the parties in question shall notify the other parties of their intention to conclude the agreement and of the modification to the treaty for which it provides.

PART V. INVALIDITY, TERMINATION AND SUSPENSION OF THE OPERATION OF TREATIES

SECTION 1. GENERAL PROVISIONS

Article 42. Validity and continuance in force of treaties

1. The validity of a treaty or of the consent of a State to be bound by a treaty may be impeached only through the application of the present Convention.

2. The termination of a treaty, its denunciation or the withdrawal of a party, may take place only as a result of the application of the provisions of the treaty or of the present Convention. The same rule applies to suspension of the operation of a treaty.

Article 43. Obligations imposed by international law independently of a treaty

The invalidity, termination or denunciation of a treaty, the withdrawal of a party from it, or the suspension of its operation, as a result of the application of the present Convention or of the provisions of the treaty, shall not in any way impair the duty of any State to fulfil any obligation embodied in the treaty to which it would be subject under international law independently of the treaty.

Article 44. Separability of treaty provisions

1. A right of a party, provided for in a treaty or arising under article 56, to denounce, withdraw from or suspend the operation of the treaty may be exercised only with respect to the whole treaty unless the treaty otherwise provides or the parties otherwise agree.

2. A ground for invalidating, terminating, withdrawing from or suspending the operation of a treaty recognized in the present Convention may be invoked only with respect to the whole treaty except as provided in the following paragraphs or in article 60.

3. If the ground relates solely to particular clauses, it may be invoked only with respect to those clauses where:

   (a) the said clauses are separable from the remainder of the treaty with regard to their application;

   (b) it appears from the treaty or is otherwise established that acceptance of those clauses was not an essential basis of the consent of the other party or parties to be bound by the treaty as a whole; and

   (c) continued performance of the remainder of the treaty would not be unjust.

4. In cases falling under articles 49 and 50 the State entitled to invoke the fraud or corruption may do so with respect either to the whole treaty or, subject to paragraph 3, to the particular clauses alone.

5. In cases falling under articles 51, 52 and 53, no separation of the provisions of the treaty is permitted.

Article 45. Loss of a right to invoke a ground for invalidating, terminating, withdrawing from or suspending the operation of a treaty

A State may no longer invoke a ground for invalidating, terminating, withdrawing from or suspending the operation of a treaty under articles 46 to 50 or articles 60 and 62 if, after becoming aware of the facts:

(a) it shall have expressly agreed that the treaty is valid or remains in force or continues in operation, as the case may be; or

(b) it must by reason of its conduct be considered as having acquiesced in the validity of the treaty or in its maintenance in force or in operation, as the case may be.

SECTION 2. INVALIDITY OF TREATIES

Article 46. Provisions of internal law regarding competence to conclude treaties

1. A State may not invoke the fact that its consent to be bound by a treaty has been expressed in violation of a provision of its internal law regarding competence to conclude treaties as invalidating its consent unless that violation was manifest and concerned a rule of its internal law of fundamental importance.

2. A violation is manifest if it would be objectively evident to any State conducting itself in the matter in accordance with normal practice and in good faith.

Article 47. Specific restrictions on authority to express the consent of a State

If the authority of a representative to express the consent of a State to be bound by a particular treaty has been made subject to a specific restriction, his omission to observe that restriction may not be invoked as invalidating the consent expressed by him unless the restriction was notified to the other negotiating States prior to his expressing such consent.

Article 48. Error

1. A State may invoke an error in a treaty as invalidating its consent to be bound by the treaty if the error relates to a fact or situation which was assumed by that State to exist at the time when the treaty was concluded and formed an essential basis of its consent to be bound by the treaty.

2. Paragraph 1 shall not apply if the State in question contributed by its own conduct to the error or if the circumstances were such as to put that State on

notice of a possible error.

3. An error relating only to the wording of the text of a treaty does not affect its validity; article 79 then applies.

Article 49. Fraud

If a State has been induced to conclude a treaty by the fraudulent conduct of another negotiating State, the State may invoke the fraud as invalidating its consent to be bound by the treaty.

Article 50. Corruption of a representative of a State

If the expression of a State's consent to be bound by a treaty has been procured through the corruption of its representative directly or indirectly by another negotiating State, the State may invoke such corruption as invalidating its consent to be bound by the treaty.

Article 51. Coercion of a representative of a State

The expression of a State's consent to be bound by a treaty which has been procured by the coercion of its representative through acts or threats directed against him shall be without any legal effect.

Article 52. Coercion of a State by the threat or use of force

A treaty is void if its conclusion has been procured by the threat or use of force in violation of the principles of international law embodied in the Charter of the United Nations.

Article 53. Treaties conflicting with a peremptory norm of general international law (jus cogens)

A treaty is void if, at the time of its conclusion, it conflicts with a peremptory norm of general international law. For the purposes of the present Convention, a peremptory norm of general international law is a norm accepted and recognized by the international community of States as a whole as a norm from which no derogation is permitted and which can be modified only by a subsequent norm of general international law having the same character.

SECTION 3. TERMINATION AND SUSPENSION OF THE OPERATION OF TREATIES

Article 54. Termination of or withdrawal from a treaty under its provisions or by consent of the parties

The termination of a treaty or the withdrawal of a party may take place:

(a) in conformity with the provisions of the treaty; or

(b) at any time by consent of all the parties after consultation with the other contracting States.

Article 55. Reduction of the parties to a multilateral treaty below the number necessary for its entry into force

Unless the treaty otherwise provides, a multilateral treaty does not terminate by reason only of the fact that the number of the parties falls below the number necessary for its entry into force.

Article 56. Denunciation of or withdrawal from a treaty containing no provision regarding termination, denunciation or withdrawal

1. A treaty which contains no provision regarding its termination and which does not provide for denunciation or withdrawal is not subject to denunciation or withdrawal unless:

(a) it is established that the parties intended to admit the possibility of denunciation or withdrawal; or

(b) a right of denunciation or withdrawal may be implied by the nature of the treaty.

2. A party shall give not less than twelve months' notice of its intention to denounce or withdraw from a treaty under paragraph 1.

Article 57. Suspension of the operation of a treaty under its provisions or by consent
of the parties

The operation of a treaty in regard to all the parties or to a particular party may
be suspended:

(a) in conformity with the provisions of the treaty; or

(b) at any time by consent of all the parties after consultation with the other
contracting States.

Article 58. Suspension of the operation of a multilateral treaty by agreement between
certain of the parties only

1. Two or more parties to a multilateral treaty may conclude an agreement to
suspend the operation of provisions of the treaty, temporarily and as between
themselves alone, if:

(a) the possibility of such a suspension is provided for by the treaty; or

(b) the suspension in question is not prohibited by the treaty and:

(i) does not affect the enjoyment by the other parties of their rights under the
treaty or the performance of their obligations;

(ii) is not incompatible with the object and purpose of the treaty.

2. Unless in a case falling under paragraph 1(a) the treaty otherwise provides, the
parties in question shall notify the other parties of their intention to conclude
the agreement and of those provisions of the treaty the operation of which they
intend to suspend.

Article 59. Termination or suspension of the operation of a treaty implied by conclusion
of a later treaty

1. A treaty shall be considered as terminated if all the parties to it conclude a later
treaty relating to the same subject-matter and:

(a) it appears from the later treaty or is otherwise established that the parties
intended that the matter should be governed by that treaty; or

(b) the provisions of the later treaty are so far incompatible with those of the earlier one that the two treaties are not capable of being applied at the same time.

2. The earlier treaty shall be considered as only suspended in operation if it appears from the later treaty or is otherwise established that such was the intention of the parties.

Article 60. Termination or suspension of the operation of a treaty as a consequence of its breach

1. A material breach of a bilateral treaty by one of the parties entitles the other to invoke the breach as a ground for terminating the treaty or suspending its operation in whole or in part.

2. A material breach of a multilateral treaty by one of the parties entitles:

(a) the other parties by unanimous agreement to suspend the operation of the treaty in whole or in part or to terminate it either:

(i) in the relations between themselves and the defaulting State, or

(ii) as between all the parties;

(b) a party specially affected by the breach to invoke it as a ground for suspending the operation of the treaty in whole or in part in the relations between itself and the defaulting State;

(c) any party other than the defaulting State to invoke the breach as a ground for suspending the operation of the treaty in whole or in part with respect to itself if the treaty is of such a character that a material breach of its provisions by one party radically changes the position of every party with respect to the further performance of its obligations under the treaty.

3. A material breach of a treaty, for the purposes of this article, consists in:

(a) a repudiation of the treaty not sanctioned by the present Convention; or

(b) the violation of a provision essential to the accomplishment of the object or purpose of the treaty.

4. The foregoing paragraphs are without prejudice to any provision in the treaty applicable in the event of a breach.

5. Paragraphs 1 to 3 do not apply to provisions relating to the protection of the human person contained in treaties of a humanitarian character, in particular to provisions prohibiting any form of reprisals against persons protected by such treaties.

Article 61. Supervening impossibility of performance

1. A party may invoke the impossibility of performing a treaty as a ground for terminating or withdrawing from it if the impossibility results from the permanent disappearance or destruction of an object indispensable for the execution of the treaty. If the impossibility is temporary, it may be invoked only as a ground for suspending the operation of the treaty.

2. Impossibility of performance may not be invoked by a party as a ground for terminating, withdrawing from or suspending the operation of a treaty if the impossibility is the result of a breach by that party either of an obligation under the treaty or of any other international obligation owed to any other party to the treaty.

Article 62. Fundamental change of circumstances

1. A fundamental change of circumstances which has occurred with regard to those existing at the time of the conclusion of a treaty, and which was not foreseen by the parties, may not be invoked as a ground for terminating or withdrawing from the treaty unless:

   (a) the existence of those circumstances constituted an essential basis of the consent of the parties to be bound by the treaty; and

   (b) the effect of the change is radically to transform the extent of obligations still to be performed under the treaty.

2. A fundamental change of circumstances may not be invoked as a ground for terminating or withdrawing from a treaty:

   (a) if the treaty establishes a boundary; or

   (b) if the fundamental change is the result of a breach by the party invoking it either of an obligation under the treaty or of any other international obligation owed to any other party to the treaty.

3. If, under the foregoing paragraphs, a party may invoke a fundamental change of circumstances as a ground for terminating or withdrawing from a treaty it may also invoke the change as a ground for suspending the operation of the treaty.

Article 63. Severance of diplomatic or consular relations

The severance of diplomatic or consular relations between parties to a treaty does not affect the legal relations established between them by the treaty except in so far as the existence of diplomatic or consular relations is indispensable for the application of the treaty.

Article 64. Emergence of a new peremptory norm of general international law(jus cogens)

If a new peremptory norm of general international law emerges, any existing treaty which is in conflict with that norm becomes void and terminates.

SECTION 4. PROCEDURE

Article 65. Procedure to be followed with respect to invalidity, termination, withdrawal from or suspension of the operation of a treaty

1. A party which, under the provisions of the present Convention, invokes either a defect in its consent to be bound by a treaty or a ground for impeaching the validity of a treaty, terminating it, withdrawing from it or suspending its operation, must notify the other parties of its claim. The notification shall indicate the measure proposed to be taken with respect to the treaty and the reasons therefor.

2. If, after the expiry of a period which, except in cases of special urgency, shall not be less than three months after the receipt of the notification, no party has raised any objection, the party making the notification may carry out in the manner provided in article 67 the measure which it has proposed.

3. If, however, objection has been raised by any other party, the parties shall seek

a solution through the means indicated in article 33 of the Charter of the United Nations.

4. Nothing in the foregoing paragraphs shall affect the rights or obligations of the parties under any provisions in force binding the parties with regard to the settlement of disputes.

5. Without prejudice to article 45, the fact that a State has not previously made the notification prescribed in paragraph 1 shall not prevent it from making such notification in answer to another party claiming performance of the treaty or alleging its violation.

Article 66. Procedures for judicial settlement, arbitration and conciliation

If, under paragraph 3 of article 65, no solution has been reached within a period of 12 months following the date on which the objection was raised, the following procedures shall be followed:

(a) any one of the parties to a dispute concerning the application or the interpretation of articles 53 or 64 may, by a written application, submit it to the International Court of Justice for a decision unless the parties by common consent agree to submit the dispute to arbitration;

(b) any one of the parties to a dispute concerning the application or the interpretation of any of the other articles in Part V of the present Convention may set in motion the procedure specified in the Annexe to the Convention by submitting a request to that effect to the Secretary-General of the United Nations.

Article 67. Instruments for declaring invalid, terminating, withdrawing from or suspending the operation of a treaty

1. The notification provided for under article 65 paragraph 1 must be made in writing.

2. Any act declaring invalid, terminating, withdrawing from or suspending the operation of a treaty pursuant to the provisions of the treaty or of paragraphs 2 or 3 of article 65 shall be carried out through an instrument communicated to the other parties.

If the instrument is not signed by the Head of State, Head of Government or Minister for Foreign Affairs, the representative of the State communicating it may be called upon to produce full powers.

Article 68. Revocation of notifications and instruments provided for in articles 65 and 67

A notification or instrument provided for in articles 65 or 67 may be revoked at any time before it takes effect.

SECTION 5. CONSEQUENCES OF THE INVALIDITY, TERMINATION OR SUSPENSION OF THE OPERATION OF A TREATY

Article 69. Consequences of the invalidity of a treaty

1. A treaty the invalidity of which is established under the present Convention is void. The provisions of a void treaty have no legal force.
2. If acts have nevertheless been performed in reliance on such a treaty:
   (a) each party may require any other party to establish as far as possible in their mutual relations the position that would have existed if the acts had not been performed;
   (b) acts performed in good faith before the invalidity was invoked are not rendered unlawful by reason only of the invalidity of the treaty.
3. In cases falling under articles 49, 50, 51 or 52, paragraph 2 does not apply with respect to the party to which the fraud, the act of corruption or the coercion is imputable.
4. In the case of the invalidity of a particular State's consent to be bound by a multilateral treaty, the foregoing rules apply in the relations between that State and the parties to the treaty.

Article 70. Consequences of the termination of a treaty

1. Unless the treaty otherwise provides or the parties otherwise agree, the termination

of a treaty under its provisions or in accordance with the present Convention:

(a) releases the parties from any obligation further to perform the treaty;

(b) does not affect any right, obligation or legal situation of the parties created through the execution of the treaty prior to its termination.

2. If a State denounces or withdraws from a multilateral treaty, paragraph 1 applies in the relations between that State and each of the other parties to the treaty from the date when such denunciation or withdrawal takes effect.

Article 71. Consequences of the invalidity of a treaty which conflicts with a peremptory norm of general international law

1. In the case of a treaty which is void under article 53 the parties shall:

(a) eliminate as far as possible the consequences of any act performed in reliance on any provision which conflicts with the peremptory norm of general international law; and

(b) bring their mutual relations into conformity with the peremptory norm of general international law.

2. In the case of a treaty which becomes void and terminates under article 64, the termination of the treaty:

(a) releases the parties from any obligation further to perform the treaty;

(b) does not affect any right, obligation or legal situation of the parties created through the execution of the treaty prior to its termination; provided that those rights, obligations or situations may thereafter be maintained only to the extent that their maintenance is not in itself in conflict with the new peremptory norm of general international law.

Article 72. Consequences of the suspension of the operation of a treaty

1. Unless the treaty otherwise provides or the parties otherwise agree, the suspension of the operation of a treaty under its provisions or in accordance with the present Convention:

(a) releases the parties between which the operation of the treaty is suspended from the obligation to perform the treaty in their mutual relations during the period of the suspension;

(b) does not otherwise affect the legal relations between the parties established by the treaty.

2. During the period of the suspension the parties shall refrain from acts tending to obstruct the resumption of the operation of the treaty.

PART VI. MISCELLANEOUS PROVISIONS

Article 73. Cases of State succession, State responsibility and outbreak of hostilities

The provisions of the present Convention shall not prejudge any question that may arise in regard to a treaty from a succession of States or from the international responsibility of a State or from the outbreak of hostilities between States.

Article 74. Diplomatic and consular relations and the conclusion of treaties

The severance or absence of diplomatic or consular relations between two or more States does not prevent the conclusion of treaties between those States. The conclusion of a treaty does not in itself affect the situation in regard to diplomatic or consular relations.

Article 75. Case of an aggressor State

The provisions of the present Convention are without prejudice to any obligation in relation to a treaty which may arise for an aggressor State in consequence of measures taken in conformity with the Charter of the United Nations with reference to that State's aggression.

PART VII. DEPOSITARIES, NOTIFICATIONS, CORRECTIONS AND REGISTRATION

Article 76. Depositaries of treaties

1. The designation of the depositary of a treaty may be made by the negotiating States, either in the treaty itself or in some other manner. The depositary may be one or more States, an international organization or the chief administrative officer of the organization.

2. The functions of the depositary of a treaty are international in character and the depositary is under an obligation to act impartially in their performance. In particular, the fact that a treaty has not entered into force between certain of the parties or that a difference has appeared between a State and a depositary with regard to the performance of the latter's functions shall not affect that obligation.

Article 77. Functions of depositaries

1. The functions of a depositary, unless otherwise provided in the treaty or agreed by the contracting States, comprise in particular:

   (a) keeping custody of the original text of the treaty and of any full powers delivered to the depositary;

   (b) preparing certified copies of the original text and preparing any further text of the treaty in such additional languages as may be required by the treaty and transmitting them to the parties and to the States entitled to become parties to the treaty;

   (c) receiving any signatures to the treaty and receiving and keeping custody of any instruments, notifications and communications relating to it;

   (d) examining whether the signature or any instrument, notification or communication relating to the treaty is in due and proper form and, if need be, bringing the matter to the attention of the State in question;

   (e) informing the parties and the States entitled to become parties to the treaty of acts, notifications and communications relating to the treaty;

(f) informing the States entitled to become parties to the treaty when the number of signatures or of instruments of ratification, acceptance, approval or accession required for the entry into force of the treaty has been received or deposited;

(g) registering the treaty with the Secretariat of the United Nations;

(h) performing the functions specified in other provisions of the present Convention.

2. In the event of any difference appearing between a State and the depositary as to the performance of the latter's functions, the depositary shall bring the question to the attention of the signatory States and the contracting States or, where appropriate, of the competent organ of the international organization concerned.

Article 78. Notifications and communications

Except as the treaty or the present Convention otherwise provide, any notification or communication to be made by any State under the present Convention shall:

(a) if there is no depositary, be transmitted direct to the States for which it is intended, or if there is a depositary, to the latter;

(b) be considered as having been made by the State in question only upon its receipt by the State to which it was transmitted or, as the case may be, upon its receipt by the depositary;

(c) if transmitted to a depositary, be considered as received by the State for which it was intended only when the latter State has been informed by the depositary in accordance with article 77, paragraph 1 (e).

Article 79. Correction of errors in texts or in certified copies of treaties

1. Where, after the authentication of the text of a treaty, the signatory States and the contracting States are agreed that it contains an error, the error shall, unless they decide upon some other means of correction, be corrected:

(a) by having the appropriate correction made in the text and causing the correction to be initialled by duly authorized representatives;

(b) by executing or exchanging an instrument or instruments setting out the correction which it has been agreed to make; or

(c) by executing a corrected text of the whole treaty by the same procedure as in the case of the original text.

2. Where the treaty is one for which there is a depositary, the latter shall notify the signatory States and the contracting States of the error and of the proposal to correct it and shall specify an appropriate time-limit within which objection to the proposed correction may be raised. If, on the expiry of the time-limit:

(a) no objection has been raised, the depositary shall make and initial the correction in the text and shall execute a procŠs-verbal of the rectification of the text and communicate a copy of it to the parties and to the States entitled to become parties to the treaty;

(b) an objection has been raised, the depositary shall communicate the objection to the signatory States and to the contracting States.

3. The rules in paragraphs 1 and 2 apply also where the text has been authenticated in two or more languages and it appears that there is a lack of concordance which the signatory States and the contracting States agree should be corrected.

4. The corrected text replaces the defective text ab initio, unless the signatory States and the contracting States otherwise decide.

5. The correction of the text of a treaty that has been registered shall be notified to the Secretariat of the United Nations.

6. Where an error is discovered in a certified copy of a treaty, the depositary shall execute a procŠs-verbal specifying the rectification and communicate a copy of it to the signatory States and to the contracting Slates.

Article 80. Registration and publication of treaties

1. Treaties shall, after their entry into force, be transmitted to the Secretariat of the United Nations for registration or filing and recording, as the case may be, and for publication.

2. The designation of a depositary shall constitute authorization for it to perform the acts specified in the preceding paragraph.

PART Ⅷ. FINAL PROVISIONS

Article 81. Signature

The present Convention shall be open for signature by all States Members of the United Nations or of any of the specialized agencies or of the International Atomic Energy Agency or parties to the Statute of the International Court of Justice, and by any other State invited by the General Assembly of the United Nations to become a party to the Convention, as follows: until 30 November 1969, at the Federal Ministry for Foreign Affairs of the Republic of Austria, and subsequently, until 30 April 1970, at United Nations Headquarters, New York.

Article 82. Ratification

The present Convention is subject to ratification. The instruments of ratification shall be deposited with the Secretary-General of the United Nations.

Article 83. Accession

The present Convention shall remain open for accession by any State belonging to any of the categories mentioned in article 81. The instruments of accession shall be deposited with the Secretary-General of the United Nations.

Article 84. Entry into force

1. The present Convention shall enter into force on the thirtieth day following the date of deposit of the thirty-fifth instrument of ratification or accession.
2. For each State ratifying or acceding to the Convention after the deposit of the thirty-fifth instrument of ratification or accession, the Convention shall enter into force on the thirtieth day after deposit by such State of its instrument of ratification or accession.

Article 85. Authentic texts

The original of the present Convention, of which the Chinese, English, French,

Russian and Spanish texts are equally authentic, shall be deposited with the Secretary-General of the United Nations.

IN WITNESS WHEREOF the undersigned Plenipotentiaries, being duly authorized thereto by their respective Governments, have signed the present Convention.

DONE at Vienna, this twenty-third day of May, one thousand nine hundred and sixty-nine.

ANNEX

1. A list of conciliators consisting of qualified jurists shall be drawn up and maintained by the Secretary-General of the United Nations. To this end, every State which is a Member of the United Nations or a party to the present Convention shall be invited to nominate two conciliators, and the names of the persons so nominated shall constitute the list. The term of a conciliator, including that of any conciliator nominated to fill a casual vacancy, shall be five years and may be renewed. A conciliator whose term expires shall continue to fulfil any function for which he shall have been chosen under the following paragraph.

2. When a request has been made to the Secretary-General under article 66, the Secretary-General shall bring the dispute before a conciliation commission constituted as follows:

   The State or States constituting one of the parties to the dispute shall appoint:

   (a) one conciliator of the nationality of that State or of one of those States, who may or may not be chosen from the list referred to in paragraph 1; and

   (b) one conciliator not of the nationality of that State or of any of those States, who shall be chosen from the list.

   The State or States constituting the other party to the dispute shall appoint two conciliators in the same way. The four conciliators chosen by the parties shall be appointed within sixty days following the date on which the Secretary-General receives the request.

The four conciliators shall, within sixty days following the date of the last of their own appointments, appoint a fifth conciliator chosen from the list, who shall be chairman.

If the appointment of the chairman or of any of the other conciliators has not been made within the period prescribed above for such appointment, it shall be made by the Secretary-General within sixty days following the expiry of that period. The appointment of the chairman may be made by the Secretary-General either from the list or from the membership of the International Law Commission. Any of the periods within which appointments must be made may be extended by agreement between the parties to the dispute.

Any vacancy shall be filled in the manner prescribed for the initial appointment.

3. The Conciliation Commission shall decide its own procedure. The Commission, with the consent of the parties to the dispute, may invite any party to the treaty to submit to it its views orally or in writing. Decisions and recommendations of the Commission shall be made by a majority vote of the five members.

4. The Commission may draw the attention of the parties to the dispute to any measures which might facilitate an amicable settlement.

5. The Commission shall hear the parties, examine the claims and objections, and make proposals to the parties with a view to reaching an amicable settlement of the dispute.

6. The Commission shall report within twelve months of its constitution. Its report shall be deposited with the Secretary-General and transmitted to the parties to the dispute. The report of the Commission, including any conclusions stated therein regarding the facts or questions of law, shall not be binding upon the parties and it shall have no other character than that of recommendations submitted for the consideration of the parties in order to facilitate an amicable settlement of the dispute.

7. The Secretary-General shall provide the Commission with such assistance and facilities as it may require. The expenses of the Commission shall be borne by the United Nations.

조약법에 관한 비엔나 협약

이 협약의 당사국은, 국제관계의 역사에 있어서 조약의 근본적 역할을 고려하고, 제국가의 헌법상 및 사회적 제도에 관계없이 국제법의 법원으로서 또한 제국가 간의 평화적 협력을 발전시키는 수단으로서의 조약의 점증하는 중요성을 인정하며, 자유로운 동의와 신의성실의 원칙 및 『약속은 준수하여야 한다』는 규칙이 보편적으로 인정되고 있음에 유의하며, 다른 국제분쟁과 같이 조약에 관한 분쟁은 평화적 수단에 의하여 또한 정의와 국제법의 원칙에 의거하여 해결되어야 함을 확인하며, 정의가 유지되며 또한 조약으로부터 발생하는 의무에 대한 존중이 유지될 수 있는 조건을 확립하고자 하는 국제연합의 제국민의 결의를 상기하며, 제국민의 평등권과 자결, 모든 국가의 주권 평등과 독립, 제국가의 국내문제에 대한 불간섭, 힘의 위협 또는 사용의 금지 및 모든 자의 인권과 기본적 자유에 대한 보편적 존중과 그 준수의 제 원칙 등 국제연합 헌장에 구현된 국제법의 제 원칙에 유념하며, 이 협약 속에 성취된 조약법의 법전화와 점진적 발전은 국제연합헌장에 규정된 국제연합의 제 목적, 즉 국제평화와 안전의 유지, 국가 간의 우호관계의 발전 및 협력의 달성을 촉진할 것임을 확신하며, 관습국제법의 제 규칙은 이 협약의 제 규정에 의하여 규제되지 아니하는 제 문제를 계속 규율할 것임을 확인하여 다음과 같이 합의하였다.

제1부 총강

제1조 (협약의 범위)

이 협약은 국가 간의 조약에 적용된다.

제2조 (용어의 사용)

① 이 협약의 목적상,

  (a) "조약"이라 함은 단일의 문서에 또는 2 또는 그 이상의 관련문서에 구현되고 있는가에 관계없이 또한 그 특정의 명칭에 관계없이, 서면형식으로

국가 간에 체결되며 또한 국제법에 의하여 규율되는 국제적 합의를 의미
한다.

(b) "비준" "수락" "승인" 및 "가입"이라 함은, 국가가 국제적 측면에서 조약에
대한 국가의 기속적 동의를 확정하는 경우에, 각 경우마다 그렇게 불리
는 국제적 행위를 의미한다.

(c) "전권위임장"이라 함은, 조약문을 교섭·채택 또는 정본인증하기 위한 목
적으로 또는 조약에 대한 국가의 기속적 동의를 표시하기 위한 목적으로
또는 조약에 관한 기타의 행위를 달성하기 위한 목적으로, 국가를 대표하
기 위하여 국가의 권한있는 당국이 1 또는 수명을 지정하는 문서를 의미
한다.

(d) "유보"라 함은, 자구 또는 명칭에 관계없이, 조약의 서명·비준·수락·승
인 또는 가입시에, 국가가 그 조약의 일부 규정을 자국에 적용함에 있어
서 그 조약의 일부 규정의 법적효과를 배제하거나 또는 변경시키고자 의
도하는 경우에, 그 국가가 행하는 일방적 성명을 의미한다.

(e) "교섭국"이라 함은 조약문의 작성 및 채택에 참가한 국가를 의미한다.

(f) "체약국"이라 함은, 조약이 효력을 발생하였는지의 여부에 관계없이, 그
조약에 대한 기속적 동의를 부여한 국가를 의미한다.

(g) "당사국"이라 함은 조약에 대한 기속적 동의를 부여하였으며 또한 그에
대하여 그 조약이 발효하고 있는 국가를 의미한다.

(h) "제3국"이라 함은 조약의 당사국이 아닌 국가를 의미한다.

(i) "국제기구"라 함은 정부간 기구를 의미한다.

② 이 협약에 있어서 용어의 사용에 관한 상기 1항의 규정은 어느 국가의 국내
법상 그러한 용어의 사용 또는 그러한 용어에 부여될 수 있는 의미를 침해
하지 아니한다.

제3조 (이 협약의 범위에 속하지 아니하는 국제적 합의)
국가와 국제법의 다른 주체 간 또는 국제법의 그러한 다른 주체 간에 체결되는
국제적 합의, 또는 서면형식에 의하지 아니한 국제적 합의에 대하여, 이 협약
이 적용되지 아니한다는 사실은 다음의 것에 영향을 주지 아니한다.

(a) 그러한 합의의 법적 효력.

(b) 이 협약과는 별도로 국제법에 따라 그러한 합의가 복종해야 하는 이 협약상의 규칙을 그러한 합의에 적용하는 것.

(c) 다른 국제법 주체도 당사자인 국제적 합의에 따라 그러한 국가 간에서 그들의 관계에 이 협약을 적용하는 것.

제4조 (협약의 불소급)

이 협약과는 별도로 국제법에 따라 조약이 복종해야 하는 이 협약상의 규칙의 적용을 침해함이 없이, 이 협약은 그 발효 후에 국가에 의하여 체결되는 조약에 대해서만 그 국가에 대하여 적용된다.

제5조 (국제기구를 성립시키는 조약 및 국제기구 내에서 채택되는 조약)

이 협약은, 국제기구의 관계규칙을 침해함이 없이, 국제기구의 성립 문서가 되는 조약과 국제기구 내에서 채택되는 조약에 적용된다.

제2부 조약의 체결 및 발효

제1절 조약의 체결

제6조 (국가의 조약체결능력)

모든 국가는 조약을 체결하는 능력을 가진다.

제7조 (전권위임장)

① 누구나, 다음의 경우에는, 조약문의 채택 또는 정본인증을 위한 목적으로 또는 조약에 대한 국가의 기속적 동의를 표시하기 위한 목적으로 국가를 대표하는 것으로 간주된다.

(a) 적절한 전권위임장을 제시하는 경우, 또는

(b) 관계 국가의 관행 또는 기타의 사정으로 보아, 상기의 목적을 위하여 그 자가 그 국가를 대표하는 것으로 간주되었으며 또한 전권위임장을 필요로 하지 아니하였던 것이 관계 국가의 의사에서 나타나는 경우

② 다음의 자는, 그의 직무상 또한 전권 위임장을 제시하지 않아도, 자국을 대표하는 것으로 간주된다.
  (a) 조약의 체결에 관련된 모든 행위를 수행할 목적으로서는 국가원수·정부수반 및 외무부장관
  (b) 파견국과 접수국간의 조약문을 채택할 목적으로서는 외교공관장
  (c) 국제회의·국제기구 또는 그 국제기구의 어느 한 기관 내에서 조약문을 채택할 목적으로서는, 국가에 의하여 그 국제회의 그 국제기구 또는 그 기구의 그 기관에 파견된 대표

제8조 (권한없이 행한 행위의 추인)
제7조에 따라 조약체결의 목적으로 국가를 대표하기 위하여 권한을 부여받은 것으로 간주될 수 없는 자가 행한 조약체결에 관한 행위는, 그 국가에 의하여 추후 확인되지 아니하는 한, 법적 효과를 가지지 아니한다.

제9조 (조약문의 채택)
① 조약문의 채택은, 하기 2항에 규정된 경우를 제외하고, 그 작성에 참가한 모든 국가의 동의에 의하여 이루어진다.
② 국제회의에서의 조약문의 채택은, 출석하여 투표하는 국가의 3분의 2의 찬성에 의하여 그 국가들이 다른 규칙을 적용하기로 결정하지 아니하는 한, 3분의 2의 다수결에 의하여 이루어진다.

제10조 (조약문의 정본인증)
조약문은 다음의 것에 의하여 정본으로 또한 최종적으로 확정된다.
  (a) 조약문에 규정되어 있거나 또는 조약문의 작성에 참가한 국가가 합의하는 절차, 또는
  (b) 그러한 절차가 없는 경우에는, 조약문의 작성에 참가한 국가의 대표에 의한 조약문 또는 조약문을 포함하는 회의의 최종의정서에의 서명·『조건부서명』또는 가서명

제11조 (조약에 대한 기속적 동의의 표시방법)
조약에 대한 국가의 기속적 동의는 서명, 조약을 구성하는 문서의 교환, 비준·
수락·승인 또는 가입에 의하여 또는, 기타의 방법에 관하여 합의하는 경우에,
그러한 기타의 방법으로 표시된다.

제12조 (서명에 의하여 표시되는 조약에 대한 기속적 동의)
① 조약에 대한 국가의 기속적 동의는, 다음의 경우에, 국가 대표에 의한 서명
  에 의하여 표시된다.
  (a) 서명의 그러한 효과를 가지는 것으로 그 조약이 규정하고 있는 경우
  (b) 서명이 그러한 효과를 가져야 하는 것으로 교섭국간에 합의되었음이 달
    리 확정되는 경우, 또는
  (c) 서명에 그러한 효과를 부여하고자 하는 국가의 의사가 그 대표의 전권위
    임장으로부터 나타나는 경우 또는 교섭중에 표시된 경우
② 상기 1항의 목적상
  (a) 조약문의 가서명이 그 조약의 서명을 구성하는 것으로 교섭국간에 합의
    되었음이 확정되는 경우에 그 가서명은 그 조약문의서명을 구성한다.
  (b) 대표에 의한 조약의 『조건부서명』은 대표의 본국에 의하여 확인되는 경
    우에 그 조약의 완전한 서명을 구성한다.

제13조 (조약을 구성하는 문서의 교환에 의하여 표시되는 조약에 대한 기속적
    동의)
국가 간에 교환된 문서에 의하여 구성되는 조약에 대한 국가의 기속적 동의는,
다음의 경우에 그 교환에 의하여 표시된다.
  (a) 그 교환이 그러한 효과를 가지는 것으로 그 문서가 규정하고 있는 경우
    또는
  (b) 문서의 그러한 교환이 그러한 효과를 가져야 하는 것으로 관계국 간에
    합의되었음이 달리 확정되는 경우

제14조 (비준·수락 또는 승인에 의하여 표시되는 조약에 대한 기속적동의)
① 조약에 대한 국가의 기속적 동의는 다음의 경우에 비준에 의하여 표시된다.

(a) 그러한 동의가 비준에 의하여 표시될 것을 그 조약이 규정하고 있는 경우
(b) 비준이 필요한 것으로 교섭국간에 합의되었음이 달리 확정되는 경우
(c) 그 국가의 대표가 비준되어야 할 것으로 하여, 그 조약에 서명한 경우, 또는
(d) 비준되어야 할 것으로 하여 그 조약에 서명하고자 하는 그 국가의 의사가
　 그 대표의 전권위임장으로부터 나타나거나 또는 교섭 중에 표시된 경우
② 조약에 대한 국가의 기속적 동의는 비준에 적용되는 것과 유사한 조건으로
수락 또는 승인에 의하여 표시된다.

제15조 (가입에 의하여 표시되는 조약에 대한 기속적 동의)
조약에 대한 국가의 기속적 동의는 다음의 경우에 가입에 의하여 표시된다.
(a) 그러한 동의가 가입의 방법으로 그 국가에 의하여 표시될 수 있음을 그
　 조약이 규정하고 있는 경우
(b) 그러한 동의가 가입의 방법으로 그 국가에 의하여 표시될 수 있음을 교
　 섭국 간에 합의하였음이 달리 확정되는 경우
(c) 그러한 동의가 가입의 방법으로 그 국가에 의하여 표시될 수 있음을 모든
　 당사국이 추후 동의한 경우

제16조 (비준서 · 수락서 · 승인서 또는 가입서의 교환 또는 기탁)
조약이 달리 규정하지 아니하는, 한 비준서 · 수락서 · 승인서 또는 가입서는,
다음의 경우에, 조약에 대한 국가의 기속적 동의를 확정한다.
(a) 체약국 간의 그 교환
(b) 수탁자에의 그 기탁, 또는
(c) 합의되는 경우 체약국 또는 수탁자에의 그 통고

제17조 (조약의 일부에 대한 기속적 동의 및 상이한 제 규정의 선택)
① 제19조 내지 제23조를 침해함이 없이, 조약의 일부에 대한 국가의 기속적
동의는 그 조약이 이를 인정하거나 또는 다른 체약국이 이에 동의하는 경우
에만 유효하다.
② 상이한 제 규정의 선택을 허용하는 조약에 대한 국가의 기속적 동의는 그 동
의가 어느 규정에 관련되는 것인가에 관하여 명백해지는 경우에만 유효하다.

제18조 (조약의 발효 전에 그 조약의 대상과 목적을 저해하지 아니한 의무)
국가는 다음의 경우에, 조약의 대상과 목적을 저해하게 되는 행위를 삼가해야
하는 의무를 진다.

  (a) 비준·수락 또는 승인되어야 하는 조약에 서명하였거나 또는 그 조약을
      구성하는 문서를 교환한 경우에는, 그 조약의 당사국이 되지 아니하고자
      하는 의사를 명백히 표시할 때까지, 또는

  (b) 그 조약에 대한 그 국가의 기속적 동의를 표시한 경우에는, 그 조약이
      발효 시까지 그리고 그 발효가 부당하게 지연되지 아니할 것을 조건으
      로 함.

제2절 유보

제19조 (유보의 형성)
국가는, 다음의 경우에 해당하지 아니하는 한, 조약에 서명·비준·수락승인
또는 가입할 때에 유보를 형성할 수 있다.

  (a) 그 조약에 의하여 유보가 금지된 경우

  (b) 문제의 유보를 포함하지 아니하는 특정의 유보만을 행할 수 있음을 그
      조약이 규정하는 경우, 또는

  (c) 상기 세항 (a) 및 (b)에 해당되지 아니하는 경우에는 그 유보가 그 조약의
      대상 및 목적과 양립하지 아니하는 경우

제20조 (유보의 수락 및 유보에 대한 이의)
① 조약에 의하여 명시적으로 인정된 유보는, 다른 체약국에 의한 추후의 수락
   이 필요한 것으로 그 조약이 규정하지 아니하는 한, 그러한 추후의 수락을
   필요로 하지 아니한다.
② 교섭국의 한정된 수와 또한 조약의 대상과 목적으로 보아, 그 조약의 전체
   를 모든 당사국 간에 적용하는 것이 조약에 대한 각 당사국의 기속적 동의
   의 필수적 조건으로 보이는 경우에, 유보는 모든 당사국에 의한 수락을 필요
   로 한다.
③ 조약이 국제기구의 성립문서인 경우로서 그 조약이 달리 규정하지 아니하

는 한, 유보는 그 기구의 권한있는 기관에 의한 수락을 필요로 한다.

④ 상기 제 조항에 해당되지 아니하는 경우로서 조약이 달리 규정하지 아니하는 한, 다음의 규칙이 적용된다.

　(a) 다른 체약국에 의한 유보의 수락은, 그 조약이 유보국과 다른 유보 수락국에 대하여 유효한 경우에 또한 유효한 기간 동안, 유보국이 그 다른 유보 수락국과의 관계에 있어서 조약의 당사국이 되도록 한다.

　(b) 유보에 다른 체약국의 이의는 이의 제기국이 확정적으로 반대의사를 표시하지 아니하는 한, 이의제기국과 유보국 간에 있어서의 조약의 발효를 배제하지 아니한다.

　(c) 조약에 대한 국가의 기속적 동의를 표시하며 또한 유보를 포함하는 행위는 적어도 하나의 다른 체약국이 그 유보를 수락한 경우에 유효하다.

⑤ 상기 2항 및 4항의 목적상 또는 조약이 달리 규정하지 아니하는 한, 국가가 유보의 통고를 받은 후 12개월의 기간이 끝날 때까지나 또는 그 조약에 대한 그 국가의 기속적 동의를 표시한 일자까지 중 어느 것이든 나중의 시기까지 그 유보에 대하여 이의를 제기하지 아니한 경우에는, 유보가 그 국가에 의하여 수락된 것으로 간주된다.

제21조 (유보 및 유보에 대한 이의의 법적 효과)

① 제19조, 제20조 및 제23조에 따라 다른 당사국에 대하여 성립된 유보는 다음의 법적효과를 가진다.

　(a) 유보국과 그 다른 당사국과의 관계에 있어서, 유보국에 대해서는, 그 유보에 관련되는 조약규정을 그 유보의 범위 내에서 변경한다.

　(b) 다른 당사국과 유보국과의 관계에 있어서, 그 다른 당사국에 대해서는, 그러한 조약규정을 동일한 범위 내에서 변경한다.

② 유보는 『일정 국가간의』 조약에 대한 다른 당사국에 대하여 그 조약규정을 수정하지 아니한다.

③ 유보에 대하여 이의를 제기하는 국가가 동 이의제기국과 유보국 간의 조약의 발효에 반대하지 아니하는 경우에, 유보에 관련되는 규정은 그 유보의 범위 내에서 양국 간에 적용되지 아니한다.

제22조 (유보 및 유보에 대한 이의의 철회)

① 조약이 달리 규정하지 아니하는 한, 유보는 언제든지 철회될 수 있으며 또한 그 철회를 위해서는 동 유보를 수락한 국가의 동의가 필요하지 아니하다.

② 조약이 달리 규정하지 아니하는 한, 유보에 대한 이의는 언제든지 철회될 수 있다.

③ 조약이 달리 규정하지 아니하는 한 또는 달리 합의되지 아니하는 한, 다음의 규칙이 적용된다.

  (a) 유보의 철회는 다른 체약국이 그 통고를 접수한 때에만 그 체약국에 관하여 시행된다.

  (b) 유보에 대한 이의의 철회는 동 유보를 형성한 국가가 그 통고를 접수한 때에만 시행된다.

제23조 (유보에 관한 절차)

① 유보, 유보의 명시적 수락 및 유보에 대한 이의는 서면으로 형성되어야 하며 또한 체약국 및 조약의 당사국이 될 수 있는 권리를 가진 국가에 통고되어야 한다.

② 유보가, 비준·수락 또는 승인에 따를 것으로 하여 조약에 서명한 때에 형성된 경우에는, 유보국이 그 조약에 대한 기속적 동의를 표시하는 때에 유보국에 의하여 정식으로 확인되어야 한다. 그러한 경우에 유보는 그 확인일자에 형성된 것으로 간주된다.

③ 유보의 확인 이전에 형성된 유보의 명시적 수락 또는 유보에 대한 이의는 그 자체 확인을 필요로 하지 아니한다.

④ 유보 또는 유보에 대한 이의의 철회는 서면으로 형성되어야 한다.

제3절 조약의 발효 및 잠정적적용

제24조 (발효)

① 조약은 그 조약이 규정하거나 또는 교섭국이 협의하는 방법으로 또한 그 일자에 발효한다.

② 그러한 규정 또는 합의가 없는 경우에는, 조약에 대한 기속적 동의가 모든

교섭국에 대하여 확정되는 대로 그 조약이 발효한다.

③ 조약에 대한 국가의 기속적 동의가 그 조약이 발효한 후의 일자에 확정되는
경우에는, 그 조약이 달리 규정하지 아니하는 한, 그 동의가 확정되는 일자
에 그 조약은 그 국가에 대하여 발효한다.

④ 조약문의 정본인증, 조약에 대한 국가의 기속적 동의의 확정, 조약의 발효
방법 또는 일자, 유보, 수탁자의 기능 및 조약의 발효 전에 필연적으로 발
생하는 기타의 사항을 규율하는 조약규정은 조약문의 채택 시로부터 적용
된다.

제25조 (잠정적 적용)

① 다음의 경우에 조약 또는 조약의 일부는 그 발효 시까지 잠정적으로 적용된다.
　(a) 조약자체가 그렇게 규정하는 경우, 또는
　(b) 교섭국이 다른 방법으로 그렇게 합의한 경우

② 조약이 달리 규정하지 아니하거나 또는 교섭국이 달리 합의하지 아니한 경
우에는, 어느 국가가 조약이 잠정적으로 적용되고 있는 다른 국가에 대하여,
그 조약의 당사국이 되지 아니하고자 하는 의사를 통고한 경우에 그 국가에
대한 그 조약 또는 그 조약의 일부의 잠정적 적용이 종료된다.

제3부 조약의 준수·적용 및 해석

제1절 조약의 준수

제26조 (약속은 준수하여야 한다.)

유효한 모든 조약은 그 당사국을 구속하며 또한 당사국에 의하여 성실하게 이
행되어야 한다.

제27조 (국내법과 조약의 준수)

어느 당사국도 조약의 불이행에 대한 정당화의 방법으로 그 국내법규정을 원
용해서는 아니된다. 이 규칙은 제46조를 침해하지 아니한다.

제2절 조약의 적용

제28조 (조약의 불소급)

별도의 의사가 조약으로부터 나타나지 아니하거나 또는 달리 확정되지 아니하는 한, 그 조약 규정은 그 발효 이전에 당사국에 관련하여 발생한 행위나 사실 또는 없어진 사태에 관하여 그 당사국을 구속하지 아니한다.

제29조 (조약의 영토적 범위)

별도의 의사가 조약으로부터 나타나지 아니하거나 또는 달리 확정되지 아니하는 한, 조약은 각 당사국의 전체 영역에 관하여 각 당사국을 구속한다.

제30조 (동일한 주제에 관한 계승적 조약의 적용)

① 국제연합헌장 제103조에 따를 것으로 하여 동일한 주제에 관한 계승적 조약의 당사국의 권리와 의무는 아래의 조항에 의거하여 결정된다.

② 조약이전조약 또는 후조약에 따를 것을 명시하고 있거나, 또는 전조약 또는 후조약과 양립하지 아니하는 것으로 간주되지 아니함을 명시하고 있는 경우에는 그 다른 조약의 규정이 우선한다.

③ 전조약의 모든 당사국이 동시에 후조약의 당사국이나, 전조약이 제59조에 따라 종료되지 아니하거나 또는 시행 정지되지 아니하는 경우에, 전조약은 그 규정이 후조약의 규정과 양립하는 범위 내에서만 적용된다.

④ 후조약의 당사국이 전조약의 모든 당사국을 포함하지 아니하는 경우에는, 다음의 규칙이 적용된다.

　(a) 양 조약의 당사국간에는 상기 3항과 같은 동일한 규칙이 적용된다.

　(b) 양 조약의 당사국과 어느 한 조약의 당사국 간에는, 그 양국이 다 같이 당사국인 조약이 그들 상호 간의 권리와 의무를 규율한다.

⑤ 상기 4항은 제41조에 대하여, 또는 제60조의 규정에 따른 조약의 종료 또는 시행정지에 관한 문제에 대하여, 또는 다른 조약에 따른 다른 국가에 대한 어느 국가의 의무와 조약규정이 양립하지 아니하는 조약의 체결 또는 적용으로부터 그 어느 국가에 대하여 야기될 수 있는 책임문제를 침해하지 아니한다.

제3절 조약의 해석

제31조 (해석의 일반규칙)
① 조약은 조약문의 문맥 및 조약의 대상과 목적으로 보아, 그 조약의 문면에 부여되는 통상적 의미에 따라 성실하게 해석되어야 한다.
② 조약의 해석 목적상 문맥은 조약문에 추가하여 조약의 전문 및 부속서와 함께 다음의 것을 포함한다.
  (a) 조약의 체결에 관련하여 모든 당사국 간에 이루어진 그 조약에 관한 합의
  (b) 조약의 체결에 관련하여, 1 또는 그 이상의 당사국이 작성하고 또한 다른 당사국이 그 조약에 관련되는 문서로서 수락한 문서
③ 문맥과 함께 다음의 것이 참작되어야 한다.
  (a) 조약의 해석 또는 그 조약규정의 적용에 관한 당사국 간의 추후의 합의
  (b) 조약의 해석에 관한 당사국의 합의를 확정하는 그 조약 적용에 있어서의 추후의 관행
  (c) 당사국 간의 관계에 적용될 수 있는 국제법의 관계규칙
④ 당사국의 특별한 의미를 특정용어에 부여하기로 의도하였음이 확정되는 경우에는 그러한 의미가 부여된다.

제32조 (해석의 보충적 수단)
제31조의 적용으로부터 나오는 의미를 확인하기 위하여, 또는 제31조에 따라 해석하면 다음과 같이 되는 경우에 그 의미를 결정하기 위하여, 조약의 교섭 기록 및 그 체결시의 사정을 포함한 해석의 보충적 수단에 의존할 수 있다.
  (a) 의미가 모호해지거나 또는 애매하게 되는 경우, 또는
  (b) 명백히 불투명하거나 또는 불합리한 결과를 초래하는 경우

제33조 (2 또는 그 이상의언어가 정본인 조약의 해석)
① 조약이 2 또는 그 이상의 언어에 의하여 정본으로 확정된 때에는, 상위가 있을 경우에 특정의 조약문이 우선함을 그 조약이 규정하지 아니하거나 또는 당사국이 합의하지 아니하는 한, 각 언어로 작성된 조약문은 동등히 유효하다.
② 조약의 정본으로 사용된 언어중의 어느 하나 이외의 다른 언어로 작성된 조

약의 번역문은 이를 정본으로 간주함을 조약이 규정하거나 또는 당사국이
이에 합의하는 경우에만 정본으로 간주된다.
③ 조약의 용어는 각 정본상 동일한 의미를 가지는 것으로 추정된다.
④ 상기 1항에 의거하여 특정의 조약문이 우선하는 경우를 제외하고, 제31조
및 제32조의 적용으로 제거되지 아니하는 의미의 차이가 정본의 비교에서
노정되는 경우에는, 조약의 대상과 목적을 고려하여 최선으로 조약문과 조
화되는 의미를 채택한다.

제4절 조약과 제3국

제34조 (제3국에 관한 일반 규칙)
조약은 제3국에 대하여 그 동의 없이는 의무 또는 권리를 창설하지 아니한다.

제35조 (제3국에 대하여 의무를 규정하는 조약)
조약의 당사국이, 조약규정을 제3국에 대하여 의무를 설정하는 수단으로 의도
하며 또한 그 제3국이 서면으로 그 의무를 명시적으로 수락하는 경우에는, 그
조약의 규정으로부터 그 제3국에 대하여 의무가 발생한다.

제36조 (제3국에 대하여 권리를 규정하는 조약)
① 조약의 당사국이 제3국 또는 제3국이 속하는 국가의 그룹 또는 모든 국가에
대하여 권리를 부여하는 조약규정을 의도하며 또한 그 제3국이 이에 동의하
는 경우에는, 그 조약의 규정으로부터 그 제3국에 대하여 권리가 발생한다.
조약이 달리 규정하지 아니하는 한 제3국의 동의는 반대의 표시가 없는 동
안 있은 것으로 추정된다.
② 상기 1항에 의거하여 권리를 행사하는 국가는 조약에 규정되어 있거나 또는
조약에 의거하여 확정되는 그 권리행사의 조건에 따라야 한다.

제37조 (제3국의 의무 또는 권리의 취소 또는 변경)
① 제35조에 따라 제3국에 대하여 의무가 발생한 때에는 조약의 당사국과 제3
국이 달리 합의하였음이 확정되지 아니하는 한, 그 의무는 조약의 당사국과

제3국의 동의를 얻는 경우에만 취소 또는 변경될 수 있다.

② 제36조에 따라 제3국에 대하여 권리가 발생한 때에는, 그 권리가 제3국의 동의 없이 취소 또는 변경되어서는 아니되는 것으로 의도되었음이 확정되는 경우에 그 권리는 당사국에 의하여 취소 또는 변경될 수 없다.

제38조 (국제 관습을 통하여 제3국을 구속하게 되는 조약상의 규칙)
제34조 내지 제37조의 어느 규정도 조약에 규정된 규칙이 관습 국제법의 규칙으로 인정된 그러한 규칙으로서 제3국을 구속하게 되는 것을 배제하지 아니한다.

제4부 조약의 개정 및 변경

제39조 (조약의 개정에 관한 일반규칙)
조약은 당사국간의 합의에 의하여 개정될 수 있다. 제2부에 규정된 규칙은 조약이 달리 규정하는 경우를 제외하고 그러한 합의에 적용된다.

제40조 (다자조약의 개정)
① 조약이 달리 규정하÷ 아니하는 한, 다자조약의 개정은 아래의 조항에 의하여 규율된다.

② 모든 당사국 간에서 다자조약을 개정하기 위한 제의는 모든 체약국에 통고되어야 하며, 각 체약국은 다음의 것에 참여할 권리를 가진다.

  (a) 그러한 제의에 관하여 취하여질 조치에 관한 결정

  (b) 그 조약의 개정을 위한 합의의 교섭 및 성립

③ 조약의 당사국이 될 수 있는 권리를 가진 모든 국가는 개정되는 조약의 당사국이 될 수 있는 권리를 또한 가진다.

④ 개정하는 합의는 개정하는 합의의 당사국이 되지 아니하는 조약의 기존 당사국인 어느 국가도 구속하지 아니한다. 그러한 국가에 관해서는 제30조 4항 (b)가 적용된다.

⑤ 개정하는 합의의 발효 후에 조약의 당사국이 되는 국가는 그 국가에 의한

별도 의사의 표시가 없는 경우에 다음과 같이 간주된다.

(a) 개정되는 조약의 당사국으로 간주된다.

(b) 개정하는 합의에 의하여 구속되지 아니하는 조약의 당사국과의 관계에 있어서는 개정되지 아니한 조약의 당사국으로 간주된다.

제41조 (일부 당사국에서만 다자조약을 변경하는 합의)

① 다자조약의 2 또는 그 이상의 당사국은 다음의 경우에 그 당사국 간에서만 조약을 변경하는 합의를 성립시킬 수 있다.

(a) 그러한 변경의 가능성이 그 조약에 의하여 규정된 경우 또는

(b) 문제의 변경이 그 조약에 의하여 금지되지 아니하고 또한

(i) 다른 당사국이 그 조약에 따라 권리를 향유하며 또는 의무를 이행하는 것에 영향을 주지 아니하며

(ii) 전체로서의 그 조약의 대상과 목적의 효과적 수행과 일부 변경이 양립하지 아니하는 규정에 관련되지 아니하는 경우

② 상기 1항 (a)에 해당하는 경우에 조약이 달리 규정하지 아니하는 한 문제의 당사국은 그 합의를 성립시키고자 하는 의사와 그 합의가 규정하는 그 조약의 변경을 타방당사국에 통고하여야 한다.

제5부 조약의 부적법·종료 또는 시행정지

제1절 일반 규정

제42조 (조약의 적법성 및 효력의 계속)

① 조약의 적법성 또는 조약에 대한 국가의 기속적 동의의 적법성은 이 협약의 적용을 통해서만 부정될 수 있다.

② 조약의 종료, 그 폐기 또는 당사국의 탈퇴는 그 조약의 규정 또는 이 협약의 적용의 결과로서만 행하여질 수 있다. 동일한 규칙이 조약의 시행정지에 적용된다.

제43조 (조약과는 별도로 국제법에 의하여 부과되는 의무)
이 협약 또는 조약규정의 적용의 결과로서, 조약의 부적법·종료 또는 폐기, 조약으로부터의 당사국의 탈퇴 또는 그 시행정지는 그 조약과는 별도로 국제법에 따라 복종해야 하는 의무로서 그 조약에 구현된 것을 이행해야 하는 국가의 책무를 어떠한 방법으로도 경감시키지 아니한다.

제44조 (조약 규정의 가분성)
① 조약에 규정되어 있거나 또는 제56조에 따라 발생하는 조약의 폐기·탈퇴 또는 시행 정지시킬 수 있는 당사국의 권리는, 조약이 달리 규정하지 아니하거나 또는 당사국이 달리 합의하지 아니하는 한, 조약 전체에 관해서만 행사될 수 있다.
② 이 협약에서 인정되는 조약의 부적법화·종료·탈퇴 또는 시행정지의 사유는, 아래의 제 조항 또는 제60조에 규정되어 있는 것을 제외하고, 조약 전체에 관해서만 원용될 수 있다.
③ 그 사유가 특정의 조항에만 관련되는 경우에는, 다음의 경우에, 그러한 조항에 관해서만 원용될 수 있다.
  (a) 당해 조항이 그 적용에 관련하여 그 조약의 잔여 부분으로부터 분리될 수 있으며
  (b) 당해 조항의 수락이 전체로서의 조약에 대한 1 또는 그 이상의 다른 당사국의 기속적 동의의 필수적 기초가 아니었던 것이 그 조약으로부터 나타나거나 또는 달리 확정되며, 또한
  (c) 그 조약의 잔여부분의 계속적 이행이 부당하지 아니한 경우
④ 제49조 및 제50조에 해당하는 경우에 기만 또는 부정을 원용하는 권리를 가진 국가는, 조약 전체에 관하여 또는 상기 3항에 따를 것으로 하여, 특정의 조항에 관해서만 그렇게 원용할 수 있다.
⑤ 제50조, 제52조 및 제53조에 해당하는 경우에는 조약규정의 분리가 허용되지 아니한다.

제45조 (조약의 부적법화·종료·탈퇴 또는 그 시행정지의 사유를 원용하는 권리의 상실)

국가는, 다음의 경우에, 사실을 알게 된 후에는, 제46조 내지 제50조 또는 제60조 및 제62조에 따라 조약의 부적법화·종료·탈퇴 또는 시행정지의 사유를 원용할 수 없다.

    (a) 경우에 따라, 그 조약이 적법하다는 것 또는 계속 유효하다는 것 또는 계속 시행된다는 것에 그 국가가 명시적으로 동의한 경우, 또는

    (b) 그 국가의 행동으로 보아 조약의 적법성 또는 그 효력이나 시행의 존속을 묵인한 것으로 간주되어야 하는 경우

제2절 조약의 부적법

제46조 (조약 체결권에 관한 국내법 규정)
① 조약체결권에 관한 국내법 규정의 위반이 명백하며 또한 근본적으로 중요한 국내법 규칙에 관련되지 아니하는 한, 국가는 조약에 대한 그 기속적 동의를 부적법화하기 위한 것으로 그 동의가 그 국내법 규정에 위반하여 표시되었다는 사실을 원용할 수 없다.
② 통상의 관행에 의거하고 또한 성실하게 행동하는 어느 국가에 대해서도 위반이 객관적으로 분명한 경우에는 그 위반은 명백한 것이 된다.

제47조 (국가의 동의 표시 권한에 대한 특정의 제한)
어느 조약에 대한 국가의 기속적 동의를 표시하는 대표의 권한이 특정의 제한에 따를 것으로 하여 부여된 경우에, 그 대표가 그 제한을 준수하지 아니한 것은, 그러한 동의를 표시하기 전에 그 제한을 다른 교섭국에 통고하지 아니한 한, 그 대표가 표시한 동의를 부적법화하는 것으로 원용될 수 없다.

제48조 (착오)
① 조약상의 착오는, 그 조약이 체결된 당시에 존재한 것으로 국가가 추정한 사실 또는 사태로서, 그 조약에 대한 국가의 기속적 동의의 본질적 기초를 구성한 것에 관한 경우에, 국가는 그 조약에 대한 그 기속적 동의를 부적법화하는 것으로 그 착오를 원용할 수 있다.
② 문제의 국가가 자신의 행동에 의하여 착오를 유발하였거나 또는 그 국가가

있을 수 있는 착오를 감지할 수 있는 등의 사정하에 있는 μ 우에는 상기 1항
이 적용되지 아니한다.

③ 조약문의 자구에만 관련되는 착오는 조약의 적법성에 영향을 주지 아니한
다. 그 경우에는 제79조가 적용된다.

제49조 (기만)

국가가 다른 교섭국의 기만적 행위에 의하여 조약을 체결하도록 유인된 경우
에 그 국가는 조약에 대한 자신의 기속적 동의를 부적법화하는 것으로 그 기만
을 원용할 수 있다.

제50조 (국가 대표의 부정)

조약에 대한 국가의 기속적 동의의 표시가 직접적으로 또는 간접적으로 다른
교섭국에 의한 그 대표의 부정을 통하여 감행된 경우에, 그 국가는 조약에 대
한 자신의 기속적 동의를 부적법화하는 것으로 그 부정을 원용할 수 있다.

제51조 (국가 대표의 강제)

국가 대표에게 정면으로 향한 행동 또는 위협을 통하여 그 대표에 대한 강제에
의하여 감행된 조약에 대한 국가의 기속적 동의 표시는 법적효력을 가지지 아
니한다.

제52조 (힘의 위협 또는 사용에 의한 국가의 강제)

국제연합 헌장에 구현된 국제법의 제 원칙을 위반하여 힘의 위협 또는 사용에
의하여 조약의 체결이 감행된 경우에 그 조약은 무효이다.

제53조 (일반국제법의 절대규범(강행규범)과 충돌하는 조약)

조약은 그 체결당시에 일반국제법의 절대규범과 충돌하는 경우에 무효이다.
이 협약의 목적상 일반 국제법의 절대규범은, 그 이탈이 허용되지 아니하며 또
한 동일한 성질을 가진 일반 국제법의 추후의 규범에 의해서만 변경될 수 있는
규범으로, 전체로서의 국제 공동사회가 수락하며 또한 인정하는 규범이다.

제3절 조약의 종료 및 시행정지

제54조 (조약규정 또는 당사국의 동의에 따른 조약의 종료 또는 조약으로부터의 탈퇴)
조약의 종료 또는 당사국의 탈퇴는 다음의 경우에 행하여 질 수 있다.
  (a) 그 조약의 규정에 의거하는 경우, 또는
  (b) 다른 체약국과 협의한 후에 언제든지 모든 당사국의 동의를 얻는 경우

제55조 (다자조약의 발효에 필요한 수 이하로의 그 당사국수의 감소)
조약이 달리 규정하지 아니하는 한, 다자조약은 그 당사국수가 그 발효에 필요한 수 이하로 감소하는 사실만을 이유로 종료하지 아니한다.

제56조 (종료·폐기 또는 탈퇴에 관한 규정을 포함하지 아니하는 조약의 폐기 또는 탈퇴)
① 종료에 관한 규정을 포함하지 아니하며 또한 폐기 또는 탈퇴를 규정하고 있지 아니하는 조약은, 다음의 경우에 해당되지 아니하는 한, 폐기 또는 탈퇴가 인정되지 아니한다.
  (a) 당사국이 폐기 또는 탈퇴의 가능성을 인정하고자 하였음이 확정되는 경우, 또는
  (b) 폐기 또는 탈퇴의 권리가 조약의 성질상 묵시되는 경우
② 당사국은 상기 1항에 따라 조약의 폐기 또는 탈퇴 의사를 적어도 12개월 전에 통고하여야 한다.

제57조 (조약 규정 또는 당사국의 동의에 의한 조약의 시행정지)
모든 당사국 또는 특정의 당사국에 대하여 조약의 시행이 다음의 경우에 정지될 수 있다.
  (a) 그 조약의 규정에 의거하는 경우, 또는
  (b) 다른 체약국과 협의한 후에 언제든지 모든 당사국의 동의를 얻는 경우

제58조 (일부 당사국간만의 합의에 의한 다자조약의 시행정지)

① 다자조약의 2 또는 그 이상의 당사국은, 다음의 경우에, 일시적으로 또한 그 당사국간에서만 조약 규정의 시행을 정지시키기 위한 합의를 성립시킬 수 있다.

  (a) 그러한 정지의 가능성이 그 조약에 의하여 규정되어 있는 경우, 또는

  (b) 문제의 정지가 조약에 의하여 금지되지 아니하고 또한,

   (ⅰ) 다른 당사국에 의한 조약상의 권리 향유 또는 의무의 이행에 영향을 주지 아니하며,

   (ⅱ) 그 조약의 대상 및 목적과 양립할 수 없는 것이 아닌 경우

② 상기 1항(a)에 해당하는 경우에 조약이 달리 규정하지 아니하는 한 문제의 당사국은 합의를 성립시키고자 하는 그 의사 및 시행을 정지시키고자 하는 조약규정을 타방 당사국에 통고하여야 한다.

제59조 (후조약의 체결에 의하여 묵시되는 조약의 종료 또는 시행정지)

① 조약의 모든 당사국이 동일한 사항에 관한 후조약을 체결하고, 또한 아래의 것에 해당하는 경우에, 그 조약은 종료한 것으로 간주된다.

  (a) 후조약에 의하여 그 사항이 규율되어야 함을 당사국이 의도하였음이 그 후조약으로부터 나타나거나 또는 달리 확정되는 경우, 또는

  (b) 후조약의 규정이 전조약의 규정과 근본적으로 양립하지 아니하여 양 조약이 동시에 적용될 수 없는 경우

② 전조약을 시행 정지시킨 것만이 당사국의 의사이었음이 후조약으로부터 나타나거나 또는 달리 확정되는 경우에, 전조약은 그 시행이 정지된 것만으로 간주된다.

제60조 (조약 위반의 결과로서의 조약의 종료 또는 시행정지)

① 양자조약의 일방당사국에 의한 실질적 위반은 그 조약의 종료 또는 그 시행의 전부 또는 일부의 정지를 위한 사유로서 그 위반을 원용하는 권리를 타방당사국에 부여한다.

② 다자조약의 어느 당사국에 의한 실질적 위반은 관계 당사국이 다음의 조치를 취할 수 있는 권리를 부여한다.

(a) 다른 당사국이 전원일치의 협의에 의하여,
  (i) 그 다른 당사국과 위반국간의 관계에서, 또는
  (ii) 모든 당사국간에서, 그 조약의 전부 또는 일부를 시행정지시키거나 또는 그 조약을 종료시키는 권리
(b) 위반에 의하여 특별히 영향을 받는 당사국이, 그 자신과 위반국 간의 관계에 있어서 그 조약의 전부 또는 일부의 시행을 정지시키기 위한 사유로서 그 위반을 원용하는 권리
(c) 어느 당사국에 의한 조약규정의 실질적 위반으로 그 조약상의 의무의 추후의 이행에 관한 모든 당사국의 입장을 근본적으로 변경시키는 성질의 조약인 경우에, 위반국 이외의 다른 당사국에 관하여 그 조약의 전부 또는 일부의 시행정지를 위한 사유로서 그 다른 당사국에 그 위반을 원용하는 권리
③ 본 조의 목적상, 조약의 실질적 위반은 다음의 경우에 해당한다.
 (a) 이 협약에 의하여 용인되지 아니하는 조약의 이행 거부 또는
 (b) 조약의 대상과 목적의 달성에 필수적인 규정의 위반
④ 상기의 제 규정은 위반의 경우에 적용할 수 있는 조약상의 규정을 침해하지 아니한다.
⑤ 상기 1항 내지 3항은 인도적 성질의 조약에 포함된 인신의 보호에 관한 규정 특히 그러한 조약에 의하여 보호를 받는 자에 대한 여하한 형태의 복구를 금지하는 규정에 적용되지 아니한다.

제61조 (후발적 이행불능)
① 조약의 이행불능이 그 조약의 시행에 불가결한 대상의 영구적 소멸 또는 파괴로 인한 경우에, 당사국은 그 조약을 종료시키거나 또는 탈퇴하기 위한 사유로서 그 이행불능을 원용할 수 있다. 그 이행불능이 일시적인 경우에는 조약의 시행정지를 위한 사유로서만 원용될 수 있다.
② 이행불능이 이를 원용하는 당사국에 의한 조약상의 의무나 또는 그 조약의 다른 당사국에 대하여 지고 있는 기타의 국제적 의무의 위반의 결과인 경우에 그 이행 불능은 그 조약을 종료시키거나 또는 탈퇴하거나 또는 그 시행을 정지시키기 위한 사유로서 그 당사국에 의하여 원용될 수 없다.

제62조 (사정의 근본적 변경)

① 조약의 체결 당시에 존재한 사정에 관하여 발생하였으며 또한 당사국에 의하여 예견되지 아니한 사정의 근본적 변경은, 다음 경우에 해당되지 아니하는 한, 조약을 종료시키거나 또는 탈퇴하기 위한 사유로서 원용될 수 없다.

  (a) 그러한 사정의 존재가 그 조약에 대한 당사국의 기속적 동의의 본질적 기초를 구성하였으며, 또한

  (b) 그 조약에 따라 계속 이행되어야 할 의무의 범위를 그 변경의 효과가 급격하게 변환시키는 경우

② 사정의 근본적 변경은, 다음의 경우에는, 조약을 종료시키거나 또는 탈퇴하는 사유로서 원용될 수 없다.

  (a) 그 조약이 경계선을 확정하는 경우, 또는

  (b) 근본적 변경이 이를 원용하는 당사국에 의한 조약상의 의무나 또는 그 조약의 다른 당사국에 대하여 지고 있는 기타의 국제적 의무의 위반의 결과인 경우

③ 상기의 제 조항에 따라 당사국이 조약을 종료시키거나 또는 탈퇴하기 위한 사유로서 사정의 근본적 변경을 원용할 수 있는 경우에, 그 당사국은 그 조약의 시행을 정지시키기 위한 사유로서 그 변경을 또한 원용할 수 있다.

제63조 (외교 또는 영사 관계의 단절)

조약 당사국 간의 외교 또는 영사 관계의 단절은, 외교 또는 영사관계의 존재가 그 조약의 적용에 불가결한 경우를 제외하고, 그 조약에 의하여 그 당사국 간에 확립된 법적 관계에 영향을 주지 아니한다.

제64조 (일반 국제법의 새 절대규범(강행규범)의 출현)

일반 국제법의 새 절대 규범이 출현하는 경우에, 그 규범과 충돌하는 현행 조약은 무효로 되어 종료한다.

제4절 절차

제65조 (조약의 부적법·종료·탈퇴 또는 시행정지에 관하여 취해지는 절차)
① 이 협약의 규정에 따라, 조약에 대한 국가의 기속적 동의상의 허가를 원용하거나 또는 조약의 적법성을 부정하거나 조약을 종료시키거나 조약으로부터 탈퇴하거나 또는 그 시행을 정지시키기 위한 사유를 원용하는 당사국은, 다른 당사국에 대하여 그 주장을 통고하여야 한다. 그 통고에는 그 조약에 관하여 취하고자 제의하는 조치 및 그 이유를 표시하여야 한다.
② 특별히 긴급한 경우를 제외하고, 그 통고의 접수 후 3개월 이상의 기간이 경과한 후에 어느 당사국도 이의를 제기하지 아니한 경우에는, 그 통고를 행한 당사국은 제67조에 규정된 방법으로 그 당사국이 제의한 조치를 실행할 수 있다.
③ 다만, 다른 당사국에 의하여 이의가 제기된 경우에, 당사국은 국제연합헌장 제33조에 열거되어 있는 수단을 통한 해결을 도모하여야 한다.
④ 상기 제 조항의 어느 규정도 분쟁의 해결에 관하여 당사국을 구속하는 유효한 규정에 따른 당사국의 권리 또는 의무에 영향을 주지 아니한다.
⑤ 제45조를 침해함이 없이, 어느 국가가 상기 1항에 규정된 통고를 사전에 행하지 아니한 사실은, 조약의 이행을 요구하거나 또는 조약의 위반을 주장하는 다른 당사국에 대한 회답으로서 그 국가가 그러한 통고를 행하는 것을 막지 아니한다.

제66조(사법적 해결·중재 재판 및 조정을 위한 절차)
이의가 제기된 일자로부터 12개월의 기간 내에 제65조 3항에 따라 해결에 도달하지 못한 경우에는, 다음의 절차를 진행하여야 한다.
  (a) 제53조 또는 제64조의 적용 또는 해석에 관한 분쟁의 어느 한 당사국은, 제 당사국이 공동의 동의에 의하여 분쟁을 중재 재판에 부탁하기로 합의하지 아니하는 한, 분쟁을 국제사법재판소에, 결정을 위하여, 서면 신청으로써 부탁할 수 있다.
  (b) 이 협약 제5부의 다른 제조항의 적용 또는 해석에 관한 분쟁의 어느 한 당사국은 협약의 부속서에 명시된 절차의 취지로 요구서를 국제연합 사

무총장에게 제출함으로써 그러한 절차를 개시할 수 있다.

제67조 (조약의 부적법선언·종료·탈퇴 또는 시행정지를 위한 문서)

① 제65조 1항에 따라 규정된 통고는 서면으로 행하여져야 한다.

② 조약의 규정 또는 제65조 2항 또는 3항의 규정에 따른 그 조약의 부적법선
언·종료·탈퇴 또는 시행정지에 관한 행위는 다른 당사국에 전달되는 문서
를 통하여 이행하여야 한다. 동 문서가 국가원수·정부수반 또는 외무부장
관에 의하여 서명되지 아니한 경우에는 이를 전달하는 국가의 대표에게 전
권위임장을 제시하도록 요구할 수 있다.

제68조 (제65조 및 제67조에 규정된 통고와 문서의 철회)

제65조 또는 제67조에 규정된 통고 또는 문서는 그 효력을 발생하기 전에 언제
든지 철회될 수 있다.

제5절 조약의 부적법·종료 또는 시행정지의 효과

제69조(조약의 부적법의 효과)

① 이 협약에 의거하여 그 부적법이 확정되는 조약은 무효이다. 무효인 조약의
규정은 법적 효력을 가지지 아니한다.

② 다만, 그러한 조약에 의존하여 행위가 실행된 경우에는 다음의 규칙이 적용
된다.

　(a) 각 당사국은, 그 행위가 실행되지 아니하였더라면 존재하였을 상태를, 당
사국의 상호관계에 있어서, 가능한 한 확립하도록 다른 당사국에 요구할
수 있다.

　(b) 부적법이 원용되기 전에 성실히 실행된 행위는 그 조약의 부적법만을 이
유로 불법화되지 아니한다.

③ 제49조, 제50조, 제51조 또는 제52조에 해당하는 경우에는 기만·부정행위 또
는 강제의 책임이 귀속되는 당사국에 관하여 상기 2항이 적용되지 아니한다.

④ 다자조약에 대한 특정 국가의 기속적 동의의 부적법의 경우에 상기의 제 규
칙은 그 국가와 그 조약의 당사국 간의 관계에 있어서 적용된다.

제70조 (조약의 종료 효과)

① 조약이 달리 규정하지 아니하거나 또는 당사국이 달리 합의하지 아니하는 한, 조약의 규정에 따르거나 또는 이 협약에 의거한 그 조약의 종료는 다음의 효과를 가져온다.

  (a) 당사국에 대하여 추후 그 조약을 이행할 의무를 해제한다.

  (b) 조약의 종료 전에 그 조약의 시행을 통하여 생긴 당사국의 권리·의무 또는 법적 상태에 영향을 주지 아니한다.

② 국가가 다자조약을 폐기하거나 또는 탈퇴하는 경우에는 그 폐기 또는 탈퇴가 효력을 발생하는 일자로부터 그 국가와 그 조약의 다른 각 당사국 간의 관계에 있어서 상기 1항이 적용된다.

제71조 (일반국제법의 절대규범과 충돌하는 조약의 부적법의 효과)

① 제53조에 따라 무효인 조약의 경우에 당사국은 다음의 조치를 취한다.

  (a) 일반 국제법의 절대규범과 충돌하는 규정에 의존하여 행하여진 행위의 결과를 가능한한 제거하며, 또한

  (b) 당사국의 상호관계를 일반국제법의 절대규범과 일치시키도록 한다.

② 제64조에 따라 무효로 되어 종료하는 조약의 경우에 그 조약의 종료는 다음의 효과를 가져온다.

  (a) 당사국에 대하여 추후 그 조약을 이행할 의무를 해제한다.

  (b) 조약의 종료 전에 그 조약의 시행을 통하여 생긴 당사국의 권리·의무 또는 법적 상태에 영향을 주지 아니한다. 다만, 그러한 권리·의무 또는 상태는 그 유지 자체가 일반 국제법의 새 절대 규범과 충돌하지 아니하는 범위 내에서만 그 이후 유지될 수 있을 것을 조건으로 한다.

제72조 (조약의 시행정지 효과)

① 조약이 달리 규정하지 아니하거나 또는 당사국이 달리 합의하지 아니하는 한, 조약의 규정에 따르거나 또는 이 협약에 의거한 그 조약의 시행정지는 다음의 효과를 가져온다.

  (a) 조약의 시행이 정지되어 있는 당사국에 대해서는 동 정지기간 동안 그 상호관계에 있어서 그 조약을 이행할 의무를 해제한다.

(b) 그 조약에 의하여 확립된 당사국간의 법적 관계에 달리 영향을 주지 아니한다.

② 시행정지기간 동안 당사국은 그 조약의 시행 재개를 방해하게 되는 행위를 삼가하여야 한다.

제6부 잡칙

제73조 (국가의 계승·국가 책임 및 적대행위 발발의 경우)
이 협약의 규정은 국가의 계승·국가의 국제 책임 또는 국가 간의 적대 행위의 발발로부터 조약에 관하여 발생될 수 있는 문제를 예단하지 아니한다.

제74조 (외교 및 영사관계와 조약의 체결)
2 또는 그 이상의 국가 간의 외교 또는 영사관계의 단절 또는 부재는 그러한 국가 간의 조약체결을 막지 아니한다. 조약의 체결은 그 자체 외교 또는 영사관계에 관련된 상태에 영향을 주지 아니한다.

제75조(침략국의 경우)
이 협약의 규정은 국제연합헌장에 의거하여 침략국의 침략에 관하여 취해진 조치의 결과로서 그 침략국에 대하여 발생될 수 있는 조약상의 의무를 침해하지 아니한다.

제7부 수탁자·통고·정정 및 등록

제76조 (조약의 수탁자)
① 조약의 수탁자는 조약 그 자체 속에 또는 기타의 방법으로 교섭국에 의하여 지정될 수 있다. 수탁자는 1 또는 그 이상의 국가·국제기구 또는 국제기구의 수석 행정관이 될 수 있다.

② 조약의 수탁자의 기능은 성질상 국제적이며 또한 수탁자는 그 기능을 수행

함에 있어서 공평하게 행동할 의무를 진다. 특히, 조약이 일부 당사국간에 발효하지 아니하였거나 또는 수탁자의 기능의 수행에 관하여 국가와 수탁자 간에 의견의 차이가 발생한 사실은 그러한 의무에 영향을 주지 아니한다.

제77조 (수탁자의 기능)

① 달리 조약에 규정되어 있지 아니하거나 또는 체약국이 합의하지 아니하는 한, 수탁자의 기능은 특히 다음의 것을 포함한다.

(a) 수탁자에 송달된 조약 및 전권위임장의 원본 보관

(b) 원본의 인증등본 작성, 조약에 의하여 요구될 수 있는 추가의 언어에 의한 조약문 작성 및 조약의 당사국과 당사국이 될 수 있는 권리를 가진 국가에의 그 전달

(c) 조약에 대한 서명의 접수 및 조약에 관련된 문서·통고 및 통첩의 접수와 보관

(d) 서명 또는 조약에 관련된 문서·통고 또는 통첩이 정당하고 또한 적절한 형식으로 된 것인가의 검토 및 필요한 경우에 문제점에 대하여 당해 국가의 주의 환기

(e) 조약의 당사국 및 당사국이 될 수 있는 권리를 가진 국가에 대한 그 조약에 관련된 행위의 통고 및 통첩의 통보

(f) 조약의 발효에 필요한 수의 서명, 또는 비준서·수락서·승인서 또는 가입서가 접수되거나 또는 기탁되는 경우에 조약의 당사국이 될 수 있는 권리를 가진 국가에의 통보

(g) 국제연합 사무국에의 조약의 등록

(h) 이 협약의 다른 규정에 명시된 기능의 수행

② 수탁자의 기능의 수행에 관하여 국가와 수탁자 간에 발생하는 의견의 차이의 경우에, 수탁자는 그 문제에 대하여 서명국과 체약국 또는, 적절한 경우에는 관계 국제기구의 권한있는 기관의 주의를 환기시킨다.

제78조 (통고 및 통첩)

조약 또는 이 협약이 달리 규정하는 경우를 제외하고, 이 협약에 따라 국가가 행하는 통고 또는 통첩은 다음과 같이 취급된다.

   (a) 수탁자가 없는 경우에는 통고 또는 통첩을 받을 국가에 직접 전달되며 수탁자가 있는 경우에는 수탁자에게 전달된다.

   (b) 전달 대상 국가가 통고 또는 통첩을 접수한 때에만 또는 경우에 따라 수탁자가 접수한 때에만 문제의 국가가 그 통고 또는 통첩을 행한 것으로 간주된다.

   (c) 수탁자에게 전달된 경우에는, 전달 대상국가가 제77조 1항 (e)에 의거하여 수탁자로부터 통보받은 경우에만 그 국가가 접수한 것으로 간주된다.

제79조 (조약문 또는 인증등본상의 착오 정정)

① 조약문의정본인증후 그 속에 착오가 있다는 것에 서명국 및 체약국이 합의하는 경우에는, 그들이 다른 정정방법에 관하여 결정하지 아니하는 한, 그 착오는 다음과 같이 정정된다.

   (a) 착오문에 적당한 정정을 가하고, 정당히 권한을 위임받은 대표가 그 정정에 가서명하는 것

   (b) 합의된 정정을 기재한 1 또는 그 이상의 문서에 효력을 부여하거나 또는 이를 교환하는 것

   (c) 원본의 경우와 동일한 절차에 의하여 조약 전체의 정정본을 작성하는 것

② 수탁자가 있는 조약의 경우에, 수탁자는 서명국 및 체약국에 대하여 착오와 그 정정 제안을 통보하며 또한 제안된 정정에 대하여 이의를 제기할 수 있는 적절한 기한을 명시한다. 그 기한이 만료되면 다음의 조치가 취하여 진다.

   (a) 이의가 제기되지 아니한 경우에, 수탁자는 착오문에 정정을 가하고 이에 가서명하며 또한 착오문의 정정「경위서」를 작성하여 그 사본을 조약의 당사국 및 조약의 당사국이 될 수 있는 권리를 가진 국가에 송부한다.

   (b) 이의가 제기된 경우에 수탁자는 그 이의를 서명국 및 체약국에 송부한다.

③ 조약문이 2 또는 그 이상의 언어로 정본인증되고 또한 서명국 및 체약국간의 합의로써 정정되어야 할 합치의 결여가 있다고 보이는 경우에는 상기 1항 및 2항의 규칙이 또한 적용된다.

④ 정정본은 서명국 및 체약국이 달리 결정하지 아니하는 한,『처음부터』흠결본을 대치한다.

⑤ 등록된 조약문의 정정은 국제연합 사무국에 통고된다.

⑥ 조약의 인증등본에서 착오가 발견되는 경우에, 수탁자는 정정을 명시하는 「경위서」를 작성하며 또한 그 사본을 서명국 및 체약국에 송부한다.

제80조 (조약의 등록 및 발간)
① 조약은 그 발효 후에, 경우에 따라, 등록 또는 편철과 기록을 위하여 또한 발간을 위하여 국제연합사무국에 송부된다.
② 수탁자의 지정은 상기 전항에 명시된 행위를 수탁자가 수행할 수 있는 권한을 부여하게 된다.

제8부 최종조항

제81조 (서명)
이 협약은 국제연합 또는 전문기구 중의 어느 하나 또는 국제원자력기구의 모든 회원국 또는 국제사법재판소 규정의 당사국 및 국제연합총회에 의하여 이 협약의 당사국이 되도록 초청된 기타의 국가에 의한 서명을 위하여 다음과 같이 개방된다. 즉 1969년 11월 30일까지는 오스트리아 공화국의 연방외무부에서 개방되며 또한 그 이후 1970년 4월 30일까지는 뉴욕의 국제연합 본부에서 개방된다.

제82조 (비준)
이 협약은 비준되어야 한다. 비준서는 국제연합 사무총장에게 기탁된다.

제83조 (가입)
이 협약은 제81조에 언급된 카테고리의 어느 하나에 속하는 국가에 의한 가입을 위하여 계속 개방된다. 가입서는 국제연합 사무총장에게 기탁된다.

제84조 (발효)
① 이 협약은 35번째의 비준서 또는 가입서가 기탁된 날로부터 30일 후에 발효한다.

② 35번째의 비준서 또는 가입서가 기탁된 후 이 협약에 비준하거나 또는 가입
하는 각 국가에 대하여, 이 협약은 그 국가에 의한 비준서 또는 가입서의 기
탁으로부터 30일 후에 발효한다.

제85조 (정본)
중국어 · 영어 · 불어 · 노어 및 서반아어본이 동등히 정본인 이 협약의 원본은
국제연합 사무총장에게 기탁된다.

이상의 증거로, 하기 전권대표는 각자의 정부에 의하여 정당히 권한을 위임받
아 이 협약에 서명하였다.

일천구백육십구년 오월 이십삼일 비엔나에서 작성되었다.

부속서

1. 국제연합 사무총장은 자격있는 법률가로 구성되는 조정관의 명부를 작성하
여 유지한다. 이러한 목적으로 국제연합의 회원국 또는 이 협약의 당사국인
모든 국가는 2명의 조정관을 지명하도록 요청되며 또한 이렇게 지명된 자의
명단은 상기명부에 포함된다. 불시의 공석을 보충하기 위하여 지명된 조정
관의 임기를 포함하여, 조정관의 임기는 5년이며 또한 연임될 수 있다. 임기
가 만료되는 조정관은 하기 2항에 따라 그가 선임된 목적상의 직무를 계속
수행하여야 한다.
2. 제66조에 따라 국제연합 사무총장에게 요청이 제기된 경우에, 사무총장은
다음과 같이 구성되는 조정위원회에 분쟁을 부탁한다.
   분쟁당사국의 일방을 구성하는 1 또는 그 이상의 국가는 다음과 같이 조정
관을 임명한다.
   (a) 상기 1항에 언급된 명부 또는 동 명부외에서 선임될 수 있는 자로서 당해
국의 또는 당해 2이상의 국가 중 어느 하나의 국가의 국적을 가진 1명의

조정관을 임명하며, 또한

(b) 상기 명부에서 선임되는 자로서 당해국 또는 당해 2이상의 국가중 어느 하나의 국가의 국적을 가지지 아니한 1명의 조정관을 임명한다.

분쟁 당사국의 타방을 구성하는 1 또는 그 이상의 국가는 동일한 방법으로 2명의 조정관을 임명한다. 분쟁당사국에 의하여 선임되는 4명의 조정관은 사무총장이 요청을 받는 날로부터 60일 이내에 임명되어야 한다. 4명의 조정관은 그들 중 최후에 임명을 받는 자의 임명일자로부터 60일 이내에, 상기 명부로부터 선임되는 자로서 조정위원장이 될 제5조의 조정관을 임명한다. 위원장 또는 다른 조정관의 임명을 위하여 상기에 지정한 기간 내에 그러한 임명이 행하여 지지 아니한 경우에는 동 기간이 만료한 후 60일 이내에 사무총장이 임명을 행한다. 위원장의 임명은 명부 중에서 또는 국제법위원회의 위원 중에서 사무총장이 행할 수 있다. 임명이 행하여져야 하는 기간은 분쟁당사국의 합의에 의하여 연장될 수 있다. 공석은 처음의 임명에 관하여 지정된 방법으로 보충된다.

3. 조정위원회는 자체의 절차를 결정한다. 위원회는, 분쟁당사국의 동의를 얻어, 조약의 어느 당사국에 대하여 그 견해를 구두 또는 서면으로 동 위원회에 제출하도록 요청할 수 있다. 위원회의 결정 및 권고는 5명의 구성원의 다수결에 의한다.

4. 위원회는 우호적 해결을 촉진할 수 있는 조치에 대하여 분쟁당사국의 주의를 환기할 수 있다.

5. 위원회는 분쟁당사국의 의견을 청취하고, 청구와 이의를 심사하며 또한 분쟁의 우호적 해결에 도달할 목적으로 당사국에 대한 제안을 작성한다.

6. 위원회는 그 구성 후 12개월 이내에 보고하여야 한다. 그 보고서는 사무총장에게 기탁되며 또한 분쟁당사국에 송부된다. 사실 또는 법적문제에 관하여 위원회의 보고서에 기술된 결론을 포함한 위원회의 보고서는 분쟁당사국을 구속하지 아니하며, 또한 분쟁의 우호적 해결을 촉진하기 위하여, 분쟁당사국에 의한 고려의 목적으로 제출된 권고 이외의 다른 성질을 가지지 아니한다.

7. 사무총장은 위원회가 필요로 하는 협조와 편의를 위원회에 제공한다. 위원회의 경비는 국제연합이 부담한다.

4. 한일기본관계조약(1965.6.22.)

대한민국과 일본국 간의 기본관계에 관한 조약

대한민국과 일본국은,

양국 국민관계의 역사적 배경과, 선린관계와 주권상호존중의 원칙에 입각한 양국 관계의 정상화에 대한 상호 희망을 고려하며, 양국의 상호 복지와 공통 이익을 증진하고 국제평화와 안전을 유지하는데 있어서 양국이 국제연합 헌장의 원칙에 합당하게 긴밀히 협력함이 중요하다는 것을 인정하며, 또한 1951.9.8 샌프란시스코시에서 서명된 일본국과의 평화조약의 관계규정과 1948.12.12 국제연합 총회에서 채택된 결의 제195호(Ⅲ)를 상기하며, 본 기본관계에 관한 조약을 체결하기로 결정하여, 이에 다음과 같이 양국간의 전권위원을 임명하였다.

대한민국
대한민국 외무부장관 이동원
대한민국 특명전권대사 김동조

일본국
일본국 외무대신 시이나 에쓰사부로(椎名悅三郎))
　　　　　　　다카스끼 신이치(高杉晋一)

이들 전권위원은 그들의 전권위임장을 상호 제시하고 그것이 상호 타당하다고 인정한 후 다음의 제 조항에 합의하였다.

제1조 양 체약 당사국 간에 외교 및 영사관계를 수립한다. 양 체약 당사국은 대사급 외교사절을 지체 없이 교환한다. 양 체약 당사국은 또한 양국 정부에 의하여 합의되는 장소에 영사관을 설치한다.

제2조 1910년 8월 22일 및 그 이전에 대한제국과 대일본제국 간에 체결된 모든 조약 및 협정이 이미 무효임을 확인한다.

제3조 대한민국 정부가 국제연합 총회의 결정 제195호(Ⅲ)에 명시된 바와 같이 한반도에 있어서의 유일한 합법정부임을 확인한다.

제4조
   (가) 양 체약 당사국은 양국 상호 간의 관계에 있어서 국제연합 헌장의 원칙을 지침으로 한다.
   (나) 양 체약 당사국은 양국의 상호의 복지와 공통의 이익을 증진함에 있어서 국제연합 헌장의 원칙에 합당하게 협력한다.

제5조 양 체약 당사국은 양국의 무역, 해운 및 기타 통상상의 관계를 안정되고 우호적인 기초 위에 두기 위하여 조약 또는 협정을 체결하기 위한 교섭을 실행 가능한 한 조속히 시작한다.

제6조 양 체약 당사국은 민간항공 운수에 관한 협정을 체결하기 위하여 실행 가능한 한 조속히 교섭을 시작한다.

제7조 본 조약은 비준되어야 한다. 비준서는 가능한 한 조속히 서울에서 교환한다.

본 조약은 비준서가 교환된 날로부터 효력을 발생한다.

이상의 증거로써 각 전권위원은 본 조약에 서명 날인한다.
1965년 6월 22일 동경에서 동등히 정본인 한국어, 일본어 및 영어로 2통을 작성하였다. 해석에 상위가 있을 경우에는 영어본에 따른다.

대한민국을 위하여 이동원 김동조

일본국을 위하여 椎名悅三郎 高杉晋一

5. 국가 간의 우호관계와 협력에 관한 국제법 원칙의 선언(1970. 결의 제2625호)

DECLARATION ON PRINCIPLES OF INTERNATIONAL LAW FRIENDLY RELATIONS AND CO-OPERATION AMONG STATES IN ACCORDANCE WITH THE CHARTER OF THE UNITED NATIONS

The General Assembly,

Recalling its resolutions 1815 (XVII) of 18 December 1962, 1966 (XVIII) of 16 December 1963, 2103 (XX) of 20 December 1965, 2181 (XXI) of 12 December 1966, 2327 (XXII) of 18 December 1967, 2463 (XXIII) of 20 December 1968 and 2533 (XXIV) of 8 December 1969, in which it affirmed the importance of the progressive development and codification of the principles of international law concerning friendly relations and co-operation among States,

Having considered the report of the Special Committee on Principles of International Law concerning Friendly Relations and Co-operation among States, which met in Geneva from 31 March to 1 May 1970,

Emphasizing the paramount importance of the Charter of the United Nations for the maintenance of international peace and security and for the development of Friendly relations and Co-operation among States, Deeply convinced that the adoption of the Declaration on Principles of International Law concerning Friendly Relations and Co-operation among States in accordance with the Charter of the United Nations on the occasion of the twenty-fifth anniversary of the United Nations would contribute to the strengthening of world peace and constitute a landmark in the development of international law and of relations among States, in promoting the rule of law among nations and particularly the universal application of the principles embodied in the Charter,

Considering the desirability of the wide dissemination of the text of the Declaration,

1. Approves the Declaration on Principles of International Law concerning Friendly Relations and Co-operation among States in accordance with the Charter of the United Nations, the text of which is annexed to the present resolution;

2. Expresses its appreciation to the Special Committee on Principles of International Law concerning Friendly Relations and Co-operation among States for its work resulting in the elaboration of the Declaration;

3. Recommends that all efforts be made so that the Declaration becomes generally known.

1883rd plenary meeting, 24 October 1970

ANNEX

DECLARATION ON PRINCIPLES OF INTERNATIONAL LAW CONCERNING FRIENDLY RELATIONS AND CO-OPERATION AMONG STATES IN ACCORDANCE WITH THE CHARTER OF THE UNITED NATIONS

PREAMBLE

The General Assembly,

Reaffirming in the terms of the Charter of the United Nations that the maintenance of international peace and security and the development of friendly relations and co-operation between nations are among the fundamental purposes of the United Nations,

Recalling that the peoples of the United Nations are determined to practise tolerance and live together in peace with one another as good neighbours,

Bearing in mind the importance of maintaining and strengthening international peace founded upon freedom, equality, justice and respect for fundamental human rights and of developing friendly relations among nations irrespective of their political, economic and social systems or the levels of their development,

Bearing in mind also the paramount importance of the Charter of the United Nations in the promotion of the rule of law among nations,

Considering that the faithful observance of the principles of international law concerning friendly relations and co-operation among States and the fulfillment in good faith of the obligations assumed by States, in accordance with the Charter, is of the greatest importance for the maintenance of international peace and security and for the implementation of the other purposes of the United Nations,

Noting that the great political, economic and social changes and scientific progress which have taken place in the world since the adoption of the Charter give increased importance to these principles and to the need for their more effective application in the conduct of States wherever carried on,

Recalling the established principle that outer space, including the Moon and other celestial bodies, is not subject to national appropriation by claim of sovereignty, by means of use or occupation, or by any other means, and mindful of the fact that consideration is being given in the

United Nations to the question of establishing other appropriate provisions similarly inspired,

Convinced that the strict observance by States of the obligation not to intervene in the affairs of any other State is an essential condition to ensure that nations live together in peace with one another, since the practice of any form of intervention not only violates the spirit and letter of the Charter, but also leads to the creation of situations which threaten international peace and security,

Recalling the duty of States to refrain in their international relations from military, political, economic or any other form of coercion aimed against the political independence or territorial integrity of any State,

Considering it essential that all States shall refrain in their international relations from the threat or use of force against the territorial integrity or political independence of any State, or in any other manner inconsistent with the purposes of the United Nations,

Considering it equally essential that all States shall settle their international disputes by peaceful means in accordance with the Charter,

Reaffirming, in accordance with the Charter, the basic importance of sovereign equality and stressing that the purposes of the United Nations can be implemented only if States enjoy sovereign equality and comply fully with the requirements of this principle in their international relations,

Convinced that the subjection of peoples to alien subjugation, domination and exploitation constitutes a major obstacle to the promotion of international peace and security, Convinced that the principle of equal rights and self-determination of peoples constitutes a significant contribution to contemporary international law, and that its effective application is of paramount importance for the promotion of friendly relations among States, based on respect for the principle of sovereign equality,

Convinced in consequence that any attempt aimed at the partial or total disruption of the national unity and territorial integrity of a State or country or at its political independence is incompatible with the purposes and principles of the Charter,

Considering the provisions of the Charter as a whole and taking into account the role of relevant resolutions adopted by the competent organs of the United Nations relating to the content of the principles,

Considering that the progressive development and codification of the following principles:

(a) The principle that States shall refrain in their international relations from the threat or use of force against the territorial integrity or political independence of any State, or in any other manner inconsistent with the purposes of the United Nations,

(b) The principle that States shall settle their international disputes by peaceful means in such a manner that international peace and security and justice are not endangered,

(c) The duty not to intervene in matters within the domestic jurisdiction of any

State, in accordance with the Charter,

(d) The duty of States to co-operate with one another in accordance with the Charter,

(e) The principle of equal rights and self-determination of peoples,

(f) The principle of sovereign equality of States,

(g) The principle that States shall fulfil in good faith the obligations assumed by them in accordance with the Charter,

so as to secure their more effective application within the international community, would promote the realization of the purposes of the United Nations,

Having considered the principles of international law relating to friendly relations and co-operation among States,

1. Solemnly proclaims the following principles:

The principle that States shall refrain in their international ~ relations from the threat or use of force against the territorial integrity or political independence of any State or in any other manner inconsistent with the purposes of the United Nations

Every State has the duty to refrain in its international relations from the threat or use of force against the territorial integrity or political independence of any State, or in any other manner inconsistent with the purposes of the United Nations. Such a threat or use of force constitutes a violation of international law and the Charter of the United Nations and shall never be employed as a means of settling international issues.

A war of aggression constitutes a crime against the peace, for which there is responsibility under international law.

In accordance with the purposes and principles of the United Nations, States have the duty to refrain from propaganda for wars of aggression.

Every State has the duty to refrain from the threat or use of force to violate the existing international boundaries of another State or as a means of solving international disputes, including territorial disputes and problems concerning frontiers of States.

Every State likewise has the duty to refrain from the threat or use of force to violate international lines of demarcation, such as armistice lines, established by or pursuant to an international agreement to which it is a party or which it is otherwise bound to respect. Nothing in the foregoing shall be construed as prejudicing the positions of the parties concerned with regard to the status and effects of such lines under their special regimes or as affecting their temporary character.

States have a duty to refrain from acts of reprisal involving the use of force.

Every State has the duty to refrain from any forcible action which deprives peoples referred to in the elaboration of the principle of equal rights and self-determination of their right to self-determination and freedom and independence.

Every State has the duty to refrain from organizing or encouraging the organization of irregular forces or armed bands including mercenaries, for incursion into the territory of another State.

Every State has the duty to refrain from organizing, instigating, assisting or participating in acts of civil strife or terrorist acts in another State or acquiescing in organized activities within its territory directed towards the commission of such acts, when the acts referred to in the present paragraph involve a threat or use of force.

The territory of a State shall not be the object of military occupation resulting from the use of force in contravention of the provisions of the Charter. The territory of a State shall not be the object of acquisition by another State resulting from the threat or use of force. No territorial acquisition resulting from the threat or use of force shall be recognized as legal. Nothing in the foregoing shall be construed as affecting:

(a) Provisions of the Charter or any international agreement prior to the Charter regime and valid under international law; or

(b) The powers of the Security Council under the Charter.

All States shall pursue in good faith negotiations for the early conclusion of a universal treaty on general and complete disarmament under effective international control and strive to adopt appropriate measures to reduce international tensions and strengthen confidence among States.

All States shall comply in good faith with their obligations under the generally recognized principles and rules of international law with respect to the maintenance of international peace and security, and shall endeavour to make the United Nations security system based on the Charter more effective.

Nothing in the foregoing paragraphs shall be construed as enlarging or diminishing in any way the scope of the provisions of the Charter concerning cases in which the use of force is lawful.

The principle that States shall settle their international disputes by peaceful means in such a manner that international peace and security and justice are not endangered Every State shall settle its international disputes with other States by peaceful means in such a manner that international peace and security and justice are not endangered.

States shall accordingly seek early and just settlement of their international disputes by negotiation, inquiry, mediation, conciliation, arbitration, judicial settlement, resort to regional agencies or arrangements or other peaceful means of their choice. In seeking such a settlement the parties shall agree upon such peaceful means as may be appropriate to the circumstances and nature of the dispute.

The parties to a dispute have the duty, in the event of failure to reach a solution by any one of the above peaceful means, to continue to seek a settlement of the dispute by other peaceful means agreed upon by them.

States parties to an international dispute, as well as other States shall refrain from any action which may aggravate the Situation so as to endanger the maintenance of international peace and security, and shall act in accordance with the purposes and principles of the United Nations.

International disputes shall be settled on the basis of the Sovereign equality of States and in accordance with the Principle of free choice of means. Recourse to, or acceptance of, a settlement procedure freely agreed to by States with regard to existing or future disputes to which they are parties shall not be regarded as incompatible with sovereign equality.

Nothing in the foregoing paragraphs prejudices or derogates from the applicable provisions of the Charter, in particular those relating to the pacific settlement of international disputes.

The principle concerning the duty not to intervene in matters within the domestic jurisdiction of any State, in accordance with the Charter No State or group of States has the right to intervene, directly or indirectly, for any reason whatever, in the internal or external affairs of any other State. Consequently, armed intervention and all other forms of interference or attempted threats against the personality of the State or against its political, economic and cultural elements, are in violation of international law.

No State may use or encourage the use of economic political or any other type of measures to coerce another State in order to obtain from it the subordination of the exercise of its sovereign rights and to secure from it advantages of any kind. Also, no State shall organize, assist, foment, finance, incite or tolerate subversive, terrorist or armed activities directed towards the violent overthrow of the regime of another State, or interfere in civil strife in another State.

The use of force to deprive peoples of their national identity constitutes a violation of their inalienable rights and of the principle of non-intervention.

Every State has an inalienable right to choose its political, economic, social and cultural systems, without interference in any form by another State.

Nothing in the foregoing paragraphs shall be construed as reflecting the relevant provisions of the Charter relating to the maintenance of international peace and security.

The duty of States to co-operate with one another in accordance with the Charter States have the duty to co-operate with one another, irrespective of the differences in their political, economic and social systems, in the various spheres of international relations, in order to maintain international peace and security and to promote international economic stability and progress, the general welfare of nations and international co-operation free from discrimination based on such differences.

To this end:

(a) States shall co-operate with other States in the maintenance of international peace and security;

(b) States shall co-operate in the promotion of universal respect for, and observance of, human rights and fundamental freedoms for all, and in the elimination of all forms of racial discrimination and all forms of religious intolerance;

(c) States shall conduct their international relations in the economic, social, cultural, technical and trade fields in accordance with the principles of sovereign equality and non-intervention;

(d) States Members of the United Nations have the duty to take joint and separate action in co-operation with the United Nations in accordance with the relevant provisions of the Charter.

States should co-operate in the economic, social and cultural fields as well as in the field of science and technology and for the promotion of international cultural and educational progress. States should co-operate in the promotion of economic growth throughout the world, especially that of the developing countries.

The principle of equal rights and self-determination of peoples

By virtue of the principle of equal rights and self-determination of peoples enshrined in the Charter of the United Nations, all peoples have the right freely to determine, without external interference, their political status and to pursue their economic, social and cultural development, and every State has the duty to respect this right in accordance with the provisions of the Charter.

Every State has the duty to promote, through joint and separate action, realization of the principle of equal rights and self-determination of peoples, in accordance with the provisions of the Charter, and to render assistance to the United Nations in carrying out the responsibilities entrusted to it by the Charter regarding the implementation of the principle, in order:

(a) To promote friendly relations and co-operation among States; and

(b) To bring a speedy end to colonialism, having due regard to the freely expressed will of the peoples concerned;

and bearing in mind that subjection of peoples to alien subjugation, domination and exploitation constitutes a violation of the principle, as well as a denial of fundamental human rights, and is contrary to the Charter.

Every State has the duty to promote through joint and separate action universal respect for and observance of human rights and fundamental freedoms in accordance with the Charter.

The establishment of a sovereign and independent State, the free association or integration with an independent State or the emergence into any other political status freely determined by a people constitute modes of implementing the right of self-determination by that people.

Every State has the duty to refrain from any forcible action which deprives peoples referred to above in the elaboration of the present principle of their right to self-determination and freedom and independence. In their actions against, and resistance to, such forcible action in pursuit of the exercise of their right to self-determination, such peoples are entitled to seek and to receive support in accordance with the purposes and principles of the Charter.

The territory of a colony or other Non-Self-Governing Territory has, under the Charter, a status separate and distinct from the territory of the State administering it; and such separate and distinct status under the Charter shall exist until the people of the colony or Non-Self-Governing Territory have exercised their right of self-determination in accordance with the Charter, and particularly its purposes and principles.

Nothing in the foregoing paragraphs shall be construed as authorizing or encouraging any action which would dismember or impair, totally or in part, the territorial integrity or political unity of sovereign and independent States conducting themselves in compliance with the principle of equal rights and self-determination of peoples as described above and thus possessed of a government representing the whole people belonging to the territory without distinction as to race, creed or colour.

Every State shall refrain from any action aimed at the partial or total disruption of the national unity and territorial integrity of any other State or country.

The principle of sovereign equality of States All States enjoy sovereign equality. They have equal rights and duties and are equal members of the international community, notwithstanding differences of an economic, social, political or other nature.

In particular, sovereign equality includes the following elements:

(a) States are judicially equal;

(b) Each State enjoys the rights inherent in full sovereignty;

(c) Each State has the duty to respect the personality of other States;

(d) The territorial integrity and political independence of the State are inviolable;

(e) Each State has the right freely to choose and develop its political, social, economic and cultural systems;

(f) Each State has the duty to comply fully and in good faith with its international obligations and to live in peace with other States.

The principle that States shall fulfil in good faith the obligations assumed by them in accordance with the Charter-:

Every State has the duty to fulfil in good faith the obligations assumed by it in accordance with the Charter of the United Nations.

Every State has the duty to fulfil in good faith its obligations under the generally recognized principles and rules of international law.

Every State has the duty to fulfil in good faith its obligations under international agreements valid under the generally recognized principles and rules of international law.

Where obligations arising under international agreements are in conflict with the obligations of Members of the United Nations under the Charter of the United Nations, the obligations under the Charter shall prevail.

GENERAL PART

2. Declares that: In their interpretation and application the above principles are interrelated and each principle should be construed in the context of the other principles. Nothing in this Declaration shall be construed as prejudicing in any manner the provisions of the Charter or the rights and duties of Member States under the Charter or the rights of peoples under the Charter, taking into account

the elaboration of these rights in this Declaration.;

3. Declares further that: The principles of the Charter which are embodied in this Declaration constitute basic principles of international law, and consequently appeals to all States to be guided by these principles in their international conduct and to develop their mutual relations on the basis of the strict observance of these principles.

찾아보기

저자 | 김 명 기

배재고등학교 졸업
서울대학교 법과대학 졸업
육군보병학교 졸업(갑종간부 제149기)
단국대학교 대학원 졸업(법학박사)
영국 옥스퍼드대학교 연구교수
미국 캘리포니아대학교 객원교수
중국 길림대학교 객원교수
대한국제법학회 회장
세계국제법협회 한국본부 회장
화랑교수회 회장
행정고시 · 외무고시 · 사법시험 위원
외무부 · 국방부 · 통일원 정책자문위원
주월한국군사령부 대외정책관
명지대학교 법정대학장 · 대학원장
육군사관학교 교수(육군대령)
강원대학교 교수
천안대학교 석좌교수
대한적십자사 인도법 자문위원장
현) 독도조사연구학회 명예회장
　　명지대학교 명예교수
　　상사중재위원
　　영남대학교 독도연구소 공동연구원